Funk · Keller · Koenig · Mariotta · Scherling

sowieso

Deutsch als Fremdsprache für Jugendliche

Lehrerhandbuch 3

von
Hermann Funk und Michael Koenig

Langenscheidt

Berlin · München · Wien · Zürich · New York

Lehrerhandbuch 3 von:
Hermann Funk und Michael Koenig

Kursbuch und Arbeitsbuch 3 wurden erstellt von: Hermann Funk, Susy Keller, Michael Koenig, Maruska Mariotta und Theo Scherling

Redaktion und DTP-Layout: Lutz Rohrmann
Layout-Konzeption: Peter Langemann
Illustrationen: Theo Scherling
Umschlaggestaltung: Theo Scherling unter Verwendung eines Fotos von IFA-Bilderteam, München-Taufkirchen

Autoren und Verlag danken für die kritische Begleitung durch Spiros Kukidis (Kursleiter an der Moraitis-Schule in Athen, Griechenland), Joseph Castine (Northport Public Schools, Northport, New York, USA) und Birgit Bauer-Berr (Fachberaterin der Zentralstelle für das Auslandsschulwesen in Kalifornien, USA)

Wir danken weiterhin allen Kolleginnen und Kollegen, die *sowieso* erprobt und mit zahlreichen Anregungen zur Entwicklung des Lehrwerks beigetragen haben.

sowieso

Deutsch als Fremdsprache für Jugendliche

Band 3: Materialien

Kursbuch 3	ISBN 3-468-47690-6
Cassette 3A (Kursbuch)	ISBN 3-468-47693-0
Arbeitsbuch 3	ISBN 3-468-47691-4
Cassette 3B (Arbeitsbuch)	ISBN 3-468-47694-9
Lehrerhandbuch 3	ISBN 3-468-47692-2
Glossar Deutsch–Englisch	ISBN 3-468-47696-5
Glossar Deutsch–Französisch	ISBN 3-468-47697-3
Glossar Deutsch–Italienisch	ISBN 3-468-47698-1

Symbole und Abkürzungen in *sowieso 3*

 diese Texte sind auf Audiocassette

 hier gibt es mehr Informationen in der „Systematischen Grammatik" im Arbeitsbuch

◆	Schlüssel		AB	Arbeitsbuch
S	Schülerinnen und Schüler		LHB	Lehrerinnen- und Lehrerhandbuch
KB	Kursbuch		E	Einheit

Dieses Lehrerhandbuch folgt der neuen Rechtschreibung entsprechend den amtlichen Richtlinien.

Umwelthinweis: gedruckt auf chlorfrei gebleichtem Papier

Druck:	5.	4.	3.	2.	1.	Letzte Zahlen
Jahr:	2000	99	98			maßgeblich

© 1998 Langenscheidt KG, Berlin und München

Druck: Druckhaus Langenscheidt, Berlin

Printed in Germany · ISBN 3-468-**47692**-2

Deutsch als Fremdsprache für Jugendliche

Lehrerhandbuch 3

Inhaltsverzeichnis

A   **Zur Einführung in die Arbeit mit** *sowieso 3* 4

B   **Hinweise für den Unterricht** 6

C   **Transkripte der Hörtexte von Kursbuch und Arbeitsbuch** 134

D   **Kopiervorlagen** 148

E   **Lösungsschlüssel für die Aufgaben des Arbeitsbuchs** 159

F   **Zur Verwendung des Internets bei der Arbeit mit** *sowieso 3* 169

     Anmerkungen und Tipps für Neueinsteiger in *sowieso 3* 177

A   Zur Einführung in die Arbeit mit *sowieso 3*

In dieser Einleitung finden Sie Anmerkungen zu den Grundprinzipien der Arbeit mit Fortgeschrittenen und Hinweise zur Kontinuität zwischen *sowieso 2* und *3*.

Falls Sie mit diesem Lehrwerkband auf Grundstufenbänden anderer Lehrwerke aufbauen, sollten Sie an dieser Stelle unbedingt die Hinweise im Abschnitt **„Anmerkungen und Tipps für Neueinsteiger in *sowieso 3*"** (S. 177ff.) beachten.

Sprachunterricht mit fortgeschrittenen Jugendlichen

Der dritte Band von *sowieso* wendet sich an Lernende, die bereits ca. 250 bis 300 Stunden Deutsch gehabt haben. Zu diesem Zeitpunkt sollten sie über ein aktives Grundvokabular von etwa 1000–1500 Wörtern verfügen, Grundkenntnisse über die deutsche Syntax und die Tempora, die Wortarten und Verbformen haben und mit Lerntechniken etwa in Bezug auf die Text- und die Wortschatzarbeit vertraut sein.

Auf dieser Stufe kann von den Lernenden erwartet werden, dass sie sich selbständig mit längeren Texten auseinandersetzen bzw. dazu die geeigneten Hilfsmittel heranziehen. Sie sollten darüber hinaus in der Lage sein, den eigenen Lernprozess zu evaluieren und an neue Anforderungen anzupassen.

Für die **Textarbeit** bedeutet dies, dass das Textangebot gegenüber den Vorgängerlehrwerken sowohl in Zahl als auch in Länge umfangreicher wird. Auch die Aufgabenformen „wachsen" mit. Während in den ersten Jahren des Deutschunterrichts im Verstehensbereich eher einfache Verstehensüberprüfungen überwiegen, wird von den Lernenden nun öfters verlangt, Informationen miteinander in Bezug zu setzen bzw. zum Schluss auch selbst Aufgabenstellungen zum Text zu entwickeln.

Je nach den Rahmenbedingungen des Deutschunterrichts gehört auf dieser Stufe der **Projektunterricht** zum methodischen Repertoire. Mehr dazu am Ende dieser Einleitung.

Zwar bietet das Kursbuch allein schon Material für mehr als 140 Stunden Unterricht aber dennoch ist das Lehrwerk auf dieser Stufe nicht mehr die einzige Quelle deutscher Texte. Von den Schülern wird erwartet, dass sie auch andere Medien und Quellen, wie z.B. deutschsprachige Radio- und Fernsehsender, Zeitungen und Zeitschriften oder das **Internet**, nutzen. Einige Hinweise zur Arbeit mit dem Internet finden Sie in Abschnitt F dieses Buches.

Im Mittelpunkt der **Grammatikarbeit** steht die Wiederholung, Festigung und schrittweise Erweiterung erlernter Strukturen und deren mündliche und schriftliche Verwendung in neuen Kontexten. Das selbständige Erarbeiten von Strukturen wird fortgeführt und vertieft.

Die **Dialogarbeit** unterscheidet sich auf dieser Stufe ebenfalls von der mit Sprachanfängern. Während im Anfängerunterricht das Sprechen miteinander und das Sprechen über Personen allgemein im Zentrum des Unterrichts steht, bestimmt das Sprechen über Inhalte, über Texte und Sachthemen die mündliche Spracharbeit mit Fortgeschrittenen.

Zur Kontinuität zwischen *sowieso 1, 2* und *3*

sowieso 3 baut in mehrfacher Hinsicht auf den ersten beiden Bänden auf.

Lexikalisch: Der halbfett gedruckte Wortschatz der Bände 1 und 2 wird im Band 3 vorausgesetzt und erweitert. Alle drei Bände enthalten jeweils pro Band zwischen 600 und 800 zu aktivierende Vokabeln und darüber hinaus etwa das doppelte an rezeptiv zu bewältigendem Wortschatz, der kursiv gedruckt ist. Die Unterscheidung zwischen aktivem und passivem Wortschatz ermöglicht uns, von Anfang an mit authentischen Texten zu arbeiten und ein größeres Wortschatzangebot zu machen, aus dem die Lernenden dann über die Minimalzahl hinaus ihren Wortschatz selbständig zusammenstellen und erweitern können. Ziel ist also nicht, alle abgedruckten Wörter aktiv zu lernen. Für die selbständige Wortschatzarbeit erhalten die Lernenden an vielen Stellen systematische Hilfen.

Thematisch: Wir greifen zum Teil Themen aus den Grundstufenbänden wieder auf und erweitern und vertiefen sie hier um neue und andere Aspekte. Beispiele: Technik, Reisen, Umwelt, persönliche Beziehungen, Medien (Computer). Der Band setzt insoweit die zyklische Themenprogression der ersten beiden Bände fort. Zusätzlich werden in diesem Band verstärkt Hinweise gegeben, wie eine themenbezogene Spracharbeit über das Lehrwerk hinaus möglich ist.

Unterrichtsorganisatorisch: Auch in Band 3 finden Sie relativ kurze Einheiten (jetzt 18 statt wie vorher 24), die die Lernenden durch einen häufigeren Themenwechsel motivieren sollen.

Aufgabenformen: Wie in *sowieso 1* und *2* gibt es auch wieder Aufgabenformen, die die Lernenden in Partnerarbeit steuern und die Lehrenden damit freisetzen, sich individuell um einzelne Lerner zu kümmern.

Lerntipps: Im Verlauf der Arbeit auf dieser Stufe werden die Schüler oft Gelegenheit haben, Lerntipps aus den vergangenen Bänden anzuwenden bzw. auch hier und da neue Lerntipps finden.

Kursbuch und Arbeitsbuch: Das Arbeitsbuch enthält weiterhin lektionsbegleitende Aufgaben und systematische Teile, die zum Teil unabhängig von den Lehrbucheinheiten ein Training zu den Lernstrategien anbieten. Darüber hinaus finden die Schüler einen zusammenfassenden Grammatikteil zum Lehrwerk, der auch zur eigenständigen Kontrolle von Aufgaben herangezogen werden kann. Wenn Sie möchten, können Sie die Lösungen zu den Aufgaben des Arbeitsbuchs, die in Anhang E abgedruckt sind, Ihren Lernenden zur eigenständigen Kontrolle geben.

Grammatik: Der Stellenwert der Grammatik in *sowieso 3* unterscheidet sich nicht von den Bänden 1 und 2. Die Lernenden benötigen tendenziell auf dieser Stufe eher weniger grammatische Hilfen als mehr. Wichtiger ist demgegenüber die Festigung und Wiederholung von bereits erlernten Mustern und Strukturen und ihre Anwendung in neuen, erweiterten Kontexten. Als Konsequenz enthalten viele Einheiten keine neuen grammatischen Schwerpunkte, sondern Wiederholungsanregungen und -aufgaben.

Interkulturelle Perspektive: Wo möglich haben wir versucht, die Sensibilität der Schüler für die Bedeutung anderer Sprachen und Kulturen und ihre Schnittstellen mit dem Deutschen anzuregen.

Zusammenfassung: *sowieso 3* führt die Philosophie und Konventionen der ersten Bände weiter, wobei neue Elemente hinzukommen. Das Training von Lernstrategien und Lerntechniken in den Bänden 1 und 2 ermöglicht nun im Band 3 längere unabhängige Phasen und das Anwenden von Strategien mehr und mehr in der selbständigen Verantwortung der Lernenden. Neben diesen Elementen der Kontinuität enthält *sowieso 3* auch eine Reihe neuer Elemente:
- Einbeziehen längerer literarischer Texte jeweils im Plateau mit Musteraufgaben zur Erarbeitung auch anderer literarischer Texte unabhängig vom Lehrwerk.

- Vertiefung des landeskundlichen Wissens und Erweiterung der interkulturellen Perspektive.
- Verstärkte Anleitung zur eigenständigen Textproduktion.
- Einbeziehung des Internets auch als landeskundliche Informationsquelle.
- Vermehrt Anstöße zur Projektarbeit.

Einige Anmerkungen zur Projektarbeit
Unter Projekten verstehen wir Aktivitäten, die sich über den unmittelbaren Bereich des Unterrichts mit dem Lehrwerk auf die Herstellung und „Veröffentlichung" eines gemeinsam erstellten Produktes beziehen: klassenintern, schulintern oder darüber hinaus.
Einige Beispiele für mögliche Unterrichtsprojekte in *sowieso 3* finden Sie in der folgenden Tabelle:

Einheit/Themen	Projektidee	Mögliche Produkte
Einheit 4 / Ausländer	Ausländer in deutschsprachigen Ländern und in unserem Land …	Schlagzeilen, Collage, Plakate …
Einheit 5 / Bildbeschreibungen	Bilder, die man mag, ausstellen und anderen erklären	Organisation einer Ausstellung
Einheit 7 und 8 / Berufe	Berufe, für die man Deutsch braucht; Praktikums-/Jobmöglichkeiten in deutschsprachigen Ländern	Zeitungsanzeigen, Collage, Fotos, Interviews
Einheit 9 / Technik, Erfindungen	Erfindungen aus dem eigenen Land sammeln und auf Deutsch vorstellen; mit einer Internetseite („Jugend forscht") arbeiten	Eine Erfindung machen und erklären
Einheit 10 / Geschichte	Die Geschichte meiner Schule bzw. meiner Stadt; Berührungspunkte zwischen der Geschichte meines Landes und der Geschichte deutschsprachiger Länder	Texte und Plakate, Dokumentation in Fotos und Kommentaren, Interviews …
Einheit 13 / Umwelt	Vorschläge zum Umweltschutz in der eigenen Schule machen	Umweltschutzplakat, Artikel (auf Deutsch) für die Schülerzeitschrift
Einheit 15 / Politik	Politik in unserer Klasse bzw. unserer Schule	Umfrage, Statistik
Einheit 16 / Computer, Schulen	Schulvergleiche mit Hilfe moderner Medien (Zum Internet s. Abschnitt F)	Kontakte mit einer deutschsprachigen Klasse etwa über das Jugendmagazin JUMA (http://www.juma.de) oder die Leitseite des Goethe-Instituts (http://www.goethe.de)
Einheit 17 / Musik	Deutsche Musik / Lieder usw. vorstellen	Liederabend, Weihnachtsfeier auf Deutsch, Liederheft
Einheit 18 / Kurszeitung	Den Kursalltag dokumentieren	Kurs(abschluss)zeitung, Radiosendung für „Radio *sowieso*", Fernsehsendung für „*sowieso* TV"

In den „Hinweisen für den Unterricht" finden Sie weitere Projektideen.

Wir wünschen Ihren Schülerinnen und Schülern und Ihnen viel Spaß bei der Arbeit mit *sowieso 3*.

Autoren, Redaktion und Verlag

B Hinweise für den Unterricht

	Inhalt	Kommunikation	Wortschatz
Einheit 1 Seite 10	*sowieso 3* kennen lernen	über Wünsche und Vorlieben sprechen	verschiedene Wortfelder au* sowieso 1* und *2* Grammatikwörter
Einheit 2 Seite 14	Zukunft: Pläne, Vorsätze, Prognosen Gründe für das Deutschlernen	über die Zukunft sprechen über Pläne und gute Vorsätze sprechen	
Einheit 3 Seite 18	Wetter und Klima Krankheit	über das Wetter sprechen über Krankheiten sprechen	Jahreszeiten, Wetterwörter, Krankheiten, Wetterkatastr phen
Einheit 4 Seite 26	Ausländer in Deutschland zwischen zwei Kulturen	Höflichkeit, Vermutungen ausdrücken	Statistik, Länderangaben (Ausländer)
Einheit 5 Seite 34	Zukunftsprognosen, Horoskope, Bildbeschreibung, Kurzgeschichte		
Einheit 6 Seite 38	Kurzgeschichte zum Thema „Vorurteile": *Spaghetti für zwei* von Federica de Cesco		
Einheit 7 Seite 42	Arbeit und Berufe: Berufspraktikum, sich selbständig machen	über Berufe sprechen etwas genauer beschreiben	Berufe, Berufsfelder
Einheit 8 Seite 50	Ferien auf dem Land, Hotel, Missverständnisse, interkulturelle Wahrnehmungen und Erfahrungen	über Missverständnisse sprechen Gesprächssituationen im Hotel Dialekt verstehen	Tiere, Bauernhof, Hotel, Tourismus
Einheit 9 Seite 58	Erfindungen und Erfinder Schokoladenherstellung	Herstellungsprozesse beschreiben sagen, wie etwas funktioniert	Technik, Erfindungen
Einheit 10 Seite 66	Geschichte – persönlich und politisch	über ein Kunstwerk sprechen über Vergangenheit sprechen	Politik, deutsche Geschicht

exte	Grammatik	Landeskunde	Lern- und Arbeitstechniken
extcollage	Wiederholungsübungen zu *sowieso 1* und *2*, Grammatik-begriffe		Wiederholung von Aufgabentypen aus *sowieso 1* und *2*
eitungstexte chüleräußerungen	Futur mit und ohne *werden* *einerseits – andererseits* Wiederholung: Zeitangaben	Fernsehen in Deutschland	eine Regel selbst finden Grammatikvergleiche Deutsch – Muttersprache
eitungsartikel, Dialoge, etterkarte, Gedichte, brüche	Sätze mit *ob* Sätze mit *wenn – dann* (Bedingungen) Wiederholung: Nebensätze	Gesprächsthema „Wetter" Wetter in Europa	Wortschatz erschließen Wörter sammeln und notieren (Wortgrafik) Arbeit mit Lerntipps (Wiederholung)
atistik, Magazinartikel, akat, Gedichte	Konjunktiv II	ausländische Mitbürger in Deutschland	
atistiken, Reportagen, ollage	Genitivattribut, Genitiv-*s* Relativsätze	Berufspraktika in Deutschland	mit einem einsprachigen Wörterbuch arbeiten eine Tabelle selbst erstellen eine Regel ergänzen
Iagazintext, Collage, prachführer, persönlicher eisebericht, Magazinartikel	Verben als Nomen Pronominaladverbien: *worauf – darauf...* Infinitiv mit um ... zu		einen Sprachführer anlegen Dialoge selbständig planen und üben
eitungsbericht, Reportage	Passiv (Präsens, Präteritum, Perfekt) untrennbare Verben Adjektivbildung: Suffixe Wiederholung: *um ... zu*, Konjunktiv II, Relativsätze		Grammatikregeln selbst finden Wortarten erkennen
iographie, Zeitleiste, edicht	Plusquamperfekt Zeitenfolge *als, während* + Genitiv Verb *lassen* Wiederholung: Zeitangaben, Präteritum	deutsche Geschichte im 20. Jahrhundert	eine Regel ergänzen

	Inhalt	Kommunikation	Wortschatz
Einheit 11 Seite 72	Spiele zur Grammatikwiederholung, Schreibspiel, Text zum Thema „Andere Länder, andere Sitten"		
Einheit 12 Seite 76	Auszüge aus einem Roman zum Thema „Arbeitswelt": *Die Blaufrau* von Ann Ladiges		
Einheit 13 Seite 82	Umweltprobleme, Aktionen für die Umwelt	Rollenspiel und Diskussion die eigene Meinung darstellen	Umwelt, Müll, Materialien
Einheit 14 Seite 90	Liebe und Freundschaft	Ratschläge zum Kennenlernen geben über Gedichte sprechen einen Liebesbrief schreiben	Gefühle
Einheit 15 Seite 96	Politikfelder, Frauen in der Politik, politisches System	über Politik sprechen eine Statistik interpretieren eine Kurzrede halten berichten, was andere gesagt haben	politische Institutionen
Einheit 16 Seite 102	Computer, Projekte im Internet zum Thema „Sprachen"	über Computer und Internet diskutieren kurze Texte schreiben	Computer, elektronische Datenverarbeitung
Einheit 17 Seite 108	Musik, Salzburg, Mozart, Musikinstrumente, Tanzschule	Vorlieben und Abneigungen ausdrücken ein Bild beschreiben	Musik, Musikinstrumente
Einheit 18 Seite 114	*sowieso* extrablatt – die Zeitung zum Lehrwerk, interkulturelle Bildgeschichte, Thema „Lesen und schreiben", Thema „Prüfen und testen"		

Alphabetisches Wörterverzeichnis
Seite 122

Quellenverzeichnis
Seite ••• (LHB)

xte	Grammatik	Landeskunde	Lern- und Arbeitstechniken
...kate, Zeitungsberichte, ... Lied, ein Gedicht	Satzverbindungen Passiv mit Modalverben *trotz, wegen* + Genitiv	Umweltprobleme/ Umweltschutz in D/A/CH	mit einer Textgrafik arbeiten
...n Liebeslied, Magazin-...ikel, Gedichte, Liebesbrief, ...mic	Partizip I Indefinitpronomen		
...agazinartikel, Zeitungs-...richt, Reportage, Statistik	Konjunktiv I indirekte Rede *um ... zu / damit*	politische Institutionen in Deutschland	Übungen selbst machen Kurzreden vorbereiten
...ektronische Post, Leitseiten ... Internet, Zeitungsartikel ...n Jugendlichen	Prowörter in Texten Wiederholung: Satzverbindungen, Adjektivendungen	deutschsprachige und internationale Kommunikation im Internet, Computerprojekte an Schulen in Deutschland	Wiederholung von Lerntipps zu den Themen „Schreiben" und „Texte planen" Englisch als Lernhilfe
...terview, Lied, Stadtplan, ...adtführung, Lexikonein-...ag, Biographie, Hörspiel-...sschnitte, Spiel, Jugend-...agazinartikel		Mozart und Salzburg Tanzschule	

Einheit 1

Inhalt
  sowieso 3 kennen lernen
Kommunikation
  über Wünsche und
  Vorlieben sprechen
Wortschatz
  verschiedene Wortfelder aus
  sowieso 1 und *2*
  Grammatikwörter
Texte
  Textcollage
Grammatik
  Wiederholungsübungen zu
  sowieso 1 und *2*, Grammatik-
  begriffe
Lern- und Arbeitstechniken
  Wiederholung von
  Aufgabentypen aus
  sowieso 1 und *2*

Allgemein:

In der ersten Einheit des Bandes 3 wird kein neues Thema
eingeführt, sondern es werden
die in den ersten beiden Bänden aufgegriffenen Themen
und grammatischen Begriffe
wiederholt, um die Schüler und
Schülerinnen auf ein gemeinsames Niveau zu bringen.

Eine weitere Aufgabe der
Einheit ist es, den Lernenden
einen Überblick über *sowieso 3*
und seine Themen zu geben.
Dabei können Sie herausfin-
den, welche Interessen und
Vorkenntnisse die Lernenden in
Bezug auf die Themen dieses
Bandes haben.

Seite 3 Bevor Sie mit der Colla-
gedoppelseite (S. 6–7) beginnen, sollten Sie mit Ihren Schülerinnen und Schülern kurz die
Seite 3 betrachten und über das
Motto, das wir *sowieso 3* vorangestellt haben, gemeinsam
nachdenken. Es handelt sich
um einen Ausspruch des chine-
sischen Philosophen Laotse.

A *sowieso 3* **auf einen Blick**

1–2 Die Schüler sehen sich
die Collage an und versuchen,
zu jeder Abbildung ein Thema
und einige Stichworte aufzu-
schreiben. Die Stichworte werden an der Tafel gesammelt,
thematisch geordnet und verglichen.

A   sowieso 3 auf einen Blick

1   Was kennst du? Was interessiert dich? Was fällt dir zu den Bildern ein?

6

Alternativen:

● Gruppenarbeit: Die
Schüler suchen sich eine Seite
aus dem Buch heraus, die
ihnen besonders gut gefällt.

● Die Schüler suchen die zu
den Bildausschnitten passenden Einheiten und berichten
kurz über deren Inhalte.

● Die Schüler wählen eine
Seite aus dem Buch aus, auf der
sie besonders viele Wörter kennen, und stellen dann bekannte
Wörter vor. Dieser Ansatz hat
den Vorteil, dass die Lernenden
das Buch als nicht zu schwer
erfahren und merken, dass sie
ihre Deutschkenntnisse schon
anwenden können.

◆ *Collage: Im Uhrzeigersinn
von links nach rechts:*

*Seite 6: Thema Ausländer (E 4).
Thema Politik (E 15). Thema
Geschichte (Reichstag) (E 10).
Thema Musik (E 17). Thema
Computer (E 16). Thema Tech-
nik, Praktikum (E 7).
Seite 7: Thema Wetter (E 3).
Thema Musikinstrumente
(E 17). Thema Politik (E 15).
Thema Arbeit, Technik (E 12).
Thema Umwelt, Greenpeace
(E 13). Thema Kunst, Malerei
(E 5).*

Ann Ladiges

rororo rotfuchs

Blaufrau

3

Die Tonaufnahme wird mehrfach vorgespielt und die
Schüler sammeln jeweils zu
zweit, was sie verstehen.
Nach dem letzten Vorspielen
versuchen sie, die Ausschnitte
den Abbildungen zuzuordnen.

◆   1) Foto Musiker (S. 6, r.u.),
2) Foto Automechaniker (S. 6,
l. Mitte), 3) Lexikon Quiz (S. 6,
l.u.), 4) Fliegender Robert (S. 7,
l.o.), 5) Heidelbergbild (S. 7,
l. Mitte)

2   Welcher Ausschnitt gehört zu welchem Thema?

Geschichte   Ausländer   Umweltschutz   Berufe
Literatur   Musik   Computer   Kunst   Politik

 3   Höre die Kassette. Was erkennst du? Was passt zu welchem Ausschnitt?

7

B Wiederholung: bekannte Wörter – neue Übungen

4–11 In diesen Arbeitsschritten greifen wir Aufgaben und Übungstypen auf, die die Schüler, sofern sie mit *sowieso 1* und *2* gearbeitet haben, schon kennen, und wiederholen damit Wortschatz, Dialogstrukturen und Grammatik. Übung zur systematischen Wortschatzarbeit.

4 Erinnern Sie die Schüler daran, dass das Ordnen von Wörtern beim Lernen hilft.
◆ Die vier Oberbegriffe heißen: *Getränke, Süßigkeiten, Fleisch, Gemüse.*
Die beiden Begriffe, die nicht passen, sind: *Pfeffer, Salz.*

5 ◆ Überschriften: *positiv – negativ* oder *gut – schlecht.*

6 Die Schüler sollen im Heft die Tabelle mit je drei Verben ergänzen. Verben aus allen Kategorien sind in den Bänden 1 und 2 eingeführt worden.

7 Die Übung dient dem Unterscheiden von Wörtern und Oberbegriffen.

◆ *a) Getränke: heiß – kalt*
b) Was man in der Schule tut: Deutsch: lesen, schreiben …; Sport: schwimmen, laufen …
c) Kleidung: Sommer – Winter
d) Zeit: Tag – Woche – Monat – Jahr; Sekunde – Minute – Stunde – Tag

8–9 In *sowieso 1* und *2* wurde öfters mit Dialogbaukästen gearbeitet. Die Schüler sollen die Sätze den drei Sprechabsichten zuordnen. In 9 können die Schüler diese Redemittel dann in freien Dialogen verwenden.

B Wiederholung: bekannte Wörter – neue Übungen

4 Essen und Trinken in Deutschland – Wörter aus *sowieso 1* und *2* wiederholen. Ordne die Wörter in vier Gruppen. Ein Wort in jeder Gruppe ist der Oberbegriff. Zwei Wörter passen in keine Gruppe.

Bier · Blumenkohl · Cola · Eis · Frikadellen · Gemüse · Gurken · Fleisch · Hamburger · Kaffee · Lammfleisch · Getränke · Mineralwasser · Pfeffer · Popcorn · Praline · Salz · Schinken · Schokolade · Süßigkeiten · Tee · Tomaten · Wurst · Zwiebeln

5 Kannst du die Adjektive in zwei Gruppen ordnen? Gib jeder Gruppe eine Überschrift.

böse · einsam · fantastisch · faul · glücklich · ideal · interessant · schrecklich · ungesund

6 Perfekt: Finde zu jeder Regel drei Verben.

ge -t	-ge-t	ge-en	-ge-en	-t
gearbeitet				

7 Wörter und Oberbegriffe finden.

a …

heiß	…
Kaffee	Mineralwasser
…	

b Was man in der Schule tut.

Schulfach: Deutsch	Schulfach: …
lesen	schwimmen
…	…
	…

c …

Sommer:	…
Badehose	Mantel
T-Shirt	…
…	…
…	…

d Zeit

…	Sekunde
Woche	…
…	…
Jahr	

8 Mit Dialogbaukästen arbeiten. Welche Sätze passen in welche Spalte?

Ich möchte nicht mehr als 90 Mark ausgeben. · Ja, die gefällt mir, die nehme ich. · Wo kann ich bezahlen? · Claudia hat erzählt, dass sie in den Ferien bei ihrer Oma war. · Hast du morgen Abend Zeit? · Ja, das geht. · Dirk findet, dass Fernsehen langweilig ist. · Unser Trainer sagt immer, dass wir uns mehr anstrengen müssen. · Gehst du am Samstag mit ins Konzert?

sich verabreden	einkaufen	berichten, was jemand gesagt hat

9 Schreibt einen Dialog und verwendet drei von den Sätzen aus eurem Dialogbaukasten.

8

B Arbeitsbuch
Wiederholungsrallye durch *sowieso 1* und *2*: Die ganze Einheit ist als ein Spiel aufgebaut, wobei sich die Lernenden selbst Punkte geben. Sprechen Sie in der Klasse die Spielregeln mit den Schülern durch.

Je nachdem, wie ernsthaft die Aufgaben durchgeführt werden, erhalten Sie eine

Sprachstandsdiagnose für Ihre Teilnehmer zu Beginn der Arbeit mit dem neuen Buch. Sie erhalten Hinweise auf Lernschwächen und notwendige Wiederholungsphasen während der Anfangsphase Ihrer Arbeit mit *sowieso 3*.

Falls ihre Schüler zum ersten Mal mit *sowieso* arbeiten, sollte diese Einheit ge-

meinsam im Kurs bearbeitet werden.

◆ *Lösungen und Auswertung zur „Rallye" stehen auf Seite 16 im Arbeitsbuch.*

10 Grammatiksprache: Hier findet ihr grammatische Begriffe aus *sowieso 1* **und** *2.*
Ordnet die Begriffe den Sätzen zu. Gruppe A: Sätze 1–10, Gruppe B: Sätze 11–20.

Tipp: Die unterstrichenen Satzteile helfen dir.

> *Satz 1: Akkusativergänzung*

1. Onkel Jo hat <u>einen Floh.</u>
2. Bitte <u>geben Sie</u> weniger Hausaufgaben!
3. Dr. Bornebusch hat <u>kein</u> Auto.
4. Am Wochenende hat <u>meine</u> Tante <u>unsere</u> Kaninchen gefüttert.
5. Sabine wartet auf Jürgen <u>hinter der</u> Sporthalle.
6. Am <u>25.12.</u> ist der <u>erste</u> Weihnachtsfeiertag.
7. In den Osterferien <u>waren</u> wir die ganze Zeit zu Hause.
8. Die kleinsten Hunde bellen <u>am lautesten.</u>
9. Ich <u>habe</u> es drei Stunden <u>probiert.</u> Du <u>hast</u> immer <u>telefoniert!</u>
10. Sie müssen <u>durch den</u> Wald gehen und dann <u>über die</u> Brücke.

11. Ich <u>kann</u> leider nicht mitkommen, ich <u>muss</u> noch Hausaufgaben machen.
12. Wann <u>kommt</u> ihr aus Wien <u>zurück?</u>
13. <u>Wie lange</u> muss ich eigentlich noch zur Schule gehen?
14. Peter ist gestern mit seinem <u>neuen</u> Fahrrad in die Schule gekommen.
15. Ich habe große <u>Lust</u>, mit dir in die Disco <u>zu</u> gehen.
16. Die Schüler <u>müssten</u> kürzere Ferien haben.
17. Daniel hat <u>seinen Freunden einen Witz</u> erzählt, aber sie haben nicht gelacht.
18. Irene war <u>seit</u> einem Monat nicht mehr in der Schule.
19. Ein Mann ging <u>in den</u> Wald. <u>Im</u> Wald, da war es kalt.
20. In Deutschland <u>ärgern sich</u> die Leute oft über das Wetter.

Possessivpronomen
Verneinung
Akkusativergänzung
Imperativ
Präteritum
Adjektivkomparation
Perfekt
Ordnungszahlen
Präpositionen mit Akkusativ
Präpositionen mit Dativ
Fragewörter mit W
trennbare Verben
Wechselpräpositionen
Adjektivendungen
Sätze mit Zeitangaben und Dativ
Infinitiv mit *zu*
Konjunktiv II
Modalverben
Reflexivpronomen und Akkusativ
Dativ- und Akkusativergänzung

11 Lesetexte: In dem Text sind vier „inhaltliche" Fehler.

Finde die falschen Wörter.
Wie heißen die Wörter richtig?

> Die Zeit vor Weihnachten, die „Vorweihnachtszeit", ist in Deutschland, Österreich und in der Schweiz fast genauso unwichtig wie das Weihnachtsfest selbst. Die Adventszeit beginnt vier Sonntage nach Weihnachten. Schon vorher, seit Mitte November, sind viele Städte mit Lichtern und Tannengrün dekoriert. Die meisten Familien haben keinen Adventskranz mit vier Kerzen. Jeden Sonntag wird eine Kerze mehr angezündet. Am vierten Advent brennen dann alle drei Kerzen.

9

---

10 Hier geht es darum, grammatische Begriffe zu erkennen und den jeweiligen Beispielen zuzuordnen. Um die Arbeit mit dieser Aufgabe nicht zu langwierig werden zu lassen, sollten die Schüler in zwei Gruppen arbeiten. Gruppe A beschäftigt sich mit den Sätzen 1 bis 10, Gruppe B mit den Sätzen 11 bis 20. Die Ergebnisse werden in der Klasse gemeinsam kontrolliert.
Falls Ihre Schüler oder einige davon *sowieso* noch nicht kennen, bietet diese Aufgabe einen ersten Anlass, einige grammatische Grundbegriffe bewusst zu machen.

◆ *1. Akkusativergänzung 2. Imperativ 3. Verneinung 4. Possessivpronomen 5. Präpositionen mit Dativ 6. Ordnungszahlen 7. Präteritum 8. Adjektivkomparation 9. Perfekt 10. Präpositionen mit Akkusativ 11. Modalverben 12. trennbare Verben 13. Fragewörter mit W 14. Adjektivendungen 15. Infinitiv mit zu 16. Konjunktiv II 17. Dativ- und Akkusativergänzung 18. Sätze mit Zeitangaben und Dativ 19. Wechselpräpositionen 20. Reflexivpronomen und Akkusativ*

Alternative
Arbeiten Sie mit **Kopiervorlage 1**. Unterstreichen Sie die entsprechenden Satzteile. Die Schüler nennen die Grammatikbegriffe, die sie selbst kennen, und tragen sie ein (Folie/Arbeitsblatt).

11 Aufgabe zum selektiven Lesen.
◆ 1) *wichtig* statt *unwichtig.* 2) *vor Weihnachten* nicht *nach Weihnachten* 3) *haben <u>einen</u> Adventskranz* 4) *alle <u>vier</u> Kerzen*

Didaktischer Hinweis: Arbeit mit Kopiervorlagen
Wir geben mit Kopiervorlage 1 und mit anderen in *sowieso 3* manchmal Hilfen, um die Aufgaben einfacher lösen zu können. Sie könnten als Konvention folgendes einführen: Die Aufgabe beginnt im Buch. An einem Tisch am Rande, an einer festgelegten Stelle in der Klasse, liegen jeweils die Kopiervorlagen, die Hilfen zur Durchführung der Übung, aus. Wenn die Lernenden ein Problem haben, können sie dort hingehen und können sich ein Arbeitsblatt holen und mit diesem Blatt weiterarbeiten. Das System kann man variieren, indem man verschiedene Hilfen zur Verfügung stellt (Wortschatz, Grammatik) oder auch unterschiedliche Grade von Hilfen auf verschiedenen Arbeitsblättern. Oft ist es ganz leicht, diese Hilfen durch ein bis zwei Kopierphasen zu differenzieren. D.h., man füllt das Blatt einfach weiter aus und kopiert es dann noch einmal.

Inhalt
Zukunft: Pläne, Vorsätze, Prognosen
Gründe für das Deutschlernen
Kommunikation
über die Zukunft sprechen
über Pläne und gute Vorsätze sprechen

Texte
Zeitungstexte
Schüleräußerungen
Grammatik
Futur mit und ohne *werden*
einerseits – andererseits
Wiederholung: Zeitangaben
Landeskunde
Fernsehen in Deutschland
Lern- und Arbeitstechniken
eine Regel selbst finden
Grammatikvergleiche
Deutsch – Muttersprache

Allgemein:
In dieser Einheit wird die Zeitform „Futur" eingeführt.

Aussagen, die sich auf die Zukunft beziehen, werden im Deutschen in der Regel mit der Präsensform des Verbs und einem Zeitadverb gemacht.

Die grammatische Form des Futurs (*werden* + Infinitiv) wird hauptsächlich benutzt, um Prognosen oder gute Vorsätze auszudrücken, nicht aber um einfache Zukunftsbedeutung zu markieren.

A Pläne und gute Vorsätze

Die grammatische Form stellt die Lernenden praktisch vor keine Verstehensprobleme. Lesen Sie zusammen in der Klasse den Einleitungstext und fragen Sie die Schüler, ob sie so etwas auch kennen und ob sie über so etwas auch sprechen.

1 Die Schüler lesen die Bildgeschichte und notieren, was das Mädchen weiter sagen könnte. Anschließend werden die Lösungen an der Tafel oder auf Folie präsentiert und die originellste Lösung wird ausgewählt.

A Pläne und gute Vorsätze

Menschen machen oft Pläne, weil sie etwas in ihrem Leben, in ihrem Alltag verändern wollen, zum Beispiel an der Arbeit, in der Schule oder in der Freizeit.
Sie wollen ihre Wohnung in Ordnung bringen, gesünder essen und mehr Sport treiben. Das sind „gute Vorsätze". Manchmal klappt es, manchmal klappt es nicht.

1 **Lies das Beispiel. Was sagt das Mädchen noch? Ergänzt den Text und vergleicht in der Klasse.**

2 **Was passt zusammen?**

Ich werde am Samstag meine Geburtstagsparty | lernen.
Ich werde nie mehr auf dich | mitbringen.
Für die nächste Arbeit werde ich mehr | schreiben.
Nächstes Jahr werde ich meinen Führerschein | feiern.
Ich werde dir aus Zürich zehn Kilo Pralinen | warten.
In Zukunft werde ich dir mehr | machen.

3 **Wann hast du gute Vorsätze?**
Nach den Ferien? An Neujahr?
Nach den Zeugnissen?
Frage auch deinen Nachbarn.

4 **Was willst du ändern? Schreibe einen guten Vorsatz auf einen Zettel. Der Sprachbaukasten hilft.**

Ich werde ab morgen	nicht mehr(so viel) viel mehr weniger öfter früher	Pommes frites essen. ausgehen. fernsehen. Freunde besuchen. aufstehen.
	anfangen, versuchen, aufhören,	positiver zu denken. meiner Mutter mehr zu helfen. zu …

5 **Sammelt die Zettel ein. Lest vor und ratet: Wer hat welchen Zettel geschrieben?**

10

2 Induktive Übung zum Kennenlernen der grammatischen Strukturen. Die Schüler sollen passende Sätze formulieren.
◆ Reihenfolge der Verben: *feiern, warten, lernen, machen, mitbringen, schreiben*

3 Gespräch im Kurs (evtl. auch in der Muttersprache).

4–5 Spielerischer Ansatz. Die Schüler schreiben mit Hilfe des Sprachbaukastens eigene Vorsätze auf einen Zettel.
Die Zettel werden eingesammelt und vorgelesen.
Die Schüler raten, wer welchen Zettel geschrieben hat.
Das kann besonders lustig sein, wenn die Schüler sich gut kennen und ihre jeweiligen Eigenarten und Wünsche vermuten können.

B Futur

6 Sieh dir die Sätze in Aufgabe 2 noch einmal an und ergänze die Regel im Heft.

So bildet man das Futur: ⬭ + ⬭

7 Schreibt die Konjugationstabelle von *werden* an die Tafel. Wo könnt ihr nachschlagen?

8 Ein Zeitungsartikel: Lest die Überschrift und sammelt Hypothesen. Was wird im Text stehen?

TV 2000: Wir werden weniger glotzen – aber trotzdem länger vor dem Bildschirm sitzen

Das Fernsehen verliert seinen Reiz

Schon in wenigen Jahren werden wir weniger fernsehen – aber trotzdem länger vor der Glotze sitzen. Während das Interesse an den herkömmlichen TV-Sendungen erlahmt, wird der Bildschirm als Kommunikationsmittel eine völlig neue Bedeutung erlangen: Er ersetzt dann Volkshochschulkurse, Versandhaus-Kataloge ...

Aus: AZ (Abendzeitung München) 10./11.12.1994

9 Hier sind fünf Thesen. Welche passen zum Text? Begründe deine Meinung mit dem Text.

1. In Zukunft werden die Menschen mehr fernsehen.
2. Mit dem Fernseher werden andere Aktivitäten möglich sein als heute.
3. Man wird mit dem Fernseher einkaufen können.
4. Die Menschen werden mehr zu Hause bleiben.
5. Wir werden Bücher und Zeitschriften am Bildschirm lesen.

Installation von Nam June Paik

1993 haben die Menschen in Deutschland durchschnittlich 33,6 Milliarden Stunden ferngesehen. In 10 Jahren werden es „nur" noch 27 Milliarden Stunden sein, ein Rückgang von rund 20%. Das hat jetzt die Telekom in einer Zukunftsstudie festgestellt. Andererseits wird der Fernseher zusammen mit Telefon, Kabelanschluss und Computer im Jahr 2004 zusätzlich 13 Milliarden Stunden laufen, aber jetzt als interaktives Kommunikationsmittel. Die Wege zur Bank, zum Supermarkt oder zur Volkshochschule werden überflüssig werden. Für viele Kurse, auch Sprachkurse, werden wir nur noch die Fernbedienung brauchen. Einerseits spart man so Zeit, andererseits droht aber der Verlust von persönlichen Kontakten. MK

10 Diskussion: Fernsehen zur Unterhaltung – Fernsehen als Kommunikationsmittel? Wie benutzt ihr den Fernseher?

11 Das war eine Prognose für das Jahr 2004. Wie ist es heute bei euch?

11

B Futur

Systematische Erarbeitung der grammatischen Form.

6 ◆ *werden* + Infinitiv

7 Arbeit mit der „Systematischen Grammatik" im Arbeitsbuch. Hier finden die Lernenden die Formen von *werden*.

Nehmen Sie diese Aufgabe ggf. zum Anlass, mit den Schülern den Aufbau und die Angebote des Arbeitsbuchs genauer durchzusprechen.

8 Erarbeitung eines Zeitungsartikels, in dem die grammatische Form des Futurs für Prognosen benutzt wird.

9 Partnerarbeit: Die Lernenden finden heraus, welche Thesen zum Text passen.
◆ *1. ist falsch; 2., 3. und 4. sind im Text repräsentiert; 5. kann man akzeptieren.*

Falls die Lernenden Interesse an dem Foto von der Installation des japanischen Künstlers haben, können Sie etwas näher darauf eingehen. Fragen:
Warum verwendet der Künstler Fernsehgeräte in dieser Weise? Was empfindet ihr beim Betrachten der Installation? Welche Wörter fallen euch spontan ein?

10 Zur Vorbereitung der Diskussion können Sie in kleinen Gruppen Wortschatz sammeln lassen. Das Thema Fernsehen wurde bereits in den ersten *sowieso*-Bänden ausführlich behandelt (Wiederholungsanlass).

11 Sie können zu dieser Aufgabe kurze Texte schreiben lassen.

12–13 *Einerseits – andererseits* ist eine Struktur, die in argumentativen Texten oft verwendet wird. Die Konjunktionen tauchen im Haupt- und Nebensatz auf, verbinden aber auch oft Textelemente über Satzgrenzen hinweg.

In Aufgabe 12 wird die Regel entwickelt und in Aufgabe 13 die Struktur auf Beispiele aus anderen Themenbereichen angewendet.

14 Hier werden die beiden Möglichkeiten, im Deutschen über die Zukunft zu sprechen, nebeneinander gestellt. Machen Sie klar, dass die Variante Präsens + Zeitangabe in der gesprochenen Sprache die häufigere ist.

Vergleichen Sie dies mit den Möglichkeiten des Sprechens über die Zukunft in der Muttersprache der Schüler und ggf. in anderen Fremdsprachen, die die Schüler bereits kennen.

Diese Form des Vergleichs auf der Basis der Bedeutung, nicht auf der der konkreten grammatischen Form ist in *sowieso 3* ein mögliches Modell auch bei der Arbeit mit anderen Grammatikstrukturen.

Der Vergleich sollte jedoch immer erst dann stattfinden, wenn die Struktur auf Deutsch beherrscht wird, nicht vorher.

15 Umformulieren in einfache Sätze im Präsens mit Zeitangabe.

2

12 Zukunftsentwicklungen: Vorteile und Nachteile besprechen.

einerseits
1. Einerseits muss man nicht mehr in die Geschäfte laufen, …
2. Einerseits kann man am Bildschirm bequem lernen, …
3. Einerseits ist das Arbeiten im Sitzen sehr bequem, …
4. Einerseits hat man durch den Computer weniger direkte Kontakte, …

andererseits
a. … andererseits fehlt der Kontakt in der Klasse.
b. … andererseits sollten sich die Menschen mehr bewegen.
c. … andererseits ist Computerarbeit sehr effektiv.
d. … andererseits verlieren sicher viele Menschen ihren Arbeitsplatz.

Beispiel:
einerseits + (Verb)
Einerseits macht Arbeit Spaß,

andererseits + (Verb)
andererseits ist Arbeit oft Stress.

13 Schreibe ganze Sätze mit *einerseits – andererseits*, wie im Beispiel vorgegeben.

viel üben · Schokolade · gut schmecken · Autos praktisch · Computerspiele · viel Zeit kosten · gute Noten · viele Kalorien · schlecht für die Umwelt · großen Spaß machen · …

Einerseits muss man viel üben, andererseits bekommt man gute Noten.

14 Über Zukunft sprechen – so oder so:

1. So: Morgen werde ich meine Oma besuchen. (Futur mit "werden" + Infinitiv)
2. Oder so: Morgen besuche ich meine Oma. (Präsens)

In vielen Sprachen muss man eine Verbform für das Futur benutzen. Auf Deutsch kann man auch das Präsens verwenden. *Werden* + Infinitiv benutzt man nur, wenn man etwas besonders betonen will oder eine Prognose macht.

Amanha vou visitar minha avó.

Domani vado a trovare mia nonna.

Tomorrow I'm going to visit my grandmother.

Deutsch ist aber einfach!!

Wie ist das in eurer Muttersprache?

15 Zukunft ausdrücken ohne *werden*. Lest die Sätze aus Aufgabe 2 vor: Ich feiere am Samstag …

12

16 Zukunft mit Zeitangaben: Was wird passieren? Ergänze die Sätze.

a In fünf Minuten ... · **b** In einer Stunde ... · **c** Heute Nachmittag ... · **d** Morgen Vormittag ... ·
e Übermorgen ... · **f** Nächste Woche ... · **g** In 14 Tagen ... · **h** Nach der Schule ... · **i** In drei ...

17 Wiederholung – Du kennst jetzt vier Zeiten: Präsens, ...

18 Zwei Sätze – vier Zeiten. Schreibt die Sätze
in allen vier Zeiten auf. Arbeitet zu zweit.

1. Klaus spielt Fußball.
2. Erika ist nach Amerika gefahren.

19 Ergänzt die Sätze aus Aufgabe 18 mit Zeitangaben, Ortsangaben, anderen Personen, Adjektiven.

Letzte Woche hat Klaus mit seinen ...

C Wozu kann man Deutsch gebrauchen? Drei Jugendliche berichten

Millionen von Schülern lernen in Deutschland Fremdsprachen. Meistens
Englisch und Französisch. Sie haben genauso viele Probleme wie ihr mit
Deutsch. Manchmal sogar noch mehr. Aber manchmal machen Fremdsprachen auch Spaß. Drei Schüler haben im Radioclub erzählt, wie sie
ihre Fremdsprachenkenntnisse verwenden.

20 Einen Hörtext vorbereiten: Schließt das Buch. Eure Lehrerin diktiert euch zu jedem Hörtext fünf
Stichwörter. Sprecht über die Stichwörter.

21 Hört die Kassette und notiert weitere Stichwörter.

22 Lest die Texte und vergleicht mit der Kassette. Eine Information in jedem Text ist falsch.

**Marco Madonia,
Frankfurt**

Letztes Jahr war
ich mit meinen
Eltern auf einem
Campingplatz bei
Avignon in Süd-
frankreich. Dort gibt es viele deutsche Touristen. Ich habe gehört, wie
ein deutsches Ehepaar versucht hat,
in einem Restaurant etwas zu bestellen. Ich konnte ihnen helfen und
ihnen sagen, was die Spezialität der
Region ist. Sie waren sehr froh und
haben mich und meine Schwester
am nächsten Nachmittag zu einem
großen Eisbecher eingeladen. Tja,
da haben sich meine Französischkenntnisse gelohnt!

**Christina Wolf,
Wiesbaden**

Also, ich habe
jetzt schon einige
Filme auf Eng-
lisch im Fernse-
hen gesehen. Ich
bin immer total erstaunt, wie anders
die Stimmen der Schauspieler auf
Englisch klingen. Manchmal finde
ich die deutsche Stimme interessanter, manchmal die englische. Bei unserem Fernsehgerät kann man bei
vielen Filmen zwischen der englischen und der deutschen Sprache
wählen. Ich höre dann ein Stück auf
Deutsch und ein Stück auf Englisch.
Das ist total langweilig.

**Sebastian
Hagelberg,
Rostock**

Ich lerne jetzt
seit zwei Jahren
in unserem Gym-
nasium Polnisch.
Bis jetzt habe ich es nur im Unterricht gebraucht. Ein Austauschprogramm haben wir noch nicht. Aber
wir werden in zwei Monaten mit unserer Polnischlehrerin nach Warschau
fahren. Ich habe auch viel über
Polen gelesen, auf Deutsch. Ich glaube, die Jugendlichen leben dort ein
bisschen anders als bei uns. Manche
Dinge sind auch gleich, Sport und
Hobbys zum Beispiel. Ich freue mich
schon auf die Fahrt.

23 Besprecht in Gruppen: Wann habt ihr schon Fremdsprachenkenntnisse gebraucht? Wo und wozu?

13

---

16 Freiere Aufgabe. Vergleichen Sie die Ergebnisse im
Kurs.

17–19 Systematische Vor-
übungen auch zum Schreiben.
Wiederholung des Zeiten-
systems: *Präsens, Präteritum,
Perfekt, Futur.*
Die Basissätze aus Aufgabe
18 bauen die Schüler zu kom-
plexeren Äußerungen aus. Sie
verwenden dazu zusätzliche
Informationen und müssen sie
an der korrekten Stelle im Satz
einfügen.

**C Wozu kann man Deutsch
gebrauchen? ...**

Lesen Sie gemeinsam den Text
im Kasten.

20 Sie können die folgenden
Stichwörter verwenden:
*Marco: Campingplatz, Frank-
reich, Restaurant, bestellen,
helfen*
*Christina: Filme, Fernsehen,
Stimmen, Englisch, Deutsch,
Gymnasium*
*Sebastian: Polnisch, Austausch-
programm, Jugendliche, Hobbys*

21
Nachdem Sie die Stichwörter
diktiert und darüber gesprochen haben (Texthypothesen),
hören die Schüler die Tonaufnahme zum ersten Mal und notieren weitere Stichwörter. Sie
können arbeitsteilig vorgehen,
d.h., jeweils eine Gruppe von
Jugendlichen achtet nur auf ein
Interview.

22 Die Schüler lesen die Texte und hören anschließend die
Tonaufnahme noch einmal. Sie
finden jeweils die Information,
die zwischen Text und Aufnahme abweicht.

◆ Abweichungen: *1) am
nächsten Abend, 2) das ist total
interessant, 3) auf Polnisch*

23 Vergleich des Inhalts der
Interviews bzw. Aussagen mit
den eigenen Erfahrungen.
Diskussionsfragen:
*Wozu habt Ihr Deutsch oder
andere Fremdsprachen ge-
braucht? Im eigenen Land? Im
Ausland? Habt ihr jemandem
helfen können?*

Einheit 3

Inhalt
Wetter und Klima
Krankheit
Kommunikation
über das Wetter sprechen
über Krankheiten sprechen
Wortschatz
Jahreszeiten, Wetterwörter,
Krankheiten, Wetterkata-
strophen
Texte
Zeitungsartikel, Dialoge,
Wetterkarte, Gedichte,
Sprüche
Grammatik
Sätze mit *ob*
Sätze mit *wenn – dann*
(Bedingungen)
Wiederholung: Nebensätze
Landeskunde
Gesprächsthema „Wetter"
Wetter in Europa
Lern- und Arbeitstechniken
Wortschatz erschließen
Wörter sammeln und notie-
ren (Wortgrafik)
Arbeit mit Lerntipps (Wie-
derholung)

Allgemein:
Im Mittelpunkt dieser Einheit
steht das Thema „Wetter". Es ist
wohl das häufigste Small-talk-
Thema in Mitteleuropa. Man
spricht oft über das Wetter, um
ein Gespräch zu eröffnen.
Wichtig ist dabei weniger, was
über das Wetter gesagt wird, als
vielmehr die soziale Funktion
des Themas als Gesprächs-
eröffnung. Im Gespräch wird
„Wetter" oft mit dem Thema
„Krankheit" (Grippe, Erkältung)
verbunden.

A Über das Wetter reden

1 Die drei Laterna-magica-
Bilder verbinden die Themen
„Wetter" und Jahreszeiten.
Bild 1 zeigt Schlittschuhläu-
fer auf einem zugefrorenen
Fluss. Hier wird der Winter mit
seinen Freuden, aber auch Gefahren symbolisiert. Bild 2 und
3 repräsentieren die wärmeren
Jahreszeiten, in denen es die
Menschen ins Freie zum Wandern zieht und die Zugvögel
nach Mitteleuropa zurückkeh-
ren und hier ihre Nester bauen.
Lassen Sie die Schüler Asso-
ziationen zu den Bildern sammeln. Die visualisierten Wetterwörter helfen dabei.

A Über das Wetter reden

1 Wetterwörter: Welche Wörter passen zu den Zeichnungen?

heiter wolkig bedeckt Schauer Regen Gewitter (Blitz+Donner) Schnee Nebel Wind (km/h)

2 Welche Wörter braucht man bei euch oft? Welche nicht?

 3 Wir haben ausländische Studenten gefragt:
Wie findet ihr das Wetter in Deutschland?
Hört die Kassette und notiert, was sie gut und
nicht so gut finden.

 4 In Mitteleuropa wechselt das Wetter häufig. Vielleicht ist es deshalb ein typisches Thema, wenn
man ein Gespräch anfangen will. Alle reden über
das Wetter.
So beginnen oft Gespräche. Hört die Kassette
und übt die Intonation.

○ Ein Sauwetter,
findest du nicht?
● Typisch Wochenen-
de! Am Montag
wird es bestimmt
wieder schöner.

○ Morgen soll es
regnen.
● Dann machen wir
die Grillparty näch-
sten Samstag.

○ Tolles Wetter heute!
● Mir ist es egal, ob
die Sonne scheint
oder nicht. Ich muss
für den Test lernen.

○ Puh, ist das eine
Hitze heute!
● Sei doch froh! Wenn
es kalt ist, bist du
auch nicht zufrieden.

5 Was sind beliebte Themen in deinem Land,
wenn man ein Gespräch beginnt?
Wetter? Essen? Gesundheit?

14

„Wenn man bei uns ein Gespräch beginnt,
redet man meistens über das Essen, nicht
über das Wetter." **Ong May Anne, Singapur**

Welche Symbole kennen die
Schüler, welche kennen sie
nicht? Welche Wörter erkennen
sie sofort, welche machen Probleme?
2 Diese Aufgabe ist interessant, wenn Sie in einer Region
leben, deren Wetter sich stark
vom Wetter in Mitteleuropa unterscheidet.

3
Die Studentin links im Bild
heißt Anurada und kommt aus
Indien, die Studentin rechts ist
Emer aus Irland.
Lassen Sie die Schüler
zunächst überlegen, was die
beiden Studentinnen sagen
könnten. Welche Wörter könnten sie verwenden? Worum
geht es in dem Text?
Spielen Sie dann die Tonauf-

nahme vor und lassen Sie
nacheinander zu den Aussagen
der ersten und zweiten Studentin Notizen machen.
Variante: Fragen Sie die
Schüler: *Was würden die Studentinnen erzählen, wenn sie
bei euch zu Besuch wären?*

4
Typische Dialoge zum Thema
„Wetter". Achten Sie auf die
Intonation.

6 Eine Wetterkarte aus der Zeitung: Zu welcher Jahreszeit könnte sie passen? Wo ist es am wärmsten, am kältesten, am schönsten …?

7 Ein Spiel: Ein Schüler nennt einen Ort aus der Karte oder aus der Tabelle – ein anderer sagt, wie das Wetter dort ist bzw. war.

8 Wie war das Wetter gestern in … ?

a In Oslo waren es gestern …
b In Tunis hat es …
c In Malaga war schönes …
d In Rom war es …
e In Zürich gab es …

9 Wetter im Radio: Lies die fünf Aussagen über das Wetter morgen. Höre die Prognose im Radio. Was hast du gehört?

a Bedeckt und regnerisch bei Temperaturen um 0 Grad.
b Schneefall und Temperaturen von 2 bis 5 Grad.
c Es wird warm.
d In der Nacht gehen die Temperaturen zurück bis minus drei Grad.
e In den nächsten Tagen kalt, am Montag wärmer.

10 Reisewetterbericht am Wochenende im Radio: viele Orte, viele Zahlen, viele Informationen. Überlege: Was willst du verstehen? Welche Strategie hilft dir?

11 Die „Wetterverben" mit *es*: Arbeite mit dem Wörterbuch.

Es s... Es r... Es b... Es d... KAWUMM

Es hagelt. Es ist schön. Es ist h... Es ist k...

15

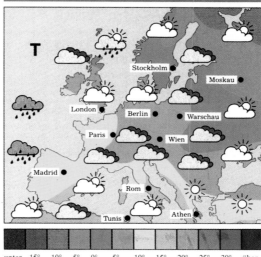

WETTERLAGE EUROPA

T

Stockholm · Moskau · London · Berlin · Warschau · Paris · Wien · Madrid · Rom · Tunis · Athen

| unter −15° | −15° bis −10° | −10° bis −5° | −5° bis 0° | 0° bis 5° | 5° bis 10° | 10° bis 15° | 15° bis 20° | 20° bis 25° | 25° bis 30° | 30° bis 35° | über 35° |

Das Wetter von gestern 14.00 Uhr

Amsterdam	stark bew.	7°	Lissabon	Regen	16°	Paris	Regen	8°
Athen	wolkig	13°	London	st. bew.	9°	Prag	bedeckt	1°
Barcelona	wolkig	12°	Malaga	heiter	16°	Rom	bedeckt	15°
Berlin	wolkig	1°	Mallorca	wolkig	15°	Stockholm	bedeckt	0°
Bozen	bedeckt	5°	Moskau	wolkig	−9°	Tel Aviv	wolkig	17°
Hamburg	bedeckt	2°	München	bedeckt	0°	Tunis	Regen	13°
Kassel	bedeckt	1°	New York	nicht gem.		Venedig	bedeckt	13°
Kopenhag.	bedeckt	2°	Nizza	wolkig	5°	Wien	bedeckt	3°
Las Palmas	bedeckt	14°	Oslo	wolkig	0°	Zürich	Nebel	1°

---

6 Die Wetterkarte zeigt typisches Herbstwetter in Europa. In Nordeuropa ist es schon sehr kühl, am Mittelmeer noch relativ warm. Besprechen Sie die Karte im Kurs.

7–8 Die Aufgaben 7 und 8 gehören zusammen. Partnerarbeit: Beginnen Sie mit der Wetterkarte: Stockholm, Berlin, Warschau usw. Erinnern Sie vorher an die Wetterwörter aus Aufgabe 1 (Symbole).

Die Zeichnung bezieht sich auf Aufgabe 8. Üben Sie jetzt weiter mit der Tabelle. Die Satzanfänge a–e geben unterschiedliche Muster vor.

9

Arbeit mit einem authentischen Text. Die Schüler ordnen die korrekte Nummer zu. Zuerst lesen sie die Angaben a–e, ordnen dann die Prognose zu.

◆ *b, d, e*

10

Das „Europawetter" im Radio wird meistens sehr schnell gesprochen. Sprechen Sie mit den Schülern über die Hörstrategien für solche Textsorten. Was ist zu erwarten (Ländernamen, Temperaturen …)? Worauf muss man achten? (Welche Region interessiert mich?) Entwickeln Sie dann mit den Schülern zusammen einen Raster zum Eintragen der Notizen. Diese Vorlage könnte etwa so aussehen:

Region	schön	schlecht	Temperatur Luft	Wasser

11 Hier geht es um Verben, die *es* als Subjekt haben, sogenannte nullwertige Verben.
◆ *Es schneit. Es regnet. Es blitzt. Es donnert. Es ist heiß. Es ist kalt.*

Vergleichen Sie diese Konstruktionen mit den Entsprechungen in der Muttersprache der Schüler und Schülerinnen.

Tipp: Übertriebene Aussprache ist in diesem Kontext meistens genau richtig.

5 Wetter, Essen und Gesundheit sind interkulturell erfahrungsgemäß sehr produktive Themen. Was sind typische Gesprächseröffnungen der Region/Kultur der Schüler und Schülerinnen?

Landeskunde: Wetterhäuschen
In diesem Häuschen gibt es einen Mann und eine Frau. Je nachdem, ob das Wetter schöner oder schlechter wird, bewirkt ein Mechanismus, dass entweder die Frau (bei schönem Wetter) oder der Mann (bei schlechtem Wetter) vor das Haus tritt. Es handelt sich um ein Barometer.

12 Anleitung zum Erarbeiten und Strukturieren von Wortfeldern. Die Grafik kann auf „Lernplakaten" weiter ausgebaut werden.

13 Beispiele:
Wörter immer in Gruppen lernen. Wörter im Kontext lernen.
Wenn Ihre Schüler *sowieso* noch nicht kennen, sollten Sie hier einige Lerntipps zum Thema „Wortschatzarbeit" aus den ersten beiden Bänden vorgeben und darüber gemeinsam sprechen (s. auch unten, 17).

B Wetter-Bedingungen: Sätze mit *wenn – dann*

14 Einstieg in die Arbeit mit der grammatischen Struktur über eine Zuordnungsaufgabe, bei der nur die passenden Bedeutungen gefunden werden müssen.

15 Partnerarbeit: Die Aufgabe soll die Änderung der Wortstellung bewusst machen.

16 Anwendung der Struktur. Ggf. zu zweit bearbeiten lassen.

17 Verbindung der Struktur mit einigen Lerntipps, die die Schüler bereits kennen.

12 Wetterwörter sammeln und ordnen:
Arbeitet in Gruppen, macht einen Vorschlag und vergleicht die Ergebnisse.

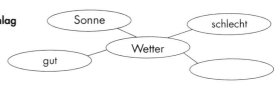

13 Schreibe einen Lerntipp zu Aufgabe 12.

B Wetter-Bedingungen: Sätze mit *wenn – dann*

14 Verbinde die Satzteile zu ganzen Sätzen.

Wenn es am Wochenende schneit, …	… gehen wir ins Schwimmbad.
Wenn die Sonne scheint, …	… könnten wir Ski fahren.
Wenn es zu kalt ist, …	… musst du vorsichtig fahren.
Wenn es glatt ist, …	… leihe ich dir meinen Schirm.
Wenn es regnet, …	… bleiben wir zu Hause.

Wenn es regnet, (dann) leihe ich dir meinen Schirm.

15 Sätze mit *wenn* am Satzanfang: Wie verändert sich die Wortstellung?

Die Sonne   scheint .   Wir   gehen   ins Schwimmbad.

Wenn   die Sonne   scheint ,   gehen   wir ins Schwimmbad.

16 Ein Tag: Ergänze die Sätze.

a Wenn der Wecker klingelt, … · **b** Wenn ich geduscht habe, … · **c** Wenn es kalt ist, … · **d** Wenn es warm ist, … · **e** Wenn ich den Bus verpasst habe, … · **f** Wenn ich zu spät in den Unterricht komme, … · **g** Wenn ich die Hausaufgaben gemacht habe, … · **h** Wenn wir Pause haben, … · **i** Wenn die Schule aus ist, … · **j** …

17 Gute Bedingungen für das Lernen: Ergänze die Lerntipps.

1. Wenn ich … lerne, arbeite ich immer mit der Wortschatzkiste.
2. Wenn ich Dialoge …, dann arbeite ich oft mit einem Partner.
3. Wenn ich einen …, versuche ich es zuerst ohne Wörterbuch.
4. Wenn ich müde bin, dann mache ich eine …
5. … Test vorbereite, mache ich mir einen Plan.
6. … Aussprache übe, dann arbeite ich meistens … Kassettenrecorder.
7. …

16

A Arbeitsbuch
Die Wortfelder „Wetter", „Kleidung", „Körperteile" und „Krankheiten" werden wieder aufgegriffen.
1. Dialogarbeit.
2. Systematische Wortschatzarbeit. Wetterverben.
3. Adjektive: Antonyme.
4. Wiederholung: Kleidungsstücke.

5. Kreuzworträtsel zu Wetterwörtern.
6. Aussagen zum Thema „Wetter und Kleidung" formulieren.
7.–10. Hörverstehen. Evtl. im Unterricht vorbereiten.

B Arbeitsbuch
11.–12. Üben der *wenn*-Sätze und der indirekten Frageformen.

![3](top-right chapter marker)

18 Nebensätze mit *ob*: Vergleiche die Dialoge.

Dialog 1
○ Weißt du, wann Astrid heute kommt?
● Ich glaube, um acht.

Dialog 2
○ Weißt du, ob Astrid heute kommt?
● Nein, sie kommt morgen Abend.

Dialog 3
○ Peter hat angerufen.
● Und – was hat er gesagt?
○ Er hat gefragt, wann du mit ihm ins Kino gehen willst.

Dialog 4
○ Peter hat angerufen.
● Und – was hat er gesagt?
○ Er hat gefragt, ob du mit ihm ins Kino gehen willst.

Indirekte Fragen mit *ob* – Man muss sich entscheiden: ja oder nein.

Mir ist es egal, ob es regnet oder schneit oder ob die Sonne scheint. Es gibt kein schlechtes Wetter. Es gibt nur schlechte Kleidung!

19 Ergänze die Satzanfänge rechts, so dass sie zu den Fragen links passen. Es gibt viele Möglichkeiten.

Ich weiß nicht, wie viel Uhr es ist. Ich weiß nicht, ob es morgen regnet.

Fragen	Satzanfänge
Wie viel Uhr ist es?	Ich weiß nicht,
Regnet es morgen?	Kannst du mir sagen,
Was bringt die Zukunft?	Claudia fragt ihre Mutter,
Wie funktioniert der Drucker?	Niemand weiß,
Darf ich mit Jens ins Kino gehen?	Mir ist es egal,
Warum lerne ich Deutsch?	Ich frage mich manchmal,
Sind Hausaufgaben sinnvoll?	…

20 Wiederholung „Nebensätze": Schreibe ganze Sätze. Es gibt verschiedene Möglichkeiten.

Ich kann nicht mitkommen,	weil	ich krank sein
Meine Mutter hat gesagt,	ob	ich im Bett bleiben müssen
Viele Schüler wissen nicht,		sie richtig lernen sollen
Eva fragt sich manchmal,	wenn	Klaus sie lieben
Mein Vater hat sich ein neues Fahrrad gekauft,		sein altes Fahrrad kaputt sein
Am Wochenende gehen wir immer wandern,	dass	die Sonne scheinen
Meine Eltern wollen es immer wissen,	wie	ich abends weggehen
Markus hat Katharina gefragt,		sie ins Konzert mitgehen

17

18 Klären Sie zunächst das inhaltliche Verständnis der Sprechblase.

Die Satzstruktur ist bekannt. Aus dem Vergleich der Dialoge können die Schüler die Funktion der Nebensätze mit *ob* erschließen (Ja/Nein-Fragen).

Lassen Sie die Dialoge mit verteilten Rollen vortragen.

19 Partnerarbeit: Eigentlich sollten die Schüler selbst herausfinden, dass in W-Fragen keine Nebensätze mit *ob* möglich sind. Falls sie jedoch Schwierigkeiten haben, geben Sie Hilfestellungen, indem Sie eine W-Frage und eine Ja/Nein-Frage mit den entsprechenden Antworten an der Tafel kontrastieren.

20 Gesamtwiederholung der bisher eingeführten Nebensatzmuster.

Es gibt verschiedene sinnvolle Lösungsmöglichkeiten.

Left margin column

C Das Wetter: Gedichte und Reime

21 Die beiden hier abgedruckten Bauernregeln sind eigentlich keine, sondern ironisch abgewandelte Formen (s.u.).

22 Die grammatisch korrekte Form der aus Reimgründen abgewandelten „Regeln" wäre:
Wenn der Hahn auf dem Mist kräht, ändert sich das Wetter oder es bleibt, wie es ist.
Wenn es im Mai regnet, ist der April vorbei.

Landeskunde: Bauernregeln
Man geht davon aus, dass die Bauern besonders viel über das Wetter wissen und sprechen, weil ihre landwirtschaftliche Produktion abhängig vom Wetter ist.
Hier eine echte Bauernregel: Ist der Mai kühl und nass, füllt's dem Bauer Scheuer und Fass.

23–26 Wetter und Jahreszeiten sind oft Gegenstand literarischer Texte. Wir stellen dazu ein modernes und zwei traditionelle Beispiele vor.

23 [ ]
Die Wörter sind klein- und zusammengeschrieben, weil dies der Aussage des Gedichtes entspricht. Sie rücken dichter zusammen, weil es so kalt ist.
Winter, du kannst uns mal heißt *Winter, du kannst uns mal gern haben,* d.h.: Der Winter kann uns nichts anhaben, der Winter kann uns nichts antun.

24 Je nach Region, in der unterrichtet wird, eine Frage, die anders beantwortet wird. In Deutschland wäre das Stichwort Spätsommer/Herbst: Ernte, Farben, Ende des Sommers, Nebel, kühl.

25 [ ]
Leider werden heute kaum noch Gedichte auswendig gelernt. Dabei gibt gerade der Vortrag eines Gedichtes einen Zugang zur Ästhetik einer Sprache, der mit wenig anderen Textsorten in dieser Weise erfahrbar ist. Viele Schüler lernen auch durchaus gern auswendig, wenn es nicht unter Zwang ge-

Main column

C Das Wetter: Gedichte und Reime

21 Bauernregeln: Gibt es das bei euch auch?

> Wenn der Hahn kräht auf dem Mist,
> ändert sich das Wetter oder es bleibt, wie es ist.

> Wenn es regnet im Mai, ist der April vorbei.

22 Sprichwörter und Gedichte haben oft eine „falsche" Grammatik. Schreibt die Bauernregeln grammatisch richtig auf.

 23 Gedichte über Wetter und Jahreszeiten: Höre das Gedicht von der Kassette. Lies es vor. Warum ist alles klein- und zusammengeschrieben?

Hans-Curt Flemming
winterliebesgedicht

weilessokaltist
ziehensichdiewörterzusammen
aufdempapier
undwir
rückenauchganznah
zusammen
dannkönnenwiruns
liebenundwärmen

winterdukannstunsmal

24 September: Welche Wörter fallen dir zu diesem Monat ein? Wie ist das Wetter?

Eduard Mörike
Septembermorgen

Im Nebel ruhet noch die Welt,
noch träumen Wald und Wiesen:
bald siehst du, wenn der Schleier fällt,
den blauen Himmel unverstellt,
herbstkräftig die gedämpfte Welt
in warmem Golde fließen.

 25 Höre das Gedicht von der Kassette und lies es vor.

 26 Ordne die Zeilen. Lies vor und höre dann das Gedicht von der Kassette.

Herbstlied
Bunt sind schon die Wälder,
gelb die Stoppelfelder,
Rote Blätter fallen,
graue Nebel wallen
kühler weht der Wind,
und der Herbst beginnt.
Johann Gaudenz von Salis-Seewis

18

Bottom section

schieht. Fragen Sie, ob jemand das Gedicht auswendig lernen und vortragen möchte.

26 [ ]
Das Gedicht wird mit Hilfe der Reimwörter geordnet, vorgelesen und bei Interesse ebenfalls vorgetragen.

Landeskunde:
Eduard Mörike (1804–1875) gehört zu den bedeutendsten deutschsprachigen Lyrikern des 19. Jh. Er steht der deutschen Romantik nahe.
Das Gedicht „Septembermorgen" gehört zu seinen bekanntesten.

J. G. von Salis-Seewis (1762–1834), schweizerischer Schriftsteller und Zeitgenosse von Goethe und Schiller. Seine Gedichte beschäftigen sich hauptsächlich mit der Natur und Landschaft seiner Heimat, dem Kanton Graubünden in der Schweiz.

27 Heinrich Hoffmann: „Die Geschichte vom fliegenden Robert"

Lies und höre den Text.

Wenn der Regen niederbraust,
Wenn der Sturm das Feld durchsaust,
Bleiben Mädchen oder Buben
Hübsch daheim in ihren Stuben. –
5 Robert aber dachte: Nein!
Das muß draußen herrlich sein! –
Und im Felde patschet er
Mit dem Regenschirm umher.

Hui, wie pfeift der Sturm und keucht,
10 Dass der Baum sich niederbeugt!
Seht! Den Schirm erfaßt der Wind,
Und der Robert fliegt geschwind
Durch die Luft so hoch, so weit;
Niemand hört ihn, wenn er schreit.
15 An die Wolken stößt er schon,
Und der Hut fliegt auch davon.

Schirm und Robert fliegen dort
Durch die Wolken immerfort.
Und der Hut fliegt weit voran,
20 Stößt zuletzt am Himmel an.
Wo der Wind sie hingetragen,
Ja, das weiß kein Mensch zu sagen.

28 Lesetipp: unbekannte Wörter durch bekannte ersetzen. Wohin passen diese Wörter?

Strophe 1: fällt, läuft, Jungen, Zimmern
Strophe 2: schnell, weg
Strophe 3: immer weiter

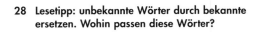

Z. 1 niederbraust = fällt

29 Denkt, schreibt oder spielt die Geschichte weiter. Hier sind einige Ideen. Habt ihr andere?

1. Robert ist irgendwo auf der Welt gelandet und schreibt eine Karte.
2. Eine Zeitung berichtet über Roberts Geschichte.
3. Die Eltern geben ein Interview im Radio.
4. Robert wird berühmt und tritt in einer Fernseh-Talkshow auf.
5. …

19

Lassen Sie zuerst die Bilder beschreiben: *Was zeigen sie? Was passiert mit Robert?*
   Dann lesen und hören die Schüler den Text.

28 Partnerarbeit: Die Lernenden sollen herausfinden, welche Wörter im Text durch die hier vorgegebenen Begriffe ersetzt werden können.

29 Kreatives Weiterdenken der Geschichte in einem Schreib- und Rollenspiel. Andere Ideen sind möglich.
   Die Schüler sollten ihre eigenen Ideen am besten zu dritt ausarbeiten und danach vortragen.

**Landeskunde:
Heinrich Hoffmann**
(1809–1894). Der Frankfurter Arzt schrieb Mitte des 19. Jahrhunderts eines der im deutschsprachigen Raum am meisten verbreiteten Kinderbücher mit dem Titel „Der Struwwelpeter" für seine Kinder. „Die Geschichte vom fliegenden Robert" ist aus diesem Buch. Unter Pädagogen ist das Buch mit seiner oft grausamen Moral und seinen Erziehungsidealen von Gehorsam und Strafe aus dem 19. Jahrhundert allerdings heute sehr umstritten. Seiner Popularität hat dies bis heute allerdings kaum Abbruch getan.
   So ist die Moral dieser Geschichte eigentlich, dass die Kinder bei schlechtem Wetter im Haus bleiben und nicht hinausgehen sollen, weil das zu gefährlich ist.

C Arbeitsbuch
13.–15. Hier soll ein Text zum „Hundertjährigen Kalender" geordnet werden. Die Aufgaben sind eher für leistungsstärkere Gruppen geeignet und sollten in anderen Gruppen nur optional gegeben werden.

D Zeitungsberichte: Wetter und Unwetter

30–31 Ansatz zum selektiven Lesetraining mit authentischen Zeitungstexten.

◆ *a) Überschwemmungen*
b) Dürre, c) Hurrikane/Taifun,
d) Lawine, e) Erdbeben

32 Projekt: Die Schüler sammeln aus Zeitungen ihres Landes Notizen und Berichte über Naturkatastrophen und versuchen diese der Klasse auf Deutsch vorzustellen.

Sammeln Sie mit den Schülern dazu vorher einfache Satzmuster, mit denen sie Informationen referieren können.

D Zeitungsberichte: Wetter und Unwetter

30 Wenn etwas über das Wetter in der Zeitung steht, dann geht es meistens um Unwetter, das heißt um Wetterkatastrophen. Welche Begriffe für Naturkatastrophen und Unwetter aus den Texten passen zu den Erklärungen a–e?

a Wenn es zu viel regnet …
b Wenn es lange nicht geregnet hat …
c Ein sehr starker Wind, ein Sturm …
d Große Schneemengen kommen vom Berg ins Tal…
e Wenn sich die Erde bewegt …

31 Wo? Wer? Was? – Sucht weitere Informationen in den Zeitungsausschnitten.

32 Über welche Naturkatastrophen berichten die Zeitungen in eurem Land oft?

20

E Krankheit

33 Schaut euch die Zeichnung an, hört und lest den Dialog.

GESUNDHEIT!!

○ Mensch, hast du aber einen Schnupfen!

● Ach, hör auf, ich bin total erkältet. Letzte Woche habe ich mit 40 Grad Fieber im Bett gelegen.

○ Kein Wunder bei dem Wetter. Warst du schon beim Arzt?

● Ja, er hat mir Grippetabletten und Hustensaft verschrieben. Aber das hilft nichts.

○ Versuch's doch mal mit heißer Zitrone und Honig. Meine Großmutter sagt, das hilft. Warst du eigentlich in der Schule?

● Ja. Ich hab' zwei Lehrer und die halbe Klasse angesteckt. Die haben jetzt auch alle Halsschmerzen. Und du? Was ist denn mit deinem Bein? Wie ist denn das passiert?

○ Ja, weißt du, letzte Woche hatten wir Glatteis …

34 Variiert den Dialog. Was kann man austauschen?

35 Dialoge über Krankheiten. Arbeitet mit dem Dialog-baukasten. Wählt eine Zeichnung aus. Spielt einen Dialog vor.

sagen, welche Krankheiten man hat	darauf reagieren
Ich habe Fieber. Bauchschmerzen. Kopfschmerzen. Zahn…/Hals…/…	Warst du schon beim Arzt? Versuch's doch mal mit heißer Zitrone und Honig. Am besten ist, du bleibst im Bett. Hast du Halstabletten? Nimmst du Hustentropfen? Gute Besserung! Stell dich nicht so an! Du alter Simulant/alte Simulantin!
Mein Bauch/Kopf/… tut weh. Mein Arm/Bein/… ist gebrochen. Ich bin erkältet/krank. Mir ist schlecht.	

36 Solche Zeitungs-artikel findet man im Winter in Deutschland oft. Gibt es bei euch häufige Krankheiten?

ERKRANKUNGEN
Grippewelle grassiert

HAMBURG ■ Eine schwere Grippewelle hat Nord- und Ostdeutschland erfasst. Allein in Hamburg leiden derzeit Tausende unter hohem Fieber, Schüttelfrost, Husten, Heiserkeit, Gliederschmerzen, Bronchitis und Lungenentzündung. Der Andrang auf Arztpraxen, Krankenhäuser und Apotheken während und nach den Feiertagen war auch in Hannover, Leipzig, Schwerin, Erfurt und Potsdam enorm.

Ärzte empfehlen, zum Schutz vor Ansteckung Menschenansammlungen wie in öffentlichen Verkehrsmitteln und Kaufhäusern zu meiden und statt dessen an frischer Luft spazieren zu gehen. Vitamine und viel Obst gehören zur Zeit besonders auf den Speisezettel. Wer länger als drei Tage über 39 Grad Fieber hat, sollte zum Arzt gehen, sich Ruhe gönnen und viel trinken – jedoch keinen Alkohol, weil er das Abwehrsystem schwächt. *(dpa/AP)*

21

E Krankheit

33

„Gesundheit!", sagt man auf Deutsch, wenn jemand niest. Die Antwort kann „Danke" oder „Entschuldigung" sein.

Die Aufgaben 33 bis 35 präsentieren Dialogarbeit nach dem in *sowieso* öfter angewandten Verfahren:

1. Einstieg über die Zeichnung.

2. Lesen des Dialogs.

3. Anschließend Sammeln der neuen Wörter zum Thema Krankheit.

4. Dialog vorsprechen, nachsprechen. Intonation üben.

34 Die Aufgabe soll den Lernenden bewusst machen, welche Wörter man in einem Text austauschen kann, ohne die Textstruktur zu verändern. In diesem Fall eignen sich besonders die Krankheiten und die Medikamente.

35 Vorbereitung in Partnerarbeit. Eigene Dialoge vorspielen in der Klasse. Erinnern Sie vor Beginn der Arbeit kurz daran, wie man mit dem Dialogbaukasten arbeitet.

Hinweis: Die Äußerungen *Stell dich nicht so an* und *Du alter Simulant* sind scherzhaft gemeint.

36 Den Text nicht zu sehr im Detail erarbeiten.

Fragen:

Welche Wörter erkennt ihr wieder? Was ist das Thema des Textes? Welche Krankheiten sind bei uns/euch sehr häufig?

Sie können auch arbeitsteilig vorgehen und folgende Suchaufträge erteilen: *1. Was ist wo passiert? 2. Krankheitssymptome 3. Tipps der Ärzte.*

E Arbeitsbuch
16. Wortschatzübung zu Krankheiten und Körperteilen.

Einheit 4

Inhalt
Ausländer in Deutschland
zwischen zwei Kulturen
Kommunikation
Höflichkeit,
Vermutungen ausdrücken
Wortschatz
Statistik, Länderangaben
(Ausländer)
Texte
Statistik, Magazinartikel,
Plakat, Gedichte
Grammatik
Konjunktiv II
Landeskunde
ausländische Mitbürger in
Deutschland

Allgemein:
Im Mittelpunkt der Einheit
stehen in Deutschland lebende
ausländische Mitbürger. Dazu
gibt die Einheit landeskundliche Informationen, die sowohl
die Arbeitswelt als auch die
Problematik interkultureller
Konflikte umfassen. Dabei wird
auch der Begriff „Ausländer" an
sich problematisiert.

A Was heißt hier Ausländer?

1 Der Cartoon problematisiert den Begriff „Ausländer".
Es ist nicht so leicht zu definieren, wer wo Ausländer ist und
woran man das „erkennen"
kann. Viele Türken z.B. leben in
der Bundesrepublik seit mehr
als 30 Jahren. Ihre Kinder sind
hier geboren und aufgewach-
sen. Die meisten fühlen sich
durchaus als Türken, aber eben
Türken in Deutschland und
nicht als „Ausländer". In der
Türkei werden diese Menschen
oft auch als „Ausländer" emp-
funden. So sitzen sie „zwischen
zwei Stühlen" (s. Kursbuch,
S. 23 oben).
Den Spruch „Wir sind alle
Ausländer ..." haben sich viele
Menschen in Deutschland ans
Auto geklebt, um damit gegen
die Ausländerfeindlichkeit zu
demonstrieren (s. Landeskunde
zu C).
Lassen Sie den Text und die
Karikatur zu zweit erarbeiten.
Anschließend Diskussion in der
Klasse.

2 Wie ist die Situation im
eigenen Land, verglichen mit
der in 1 geschilderten?

A Was heißt hier Ausländer?

1 Lest den Cartoon. Wo unterhalten sich die beiden
Männer? Wer ist „Ausländer"? Woran merkt
man das? Lest danach den Text.

In Deutschland leben rund zwei Millionen Türken.
Mehr als die Hälfte von ihnen lebt schon länger
als 15 Jahre hier. Sie haben Ende der 60er Jahre
ihre Heimat verlassen, weil sie in Deutschland
Arbeit gefunden haben. Ein Viertel von ihnen ist
in Deutschland geboren.
Die deutschen Ausländergesetze sind ziemlich
kompliziert. Wer in den USA geboren wird, ist
automatisch Amerikaner. Wer in Deutschland geboren wird, ist aber nicht automatisch Deutscher.
Sind die Eltern zum Beispiel Türken, dann bleibt
auch das Kind zunächst Ausländer und bekommt
nicht sofort die deutsche Staatsbürgerschaft.

> WIR SIND ALLE AUSLÄNDER
> FAST ÜBERALL

2 Den Satz oben haben sich viele Menschen in
Deutschland auf ihr Auto geklebt. Wie verstehst
du den Satz? Wo bist du Ausländer? Wer ist
eigentlich Ausländer? In Deutschland? Bei euch?

3 Aussagen über eine Statistik machen:
Ergänze den Text.

a In Deutschland leben fast ... Millionen Türken.
b Die zweitgrößte Gruppe sind die ...
c Die Zahl der italienischen Migranten
beträgt ...
d Insgesamt leben in Deutschland ...
Ausländer.
e In Deutschland leben mehr Österrei-
cher als ...
f Ungefähr 261 000 Ausländer in
Deutschland sprechen ... als Muttersprache.

Ausländer in Deutschland
Anfang 1994 insgesamt 6,88 Millionen
Davon in 1 000

1 918	Türken
930	Jugoslawen
563	Italiener
352	Griechen
261	Polen
186	Österreicher
163	Rumänen
153	Kroaten
139	Bosnier
133	Spanier
114	Niederländer
112	Briten
108	US-Amerikaner
106	Portugiesen
102	Iraner
	sonstige 1 540

© Globus Quelle: Stat. Bundesamt

4 Wiederholung: Menschen, Länder und Sprachen – Wer findet in drei Minuten die meisten Wörter?

Italiener/Italienerin – Italien – Italienisch   Deutscher/Deutsche – Deutschland – Deutsch

5 Übt die Aussprache. Achtet auf den Wortakzent: Italiener/Italienerin – Italien – Italienisch

3 Die Sätze a–f geben Formulierungshilfen, um Aussagen
über eine Statistik zu machen.
Falls die Lernenden Interesse haben, können Sie an dieser
Stelle auch weitere Materialien
heranziehen, die mit den gleichen Sprachmustern bearbeitet
werden können.

4–5 Wiederholungsaufgaben
zu Länder- und Sprachenbe-
zeichnungen.

**Landeskunde: Staatsan-
gehörigkeit/Einwanderung**

Die Karikatur oben basiert
auf der Tatsache, dass auch
jemand, der seit Jahrzehnten
in Deutschland lebt, im recht-
lichen Sinne als Ausländer
bezeichnet wird. Die deutsche
Staatsangehörigkeit ist kein
Recht, das vom Geburtsort ab-
hängt. Wer in Deutschland geboren wird, ist deshalb nicht

zwangsläufig auch Deutscher.
Wesentlich für die Staatsangehörigkeit ist allein die Staats
angehörigkeit der Eltern. Die
Zahl von fast sieben Millionen
Ausländern in Deutschland ist
u.a. darauf zurückzuführen,
dass in dieser Statistik auch
Menschen gezählt werden, die
schon in der zweiten oder dritten Generation in Deutschland
leben. Im internationalen Vergleich ist diese Zahl nicht un-

B Biografien zwischen zwei Kulturen

6 Diskutiert in der Klasse:
Was bedeutet diese Karikatur?

7 Lies die Erklärung und höre dann
die Kassette.
Neveda ist Türkin. Wie interpretiert sie die Zeichnung?

Der Ausdruck „Zwischen zwei
Stühlen sitzen" bedeutet, dass
jemand in einer unangenehmen
Situation ist. Die Person hat
Probleme mit der einen Seite
und der anderen Seite.

8 Die Zeitschrift „PZ – Wir in Europa" stellte 1995 türkische Biografien in Deutschland vor.
Express-Strategie: Überfliege die Texte 1 und 2 (S. 23/24) und beantworte die W-Fragen:
Wer? Wie alt? Wo? Woher?

Text 1

Selda Öztürk *ist 18 Jahre alt und lebt seit 1990 in der Bundesrepublik
Deutschland. Sie hat in Köln die Hauptschule besucht – mit viel Erfolg,
denn heute lernt sie weiter im Gymnasialzweig einer Gesamtschule.*

PZ: Fühlst du dich als Deutsche oder als Türkin?
Keine Ahnung. Ich weiß nicht so recht. Eigentlich fühle ich mich als
Europäerin.
PZ: Hast du Vorbilder?
Ja, Atatürk, weil er vieles in der Türkei verändert hat.
*PZ: Was können die Deutschen von den Türken lernen und umgekehrt
die Türken von den Deutschen?*
Die Deutschen sollten von den Türken die Warmherzigkeit übernehmen. Oft fühle ich mich
fremd, wenn ich mich mit deutschen Mitschülern unterhalte. Die Türken könnten bei der Kinder-
erziehung viel von den Deutschen lernen. Deutsche Kinder sind viel freier erzogen und dürfen
viel mehr. Die Eltern sind nicht so streng wie in türkischen Familien. Mein Vater würde nicht erlauben, dass ich einen festen Freund hätte oder allein in die Disco ginge …

9 Textzusammenfassung: Ergänze die Sätze mit Informationen aus Text 1.

a Selda lebt seit …
b Wenn sie mit Mitschülern spricht, …

c Sie weiß nicht, ob sie sich als …
d Sie meint, dass die Kinder in Deutschland …
und dass türkische Eltern …

10 Diskutiert: Was sieht Selda positiv? Was sieht sie kritisch?

23

---

 gewöhnlich hoch. In der
Schweiz sind z.B. fast 20% der
Wohnbevölkerung nicht
Schweizer Staatsbürger.

Deutschland ist heute ein
Einwanderungsland.

Ende der 50er begann die
Bundesrepublik, ausländische
Arbeitskräfte anzuwerben, die
in den nächsten 20 Jahren ihre
Familien oft nachholten.

Seit Mitte der 80er-Jahre gibt
es mehr und mehr Deutsch-

stämmige vor allem aus Mittel-
und Osteuropa und den Staaten
der ehemaligen Sowjetunion,
die Aufnahmeanträge auf Um-
siedlung nach Deutschland
stellen.

Bis Mitte der 90er-Jahre hat
Deutschland auch viele Bür-
gerkriegsflüchtlinge und Asylbewerber aufgenommen. Eine
Asylrechtsänderung hat dann
allerdings das bis dahin gelten-
de Grundrecht auf Asyl fast völ-

lig außer Kraft gesetzt und die
deutsche Praxis an die anderer
europäischer Staaten angegli-
chen.

B Biografien zwischen zwei Kulturen

6–7 ☐
Zunächst legt die Karikatur eine
negative Interpretation interkultureller Biografien nahe.
Die Metapher „Zwischen zwei
Stühlen sitzen" hat zunächst
negative Konnotationen. Das
Interview differenziert jedoch
und zeigt das Leben in zwei
Kulturen als Chance zu einem
positiven Lebensentwurf.

Landeskunde: Integration
In der Migrationssoziologie
geht man davon aus, dass besonders die zweite Generation
erhebliche Probleme mit ihrer
kulturellen Identität hat, die
sich oft in gebrochenen Le-
bensentwürfen widerspiegeln.
Die dritte Generation ist dann
meistens völlig integriert, wobei diese Integration nicht im
Sinne einfacher Akkulturation
verstanden werden kann, sondern als Prozess der Anglei-
chung, der beide Kulturkreise
zu etwas Neuem verändert.

8 Geben Sie nur ganz wenig
Zeit für jeden Text vor (20 Sek.).

9–10 Aufgabe 8 bezieht sich
auf Text 1 und 2 (S. 23–24).
Werten Sie die Aufgabe in
der Klasse aus. Anschließend
lesen die Schüler Text 1 noch
einmal allein (Text 2 s. Aufgabe
11–14) und machen Aufgabe 9.
Abschließend Klassengespräch
über die Fragen in Aufgabe 10.

Arbeitsbuch A
Die Aufgaben 1. bis 3. geben landeskundliche In-
formationen zu Auslän-
dern in der Schweiz und
trainieren dabei den
Umgang mit Texten zur
Statistik.

11 Einstieg über die Fotos:
Was sagen die Fotos über Kenan aus?
Auf welche Stellen des Textes beziehen sich die Fotos?

12 Textauswertungsübung und Wortschatzerklärung zum Text mit Hilfe eines Rätsels. Evtl. zuerst die Sätze in 12 lesen lassen und danach den Text 2.

13 Schreiben Sie die vier Personen in Form einer Tabelle an die Tafel und lassen Sie die Schüler die gefundenen Informationen selbst eintragen.

Kenan	Vater	Mutter	Bruder

14 Textbefragung: Was lässt der Text offen? Welche Vermutungen kann man anstellen?
Durch die Form der Vorgabe wird die indirekte Frage wiederholt. Sammeln Sie die Fragen an der Tafel.

---

11 Lest nun Text 2 und sprecht über die Fotos. Was haben sie mit Kenan zu tun?

Text 2

Kenan Kaca grinst. Konflikte? Na ja, letzte Woche hat es beim Mondorfer Strandfest „Randale" gegeben. Sein Freund Munir hat mit einem Mädel getanzt. Und das hat wohl einigen deutschen Jungen nicht gepasst. Eigentlich geht Kenan Ärger lieber aus dem Weg. Vor 24 Jahren in Sieglar im Rheinland geboren, spricht er perfektes Deutsch. Seine Eltern kamen Anfang der 60er Jahre aus Balikesir, einem Dorf zwischen Izmir und Istanbul. Der Vater hat als Bergmann gearbeitet bei Dynamit Nobel in Troisdorf. Dort hat auch die

Mutter 20 Jahre gearbeitet. Sie hat es jetzt nicht mehr ausgehalten in Deutschland, ist zurück in die Türkei gegangen. Als fromme Muslimin war es für sie nicht leicht in Deutschland. „Da war es plötzlich leer im Haus", erinnert sich Kenan. Der Vater ist hier geblieben. Zweimal im Jahr macht er eine Urlaubsreise. Drei Jahre

wollte er noch bleiben, als er in Rente ging. Und das sagt er heute immer noch. Der Grund? Dass die Söhne, Kenan und sein älterer Bruder Cihat, hier leben, spielt sicher auch eine Rolle.
Mit Deutschen hat Kenan wenig Kontakt. „Ich hätte Angst, in Deutschland alt zu werden. In der Türkei ist alles ganz anders." Aber es gibt für ihn keinen Weg zurück. Dort ist er der „Deutschländer". Nach der Berufsausbildung als Dreher lebte er vier Monate im Dorf seiner Eltern in der Türkei. In Deutschland war es dann nicht leicht, wieder Anschluss zu finden. In einem Punkt ist er sicher: „Ich wär' lieber als Türke in der Türkei geboren – egal, ob arm oder reich. Arm sein in einem armen Land ist kein Problem, aber arm sein in Deutschland ist schwer. In der Türkei wäre ich glücklicher geworden. Hier hänge ich total zwischendrin."

12 Rätselglossar: Die Lösungen findest du im Text.

a Anderes Wort für großen Streit. **b** Drei Dörfer im Rheinland. **c** Die größte türkische Stadt.
d „Ich mag keinen Streit" heißt „Ich gehe ..." **e** Als ... arbeiten heißt unter der Erde arbeiten.
f Mit 65 Jahren hört man auf zu arbeiten, man geht ... **g** Für sie ist Religion sehr wichtig. Sie ist eine fromme ... **h** ... heißt, dass man drei Jahre lang einen Beruf lernt.

13 Sammelt aus Text 2 Informationen über Kenan, seinen Vater, seine Mutter, seinen Bruder.

14 Im Text bleiben viele Fragen offen. Sammelt Fragen in der Klasse.

Wir wissen nicht, ob ...
Wir wissen nicht, warum ...

24

Landeskunde: Ausländerfeindlichkeit / Demonstrationen gegen Rechtsradikalismus
Anfang der 90er-Jahre kam es in Deutschland zu einer Welle von ausländerfeindlichen Ausschreitungen, bei denen auch Menschen ermordet wurden.
Die Gründe für das Erstarken des Neofaschismus sind vielschichtig. Eine wichtige Rolle spielt neben der schwie-

C Deutschland ohne Ausländer?

15 Dieses Plakat hing Anfang der neunziger Jahre in vielen deutschen Städten. Sprecht über das Plakat.

16 Wie würde das Plakat in eurem Land aussehen? Was kommt bei euch aus anderen Ländern? Produkte, Leute, Kultur, Sport?

17 Lies den Text und schreibe dann mit den Stichwörtern unten je einen Satz.

Viele Menschen wissen nicht, wie wichtig die Ausländer für Deutschland sind. Arbeitsmigranten aus Südeuropa und aus der Türkei haben nach dem 2. Weltkrieg geholfen, die deutsche Wirtschaft aufzubauen. Trotzdem machen Rechtsradikale die Ausländer in Deutschland und in vielen anderen Ländern verantwortlich für Probleme in der Gesellschaft: zum Beispiel Arbeitslosigkeit und Kriminalität.

In der ersten Hälfte der 90er Jahre kamen besonders viele Menschen aus dem Ausland nach Deutschland, Hunderttausende jedes Jahr: Deutsche aus der ehemaligen Sowjetunion und aus Rumänien, politische Flüchtlinge aus aller Welt. In dieser Zeit gab es in Deutschland immer wieder brutale Angriffe auf ausländische Bürger. Aber Millionen Deutsche haben auch gegen Rechtsradikale demonstriert.

wichtig · Wirtschaft · Probleme · Hunderttausende · Angriffe · demonstrieren

25

---

15 Das Plakat zeigt, dass Religion, Wirtschaft, Kultur und Geschichte internationale Kategorien darstellen und nicht national definierbar sind.

Gespräch in der Klasse:
Welche kulturellen und ökonomischen Beziehungen Deutschlands mit der Welt werden in dem Plakat hervorgehoben?
– *Die christliche Religion kommt aus Palästina.*
– *Viele Autos in Deutschland …*
Lassen Sie spekulieren, welches Wort in der letzten Zeile des Plakats fehlt. Es ist das Wort „nur".

16 Diskussion/Projekt:
Arbeitsfragen: *Wie sehen die Beziehungen unseres Landes zur Welt aus?*
Was wäre an dem Plakat bei uns ähnlich, was wäre anders?

17 Während die Schüler den Text lesen, schreiben Sie die Stichwörter unter dem Text an die Tafel. Die Schüler schließen dann die Bücher und äußern sich zu den Stichwörtern.

---

rigen ökonomischen Situation auch die ideologische und politische Orientierungslosigkeit vieler Jugendlicher (insbesondere, aber nicht nur) in den „neuen Bundesländern", die von rechtsradikalen Organisationen kanalisiert werden kann.

Als Reaktion auf die Aktionen der Neofaschisten gingen Millionen Menschen in vielen Städten auf die Straße und de-

monstrierten gegen Ausländerfeindlichkeit und Rassenhass.
Viele Künstler, aber auch große Industriefirmen engagierten und engagieren sich durch Konzerte, öffentliche Aktionen und Plakate gegen Ausländerfeindlichkeit und Rassismus.

Bilder auf Seite 25:
Oben: Plakat einer Firma.
Unten v.l.n.r.: Neonazis, beschmierter Grabstein auf einem jüdischen Friedhof, Plakat bei einer Demonstration gegen Rassismus und Ausländerfeindlichkeit.
Das Plakat auf **Kopiervorlage 2** enstand in den frühen Neunzigerjahren.

18

Der Auszug aus einem Gedicht des in Deutschland lebenden türkischen Dichters Aras Ören weist darauf hin, dass einige Arbeiten in Deutschland besonders häufig von Ausländern verrichtet werden. Genannt werden hier besonders die Pflegeberufe sowie Berufe im Service- und Gesundheitsbereich.

19 Die Sätze bilden einen Paralleltext zu dem Gedicht und damit die Möglichkeit einer Zuordnung und Erschließung mit Hilfe der Aussagen 1.–5.

Zu den Bildern:
Oben: In deutschen Krankenhäusern arbeitet eine große Anzahl von Pflegepersonal aus dem Ausland, z.B. aus den asiatischen Ländern.
Mitte: Viele ausländische Arbeitskräfte findet man auch bei der Müllabfuhr und der Straßenreinigung.
Unten: Griechische und türkische Schnellimbissbuden findet man in Deutschland fast überall.
Das beliebteste Essen im Restaurant ist übrigens in Deutschland keineswegs Eisbein oder Schnitzel, sondern (mit weitem Abstand) die Pizza und italienisches Essen generell.

20 Diese Aufgabe leitet zur Grammatikarbeit über, ist aber noch ganz inhaltlich orientiert. Erklären Sie noch nicht die Formen. Die Schüler brauchen die Konjunktivformen hier noch nicht selbst zu bilden.

◆ *Wenn es in Deutschland keine Ausländer mehr gäbe, wäre Deutschland ärmer und nicht mehr so bunt, hätte man weniger interessante Restaurants, müssten die Deutschen ihre Straßen selber sauber machen, könnte die Industrie nicht mehr so viel produzieren, würde der Müll in der Stadt nicht mehr abgeholt.*

 18 Höre und lies das Gedicht von Aras Ören. Der Autor spricht Berufe und Orte an, in denen viele Ausländer in Deutschland arbeiten. Mache eine Liste.

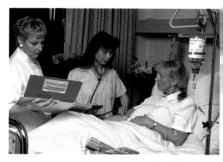

Die Dame im Café am Nachmittag
will Kaffee und Kuchen haben,
aber die Tassen sind nicht gewaschen,
die Serviererin ist nicht da.

5 Wo bleibt mein Essen, etwas exotisch,
gut gewürzt und mal was anderes.
Der „Dönerkebab"-Spieß dreht sich nicht,
auch der bunte Gemüseladen um die Ecke
hat seit Tagen dichtgemacht.

10 Der Patient wartet auf den netten Arzt umsonst,
der Alte im Krankenbett wird nicht gepflegt,
auch die Suppe in der Küche nicht gekocht.
Die Müllabfuhr funktioniert nicht ganz,
die U-Bahnhöfe stinken …

19 Zu welcher Zeile im Gedicht passen diese Aussagen?

1. In Krankenhäusern und in Altenwohnheimen arbeiten besonders viele Ausländerinnen als Krankenschwestern und Pflegerinnen.
2. Arbeitsplätze als „Müllarbeiter" bei der Stadtreinigung sind nicht besonders beliebt.
3. In Restaurants und Betrieben arbeiten ebenfalls viele Ausländer als Koch oder Köchin, Kellner oder Kellnerin. Diese Arbeiten sind oft schlecht bezahlt.
4. Türkische und griechische Restaurants gibt es praktisch in jeder deutschen Kleinstadt.
5. Türkische, spanische oder asiatische Lebensmittelläden bieten viele Spezialitäten an.

20 Das Gedicht oben ist von Aras Ören. Es hat den Titel „Ein imaginärer Ausländer-Generalstreik in Berlin". Was wäre, wenn es in Deutschland keine Ausländer mehr gäbe? Schreibe ganze Sätze aus den folgenden Elementen.

Wenn es in Deutschland keine Ausländer mehr gäbe, …

… wäre Deutschland …
… hätte man …
… müssten die Deutschen …
… könnte die Industrie …
… würde der Müll …

… nicht mehr so viel produzieren.
… ärmer und nicht mehr so bunt.
… in der Stadt nicht mehr abgeholt.
… weniger interessante Restaurants.
… ihre Straßen selbst sauber machen.

26

C Arbeitsbuch
4.–6. Umfrage unter Jugendlichen zur Frage der Ausländerfeindlichkeit am Beispiel der Schweiz und Auswertung der Texte. Wenn möglich, im Unterricht aufgreifen.
7.–8. Wiederholung zur Adjektivdeklination, verbunden mit einem kleinen Test zum „Weltwissen".

D Was wäre, wenn …? – Konjunktiv II im Satz

21 Vergleiche die Sätze und die Verbformen in der linken und in der rechten Spalte.

Realität (Indikativ)

1. Ich habe keine Zeit. Ich kann nicht mit ins Kino gehen.
2. Ich habe kein Geld. Ich muss in den Ferien arbeiten.
3. Ich bin erst 16. Ich darf in Deutschland noch nicht Auto fahren.
4. Ich weiß die Antwort nicht. Ich kann sie dir nicht sagen.

keine Realität (Konjunktiv II)

1. Wenn ich Zeit hätte, könnte ich mit ins Kino gehen.
2. Wenn ich Geld hätte, müsste ich in den Ferien nicht arbeiten.
3. Wenn ich 18 wäre, dürfte ich in Deutschland Auto fahren.
4. Wenn ich die Antwort wüsste, würde ich sie dir sagen.

22 Wie funktionieren die Sätze aus Aufgabe 21 in deiner Sprache? Was ist ähnlich? Was ist anders?

23 Diese Verben kennst du schon im Konjunktiv II. Mache eine Tabelle und ergänze sie mit den neuen Verben aus den Aufgaben 20 und 21.

	können	müssen	sollen	werden
ich	könnte	müsste		

24 Lies die beiden Regeln zum Konjunktiv II.

1. Alle Verben haben Konjunktiv-II-Formen (*müssen – müsste, haben – hätte, wissen – wüsste* …). Man verwendet diese Konjunktivformen aber nur bei den Modalverben, Hilfsverben und wenigen anderen Verben (z. B. *wissen – wüsste, geben – gäbe*).
2. Bei allen anderen Verben hast du es leichter: Konjunktiv II = würde + Infinitiv

Ordne die Beispiele a–e den Regeln zu.

a Wenn ich nicht arbeiten müsste, könnte ich dich besuchen.
b Wenn ich reich wäre, gäbe es für mich keine Probleme mehr.
c Wenn ich Zeit hätte, würde ich dir helfen.
d Ich wüsste gern, ob ich den Test bestanden habe.
e Am liebsten würde ich in den Ferien nach Italien fahren.

27

**D Was wäre, wenn … ?
– Konjunktiv II im Satz**

Die Aufgaben 21 bis 24 sind dazu geeignet, die Lernenden ohne Lehrerhilfe zum Erkennen der Struktur zu führen.

21 Wir unterscheiden hier die „antiken" Formen, also die echten Konjunktiv-II-Formen der Verben, vom Gebrauch des Konjunktivs mit *würde*.
  Wir knüpfen an die Einführung des Konjunktivs der Modalverben und von *hätte* in Einheit 22 von *sowieso 2* an.
  Während in *sowieso 2* die Konjunktivformen verwendet wurden, um Möglichkeiten, Wünsche, Absichten, Tipps auszudrücken, geht es nun um die Funktion des Konjunktivs zum Ausdruck von Sachverhalten, die nicht Realität sind (Irreales).
  Zu diesem Zweck vergleichen die Schüler in Aufgabe 21 Aussagen zur Realität mit Aussagen, die etwas ausdrücken, das nicht Realität ist.

22 Vergleich mit der Muttersprache in Partnerarbeit.

23 Erinnerung an die Einführung des Konjunktivs II in *sowieso 2*. Sie können hier auch die systematische Grammatik im Arbeitsbuch heranziehen (S. 119).

◆ Die neuen Verben in Aufgabe 20–21 sind: *hätte, gäbe, wäre, dürfte, wüsste*.

24 Partnerarbeit.
◆ *c) und e)* gehören zur Regel 2.

25–29 Übungen zum Gebrauch des Konjunktivs II in gelenkter und offener Form.

◆ Aufgabe 25: *a) arbeiten, b) wären, c) geben, d) hätte, e) würde, f) hätte*

◆ Aufgabe 26: *a) hätten, b) würde, c) wäre, d) wäre, e) würde, f) würdest, g) gäbe 1) könntest, 2) würden, 3) könnten, 4) würde, 5) würde, 6) könnte, 7) hätten*

Bei der Zuordnung von a)–g) und 1)–7) gibt es mehrere Möglichkeiten.

◆ Aufgabe 27 (Beispiele):
*a) Aber wenn er Zeit hätte, würde er Sport treiben.
b) Aber wenn sie die Hausaufgaben machen würde, wären ihre Leistungen gut (oder besser).
c) Aber wenn er Geld hätte, hätte er auch ein Fahrrad.
d) Aber wenn sie nicht so alt wäre, würde sie in die Disco gehen.
e) Aber wenn er singen könnte, wäre er ein Popstar.
f) Aber wenn sie nicht krank wären, würden sie zu ihrer Freundin fahren.*

◆ Aufgabe 28 (Beispiele):
*Du müsstest mal zum Arzt gehen.
Du solltest zur Polizei gehen.
Du solltest mehr Sport treiben.
Du solltest weniger Schokolade essen …
Du müsstest dein Zimmer aufräumen.*

4

25 Der Teufelskreis – Verwende die passenden Verbformen.

a Wenn ich mehr … würde, hätte ich bessere Noten. **b** Wenn ich bessere Noten hätte, … meine Eltern zufriedener. **c** Wenn meine Eltern zufriedener wären, würden sie mir mehr Taschengeld … . **d** Wenn ich mehr Taschengeld …, könnte ich jeden Tag ins Kino gehen. **e** Wenn ich jeden Tag ins Kino gehen…, hätte ich keine Zeit für die Hausaufgaben. **f** Wenn ich keine Zeit für die Hausaufgaben …, hätte ich schlechtere Noten. Und das ist die Realität!!!

26 Ergänze zuerst die Konjunktivformen der Verben in der rechten Spalte. Schreibe dann ganze Sätze.

Wenn wir jetzt Ferien … ⓐ,
Wenn mich meine Freundin besuchen … ⓑ,
Wenn es nicht so kalt … ⓒ,
Wenn der Test nicht so schwer … ⓓ,
Wenn es nicht schneien … ⓔ,
Wenn du besser Deutsch sprechen … ⓕ,
Wenn es hier einen Tennisplatz … ⓖ,

① k… du nach Deutschland fahren.
② w… wir schwimmen gehen.
③ k… wir zusammen Tee trinken.
④ w… ich jeden Tag trainieren.
⑤ w… ich schneller fertig.
⑥ k… niemand Ski fahren.
⑦ h… wir keine Schule.

27 *Aber wenn …* – Ergänze die Sätze.

a Harald treibt keinen Sport, weil er keine Zeit hat. Aber wenn …
b Inge macht nie die Hausaufgaben. Ihre Leistungen sind schlecht. Aber wenn …
c Klaus hat kein Geld. Er hat auch kein Fahrrad. Aber wenn …
d Unsere Sportlehrerin ist schon sehr alt. Sie geht nicht in die Disco. Aber wenn sie …
e Patrick kann nicht gut singen. Er ist kein Popstar. Aber wenn er …
f Elke und Meike sind krank. Sie werden nicht zu ihrer Freundin fahren. Aber wenn sie …

28 Probleme und Ratschläge – Arbeitet zu zweit, ordnet zu und lest die Dialoge vor.

ⓐ So ein Mist. Ich finde schon wieder meinen Tennisschläger nicht.
ⓑ Ich habe schon seit einem Monat Halsschmerzen.
ⓒ Ich bin immer müde und kaputt.
ⓓ Heute Nacht hat jemand mein Fahrrad geklaut.
ⓔ Meine Jeans sind schon wieder zu eng.
ⓕ …

① Arzt gehen
② Polizei gehen
③ mehr Sport treiben
④ weniger Schokolade essen
⑤ Zimmer aufräumen
⑥ …

29 Viele Menschen träumen von einem Lottogewinn. Was würdest du mit sechs Millionen Mark machen?

Wenn ich sechs Millionen Mark gewinnen würde …

28

D Arbeitsbuch
9.–11. Übungen zu den Nebensätzen mit *wenn, weil* und zum Konjunktiv II.
12.–13. Ein Gedicht von Peter Härtling zum Thema „Zukunft der Erde". Grammatisches Thema ist hier auch der Konjunktiv II.
14.–16. Kurzgeschichte zum Thema „Ausländerfeindlichkeit".
Es wäre gut, diesen Text in der Klasse zu behandeln. Die Bearbeitung ist ein Modell, das Sie auch für die Arbeit mit anderen literarischen Texten verwenden können. Die Angaben rechts des Textes sind Hilfen für mögliche Vermutungen und Gedanken, die die Schüler beim Lesen haben könnten. Ermutigen Sie Ihre Schüler, beim Lesen laut zu denken, d.h., mögliche Interpretationen zu notieren oder zu äußern.

E Der Konjunktiv II und die Höflichkeit

30 Wenn man besonders höflich sein möchte, verwendet man auch den Konjunktiv II. Lest die Sätze. In welche Situation passen sie? Wer? Wo?

1. Ich hätte gerne das Steak.
2. Könntest du mir mal deine Kamera leihen?
3. An deiner Stelle würde ich ins Bett gehen.
4. Würden Sie mir bitte über die Straße helfen?
5. Ich würde das nicht so direkt sagen.
6. Dürfte ich mal Ihr Telefon benutzen?

31 Meinungen über Unterricht: Was sollten Lehrer und Schüler mehr/weniger tun? Höre die Kassette und mache Notizen.

32 Ergänze die Satzanfänge mit deinen Notizen.

a Die Schüler müssten … · **b** Unserer Lehrerin müsste … · **c** Die Schüler sollten … · **d** Es wäre schön … · **e** Die Lehrerin würde …

33 Und ihr? Was sagt eure Lehrerin? Und was sagt ihr?

34 Der „antike" Konjunktiv II. In älteren und literarischen Texten findet man öfter Verben im Konjunktiv II ohne die *würde*-Form. Im Gedicht findest du fünf „antike" Konjunktiv-II-Formen. Wie heißen die Verben im Infinitiv?

> Wenn ich ein Vöglein wär
> Und auch zwei Flügel hätt,
> Flög ich zu dir.
> Tät dich gern fressen,
> Zum Abendessen
> Schmecktest du mir!

35 Nachdenken über Sprache: Gibt es auch in eurer Sprache „antike" Formen, die man heute nur noch selten hört oder liest?

29

E Der Konjunktiv II und die Höflichkeit

Der Konjunktiv II wird häufig als Ausdruck von Höflichkeit verwendet, wobei durch die entsprechende Intonation auch mit dem Konjunktiv II etwas Unhöfliches ausgedrückt werden kann. Höflichkeit ist im Wesentlichen eine Funktion der Intonation.

30 Partnerarbeit: Die Schüler sollen sich vorstellen, in welcher pragmatischen Situation die Sätze Verwendung finden könnten.

31–32
Als Tonaufnahme finden Sie Äußerungen über Unterricht. Die Schüler sollen sie der Lehrer- oder der Schülerperspektive zuordnen und dann mit Aufgabe 32 weiterarbeiten.

Sie ergänzen die Satzanfänge mit eigenen Notizen aus 31. Auswertung in der Klasse.

33 Anregung zu einem Gespräch über den eigenen Unterricht.

34 Die Schüler werden in literarischen Texten immer wieder Verben im Konjunktiv II finden, die sie nicht in der Schule gelernt haben. Der aktive Gebrauch dieser Verben sollte aber auf keinen Fall eingeübt werden. Wichtig ist, dass die Schüler diese Formen erkennen und einordnen können.

35 Nachdenken über die Entwicklung von Sprache. In fast allen Sprachen gibt es grammatische Formen, die noch existieren, aber kaum mehr verwendet werden. Noch stärker trifft dies auf den Bereich der Lexik zu, aus dem die Schüler sicher einige Beispiele nennen können.

In dieser ersten Plateaueinheit geht es um Zukunftsprognosen, Horoskope, Träume und um die Beschreibung eines Bildes aus der Romantik.

Dabei werden grammatische Formen und Wortschatz aus den ersten vier Einheiten wiederholt.

1 Manfred Deix ist ein österreichischer Zeichner, der äußerst kritisch seine Landsleute karikiert.

Die vorliegende Zeichnung stellt eine Familie der Zukunft dar und basiert auf der mit abgedruckten Notiz aus der österreichischen Boulevardzeitung „Kurier".

Die Familienmitglieder sind aufgrund ihrer Kleidung (Dirndl, Hut mit Feder, Lederhosen und Trachtenjacke) als Menschen aus Österreich (oder Bayern) zu identifizieren. Ihre sonstigen körperlichen Merkmale sind entsprechend der „Zukunftsprognose aus der Zeitung" verändert (Haare, Zähne, Nase, Kinn, Körpergröße).

Lassen Sie zunächst das Bild beschreiben und notieren Sie die Beschreibungen an der Tafel. Was fällt den Schülern auf? Wie hat Deix die Menschen verändert?

Lassen Sie anschließend den Artikel lesen und mit Ihrer Beschreibung vergleichen. Welche zusätzlichen Informationen enthält der Artikel?

2–3 Typisch für Schlagzeilen ist, dass sie oft keine oder nur sehr wenige Verben enthalten. Sie bieten sich daher als Ausgangspunkt für Formulierungsübungen an. Partnerarbeit, Auswertung in der Klasse und Diskussion im Unterricht, falls Interesse besteht.

4 Verteilen Sie kleine Zettel und lassen Sie die Schüler auf die Vorderseite eine Prognose schreiben – *Schule: Du wirst bald eine gute Note bekommen. Liebe: Du wirst heute Nachmittag deine Freundin treffen.* – und auf die Rückseite den Namen desjenigen, für den die Prognose gilt. Dann Zettel einsammeln, vorlesen und raten: Zu wem passt welche Prognose?

1 Zukunftsprognosen
Der österreichische Zeichner Manfred Deix hat eine Prognose aus der Zeitung illustriert. Sieh die Karikatur an und schreibe selbst eine Prognose. Lies dann die Zeitungsnotiz und vergleiche.

2 Was wird in 10 Jahren sein? – Kannst du aus diesen Schlagzeilen Sätze machen?

In 10 Jahren: Keine Autos mehr in den Städten

Im Jahre 2030: Palmen in Alaska

In 30 Jahren: Keine Lehrer, nur Computer

5555: Keine Kriege mehr auf der Welt

2060: Kein Sport mehr – Computer machen alles

In 50 Jahren: Keine Grenzen mehr

3 Diskutiert: Was ist realistisch?

4 Hellsehen – Schreibe drei Prognosen für einen Partner / eine Partnerin in der Klasse.

1. Schule
2. Liebe
3. Ferien / Freizeit / Geld / ...

30

5 Wunschträume – So fangen oft Wünsche und Träume an. Schreibe die Sätze weiter.

- **a** Wenn ich nur mehr Zeit hätte, …
- **b** Wenn ich im Lotto gewinnen würde, …
- **c** Wenn ich jetzt vier Wochen Ferien hätte, …
- **d** Wenn ich eine Party machen könnte, …
- **e** Wenn ich nur besser Deutsch könnte, …
- **f** Wenn ich ein neues Fahrrad hätte, …
- **g** Wenn ich jünger / älter wäre, …
- **h** Wenn ich Gitarre spielen könnte, …

6 Landschaftsbild: Heidelberg am Neckar

- **a Ordne die Wörter zu:** der Berg · der Fluss · die Stadt · das Schloss · die Brücke · der Wald · das Gebirge · das Ufer · die Kirche

- **b Sammelt Strukturen und Wörter für eine Bildbeschreibung an der Tafel.**

im Vordergrund :			
im Hintergrund :			

William Turner: Heidelberg mit einem Regenbogen, um 1841, National Gallery of Scotland, Edinburgh

7 Eine Kunststudentin hat das Bild beschrieben. Höre die Beschreibung und folge mit den Augen. Hat sie etwas vergessen?

8 Wählt eine Aufgabe aus: 1. Beschreibe das Bild von Heidelberg in einem kurzen Text.
2. Bringt Bilder mit in die Klasse und beschreibt ein anderes Bild.
3. Beschreibt eure Stadt / euren Ort / die Landschaft.

9 Landschaften sind ein beliebtes Thema in Volksliedern in vielen Ländern. Welche Lieder über Landschaften kennst du in deiner Sprache? Was beschreiben sie?

10 Du hörst den Anfang von drei Volksliedern. Welche Wörter erkennst du?

31

---

5 Jeder Schüler sucht sich drei Satzanfänge aus und führt sie zu Ende. Danach werden die Wunschträume vorgelesen und in der Klasse verglichen. Gibt es Übereinstimmungen oder große Gegensätze?

6 Ideal wäre es, wenn Sie das Bild vierfarbig auf Folie kopieren und groß projizieren könnten.

Die Schüler ordnen zunächst die vorgegebenen Begriffe dem Bild zu und sammeln jeweils zu dritt weitere Wörter, die dazu passen (z.B Adjektive).

Sammeln Sie dann Wörter, die man für Bildbeschreibungen brauchen kann und ergänzen Sie ggf. Begriffe, die Sie für wichtig erachten.

7

Da eine Bildbeschreibung erfahrungsgemäß sehr kompliziert ist, haben wir ein Modell auf Kassette/CD aufgenommen.

Der Hörtext ist in zwei Teile gegliedert: 1. Bildbeschreibung, 2. eine Interpretation.

Spielen Sie zunächst den ersten Teil vor. In der Beschreibung fehlt der Hinweis auf die Brücke.

Im zweiten Teil geht es um die Interpretation des Bildes, um seine kunstgeschichtliche Einordnung in die Malerei der Romantik. Diesen Teil sollten Sie nur bearbeiten, wenn Ihre Schüler Interesse daran haben.

8 Anregungen zur Weiterarbeit mit Landschaftsbeschreibungen aus dem eigenen Land oder aus Deutschland. Auch Fotos können hier als Ausgangspunkt dienen.

9 Eine Anregung, über literarische und musikalische Landschaftsbeschreibungen nachzudenken und Texte aus dem eigenen Land einzubringen.

10

Die drei Volkslieder, deren Texte Sie auf **Kopiervorlage 3** finden, sind im deutschsprachigen Raum sehr bekannt.

**Landeskunde:
Heidelberg/William Turner**

Die 800 Jahre alte Stadt Heidelberg war schon zur Zeit der Romantik ein beliebtes Touristenziel. Die malerische Universitätsstadt am Neckar mit ihrer das Stadtbild dominierenden Schlossruine beherbergt die älteste Universität Deutschlands, die noch heute zu den wichtigsten der Welt gehört. Die

Kulisse Heidelbergs und der die Stadt umgebenden Landschaft sind Thema unzähliger Gedichte und Prosatexte.

Falls die Schüler Interesse an der Landeskunde haben, versuchen Sie, touristische Informationen entweder direkt vom Fremdenverkehrsamt Heidelberg oder über das Internet zu bekommen. Adresse:

http://www2 Germany.EU.net/shop/heidelberg.info.cvb/deutsch

William Turner ist einer der bekanntesten Maler der englischen Romantik, dessen Werk in vielen Aspekten bereits auf den Impressionismus vorausweist.

Auf Reisen durch Europa hat er deutsche Landschaften, Flüsse und Stadtbilder der ersten Hälfte des 19. Jh. gemalt. Der von Turner hier gezeigte Blick auf die Stadt existiert heute noch fast unverändert.

11–12 Sternzeichen und Horoskope sind ein wichtiges Thema für viele Menschen.

Sprachlich ist dabei interessant, dass in Horoskopen besonders häufig Metaphern und Redewendungen bzw. Sprichwörter Verwendung finden.

Stellen Sie zunächst fest, welche Sternzeichen es in der Klasse gibt, ob die Schüler daran glauben, ob sie Horoskope lesen.

13 Jeder sollte nur sein Sternzeichen plus ein weiteres lesen.

In der Diskussion könnte herauskommen, dass die Formulierungen so gewählt worden sind, dass sie praktisch immer stimmen.

14 Die Sprachbilder und Redewendungen der linken Spalte werden rechts erklärt. Einige werden die Schüler zuordnen können, andere nicht.

Besprechen Sie in der Muttersprache, in welchen Situationen man diese Redewendung gebrauchen würde. Wie würde man das in der eigenen Sprache ausdrücken? Ist die Metapher ähnlich oder gibt es andere Ausdrücke für die gleiche Sache?

◆ ①e, ②a, ③g, ④f,
⑤h, ⑥d, ⑦c, ⑧b

---

11 Sternzeichen – Wie heißt dein Sternzeichen auf Deutsch? Welches Sternzeichen ist dein Nachbar?

12 Viele Menschen auf der Welt glauben, dass die Zukunft in den Sternen steht. Deshalb lesen sie Horoskope. Glaubst du an Horoskope?

13 Lies dein Horoskop und das Horoskop von deinem Nachbarn. Was könnte stimmen?

HOROSKOP

 STEINBOCK
22. 12.–20. 1.

Heute ist ein besonderer Tag für dich. Alles, was du anfängst, wird ein gutes Ende finden. Aber vergiss nicht, dass nichts von alleine geht. Du musst schon etwas mithelfen! Sei in Zukunft etwas fleißiger!

 WASSERMANN
21. 1.–19. 2.

Lass dir heute nicht den Kopf verdrehen. Es ist noch zu früh. Für die wahre Liebe muss man sich einfach mehr Zeit lassen. Lenke deine Energie auf wichtigere Dinge: die nächste Mathearbeit zum Beispiel. Du wirst sehen, es lohnt sich!

FISCHE
20. 2.–20. 3.

Setze endlich deine rosarote Brille ab und sieh der Realität ins Auge. Du musst aufhören zu träumen und endlich anfangen, deine Ziele mit viel Energie zu verfolgen. Ein Gespräch mit einem guten Freund kann dir helfen.

 WIDDER
21. 3.–20. 4.

Hast du die Nase voll von dem vielen Stress? Gönn dir ein wenig Entspannung und Ruhe, das brauchst du jetzt. Danach sieht die Welt gleich wieder rosiger aus. Wie wär's z.B. heute abend mit einem Kinobesuch?

STIER
21. 4.–20. 5.

Du hast im Moment eine Krise, aber du bist selbst dafür verantwortlich. Du solltest mit deinen Wünschen etwas mehr auf dem Teppich bleiben, dann wirst du auch nicht so schnell enttäuscht. Ein Tipp: Mehr zuhören, weniger reden!

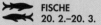 **ZWILLINGE**
21. 5.–21. 6.

Zerbrich dir nicht den Kopf über die Probleme der anderen. Du musst auch mal wieder an dich denken. Vergiss deine guten Eigenschaften nicht und gib dir öfter mal eine Chance. Wenn es dir gut geht, dann kannst du auch den anderen wieder besser helfen.

 KREBS
22. 6.–22. 7.

Dein Chaos ist der Grund für deine Probleme. Bring deine Papiere, dein Zimmer und vor allem deine Gedanken in Ordnung, und es wird dir wieder besser gehen.

LÖWE
23. 7.–23. 8.

Du bist ein Risikotyp und manchmal geht das schief. Setze heute nicht alles auf eine Karte, sondern warte, bis deine Sterne besser stehen. Morgen ist auch noch ein Tag.

JUNGFRAU
24. 8.–23. 9.

Du bist oft zu ungeduldig. Alles muss immer schnell gehen. Man darf aber nicht immer alles übers Knie brechen. Nimm dir mehr Zeit für deine Arbeit und für deine Freunde!

 WAAGE
24. 9.–23. 10.

Heute ist nicht dein Tag. Aber lass den Kopf nicht hängen. Es kommen auch wieder Glückstage für dich. Fang heute am besten nichts Neues an.

SKORPION
24. 10.–22. 11.

Eigentlich ist bei dir alles in Ordnung. Aber du musst auch halten, was du versprichst, dann bekommst du weniger Ärger. Also, nimm den Mund in Zukunft nicht mehr zu voll!

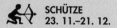 **SCHÜTZE**
23. 11.–21. 12.

Du glaubst, dass niemand dich gern hat, aber du bist auf dem Holzweg. Mache deine Augen auf! Viele Menschen mögen dich und deine Qualitäten. Du musst es nur sehen und glauben.

---

14 In Horoskopen findet man viele Sprachbilder. Ordne „Bilder" und Bedeutungen zu.

① die Nase voll haben
② sich den Kopf zerbrechen
③ auf dem Teppich bleiben
④ alles auf eine Karte setzen
⑤ den Mund zu voll nehmen
⑥ etwas übers Knie brechen
⑦ auf dem Holzweg sein
⑧ den Kopf hängen lassen

ⓐ viel nachdenken
ⓑ traurig sein
ⓒ etwas Falsches denken, sich irren
ⓓ etwas zu schnell machen
ⓔ keine Lust mehr haben
ⓕ viel riskieren
ⓖ vernünftig bleiben
ⓗ zu viel versprechen

32

15 Ergänzt die Dialoge mit vier Redewendungen aus Aufgabe 14. Lest dann die Dialoge zu zweit.

Dialog 1
○ Hallo Anja, ich habe jetzt …! Seit zwei Stunden warte ich auf dich. Wo bleibst du?
● Jetzt bleib mal … . Du weißt genau, dass ich heute auf meine Schwester aufpassen muss. Meine Eltern sind noch nicht zurück. Ich komme auf jeden Fall!

Dialog 2
○ Jens ist wirklich ein großer Angeber. Der …!
● Da bist du aber … . Er hat mir gestern seine ganzen Computerspiele kopiert und bei den Hausaufgaben geholfen.

16 Höre das Radiohoroskop. Achte besonders auf dein Sternzeichen und die neuen Informationen.

17 Geschichten zum Lesen und Schreiben.
Schau dir die Zeichnung an. Worum geht es in der Geschichte?

18 Lies die Geschichte.

Susanne Kilian
Aber manchmal …

Wenn Herr Teubner aus seinem Wohnzimmerfenster schaut, sieht er sie – die ewig gleiche Mauer. Bei Sonnenschein, bei Regen, bei Schnee, bei Tag, bei Nacht: eine eintönig langweilige Backsteinmauer. Wenn er weiter ins Zimmer zurückgeht und zum Fenster schaut, sieht es aus wie von außen zugemauert.
Aber manchmal, manchmal schaut Herr Teubner die Mauer an und denkt sich: „Man müsste Spiegel daran anbringen, riesige Spiegel vor die ganze Wand. Nicht gerade, so ein bisschen schräg nach oben, damit sich der Himmel darin spiegelt, blauer Himmel mit langsam ziehenden weißen Wolken. Ja, oder einfach ein Bild da an der Mauer, wäre noch besser. Vielleicht eine Meerlandschaft, unten der Sandstrand gelb, dann das Meer, blau, viele verschiedene Blautöne. Schiffe darauf und ein Sonnenuntergang dazu! Oder besser eine Gebirgslandschaft? Eigentlich hätte ich lieber Berge vor meinem Fenster. Erst grüne Almen unten, ein Tal mit einem kleinen Dorf. Dann Berge, Berge mit Gipfeln voll Schnee. Man müsste die Bilder auswechseln können, je nach Stimmung. Oder doch Spiegel? Nachts würde sich der Sternenhimmel darin spiegeln. Man könnte …"

Susanne Kilian wurde 1940 in Berlin geboren. Sie lebt in Wiesbaden und schreibt Bücher für Kinder und Jugendliche.

19 Was siehst du, wenn du aus deinem Fenster schaust? Was würdest du gerne sehen?
Schreibe einen Text nach dem Modell von „Aber manchmal".

33

15
Partnerarbeit: Anwendung der Redewendungen in kleinen Situationen.
◆ Dialog 1: ● *… ich habe jetzt die Nase voll.* ○ *Jetzt bleib mal auf dem Teppich …* Dialog 2: ● *… Der nimmt den Mund zu voll.* ○ *Da bist du aber auf dem Holzweg …*

16
Das Radiohoroskop ist fast identisch mit dem gedruckten Horoskop auf S. 32 und sollte von daher leicht zu verstehen sein. Hinzu kommen jeweils eine neue Information und die für diese Textsorte spezifische Intonation.

17–19 In dem literarischen Text von Susanne Kilian werden die Themen dieser Einheit und der vorangegangenen Einheiten verbunden: Bildbeschreibungen, Landschaften, Wünsche, Träume, Konjunktive.
Einstieg über die Zeichnung: *Was sieht der Mann? Was denkt er? Was kann man über ihn aussagen?*
Geschichte in Einzelarbeit lesen.

Alternative:
Das Buch bleibt geschlossen. Sie kopieren den Text und schneiden ihn in zwei Teile. Trennung nach: *„Aber manchmal, manchmal schaut Herr Täubner die Mauer an und denkt sich … ."*
Die Schüler können dann versuchen, den Text in drei bis fünf Sätzen weiterzuschreiben.
Evtl. als Hausaufgabe oder als Partnerarbeit im Kurs.

Arbeitsbuch
1.–3. Selbsttest
Diese Phasen der Selbstevaluation sind sehr wichtig, da die Schüler in der Regel nur vom Urteil des Lehrers und seiner Note abhängig sind und selten lernen, sich selbst zu bewerten. Besprechen Sie das Vorgehen im Kurs, bestehen Sie aber nicht darauf, die Ergebnisse zu erfahren. Die

Schüler finden die Lösungen zu den Aufgaben am Ende der S. 24.

4.–5. Kurzgeschichte
Lassen Sie die Schüler den Text und die Aufgaben zu Hause bearbeiten. Diskutieren Sie auf Wunsch der Schüler die Ergebnisse im Kurs. In leistungsschwächeren Gruppen sollten Sie nach Bedarf zusätzliche

Hilfen anbieten. Evtl. in Anlehnung an das Bearbeitungsmodell, das wir in Einheit 4 (14–16) im Arbeitsbuch vorgestellt haben.

Im Mittelpunkt der zweiten Plateaueinheit steht ein längerer literarischer Text.

Die Kurzgeschichte von Federica de Cesco knüpft an das Ausländerthema aus Einheit 4 an.

Mit dieser Geschichte wird zum ersten Mal in *sowieso* ein längerer Text behandelt.

Falls die Schüler weniger geübt sind im Umgang mit literarischen Texten (sprechen Sie auch mit der Kollegin, die den muttersprachlichen Unterricht macht), können Sie der von uns vorgeschlagenen Vorgehensweise folgen. Das heißt, Sie unterbrechen den Leseteil jeweils durch die eingefügten Aufgaben. Die Aufgaben haben folgende Funktionen:

– Sie verweisen auf den Text, der kommt (Vorverweise) und regen die Lernenden zu Vermutungen über den Fortgang an.

– Sie kontrollieren das Textverstehen einer gerade gelesenen Textsequenz.

– Sie dienen dem Erklären von Vokabeln und dem Hinweis auf besonders markante und für den Verlauf der Geschichte wichtige Passagen.

Tipp: Wenn irgend möglich, bauen Sie im Klassenzimmer die Szene nach (die Tische, die Theke, Besteck …) und vollziehen Sie die einzelnen Sequenzen des Handlungsablaufs in der Art einer Theaterszene nach.

1 Wir beginnen mit einer kurzen Zusammenfassung der ersten Abschnitte, um den Schülern den Einstieg zu erleichtern.

2–3 Drei Fragen werden als Leseorientierung vorangestellt.

Anschließend Verstehenskontrolle und Diskussion. Die Frage in Aufgabe 3 provoziert Hypothesen über den Fortgang der Geschichte.

Eine Kurzgeschichte

1 **So beginnt die Geschichte. Lies zuerst die Zusammenfassung der ersten drei Abschnitte.**

Heinz ist fast 14 und cool. Er fühlt sich sehr stark. Nächstes Jahr will er sich ein Moped kaufen. Dann wird er mit der blonden Monika spazieren fahren. Sein Problem sind seine Pickel im Gesicht. Ein guter Schüler ist er nicht. Mittags isst er manchmal in einem billigen Restaurant. Viel Geld hat er nämlich auch nicht. Heute will er eine Suppe essen.

2 **Lies den ersten Absatz. Welche Kleidung trägt Heinz heute? Warum isst er heute keinen Hamburger? Warum isst er nur eine billige Gemüsesuppe?**

Spaghetti für zwei
von Federica de Cesco

Heinz war bald vierzehn und fühlte sich sehr cool. In der Klasse und auf dem Fußballplatz hatte er das Sagen. Aber richtig schön würde das Leben erst werden, wenn er im nächsten Jahr sein Moped bekäme und den Mädchen zeigen könnte, was für ein Kerl er ist. Er mochte Monika, die Blonde mit den langen Haaren aus der Parallelklasse, und ärgerte sich über seine Pickel.

5 Im Unterricht machte er nie mit. Die Lehrer sollten bloß nicht auf den Gedanken kommen, daß er sich anstrengte.

Mittags konnte er nicht nach Hause, weil der eine Bus zu früh, der andere zu spät abfuhr. So aß er im Selbstbedienungsrestaurant, gleich gegenüber der Schule. Aber

10 an manchen Tagen sparte er lieber das Geld und holte sich einen Hamburger am Kiosk. Samstags kaufte er sich dann eine neue Kassette, was die Mutter natürlich nicht wissen durfte. Doch manchmal – so wie heute – hing ihm der Big Mac zum Hals heraus. Er hatte Lust auf ein richtiges Essen. Einen Kaugummi im Mund, stapfte er mit seinen Cowboy-Stiefeln die Treppe zum Restaurant hinauf. Die

15 Reißverschlüsse seiner Lederjacke klimperten bei jedem Schritt. Im Restaurant trafen sich Arbeiter aus der nahen Möbelfabrik, Schüler und Hausfrauen mit Einkaufstaschen und kleinen Kindern, die riesige Mengen Cola tranken und Pommes frites aßen.

Viel Geld wollte Heinz nicht ausgeben; er sparte es lieber für die nächste Kassette.

20 „Italienische Gemüsesuppe" stand auf der Speisekarte. Warum nicht? Heinz nahm ein Tablett und stellte sich an. Eine schwitzende Frau schöpfte die Suppe aus einem Topf. Heinz nickte zufrieden. Der Teller war richtig voll. Eine Scheibe Brot dazu, und er würde bestimmt satt werden.

Er setzte sich an einen freien Tisch, nahm den Kaugummi aus dem Mund und

25 klebte ihn unter den Stuhl. Da merkte er, dass er den Löffel vergessen hatte. Heinz stand auf und holte einen. Als er zu seinem Tisch zurückkam, konnte er nicht glauben, was er sah: Ein Schwarzer saß an seinem Platz und aß ganz ruhig seine Gemüsesuppe!

3 **Hast du verstanden, was passiert ist? Heinz kommt mit seinem Löffel zurück, und da sitzt ein Afrikaner und isst die Gemüsesuppe von Heinz. Was würdest du machen?**

34

Allgemeiner Hinweis zur Arbeit mit literarischen Texten:
Die Aufgaben und Übungen zu den längeren literarischen Texten im Kurs- und Arbeitsbuch stellen Anregungen dar, die Sie auch auf die Arbeit mit anderen literarischen Texten übertragen können.

Literaturhinweis:
Helmling/Wackwitz: Literatur im Deutschunterricht am Beispiel von narrativen Texten, Goethe-Institut, München, 1986 (besonders S. 81ff). Dort finden Sie weitere Ideen zur Arbeit mit längeren Lesetexten.

4   Textverstehenskontrolle.

◆   *Alle Aussagen sind richtig und geben mit anderen Worten einige Inhalte des Textabschnitts wieder. Lassen Sie die Lernenden notieren, zu welcher Zeile des Textes diese Aussagen passen.*

5   Hypothesen. Anschließend wird der Abschnitt gelesen und die Lernenden versuchen nun selbständig den Textinhalt zusammenzufassen. Weisen Sie auf Aufgabe 4 als Modell hin.

30 **H**einz stand mit seinem Löffel da, bis ihn die Wut packte. Zum Teufel mit diesen Asylbewerbern! Der kam irgendwo aus Uagadugu, wollte sich in der Schweiz breit machen und jetzt fiel ihm nichts Besseres ein, als ausgerechnet seine Gemüsesuppe zu verzehren! Schon möglich, dass man das in Afrika machen konnte, aber hier war das eine bodenlose Unverschämtheit! Heinz öffnete den Mund, um dem Menschen laut seine Meinung zu sagen, als ihm auffiel, dass die
35 Leute ihn komisch ansahen. Heinz wurde rot. Er wollte kein Rassist sein. Aber was nun?

4   Hast du das gelesen?

1. Heinz glaubt, dass das ein Asylbewerber ist.
2. Er glaubt, dass das Verhalten in Afrika vielleicht ganz normal ist.
3. Er findet das alles unmöglich.
4. Heinz will zuerst laut protestieren.
5. Heinz hat Angst, dass die Leute denken, er ist gegen Ausländer.

5   Wie geht die Geschichte weiter? Lies den nächsten Abschnitt. Was hast du verstanden? Fasse den Abschnitt zusammen.

Heinz ging zu dem Tisch. Er hustete deutlich, zog einen Stuhl zurück und setzte sich dem Schwarzen gegenüber. Dieser hob den Kopf, blickte ihn kurz an und schlürfte ruhig die Suppe weiter. Heinz presste die Zähne zusammen, dass
40 seine Kinnbacken wehtaten. Dann packte er den Löffel, beugte sich über den Tisch und tauchte ihn in die Suppe. Der Schwarze hob wieder den Kopf. Sekundenlang starrten sie sich an. Heinz bemühte sich, die Augen nicht zu senken. Er führte mit leicht zitternder Hand den Löffel zum Mund und tauchte ihn zum zweiten Mal in die Suppe. Der Schwarze sah ihn lange an. Dann aß er weiter. Die
45 Minuten vergingen. Beide teilten sich die Suppe, ohne ein Wort.

35

6 Partnerarbeit und dann Gespräch in der Klasse.

7 Aufgabe zum detaillierten Textverstehen.

◆ *Er war verwirrt.*
Schweißtropfen.
Es war ihm heiß.
Der Mund blieb offen.
Nervös.

8 Vermutungen, Hypothesen anstellen und gemeinsam im Kurs diskutieren.

6 Heinz denkt nach und fragt sich, warum der Afrikaner das macht. Welche Gründe fallen dir ein?

Heinz versuchte nachzudenken. „Vielleicht hat der Mensch kein Geld, muss schon tagelang hungern. Dann sah er die Suppe da stehen, und er nahm sie sich einfach. Schon möglich, wer weiß? Vielleicht würde ich mit leerem Magen ähnlich reagieren? Und Deutsch kann er anscheinend auch nicht, sonst würde er
50 da nicht sitzen wie ein stummer Klotz. Ist doch peinlich. Ich an seiner Stelle würde mich schämen. Ob Schwarze wohl rot werden können?"

7 Heinz ist unsicher. Wie steht das im Text? Beschreibe den Afrikaner. Was tut er jetzt?

Als der Afrikaner den Löffel in den leeren Teller legte, schaute Heinz ihn an. Der Schwarze hatte sich zurückgelehnt und sah ihn auch an. Heinz konnte seinen Blick nicht verstehen. Er war verwirrt und lehnte sich ebenfalls zurück. Er hatte
55 Schweißtropfen auf seiner Stirn, die Lederjacke war verdammt heiß! Er sah den Schwarzen an: „Junger Kerl. Etwas älter als ich. Vielleicht sechzehn oder – sogar schon achtzehn. Normal angezogen: Jeans, Pulli, Windjacke. Sieht eigentlich gar nicht so arm aus. Immerhin, der hat meine halbe Suppe aufgegessen und sagt nicht einmal danke! Verdammt, ich habe noch Hunger!" Der Schwarze stand auf. Heinz
60 blieb der Mund offen. „Haut der tatsächlich ab? Jetzt reicht es aber! So eine Frechheit! Der soll mir wenigstens die halbe Gemüsesuppe bezahlen!" Heinz wollte gerade aufspringen, da sah er, wie sich der Schwarze mit einem Tablett in der Hand wieder anstellte. Heinz fiel auf seinen Stuhl zurück. „Also doch: Der Mensch hat Geld! Aber denkt der vielleicht, dass ich ihm den zweiten Gang auch noch bezahle?"
65 Heinz griff hastig nach seiner Schultasche. „Bloß schnell weg von hier!"
Aber dann ließ Heinz die Mappe los und kratzte nervös an einem Pickel. Irgendwie wollte er wissen, wie es weiterging.
Der Schwarze hatte einen Teller Spaghetti bestellt. Jetzt stand er vor der Kasse, und – tatsächlich – er bezahlte! „Verrückt! Das ist total verrückt", dachte Heinz.

8 Der Afrikaner hat einen Teller Spaghetti gekauft und kommt zum Tisch zurück. Was passiert jetzt?

Da kam der Schwarze zurück. Er trug das Tablett, auf dem ein großer Teller 70
Spaghetti stand, mit Tomatensauce, vier Fleischbällchen und zwei Gabeln. Immer noch stumm, setzte er sich Heinz gegenüber, schob den Teller in die Mitte des Tisches, nahm eine Gabel und begann zu essen, wobei er Heinz ruhig in die Augen schaute. Die Augen von Heinz began- 75 nen zu zucken. Dieser Typ forderte ihn tatsächlich auf, die Spaghetti mit ihm zu teilen! Heinz schwitzte noch mehr. Was nun? Sollte er essen? Nicht essen? Seine Gedanken waren ein Chaos. Wenn der 80 Mensch doch wenigstens reden würde! „Na gut. Er hat die Hälfte meiner Suppe gegessen, jetzt esse ich die Hälfte seiner Spaghetti, dann sind wir quitt!" Wütend griff Heinz nach der Gabel, rollte die Spa- 85 ghetti auf und steckte sie in den Mund.

36

Schweigen. Beide aßen die Spaghetti. „Eigentlich nett von ihm, daß er mir eine Gabel gebracht hat", dachte Heinz. „Aber was soll ich jetzt sagen? Danke? Es ist einfach blöd. Jetzt kann ich ihm auch keinen Vorwurf mehr machen. Vielleicht hat er gar nicht gemerkt, dass es meine Suppe war. Oder vielleicht ist es in Afrika normal, sich das Essen zu teilen? Schmecken gut, die Spaghetti. Das Fleisch auch. Wenn ich nur nicht so schwitzen würde!" Die Portion war sehr groß. Bald hatte Heinz keinen Hunger mehr. Der Schwarze war auch satt. Er legte die Gabel aufs Tablett und putzte sich mit der Papierserviette den Mund ab. Heinz fühlte sich unsicher. Der Schwarze lehnte sich zurück, schob die Daumen in die Jeanstaschen und sah ihn ruhig an. Heinz wurde immer nervöser: „Lieber Gott, wenn ich nur wüsste, was er denkt!"

9 Hat sich die Meinung von Heinz über den Afrikaner geändert? Finde die Stellen im Text.

10 Der nächste Abschnitt ist sehr wichtig für die Geschichte. Warum?

Unsicher schaute Heinz sich um. Plötzlich bekam er einen Schock. Auf dem Nebentisch, an den sich bisher niemand gesetzt hatte, stand – einsam auf dem Tablett – ein Teller kalter Gemüsesuppe.

11 Und wie geht die Geschichte jetzt weiter? Prognosen:

– Heinz rennt aus dem Lokal.
– Heinz isst jetzt seine Suppe.
– Heinz gibt dem Afrikaner seine Suppe.
– Er schämt sich und entschuldigt sich.

Heinz erlebte den peinlichsten Augenblick seines Lebens. Am liebsten hätte er sich in einem Mauseloch versteckt. Erst nach langen zehn Sekunden hatte er den Mut, dem Schwarzen ins Gesicht zu sehen. Der saß da, völlig entspannt und cool und schaukelte leicht mit dem Stuhl hin und her. „Äh", stammelte Heinz, feuerrot im Gesicht. „Entschuldigen Sie bitte. Ich ..."
Er sah die Augen des Schwarzen aufblitzen, sah den Humor in seinem Gesicht. Auf einmal warf er den Kopf zurück und begann laut zu lachen. Zuerst kam von Heinz nur ein unsicheres Glucksen, aber dann machte er bei dem Gelächter des Afrikaners mit. Eine Weile saßen sie da, lachten beide wie verrückt. Dann stand der Schwarze auf, schlug Heinz auf die Schulter. „Ich heiße Marcel", sagte er in perfektem Deutsch. „Ich esse jeden Tag hier. Sehe ich dich morgen wieder? Um die gleiche Zeit?"
Heinz hatte Tränen in den Augen vor Lachen, er war erschöpft, und er schnappte nach Luft. „In Ordnung!", keuchte er. „Aber dann spendiere ich die Spaghetti!"

Federica de Cesco (*1938) arbeitet als Schriftstellerin und lebt abwechselnd in der Schweiz und in Japan. (Bearbeitet in Absprache mit der Autorin.)

12 Die Geschichte berichtet von den Gefühlen von Heinz. Suche die Stellen im Text: Wann ist er böse? Unsicher? Wann schämt er sich? Wann freut er sich? Wann wird er rot?

13 Ist dir auch schon mal ein Missverständnis passiert? Wie soll man reagieren, wenn die Situation unklar ist?

14 Hier findest du Ausdrücke, um Gefühle zu äußern. Höre die Kassette und übe die Intonation.

Das tut mir leid! · Ich bin sauer. · Das ist eine Unverschämtheit! · Das ist mir aber peinlich. · Das ist eine Frechheit! · Ich schäme mich. · Das lasse ich mir nicht gefallen! · Das ist ja noch mal gut gegangen. · Da haben wir aber Glück gehabt. · Ich finde das sehr traurig.

15 Arbeitet zu zweit. Sucht euch einen Satz aus und schreibt einen Dialog, in dem der Satz vorkommt.

37

9 Detaillierte Textarbeit. An dieser Stelle sollte an der Tafel festgehalten werden, welche Einstellung Heinz ursprünglich gegenüber dem Afrikaner einnahm und wie diese sich im Verlauf der Geschichte geändert hat.

Die Schüler sollten dabei die jeweils relevanten Textstellen als Beleg nennen.

10 Sicherung des genauen Textverständnisses.

11 Lassen Sie die Schüler jeweils zu dritt mögliche Varianten besprechen und tragen Sie sie dann im Kurs zusammen.

12 Gruppenarbeit: Ordnen Sie jeweils die Textstellen zu.

13 Hier können die Schüler eigene Situationen, Ereignisse, an die sie sich erinnern, einbringen und vergleichen.

14–15

In Lehrwerken werden oft nur sehr rudimentäre Elemente zum Ausdruck von Gefühlen präsentiert. Diese differenzierten Formen sind vielen Lernenden unbekannt. Achten Sie bei den Aussagen auf die Intonation. Falls die Lernenden Interesse haben, Dialoge zu schreiben, in denen die Sätze vorkommen, achten Sie auch hier auf die Intonation. Lassen Sie einige Dialoge in der Klasse vorlesen oder vorspielen.

Arbeitsbuch
Auch in der Kurzgeschichte „Die Virusepidemie in Südafrika" von Friedrich Dürrenmatt geht es um das Thema „Rassismus", konkret um eine satirische Betrachtung der „Apartheid", die in Südafrika bis zum Machtwechsel 1994 geherrscht hat.
Stellen Sie sicher, dass den Schülern die Grundzüge des geographischen und historischen Kontextes klar sind (s. Arbeitsbuch S. 27). Besprechen Sie zusammen mit den Schülern, wie man die Geschichte selbständig bearbeiten könnte. Die Schüler sollen sich selbst einen Plan machen, wann sie welche Übungen abgeschlossen haben wollen und wann die Ergebnisse zusammen im Kurs besprochen werden sollen. In leistungsschwächeren Klassen lässt sich diese Geschichte zur Binnendifferenzierung nutzen. Die stärkeren Schüler bearbeiten die Geschichte selbständig, während Sie mit den anderen nach Bedarf Spracharbeit machen.

Inhalt
Arbeit und Berufe: Berufspraktikum, sich selbständig machen

Kommunikation
über Berufe sprechen
etwas genauer beschreiben

Wortschatz
Berufe, Berufsfelder

Texte
Statistiken, Reportagen, Collage

Grammatik
Genitivattribut, Genitiv-*s*
Relativsätze

Landeskunde
Berufspraktika in Deutschland

Lern- und Arbeitstechniken
mit einem einsprachigen Wörterbuch arbeiten
eine Tabelle selbst erstellen
eine Regel ergänzen

Allgemein:
Im Mittelpunkt dieser Einheit steht das Thema „Beruf". Dabei wird das Wortfeld „Berufe", das bereits in *sowieso 1* eingeführt wurde, systematisch erweitert. Danach gehen wir auf die in Deutschland für Schüler der 9. und 10. Klassen üblichen Berufspraktika ein. Schüler und Schülerinnen berichten über ihre Praktikumserfahrungen.

Anschließend wird das Thema Arbeitslosigkeit angesprochen und die berufliche Selbständigkeit als eine Alternative zur abhängigen Beschäftigung präsentiert.

Was die Lern- und Arbeitstechniken betrifft, steht die Arbeit mit dem einsprachigen Wörterbuch zum Aufbau eines Wortfeldes im Mittelpunkt dieser Einheit.

A Leute mit Beruf – Leute ohne Beruf

1 Beginnen Sie mit der Zeichnung. Mit den Gegenständen assoziieren die Lernenden Berufe. Sie können diese Berufe zunächst in der Muttersprache notieren. Lassen Sie dann die muttersprachliche Liste mit der Liste rechts neben der Zeichnung vergleichen. Viele Berufe werden den Schülern bekannt sein.

A Leute mit Beruf – Leute ohne Beruf

1 Eine Zeichnung – viele Berufe. Welche erkennt ihr? Wie heißen die Berufe bei euch?

2 Höre die Berufe von der Kassette, schreibe sie auf und markiere die Wortakzente.

3 Mit welchen Berufen habt ihr in den letzten Wochen Kontakt gehabt? Sammelt in der Klasse.

4 Macht eine Tabelle mit sechs Berufen. Findet Verben und Nomen, die dazugehören. Ihr könnt ein Wörterbuch benutzen.

Beruf	Was tun sie?	Wo arbeiten sie?
Metzger	Wurst machen verkaufen	im Schlachthof in der Metzgerei

38

Berufeliste (rechts neben der Zeichnung):

Arzt/Ärztin
Autor/in
Bankkaufmann/frau
Bauer/Bäuerin
Baufacharbeiter/in
Bürokaufmann/frau
Controller/in
Elektriker/in
Friseur/in
Gärtner/in
Großhandelskaufmann/frau
Hausmeister/in
Ingenieur/in
Journalist/in
Krankengymnast/in
Künstler/in
Landwirt/in
Lehrer/in
Mechaniker/in
Metzger/in
Pfarrer/in
Pianist/in
Politiker/in
Professor/in
Programmierer/in
Sänger/in
Schauspieler/in
Soldat/in
Sozialarbeiter/in
Taxifahrer/in
Tierpfleger/in
Umweltberater/in
Verkäufer/in
Zahnarzt/ärztin

Differenzierungsvorschlag:
Schnellere Schüler können auch mit Hilfe eines zweisprachigen Wörterbuchs die deutschen Bezeichnungen für die Gegenstände selbst erarbeiten.

2
Sie finden auf der Kassette eine Auswahl von Berufen, deren Aussprache geübt werden sollte: Diktat. Die Schüler markieren die Wortakzente.

3–4 Idee der Aufgaben ist es, die Lernenden für Berufe zu sensibilisieren, mit denen sie täglich Kontakt haben. Sie können beispielsweise einen Schultag nachvollziehen (Busfahrer, Hausmeister, Lehrerin etc.). Die Art von „Aktionsketten" ist eine mnemotechnische Hilfe, mit der man sich Wortschatz besser merken kann.

Beginnen Sie gemeinsam mit den drei Auszügen aus *Langenscheidts Großwörterbuch Deutsch als Fremdsprache*. In den Einträgen finden Sie jeweils die charakteristischen Gegenstände/Tätigkeiten den Berufsbezeichnungen zugeordnet.

Lassen Sie die Tabelle in Augabe 4 mit den fehlenden zwei Berufen ergänzen.

5 Verbindet Wörter aus der Tabelle in Aufgabe 4 zu Sätzen.

Metzger arbeiten in der Metzgerei oder im Schlachthof.
Sie machen Wurst und verkaufen Fleisch.

6 Berufe raten.

7 Jugendarbeitslosigkeit – Statistik des Jahres 1995. Lies den Text und die Statistik genau und mache dann Aufgabe 8.

In der Europäischen Union waren 1995 viele Jugendliche und junge Erwachsene arbeitslos. Am besten war die Situation noch in Dänemark, Deutschland, Luxemburg und in den Niederlanden. Dort waren weniger als 10% ohne Job. Die Situation der Jugendlichen in Südeuropa und in Finnland war schon schlimmer. In Italien war ein Drittel der Jugendlichen arbeitslos und in Spanien waren fast 40% der Männer und Frauen unter 25 ohne Arbeitsplatz.

Junge Leute ohne Job

Arbeitslosenquoten in der Europäischen Union, Männer und Frauen unter 25 Jahren Ende 1995 in %

Land	%
Dänemark	7,5 %
Deutschland	8,3
Luxemburg	8,3
Niederlande	9,2
Großbritannien	13,4
Portugal	17,1
Schweden	18,9
Irland	21,7
Belgien	23,9
Frankreich	27,3
Finnland	28,2
Italien	33,9
Spanien	39,0

© Globus
G 3180
Für Österreich und Griechenland keine Angaben

8 Alles verstanden? Ergänze die Sätze und schreibe den Text ins Heft.

a In Deutschland waren ... % der Jugendlichen arbeitslos.
b In Deutschland und ... war die Zahl der Jugendlichen ohne Job gleich hoch.
c In Italien waren 33,9% ... ohne Arbeit.
d In Frankreich war die Zahl der arbeitslosen Jugendlichen ... als in Deutschland.
e 21% ... in Finnland hatten keine Arbeit.
f In Spanien ...

9 Die Sprache der Statistik. Was ist typisch? Sieh noch einmal auf Seite 22 nach.

10 Wie ist die Situation heute bei euch? Sucht eine neuere Statistik für euer Land.

39

5 Auf Basis der selbsterstellten Tabellen können nun vollständige Sätze formuliert werden.

Hinweis: In dem Wortschatz-Lehrwerk *Memo* (Langenscheidt Verlag) finden Sie im Glossar eine Fülle von Sätzen mit zusammengehörenden Wörtern, die auf diese Weise sehr gut lernbar werden.

6 Ein Schüler denkt sich einen Beruf aus, die anderen sollen mit insgesamt zehn Fragen den Beruf herausfinden. Sie können raten oder sich mit Ja/Nein-Fragen „herantasten".

Landeskundliche Information:
Die Jugendarbeitslosigkeit ist ein europaweites Problem, das heute (1998) noch gravierender ist als im Jahr der Statistik. Durch die vielen schulischen und außerschulischen Kursangebote für Jugendliche erscheint die Zahl der arbeitslosen Jugendlichen in Deutschland geringer, als sie tatsächlich ist.

7–9 Aufgabe 8 kontrolliert das Textverstehen. Dabei werden Formulierungen gebraucht, die typisch für die Sprache der Statistik sind. Falls ihre Schüler hier Probleme haben, können Sie noch einmal zu Einheit 4, Aufgabe 3 zurückgehen.

10 Hier werden die neu erarbeiteten Redemittel für die Diskussion des Problems der Jugendarbeitslosigkeit im eigenen Land angewendet.

Transfermöglichkeit:
Mit aktuellen Statistiken zu Themen arbeiten, die die Schüler besonders interessieren.

A Arbeitsbuch s. Seite 44

Die Schüler suchen sich danach jeweils zu zweit weitere Berufe aus und legen mit Hilfe des einsprachigen Wörterbuchs eine ähnliche Tabelle an.

Didaktischer Hinweis zu kongruenten Wörtern:
Die Wörter *Metzger – Wurst – Fleisch* oder *Bauer – Land – Tier* nennt man kongruente Wörter, weil sie sehr häufig zusammen auftreten. Die Lernenden sollten für diese Formen sensibilisiert werden, da es leicht ist, auf diese Weise drei bis vier Wörter mit einem „Speicherplatz" abzulegen, d.h., zusammen zu lernen.

Wir haben in der Wortschatzarbeit oft auf solche Wortgruppen geachtet. Sie eignen sich sehr gut für die Einführung in die Arbeit mit einsprachigen Wörterbüchern.

11–15 Mit den Aufgaben 11 bis 15 erarbeiten sich die Schüler die Struktur des Genitivattributs selbständig. Zunächst wird die Funktion dargestellt (Aufgabe 11), anschließend vergleichen die Lernenden das Deutsche mit ihrer Muttersprache und/oder anderen Fremdsprachen, die sie kennen (Aufgabe 12). Aufgabe 13 präsentiert dann authentische Belege für die Anwendung der Struktur, die der Tabelle zugeordnet werden sollen. Aufgabe 14 führt schließlich zum Erkennen des Systems, des Genitivs bei den Artikeln.bzw. Begleitern.

In Aufgabe 15 wird die Tabelle zur Ergänzung der Sätze verwendet.

Die Selbstkontrolle kann mit Hilfe der Systematischen Grammatik im Arbeitsbuch stattfinden.

B Nomen verbinden – das Genitivattribut

11 Du kennst Nominativ, Akkusativ und Dativ. Der Genitiv ist neu. Er kommt vor allem in schriftlichen Texten vor. Er verbindet zwei Nomen. Das zweite Nomen gibt eine Information zum ersten Nomen.

der Papagei   Was für ein Papagei?   Der Papagei der alten Frau.

12 Wie gibt man diese Information in deiner Sprache?

Beispiel Englisch: *The old lady's parrot.*

13 Sieh dir die Collage an und ordne die Titel der Tabelle zu.

der	das	die
das Gedicht + der Autor das Gedicht des Autors	die Statistik + das Jahr 1997 die Statistik des Jahres 1997	der Direktor + die Schule der Direktor der Schule

Lerntipp ▷ **der** und **das** wird **des**, **die** wird **der** – es ist nicht schwer.

14 Der Genitiv zwischen zwei Nomen. Erkennst du das System?

der	das	die
der Roman des bekannten Autors das Fahrrad meines Bruders die gute Note eines Schülers	die Statistik des letzten Jahres das Ende ihres Buches der Preis eines neuen Fahrrads	das Ende der großen Ferien der schöne Garten unserer Eltern die Party einer guten Freundin **Plural:** die Gedichte der Autoren mehr als 50% aller Deutschen der Preis neuer CDs

40

A Arbeitsbuch
1. Zuordnung von Berufen zu Berufsfeldern.

B Arbeitsbuch
2.–4. Aufgaben zum Genitiv.

C Arbeitsbuch
Die Aufgaben 5.–8. eignen sich auch gut zur inhaltlichen Vertiefung des Themas „Beruf" im Unterricht.

5. Offene Aufgabe zu Berufserwartungen von Jugendlichen.
6. Höraufgabe zu möglichen Fehlern bei einem Bewerbungsgespräch. Checkliste mit Tipps für eine erfolgreiche Bewerbung. Stimmt die Liste für Ihr Land? Was wäre ggf. anders?

7. Beispiel für ein Bewerbungschreiben. Es gibt für solche Schreiben unterschiedliche Modelle.
8. Eine Bewerbung selbst schreiben. Muss im Unterricht kontrolliert werden.

GR 15 Arbeite mit der Tabelle und ergänze die Sätze. Eine Übersicht über das Genitivattribut findest du im Arbeitsbuch in der „Systematischen Grammatik".

a Ich suche den Namen e… Tiers mit vier Buchstaben. Es fängt mit „E" an. b Alle freuen sich auf den Beginn … Ferien. c Mehr als 90% … Deutschen essen jeden Tag Brot. d Die Melodie kommt mir bekannt vor. Ich glaube, das ist die Melodie e… alten Volksliedes. e So ein Mist! Ich habe den Geburtstag m… Mutter vergessen. f Vor dem Kauf e… Fahrrads sollte man die Preise vergleichen.

16 Ein Quiz: Verbinde die Nomen und beantworte die Fragen mit einem ganzen Satz.

a Wie heißt die Hauptstadt … Schweiz? b Wie war der Name … Hundes von Daniel? c Kennst du den Namen … höchsten Berges … Alpen? d Wie ist der Name … größten deutschen Stadt? e Wie ist der Name …. längsten Flusses in Österreich? f Wie heißt die Hauptstadt … Tschechischen Republik?

Die Hauptstadt der Schweiz heißt …

17 Das Genitiv-s verbindet Namen und Nomen. Verwende das „s" in den folgenden Sätzen.

Beispiel: die Symphonien von Mozart – Mozarts Symphonien

a Die Romane von Thomas Mann sind nicht leicht zu lesen. b Der Apfelkuchen von Tante Erna schmeckt am besten. c Die Strände von Italien sind ein beliebtes Ziel für deutsche Touristen. d Die Flüsse in Deutschland sind sauberer als vor 10 Jahren. e Die Filme von Steven Spielberg sind auf der ganzen Welt bekannt.

C Praktika und Ausbildung

18 Lies den Text. Gibt es bei euch auch Praktika?

In Deutschland machen viele Schüler der Klassen 8 oder 9 ein Betriebspraktikum. Sie gehen vier Wochen in einen Betrieb, in einen Laden, eine Werkstatt, ein Büro oder an einen anderen Arbeitsplatz und arbeiten dort. Das Praktikum, das sie im Unterricht vorbereitet haben, beschreiben sie später in einem Arbeitsheft. Wir haben mit drei Schülern gesprochen, die über ihre Erfahrungen berichten.

Betriebspraktikum

Hilfen und Ratschläge
für Schüler
Arbeitsheft

19 Sieh dir die Fotos von Daniel und Fabian an und überfliege die Texte auf Seite 42 oben. Welches Foto zeigt wen?

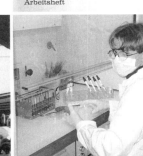

41

---

16 Spielerische Anwendung des Genitivs in Form eines Quiz. Sie können die Schüler weitere Quizfragen dieser Art (evtl. als Hausaufgabe) erarbeiten lassen.

17 Das Genitiv-*s* wird hier, da es relativ umkompliziert ist, lediglich in einer Aufgabe aufgegriffen.

In der Umgangssprache überwiegt der Gebrauch von *von* + Dativ. Das Genitiv-*s* findet man überwiegend in schriftlichen Texten. Die Schüler sollen diese Struktur also im Wesentlichen erkennen können.

C Praktika und Ausbildung

Wir stellen die Berufspraktika von drei Jugendlichen vor. Zwei davon, Daniel und Renja, kennen die Schüler bereits seit *sowieso 1*.

18 Zunächst lesen die Schüler den Informationstext und erarbeiten dazu Fragen, die anschließend gemeinsam besprochen werden.

19 Die Schüler schauen sich die Fotos der beiden Jugendlichen an und überlegen, in welchen Berufen sie wohl arbeiten. Die Hypothesen werden dann anhand der Texte auf Seite 42 überprüft. Diese Texte enthalten Fachwortschatz aus den jeweiligen Berufen. *Mechaniker: Auto, Motor, Autowerkstatt, Auspuff, Bremse, Zündkerze, Handbremse, Reifen. Medizinisch-technischer Assistent: Labor, Probe, Blutprobe, Mikroskop, Bakterien, infizieren.*

Bevor die Schüler die Texte lesen, sollten Sie den Fachwortschatz klären. Auf der **Kopiervorlage 4** finden Sie die entsprechenden Teile des Autos markiert.

20 Die Schüler sollen nur die entsprechenden Sätze und Stichwörter aus den Texten vorlesen. Gehen Sie an dieser Stelle noch nicht auf die Grammatik ein.

21
Die Schüler hören das Interview und notieren zusätzliche Informationen.

22
Transferübung. Zu diesem Interview gibt es, anders als bei Daniel und Fabian, keinen Text im Kursbuch. Die Schüler können das Interview anhand der Stichwörter nachvollziehen.

Erarbeiten Sie zuerst die Bedeutung der Stichwörter. Lassen Sie die Stichwortliste ergänzen: Welche Tätigkeiten gibt es noch im Kindergarten?

Spielen Sie nun das Interview von der Kassette vor.

Partnerarbeit und danach Berichte in der Klasse.

23 Gespräch im Kurs. Evtl. ist es sinnvoll, dieses Gespräch zunächst in Gruppenarbeit vorbereiten zu lassen.

Daniel:
Mechaniker in einer Kfz-Werkstatt

Kfz-Mechaniker war schon immer ein Beruf, für den sich Daniel interessierte. Autos, Motoren, Basteln, das ist sein Hobby. Also schickte er seine Bewerbung und seinen Lebenslauf an eine Autowerkstatt. Am Anfang des Praktikums gefiel ihm, dass er nicht in die Schule musste. In der Werkstatt war jeder Tag anders. Die Kollegen, die dort arbeiteten, waren nett. Schon am ersten Tag hat er bei einem Auto den Auspuff abgeschraubt. Nach zwei Wochen steht in seinem Praktikumsbericht:
– Überprüfung der Bremsen
– Zündkerzen auswechseln
– Hof kehren
– Aufräumen der Werkstatt und des Büros
– Halle putzen
– Einstellen einer Handbremse
– Reparatur eines Reifens
Mechaniker ist nach vier Wochen dennoch kein Traumberuf mehr für ihn. Die Arbeit, die er machen musste, war oft schmutzig und anstrengend, manchmal auch langweilig.

Fabian:
Medizinisch-technischer Assistent im Krankenhaus

Fabian hat sein Praktikum als „MTA" gemacht. Sein Vater kannte einen Arzt, der ihm half, den Praktikumsplatz im Labor des Stadtkrankenhauses zu finden. Er musste dort Proben analysieren, die die Ärzte aus dem Krankenhaus brachten. Zum Beispiel musste man Blutproben unter dem Mikroskop betrachten, um festzustellen, ob bestimmte Bakterien enthalten waren. Sicherheit war sehr wichtig. Er musste Handschuhe tragen, um sich nicht zu infizieren.
Fabian hat die Arbeit trotzdem viel Spaß gemacht. Er hat sich schon immer für diesen Beruf interessiert und könnte sich vorstellen, auch später als MTA zu arbeiten.

20 Zitieren: Wer war das? Wie steht das im Text? Lies vor.

a ... hat sich immer für den Mechanikerberuf interessiert.
b ... musste auch Arbeiten machen, die langweilig waren.
c ... hat auch einen Reifen repariert und eine Handbremse eingestellt.
d ... hat noch den gleichen Berufswunsch wie vor dem Praktikum.
e ... musste Handschuhe tragen.
f ... hat Spaß an Laborarbeiten.
g ...

 21 Höre die Kassette und notiere noch je zwei neue Informationen über Daniel und Fabian.

22 Renja hat ihr Praktikum in einem Kindergarten gemacht. Höre das Interview und berichte mithilfe der Stichwörter.

Kindergruppen · basteln · wandern · Spielzeug · Puppenecke · Berufswunsch

23 Was würdet ihr gerne machen?

– Ich könnte mir vorstellen, als ... zu arbeiten.
– Es würde mir Spaß machen, ein Praktikum als ... zu machen.

42

D Relativsätze sind relativ einfach

24 Hier lernst du eine neue Form von Nebensätzen kennen. Wiederhole zuerst: Was ist wichtig bei Nebensätzen? Welche Regel kennst du?

25 Relativsätze geben weitere Informationen zum Nomen im Hauptsatz.
Mit Relativsätzen kann man Informationen in einem Satz verbinden.

	1. Information	2. Information
Zwei Sätze:	Fredo ist ein Hund.	Er frisst gern Sportschuhe.
	Ich habe ein Moped gekauft.	Es ist erst drei Monate alt.
Ein Satz mit Relativsatz:	Fredo ist ein Hund,	der gern Sportschuhe frisst.
	Ich habe ein Moped gekauft,	das erst drei Monate alt ist.

26 Relativsätze können auch in der Mitte des Satzes stehen. Lies das Beispiel.

Meine Kollegin ist nett.   Sie arbeitet in der Werkstatt.
Meine **Kollegin**,   **die** in der Werkstatt arbeitet,   ist nett.

GR **27** Bis jetzt waren alle Beispiele im Nominativ. Lies die Beispielsätze a–l und mache eine Tabelle im Heft, wie im Beispiel vorgegeben. Kontrolliere mit der „Systematischen Grammatik" im Arbeitsbuch.

Nominativ	Akkusativ	Dativ	Genitiv
der	der	den	
das	das		
die	die		
die (Plural)			

a Der Film, den mein Freund und ich gestern gesehen haben, war echt langweilig.
b Das Kind, dem ich den Luftballon geschenkt habe, freut sich.
c Die Leute im Konzert, deren Plätze am teuersten waren, waren danach sehr enttäuscht.
d Die Uhr, die ich mir gekauft habe, war zwar billig, aber sie ist auch schon kaputt.
e Florian, dem das Praktikum im Krankenhaus Spaß gemacht hat, will später Medizinisch-technischer Assistent werden.
f Die Frau, deren Mann sie zwei Jahre gesucht hatte, lebte in Mexiko.
g Meine Schwester, der ich immer bei den Hausaufgaben helfen musste, studiert heute Medizin.
h Das Fahrrad, das mir meine Eltern geschenkt haben, war ziemlich teuer.
i Die Jungen, denen wir nach den letzten Ferien geschrieben haben, haben nicht geantwortet.
j Der Mann, dessen altes Auto wir gekauft haben, hat sich riesig gefreut.
k Das Bild, dessen Maler unbekannt ist, stammt aus dem 17. Jahrhundert.
l Der Kassettenrekorder, den ich am Anfang so toll fand, war nach zwei Monaten kaputt.

GR **28** Relativsätze können auch mit einer Ortsangabe oder einer Präposition anfangen.

a Der Strand, **wo** wir letztes Jahr im Urlaub gezeltet haben, ist jetzt ein Privatstrand.
b Das Mädchen, **neben** dem ich in der Schule gesessen habe, geht jetzt auf eine andere Schule.
c Der Lehrer, **über** dessen Witze wir immer gelacht haben, ist jetzt Schulleiter.

43

24–29 Die Sequenz beginnt mit einer Wiederholung (Aufgabe 24), in der die Schüler an die wichtigste Nebensatzregel, die Endstellung des Verbs, erinnert werden.

In Aufgabe 25 wird die Bedeutung der Struktur beschrieben (Zusatzinformationen zum Hauptsatz).

Aufgabe 26 zeigt den syntaktischen Standort des Relativsatzes.

Aufgabe 27 kann in Partnerarbeit von den Lernenden selbständig bearbeitet werden. Anhand der Sätze a bis l kann die gesamte Tabelle erstellt werden (Kontrolle mit der Systematischen Grammatik).

Hinweis: Während die Schüler die Aufgabe lösen, können Sie an der Tafel die Tabelle entwickeln und dann die Ergebnisse für alle sichtbar gemeinsam erarbeiten.

28 Die Relativsätze mit Präposition sind hier knapp abgehandelt. Sie können das Thema bei Bedarf erweitern, indem Sie von der Tabelle in der Systematischen Grammatik ausgehen und weitere Beispielsätze im Kontext des Kapitels mit Präpositionen bilden lassen. Dabei können Sie die Satzanfänge vorgeben:
Der Beruf, für den sich Daniel schon immer interessiert hatte, usw.

29 Partnerarbeit. Insgesamt sind fünf Beispiele in den beiden Texten.
Nominativ: *Die Kollegen, die dort arbeiteten ...*
Er musste Proben analysieren, die ...
Akkusativ: *Die Arbeit, die er machen musste...*
KfZ-Machaniker war schon immer ein Beruf, für den ...
Sein Vater kannte einen Arzt, der ...

30 Hier wird das Spiel aus Aufgabe 6 aufgegriffen und zur Übung der Relativsätze verwendet.

Ein Schüler liest jeweils die Definition aus dem Buch vor, die anderen raten. Wenn die Berufe alle erraten sind, kann man sie in die Sätze einbauen lassen (Hausaufgabe): *Mechaniker ist ein Beruf, der viel mit Technik zu tun hat* usw. Beispiel im Kurs vorgeben.

31 Stark gesteuerte Übung, in der die Relativsätze in den verschiedenen Kasus verwendet werden sollen (Hausaufgabe).

32 Beginnen Sie Aufgabe 32 auf jeden Fall gemeinsam in der Klasse.

Die Zusatzinformationen zur Geschichte stehen jeweils in der Zeile, zu der sie gehören. Identifizieren Sie zuerst den Punkt, an dem der Relativsatz eingefügt werden soll, und verbinden Sie dann die Information: *Der Mann, der an der Autobahn stand, hatte eine alte, grüne Jacke an.*
Oder:
Der Mann, der eine alte, grüne Jacke anhatte, stand an der Autobahn.

Die Lernenden versuchen danach, den nächsten Satz auszubauen. Helfen Sie dabei. Bei lernschwächeren Klassen gehen Sie die gesamte Übung gemeinsam mündlich durch. Die Schüler schreiben später (Hausaufgabe) den Text auf.

Differenzierungsvorschlag:
Arbeiten Sie mit der **Kopiervorlage 5**. Dort finden die Schüler Hilfen.

29 Welche Beispiele für Relativsätze findest du in den Texten über Daniel und Fabian auf Seite 42? Ordne sie zu: Was ist Nominativ, Akkusativ, Dativ oder Genitiv?

30 Ein Spiel: Berufe raten. Kennt ihr die Berufe? Wer ist am schnellsten?

1. Ein Beruf, der viel mit Technik zu tun hat.
2. Ein Beruf, den Computerfans mögen.
3. Ein Beruf, mit dem man viel Geld verdient.
4. Berufe, die es noch nicht lange gibt.
5. Ein Beruf, bei dem man mit Kindern arbeitet.
6. Zwei Berufe, bei denen man viel auf Reisen ist.
7. Ein Beruf, in dem man früh aufstehen muss.
8. Ein Beruf, den es nur auf dem Land gibt.

31 Sätze ergänzen und ausbauen

a Mein Bruder, der in der Schule immer geschlafen hat, ist heute ...
b In dem kleinen Ort, in ... wir letztes Jahr Urlaub gemacht haben, gab es eine tolle Disko.
c Das Haus, das meine Eltern gekauft haben, ...
d Der Kassettenrekorder, ... ich gern kaufen würde, ...
e Die Leute, ... (Sie hatten die teuersten Karten) saßen in der ersten Reihe.
f Taxifahrer ist ein Beruf, ... (Man braucht ein Auto für den Beruf).
g Den Roman, ... (Ich habe ihn meiner Freundin geschenkt) habe ich zuerst selbst ...
h Das Praktikum, ...(Ich habe mich auf das Praktikum gefreut), war leider zu schnell vorbei.
i Die Frau, ... (Ich hatte ihre Handtasche gefunden), gab mir 20 Mark.

32 Hier ist eine Geschichte, die du mit Relativsätzen etwas ausbauen kannst. Verwende die Informationen auf der rechten Seite.

Die Geschichte

Der Trick
Der Mann stand an der Autobahn. Er wollte nach München, aber kein Auto hielt. Es fing an, stark zu regnen. Da hatte der Mann eine gute Idee. Er schrieb auf ein Stück Pappe „Hamburg" und hielt die Pappe hoch. Bald hielt ein Auto an. Der freundliche Fahrer sagte: „Junger Mann, Sie stehen auf der falschen Seite. Hier geht es nach München!" „Ich weiß", sagte der Mann, „aber es hat mich niemand mitgenommen. Ich habe gedacht, wenn ich ein Schild halte, hält jemand an, um mich auf meinen Fehler aufmerksam zu machen." Der Fahrer lachte und sagte: „Steigen Sie ein."

44

Die Zusatzinformationen

– Er hatte eine alte, grüne Jacke an.
– Seine Eltern wohnten in München.
– Er hatte jetzt schon zwei Stunden gewartet.
– Er hatte das Stück Pappe neben der Straße gefunden.
– Er öffnete das Fenster.
– Er war froh, dass jemand angehalten hatte.
– Auf dem Schild steht „Hamburg".
– Ihm gefiel die Idee.

D Arbeitsbuch
9. Zuordnungsübung zu Relativsätzen.
10. Silbenrätsel, kombiniert mit Einsetzübung zu den Relativpronomen.
11. Relativsätze schreiben.

E Sich selbständig machen

33 Den folgenden Artikel haben wir in der Zeitschrift des Arbeitsamtes gefunden. „Sich selbständig machen" heißt, einen eigenen Betrieb gründen. Seht euch die Fotos an. Was könnt ihr in der Muttersprache über den Beruf sagen? Was könnt ihr auf Deutsch sagen?

34 Steht das im Text? Wenn ja – in welcher Zeile?
  a Es war schon immer Semas Traum, sich selbständig zu machen.
  b Sema und ihre Angestellten haben keine Zeit für Überstunden.
  c Man muss Kunden helfen, die ein besonderes Problem haben, auch wenn der Terminplan voll ist.
  d Ihre Ausbildung, die sie mit fünf Kolleginnen gemacht hat, hat drei Jahre gedauert.

IM EIGENEN FRISEURSALON

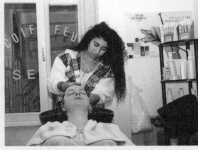

Was es heißt, eine eigene Existenz aufzubauen, kennt Sema seit ihrer Kindheit. Ihre Eltern haben ein

Sema ist Friseurmeisterin. Vor eineinhalb Jahren hat sie sich selbständig gemacht. Ihr Frisiersalon heißt „Coiffeur Sema". Sie ist mit ihren 26 Jahren jetzt Chefin und hat zwei Angestellte. „Chefin bin ich deshalb, weil ich für alles verantwortlich bin", lacht sie. „Wir sind zusammen ein gutes Team, meine Mitarbeiterinnen sollen möglichst frei arbeiten können." Sema möchte ein freundschaftliches Verhältnis untereinander haben, aber sie muss auch durchgreifen können. Denn sie muss dafür sorgen, dass das Geschäft läuft. Sema erzählt: „Es gibt zum Beispiel immer wieder Gründe, Kunden noch in einen vollen Terminplan einzuschieben: Jemand hat einen wichtigen Termin und ist in den Regen gekommen oder bei den Hochzeitsvorbereitungen wurde an alles gedacht – nur nicht an den Friseurtermin vor der Trauung." Dann bleibt für Sema und ihre Angestellten nichts anderes übrig, als Überstunden zu machen.

kleines Bistro. „Mir war klar, was auf mich zukommt", erzählt sie selbstbewusst. Mit zwölf Jahren kam sie mit ihren Eltern nach Deutschland. „Ich wollte Friseurin werden – und mein Traum war immer ein eigenes Geschäft." Und das hieß für sie schon damals, eigene Ideen zu verwirklichen, selbst bestimmen was zu tun ist, aber auch für Mitarbeiter zu sorgen. „Das Schülerbetriebspraktikum in einem Friseurbetrieb hat mir sehr gut gefallen", erinnert sie sich. „Ich habe mir damals schon vorgenommen, mich bald um eine Ausbildungsstelle zu bemühen." – Ihre Ausbildung hat Sema nach ihrem Hauptschulabschluss mit fünf weiteren Auszubildenden gemacht. „Die Ausbildung zur Friseurin ist nicht leicht", erzählt sie. „Lange stehen Routinearbeiten wie waschen, fönen oder Dauerwelle legen im Vordergrund. So richtig am Kunden schneiden darf man erst nach drei Jahren. Außerdem muss man ziemlich viel stehen."

35 Wie wird das im Text gesagt? Finde die passenden Ausdrücke.

  a Einen eigenen Betrieb gründen: 1 …, 2 … . **b** Sie organisiert die Arbeit und hat viele Kunden. **c** Mit Kunden einen Termin machen, obwohl der Kalender schon voll ist. **d** Man hat keine Wahl und muss mehr als acht Stunden am Tag arbeiten. **e** Sema hat vorher gewusst, was es heißt, selbständig zu sein. **f** Arbeiten, die man sehr oft macht.

36 Beruf Friseurin: Sammelt Wörter zu den Fotos und aus dem Text. Arbeitet mit dem Wörterbuch.

37 Was heißt „selbständig sein"? Notiere Wörter und Formulierungen aus dem Text.

45

E Sich selbständig machen

33 Beginnen Sie mit den Fotos. Um welchen Beruf geht es? Welche Wörter aus dem Wortfeld diese Berufes kennen die Schüler auf Deutsch und in der Muttersprache? Machen Sie zwei Listen an der Tafel.
  Lassen Sie dann anhand der Überschrift „Sich selbständig machen" und der Überschrift des Artikels Vermutungen sammeln, worum es inhaltlich gehen könnte.

34 Leseverstehen.
  ◆ a) Zeile 36, b) ist falsch, s. Zeile 30, c) Zeile 20f. d) Zeile 49f./Zeile 57f.

35 Hier werden Paraphrasen vorgegeben. Die Schüler sollen im Text die dazugehörigen Passagen identifizieren.
  Die Aufgabe ist nicht ganz

einfach. Gehen Sie arbeitsteilig vor. Jeder Schüler sucht zu zwei Paraphrasen die passenden Textstellen. Geben Sie bei Bedarf Hilfen und lassen Sie die Schüler nicht endlos im Text suchen.
  ◆ *a) 1) Zeile 2f.: Sie hat sich selbständig gemacht. 2) Zeile 37: Mein Traum war immer ein eigenes Geschäft.*
  b) Zeile 16f.: … muss dafür sorgen, dass das Geschäft läuft.
  c) Zeile 20: … Kunden noch in einen vollen Terminplan einschieben.
  d) Zeile 28f.: Dann bleibt … nichts übrig, als Überstunden zu machen.
  e) Zeile 30f.: Mir war klar, was auf mich zukommt.
  f) Zeile 55: Routinearbeiten.

36 Greifen Sie jetzt die Liste auf, die die Schüler vor der Besprechung des Artikels in der Muttersprache gemacht haben, und erarbeiten Sie jetzt die Wörter auf Deutsch. Sie können auch hier ein einsprachiges Wörterbuch heranziehen.

37 Mögliche Lösungen:
  ◆ *für alles verantwortlich sein, ein gutes Team haben, möglichst frei arbeiten können, man muss durchgreifen können, dafür sorgen, dass das Geschäft läuft, eigene Ideen verwirklichen, für Mitarbeiter sorgen*

  Sie sollten Zeit übrig haben, um das Thema Selbständigkeit mit seinen Vor- und Nachteilen in einer Klassendiskussion aufzugreifen.
  Sie können die Diskussion in Gruppen vorbereiten lassen, die jeweils zunächst eine Liste mit Vorteilen und Nachteilen der Selbständigkeit erstellen.
  Hinweis: Zusätzliche Informationen können über die Homepage der Bundesanstalt für Arbeit beschafft werden: *http://www.arbeitsamt.de*
  Sehr ergiebig sind die Stichwörter „Berufserkundungen" und „Elternveranstaltungen".

> **E Arbeitsbuch**
> 12.–13. Gedicht und Test zur Selbsteinschätzung in Bezug auf Berufswünsche.

Einheit 8

Inhalt
Ferien auf dem Land, Hotel, Missverständnisse, interkulturelle Wahrnehmungen und Erfahrungen

Kommunikation
über Missverständnisse sprechen
Gesprächssituationen im Hotel
Dialekt verstehen

Wortschatz
Tiere, Bauernhof, Hotel, Tourismus

Texte
Magazintext, Collage, Sprachführer, persönlicher Reisebericht, Magazinartikel

Grammatik
Verben als Nomen
Pronominaladverbien: *worauf – darauf …*
Infinitiv mit *um … zu*

Lern- und Arbeitstechniken
einen Sprachführer anlegen
Dialoge selbständig planen und üben

Allgemein:
Im Mittelpunkt dieser Einheit stehen die Themen „Ferien" und „Tourismus".

Ausgangspunkt ist der „Landdienst" in der Schweiz, der auch ausländischen Jugendlichen offen steht. Anschließend: systematische Wortschatzarbeit. In C geht es dann um das selbständige Erarbeiten von häufigen Dialogsituationen im touristischen Bereich.

D wirft die Frage nach den Interessen und Wahrnehmungsmustern von Touristen auf. Dabei wechseln wir mehrfach die Perspektive: Deutsche im Ausland, eine deutschsprachige Italienerin in einer Urlaubssituation; Gesten und Missverständnisse.

A Aktivferien

1 Schau dir die Abbildungen an. Was fällt dir zum Begriff „Aktivferien" ein?

2 Lies den Text bis Zeile 14. Was sind die Ziele des Landdienstes?

Landdienst – eine gute Idee

Möchtest du deine Ferien einmal anders verbringen? Neue Erfahrungen machen und dazu noch etwas Taschengeld verdienen? Dann sind Aktivferien auf einem Bauernhof eine tolle Möglichkeit dafür: Power beim Bauer.

5 Jedes Jahr nehmen etwa 2500 Jugendliche am freiwilligen Landdienst in der Schweiz teil. Die Landdienst-Vereinigung organisiert und fördert seit 1946 kurzfristige Arbeitseinsätze von Jugendlichen auf dem Bauernhof. Damit will die Organisation die Kontakte zwischen Stadt und Land, zwischen ver-
10 schiedenen Sprachregionen erleichtern. Die Förderung der internationalen Verständigung ist ein weiteres Ziel. Deshalb steht der Landdienst nicht nur Schweizern offen. Auch Jugendliche anderer Länder haben die Möglichkeit, ein bis zu zwei Monate langes Praktikum zu machen.
15 Eine Zeit lang auf einem Bauernhof zu verbringen bedeutet, neben der Heugabel auch einmal den Putzlappen in die Hand zu nehmen. Der Landwirt erklärt die Arbeiten auf dem Feld, im Stall oder im Wald. Die Jugendlichen lernen dabei, wie man Holz hackt, Kühe melkt und die Tiere füttert. Man hilft der
20 Bäuerin beim Ernten von Früchten und Gemüse und packt im Haushalt mit an: Das Putzen, Kochen, Waschen, Bügeln und die Kinderbetreuung gehören dort zum Alltag.
Landdienst bedeutet: gemeinsam arbeiten, Selbständigkeit erfahren und „den Kopf auslüften".
25 Negatives? Eigentlich nichts, nur … man muss mit den Hühnern aufstehen!

Bedingungen
Einsatzdauer: Mindestens 3 Wo., 2 Wo. für Jugendliche aus der Schweiz.
Mindestalter: 17-jährig, 14-jährig für Jugendliche aus der Schweiz.
Arbeits- und Freizeit: Sonn- und Feiertage sind arbeitsfrei.
Die wöchentliche Arbeitszeit beträgt maximal 48 Stunden.
Taggeld: Neben freier Unterkunft und Verpflegung während des ganzen Aufenthaltes bezahlen der Bauer oder die Bäuerin je Arbeitstag:
– mindestens Fr. 12.- für 14- und 15-jährige
– mindestens Fr. 16.- für 16-jährige
– mindestens Fr. 20.- für 17-jährige und Ältere.
Weitere Informationen: Landdienst-Zentralstelle, Mühlegasse 13, Postfach 728, CH-8025 Zürich – Tel. 0041-1-2614488

3 Lest den Text ab Zeile 15. Schreibt die Tätigkeiten heraus, die es auf dem Bauernhof gibt. Fragt in der Klasse: Wer hat schon einmal so etwas Ähnliches gemacht?

46

A Aktivferien

1 Einstieg über die Abbildung aus der Broschüre des Schweizer Landdienstes. Vokabeln, die auf Deutsch helfen könnten: *Traktor, Heu, aufladen, Ernte.*

2 Partnerarbeit.
◆ *Kontakte zwischen Stadt und Land erleichtern. Förderung der internationalen Verständigung.*

3 Weiterarbeit in Kleingruppen oder Partnerarbeit.
◆ *Holz hacken, Kühe melken, Tiere füttern, ernten, putzen, kochen, waschen, bügeln, Kinder betreuen.*

Unterrichtsgespräch: Sprechen Sie über die Bedingungen, die unten im Text angegeben werden. Ist das für Ihre Schüler realistisch? Können sie sich eine solche Tätigkeit vorstellen? Vor- und Nachteile? Ist es eine interessante Art, die Ferien zu verbringen? Wäre das in Ihrem Land ähnlich? Wären die Tätigkeiten anders?

---

4   Kannst du die Informationen zum „Landdienst" kurz zusammenfassen? Dein Text kann so anfangen:

In der Schweiz können Jugendliche in den Ferien ...

5   Tiere auf dem Land: Welche Tiere gibt es bei euch auf dem Land?

6   Ein Gedicht von Ernst Jandl: „auf dem land"

Ihr hört ein Gedicht von Ernst Jandl. Lest zuerst die Liste der Tiere.
Welche Tiere aus der Liste kommen in Jandls Gedicht vor?

Tiere
Affe
Biene
Elefant
Ente
Fisch
Frosch
Gans
Grille
Hahn
Hummel
Hund
Kater
Katze
Kuh
Löwe
Pferd
Pinguin
Rind
Schwein
Storch
Vogel
Ziege

Laute
bellen
brüllen
brummen
grunzen
krähen
meckern
miauen
muhen
quaken
schnattern
schnurren
summen
trompeten
wiehern
zwitschern

7   Hört euch das Gedicht noch einmal an. Macht im Heft eine Liste mit den Tieren und
den Tierlauten. Achtung: Manche Laute in der Liste gehören zu Tieren, die Jandl nicht
erwähnt, zu manchen Tieren gibt es keine Laute.

8   Könnt ihr noch eine weitere Strophe zu Jandls Gedicht schreiben?

9   Könnt ihr ein ähnliches Gedicht schreiben mit dem Titel „in der stadt"?

47

---

4   Hier sollen schriftlich
Zusammenfassungen geübt
werden. Hausaufgabe oder
Gruppenarbeit. Kontrolle und
Korrektur im Kurs.

5   Wortschatzwiederholung.
Viele Vokabeln sind bekannt.
Lassen Sie nicht nur Tiernamen
sammeln, sondern regen Sie
dazu an, auch anderen Wortschatz aus dem Wortfeld „Bauernhof" hinzuzufügen.

6   [ ]
Auf der Kassette finden Sie das
Gedicht von Ernst Jandl, von
ihm selbst gesprochen, in einer
Inszenierung mit Musikimpro-
visationen und lautmalerischen
Elementen. Den Text haben wir
auf Seite 131 abgedruckt.

7   Liste in Partner- oder
Gruppenarbeit erstellen lassen.

8–9   Anhand der Tiere in der
Zeichnung weitere Tierlaute
hinzuschreiben. Mit dem ein-
sprachigen Wörterbuch arbei-
ten.
   In Aufgabe 9 dient das
Jandlgedicht als Modell für
eigenen kreatives Schreiben.
Lassen Sie die Schüler in
Gruppen arbeiten.
   Falls Ihre Klasse an so etwas
Spaß hat, sollten Sie Jandls Ge-
dicht und/oder die Gedichte
der Schüler in der Klasse „in-
szenieren" und auf Kassette/
Video aufnehmen.
Alternative:
Wenn Ihre Schüler weniger
Interesse an dem Thema
„Tiere" haben, können Sie das
Gedicht von Jandl nur kurz
als Modell anspielen und direkt
zu Aufgabe 9 gehen.

A Arbeitsbuch
1. Aufgabe zu Lesestrate-
gien anhand von Reise-
angeboten.

B Verben als Nomen

10 Hier werden nur die nominalisierten Infinitive ohne weitere Suffixe aufgegriffen.

Die Regel heißt: Verben großschreiben mit Artikel „das".

11 Paraphraseübung, die wichtig ist, um das Stilgefühl der Schüler zu entwickeln.

Das Beispiel gibt zwei Möglichkeiten vor. Achten Sie darauf, dass die Schüler nicht jeden Satz in der gleichen Weise umformulieren, sondern verschiedene Varianten benutzen.

◆ Hier mögliche Satzanfänge: *b) Die meisten Jugendlichen haben Probleme, am Morgen … c) Viele Jugendliche aus der Stadt haben noch nie … d) Die meisten … nicht gerne. e) Wenn man eine fremde Sprache lernt … f) Die meisten Jugendlichen … gerne, denn dabei können sie …*

C Haben Sie noch ein Zimmer frei?

In den Aufgaben 12–18 zeigen wir, wie wir uns Dialogarbeit mit fortgeschrittenen Lernern vorstellen. Wir gehen nicht vom fertigen Dialog aus, sondern lassen die Schüler in einem vorgegebenen Rahmen die Situation selbst entwerfen und anschließend Redemittel erarbeiten, die zur Bewältigung dieser Situation(en) notwendig sind. Schließlich werden Dialoge geschrieben und gespielt.

12–13 Die Zeichnung enthält viele kleine Situationen.

Wenn Sie eine Kopie auf Folie erstellen und verschiedene Situationen abdecken, können Sie sehr flexibel arbeiten.

Fragen Sie: *Worüber sprechen die Leute? Was tun sie? Wo sind sie? Worum geht es? Was könnt ihr erkennen?*

Halten Sie in der Muttersprache an der Tafel fest: *Welche Wörter sind in diesen Situationen wichtig? Welche Sätze kann man gebrauchen?*

Lassen Sie eine Liste mit Wortschatz und eine mit Redemitteln erstellen.

B Verben als Nomen

10 Verben als Nomen. In dem Text auf Seite 46 findest du Verben, die als Nomen gebraucht werden. Mache eine Liste. Was ist das System?

> *das Ernten, das …*

11 Sätze mit Verben als Nomen. Schreibe die Sätze so um, dass die Nomen wieder als Verben benutzt werden.

a Das Arbeiten in einem fremden Land hilft, eine andere Kultur zu verstehen.
b Das frühe Aufstehen am Morgen fällt den meisten Jugendlichen schwer.
c Das Füttern der Tiere ist für viele Jugendliche aus der Stadt eine neue Erfahrung.
d Das Putzen, Waschen und Bügeln mögen die meisten nicht sehr gerne.
e Beim Lernen einer fremden Sprache ist es gut, wenn man oft mit „Muttersprachlern" Kontakt hat.
f Das Kochen macht den Jugendlichen Spaß, denn es bedeutet das Kennenlernen neuer Rezepte.

> *a) In einem fremden Land zu arbeiten …*
> *Wenn man in einem fremden Land arbeitet, …*

C Haben Sie noch ein Zimmer frei?

12 Seht euch die Zeichnung an. Wo sind die Leute? Worüber sprechen sie?

13 Die Zeichnung zeigt typische Touristensituationen im Hotel. Wie kann man sich darauf vorbereiten? Macht zwei Listen in eurer Sprache: wichtige Wörter und wichtige Sätze.

48

B Arbeitsbuch	C Arbeitsbuch
2. Einsetzübung.	5. Hörverstehen: Dialog an der Hotelrezeption als Einsetzübung. Im Unterricht verwendbar.
3.–4. Sätze umformulieren.	6.–7. Hörverstehen: Besuch in Lugano.
	8. Postkarte schreiben. Kontrolle im Unterricht notwendig.

14 Hört und lest den Dialog und vergleicht danach mit eurer Liste.

○ Guten Tag, haben Sie noch ein Zimmer für drei Personen?
● Ja, Moment. Wir hätten da noch ein Doppelzimmer mit Dusche und WC. Wir können Ihnen ein drittes Bett aufbauen. Wie lange möchten Sie bleiben?
○ Nur für eine Nacht.
● Das wäre dann die Nummer 31.
○ Was kostet das Zimmer denn?
● 125 DM.
○ Ist das mit Frühstück?
● Selbstverständlich. Wir haben ein Frühstücksbuffet im 1. Stock.
○ Gut, das nehmen wir.
● Den Schlüssel kann ich Ihnen aber erst in einer Stunde geben. Das Zimmer ist noch nicht frei.

15 Lest den Dialog laut. Übt die Intonation.

16 Deutsch im Hotel, am Ferienort, in der Bahn. Viele Touristen bereiten sich mit Sprachführern vor. Macht euch einen kleinen Sprachführer. Verwendet eure Liste aus Aufgabe 13, den Dialog und die Ausdrücke unten.

Einzelzimmer · Bad · mit/ohne · Fernseher · Nächte · ruhig · Gepäck · Kreditkarte · Rechnung · Halbpension · Vollpension · preiswert · Klimaanlage · reservieren · …

Unterkunft

Hotel und Pension

Wie komme ich zum Hotel …?	Jak się dostanę do hotelu …?	jak_Bje dc chote'lu
Für mich ist hier ein Zimmer reserviert worden.	Dla mnie zamówiono tu pokój.	dla'_mnje no_tu po'
Kann ich das Zimmer jetzt sehen?	Czy mogę obejrzeć ten pokój teraz?	tschy_mo ten po'ku,
Es ist sehr schön.	Bardzo ładny.	ba'rdso la
Können Sie mir ein anderes Zimmer zeigen?	Czy pan(i) może pokazać mi inny pokój?	tschy_pa', poka'sat po'kuj

17 In den Aufgaben 12–16 habt ihr euch auf eine Situation im Hotel vorbereitet. Hier sind andere Situationen. In welchen habt ihr keine Probleme? Welche müsst ihr vorbereiten? Arbeitet zuerst zu zweit und diskutiert danach in der Klasse.

1. Am Bahnhof
2. Im Restaurant
3. Beim Einkaufen
4. Auf der Post
5. In der Touristeninformation
6. …

18 Teilt die Klasse in Gruppen. Jede Gruppe sucht eine Situation aus, schreibt einen Dialog und spielt ihn vor.

 19 Ein Dialog in Tirol (Österreich). Hört den Dialog. Wo spielt die Szene? Worum geht es? Schreibt die Sätze 1. und 2. zu Ende.

Die Dialoge zwischen Herrn Karl und Herrn Jürgen sind von der Tourismuswerbung des österreichischen Bundeslandes Tirol aufgenommen worden. Es gibt ein Sprachproblem: Herr Jürgen ist ein Tourist aus Berlin. Herr Karl ist der Besitzer eines Hotels in Tirol.

1. „Die Eier sind fertig" bedeutet in Tirol …   2. „Die Eier sind fertig" bedeutet in Deutschland …

20 Ein Satz, sechs Dialekte – Könnt ihr die Unterschiede beschreiben?

21 Gibt es in eurem Land Dialekte? Versteht ihr sie? Sprecht ihr sie?

49

---

14 Spielen Sie den Musterdialog vor und lassen Sie vergleichen: Welche Wörter und Redemittel werden im Musterdialog benutzt? Welche stehen (auf Deutsch oder in der Muttersprache) an der Tafel?

15 Intonation markieren und Dialog zur Kontrolle noch einmal vorspielen.

16 Die Erstellung des Sprachführers kann als **Projekt** durchgeführt werden.

Sammeln Sie gemeinsam Überschriften und Kategorien: im Hotel, an der Rezeption, im Hotelrestaurant, bei der Buchung eines Zimmers usw. Weiterarbeit in Arbeitsgruppen.

Die Vokabelliste in Aufgabe 16 gibt einige Ideen vor. Je nach Zeit können Sie hier mehr oder weniger ins Detail gehen.

Die Arbeitsergebnisse können ausgehängt und miteinander verglichen werden. Die Schüler können aber auch einen kleinen Sprachführer zusammenstellen und mit einer anderen Gruppe austauschen.

17–18 Die Situationen 1–5 kommen häufig in Zertifikatsprüfungen vor.

Ihre Erarbeitung ist ein Stück Prüfungsvorbereitung,

wobei Sprachmaterial aus dem gesamten bisherigen Deutschkurs mit *sowieso* wiederholt wird.

Wenn Sie intensiver arbeiten wollen, legen Sie die Arbeit mit den Aufgaben 17 und 18 als Projekt an. Bilden Sie Gruppen und definieren Sie gemeinsam die Aufgaben und die Form der Ergebnispräsentation. Stellen Sie ggf. zusätzliche Arbeitsmaterialien zur Verfügung und lassen Sie die Gruppen ihre Aufgaben dann selbständig lösen. Geben Sie eine Woche Arbeitszeit außerhalb des Unterrichts, bevor die Ergebnisse präsentiert werden.

19

In *sowieso 3* finden Sie viele authentische Hörtexte, die mit unterschiedlichen Akzenten und Dialektfärbungen gesprochen werden. An dieser Stelle wollen wir das Thema Dialekt bewusst machen.

Der Dialog, ein Werbespot des österreichischen Bundeslandes Tirol, spielt mit dem Missverständnis zwischen einem Norddeutschen und einem Tiroler. Der „Piefke" (österreichischer Ausdruck für Deutsche) korrigiert den Tiroler ständig und versucht, ihm „richtiges" Deutsch beizubringen.

Das Missverständnis bezieht sich auf das Wort „fertig".

◆ *„Die Eier sind fertig." bedeutet in Tirol, dass es keine Eier mehr gibt. In Deutschland bedeutet es, dass man die Eier jetzt essen kann, weil sie fertig gekocht sind.*

20

Die sechs Sätze zeigen unterschiedliche Begriffe für das deutsche Wort *Brötchen: der Weck, die Schrippe, die Semmel, das Brodel.*

Unterschiede bestehen auf der Wortebene, in der Syntax und vor allem in der Sprachmelodie. Es genügt, wenn die Schüler ihre Eindrücke schildern.

◆ *Die Äußerungen auf der Kassette sind aus: 1. Dresden, 2. Leipzig, 3. Bamberg, 4. Berlin, 5. München, 6. Hamburg.*

21 Diskussion über Dialekte im eigenen Land, falls die Frage in Ihrer Region relevant ist.

D Sonne, Strand und Schnitzel – Ferien auf Deutsch

D Sonne, Strand und Schnitzel – Ferien auf Deutsch

22–24 In diesem Abschnitt geht es um die Urlaubswelten mancher Deutscher im Ausland. Alwin steht für diejenigen, die in der Fremde ihre eigene Umwelt wieder finden möchten.

Lassen Sie die Schüler die Fotos genau anschauen.

◆ *Man erkennt an den Restaurantnamen im Hintergrund bzw. an der Palme und im rechten Foto an den Preisen (Peseten), dass die Fotos nicht aus Deutschland stammen.*

Fragen Sie die Schüler, ob sie ähnliche Situationen in ihrem Land kennen (Tourismusorte).

Partnerarbeit: Die Schüler schreiben Stichwörter heraus und/oder erstellen eine Textgrafik. Auswertung an der Tafel oder auf Folie (Aufgabe 24).

Kopiervorlage 6: Sie können mit dem Text arbeiten, wie in sowieso 1, Kursbuch, S. 66–67 vorgeschlagen.

25 ▭
Wir haben zustimmende und ablehnende Reaktionen auf der Kassette gesammelt. Spielen Sie die Kassette vor. Fragen Sie:
Wer ist der gleichen Meinung wie Alwin? Wer nicht? Was sind die Argumente?
Diskussion der Klasse.

26 Alwin kann auf Gran Canaria acht Sender auf Deutsch empfangen. Fragen Sie Ihre Schüler, welche Sender sie auf Deutsch zu Hause empfangen können, welche sie häufiger sehen.

---

22 Diese Fotos sind nicht aus Deutschland. Woran kann man das erkennen?

23 Alwin berichtet hier über seine Urlaubserfahrungen. Lies den Text und finde heraus: Warum fährt er gerne nach Gran Canaria?

Ich fliege mit meinen Eltern seit vielen Jahren im Winter und im Sommer auf die Kanarischen Inseln. Wir haben in Playa del Ingles eine Ferienwohnung. Viele andere Deutsche auch. Ich finde Gran Canaria super. Da scheint das ganze Jahr die Sonne, der Strand ist toll und man kann überall Deutsch sprechen. Spanisch braucht man überhaupt nicht. Das ist für mich sehr wichtig. Auch sonst ist alles wie zu Hause. In Playa gibt es viele deutsche Cafés, Restaurants und auch deutsche Geschäfte. Hier kann ich die gleichen Dinge wie zu Hause essen. Und meistens kosten sie nur die Hälfte. Wenn ich nicht viel Hunger habe, kann ich mich für 280 Peseten satt essen, das sind ungefähr 3 DM. Frikadellen, Gänsebraten mit Rotkraut, es gibt einfach alles.

In den Discos sind die DJs meistens aus Deutschland und die Bands auch. Am liebsten gehe ich ins Westfalia. Da kenne ich die meisten Leute. Wenn ich mal keine Lust habe auszugehen, kann ich fernsehen. Es gibt acht Sender auf Deutsch und natürlich auch jede Menge deutsche Zeitungen. Beim Fernsehen darf ich nur nicht vergessen, dass auf Gran Canaria die Sendungen eine Stunde früher beginnen, wegen der Zeitverschiebung.

24 Was ist für ihn genau wie in Deutschland, was ist anders?

25 Wir haben anderen Jugendlichen Alwins Text gezeigt. Hört ihre Reaktionen. Stimmt ihr zu? Was ist eure Meinung?

26 Auf Gran Canaria kann man diese deutschsprachigen Sender empfangen. Und bei euch?

50

Landeskunde:
Deutsche Welle TV
Das Fernsehprogramm der Deutsche Welle ist über Satellit fast auf der ganzen Welt zu empfangen. Es gibt neben Unterhaltungssendungen und politischen Sendungen (in vielen Sprachen) auch oft Sprachprogramme und besondere Sendungen, die für den Sprachunterricht gut zu verwenden sind. Detaillierte Informationen über das Programm können Sie über das Internet bekommen:
http://www.dwelle.de
Spezielle Tipps für DaF-Lehrer/innen bzgl. des Umgangs mit den Sendungen der Deutschen Welle finden Sie unter dieser Adresse:
http://www.goethe.de/z/dws/desindex.htm

D Arbeitsbuch
9. Hörverstehen auf Basis einer Statistik zu den beliebtesten Urlaubsländern der Welt.

27 Warum reisen Leute ins Ausland?

28 Die Perspektive wechseln. Schreibe einen Brief. Du kannst so anfangen:

Liebe(r) ...
Jetzt bin ich schon drei Wochen in ... Hier ist es
genauso wie / ganz anders als ... Es gibt (kein) ...

E *Questo è arabo*

29 Lisa Ferrari ist Italienerin. Sie studiert Deutsch und Englisch. In den Ferien war sie in Jordanien.
Auf der Kassette erzählt sie von ihrer Reise. Betrachte die Bilder und höre den Text.
Was hat sie gemacht? Was ist anders als bei Alwin?

30 Fremde Texte, fremde Zeichen. Hier sind Textbeispiele, die Lisa mitgebracht hat. Kannst du sagen,
worum es sich handelt und woran du das erkennst?

31 Hast du ähnliche Beispiele für Texte in anderen Sprachen zu Hause? Bring sie mit.
Hast du ähnliche Erfahrungen gemacht?

32 *Questo è arabo*, sagt Lisa. Das heißt auf Deutsch: „Das ist Arabisch." Die Deutschen sagen statt
dessen „Ich verstehe nur Bahnhof!". Wie sagt man bei euch?

51

---

27 Diskussion über Auslandsreisen: Motive (geschäftlich, touristisch, privat, familiär usw.), Erfahrungen, Probleme Kosten …

Kopiervorlage 7: Die Statistik von 1997 zeigt eine Veränderung im Reiseverhalten der Deutschen. Sie bleiben wieder mehr zu Hause.

28 Die Schüler sollen hier die Perspektive wechseln und aus der Sicht eines Touristen berichten. Als Hausaufgabe geeignet.

E Questo è arabo

Die Italienerin Lisa Ferrari erzählt auf Deutsch von einem Urlaub in Jordanien. Tourismus ist ein internationales Thema. Der Hörtext hat die Funktion eines Gegentextes zu Alwins Äußerungen. Dabei spielt es keine Rolle, dass Lisa Italienerin ist. Entscheidend ist die unterschiedliche Herangehensweise der beiden jungen Leute in Bezug auf das Thema „Reisen".

29

Lisa Ferrari spricht mit italienischem Akzent (Wörter wie *Museum*). Erkennen Ihre Schüler den Akzent? Wenn ja, woran wird er deutlich?
◆ *Lisa war in Jordanien. Sie hat die Felsenstadt Petra besichtigt. Im Gegensatz zu Alwin sucht sie die Fremdheitserfahrungen, will Neues entdecken und nicht ihre eigene Umwelt in der Fremde wieder finden. Sie ist offen für neue Erfahrungen.*

Sprechen Sie zunächst gemeinsam über die drei Fotos, um so den Hörtext vorzuentlasten.

30–32 Lassen Sie die Fotos anschauen. Was erkennen die Schüler? Woran erkennen sie den Inhalt der Texte? Bei dem Text in der Mitte handelt es sich um eine Speisekarte.
Zu einer der nächsten Unterrichtsstunden können die Schüler eigene Beispiele für solche „erkennbaren" Texte in anderen Sprachen mitbringen.

33 Mit dieser Aufgabe beginnt eine Sequenz zum Thema „Missverständnisse".

Der Text beschreibt ein deutsch-französisches Missverständnis, bei dem Körpersprache und gesprochene Sprache eine Rolle spielen.

In der Presse sind immer wieder Texte dieser Art zu finden. Sie sind oft sehr motivierend im Unterricht, weil fast jeder eigene Erfahrungen mit Missverständnissen hat.

Führen Sie zunächst ein Gespräch über Begrüßungsformen in verschiedenen Ländern (vgl. auch *sowieso 1*, S. 10). Wenn die Klasse daran Spaß hat, spielen Sie die Begrüßungen im Kurs.

Lassen Sie dann den Text lesen, nacherzählen und/oder nachspielen.

34

Je nach Leistungsstand Ihrer Klasse sollten sie unterschiedlich vorgehen. Bei leistungsstarken Klassen empfiehlt sich ein direkter Einstieg mit anschließendem Unterrichtsgespräch. Bei anderen Klassen sollten Sie Hilfestellungen vorbereiten.

Zusätzliche Aufgabe:
Lassen Sie die Schüler über das Erlebnis von Frau Min einen Text nach dem Modell von Aufgabe 33 schreiben. Talentierte Zeichner/innen könnten eine Karikatur dazu machen.

35–36 Die Aufgaben bieten Gelegenheit, über die Bedeutung von Gesten in verschiedenen Kulturen zu sprechen.
◆ ⓐ *4)*, ⓑ *2)*, ⓒ *3)*;
ⓓ *und 1) bleiben offen. Die Geste kann viele Bedeutungen haben.*

Spielen Sie die Gesten im Kurs. Gibt es andere Gesten, die Ihre Schüler kennen, mit einer bestimmten Bedeutung? Haben sie andere Gesten bei Deutschen gesehen, die sie im eigenen Land nicht haben?

37 Unterrichtsgespräch: Wer hat sich schon einmal mit Zeichensprache verständlich gemacht? Wie kann man Bedeutungen mit Zeichen vermitteln?

8

33 Missverständnisse. Wer weiß, wie man sich in Frankreich begrüßt? Lest die Geschichte. Was ist passiert?

Vor einigen Monaten machte unsere Klasse eine Reise nach Frankreich. Wir waren In Gastfamilien untergebracht und eines Tages stellte mich mein Gastgeber seiner Freundin vor. Ich sagte ihr, dass ich Ulrich heiße – wie ich bereits festgestellt hatte – ein für Franzosen schwer aussprechbarer Name.

Sie wollte mich, wie es in Frankreich üblich ist, zur Begrüßung auf die Wange küssen und hielt mir ihren Kopf entgegen. Ich dachte jedoch, sie hätte mich nicht verstanden, und brüllte deshalb in voller Lautstärke: „ULLL-RIIICH!" in ihr Ohr. Sie zuckte zurück, ihren schmerzverzerrten Gesichtsausdruck werde ich nie vergessen.

Young Miss, 2/96

 34 Eine ausländische Studentin erzählt über ein Missverständnis in Deutschland. Kennt ihr auch ähnliche Geschichten?

35 Seht euch die Fotos an. Was bedeuten die Gesten?

a Du bist verrückt! **b** Das hab' ich total vergessen. **c** Das hat prima geschmeckt. **d** …

36 Mit den Händen sprechen: Welche Gesten müssen Ausländer bei euch kennen? Mache eine Geste – die anderen raten.

37 Diskutiert in der Klasse: Was kann man tun, wenn man etwas nicht versteht?

52

Lassen Sie in Gruppen Szenen ausarbeiten, in denen sich jemand mit einem Zeichen mit den Händen verständlich macht. Die anderen müssen dann raten, was gezeigt wird.

F Arbeitsbuch
10.–12 Übungen zu Verben mit Präpositionen, Pronominaladverbien, Präposition + Fragewort.
13. Sätze mit *um … zu* schreiben.

F Grammatik: *worauf – darauf, auf wen, …; um … zu*

GR‹ 38 Fragen mit *wo-* und Antworten mit *da-*: Wofür stehen *darauf* und *darüber*?

○ Was machst du?
● Ich bereite mich auf den Test vor.
○ Darauf brauche ich mich nicht mehr vorzubereiten. Das habe ich gestern gemacht.

○ Ich suche ein Geschenk für Tina.
● Wofür interessiert sie sich?
○ Für Musik, für Bücher …
● Schenk ihr doch eine CD von den „Prinzen".
○ Du meinst, darüber würde sie sich freuen?

○ Weißt du, worauf ich mich freue? Auf das Wochenende.
● Das verstehe ich, ich freu' mich auch darauf. Wir machen eine Fahrradtour, und du?
○ Wir bleiben zu Hause im Garten.

Sachen	Personen
Woran denkst du gerade?	**An wen** denkst du gerade?
Womit willst du dein Fahrrad bezahlen?	**Mit wem** fährst du in die Ferien?
Wofür willst du so viel Taschengeld?	**Für wen** backst du den Kuchen?

> **Lerntipp** ▸ Verben immer mit den Präpositionen lernen.

GR‹ 39 Fragen nach Zweck und Grund – Antworten: *Warum? Um … zu.*
Ordne zu. Es gibt mehrere Möglichkeiten.

Warum fahren viele Leute ans Meer?
Warum machen Jugendliche ein Praktikum?
Wozu lernen viele Menschen Deutsch?
Aus welchem Grund gehen viele Leute zum Fußball?
Wozu fahren viele Touristen im Winter in die Berge?
Warum haben viele Leute einen Hund?

Um nicht allein zu sein.
Um die Sonne zu genießen.
Um einen Beruf kennen zu lernen.
Um Ski zu fahren.
Um sich zu entspannen.
…

40 Schreibe die Sätze ins Heft, wie im Beispiel vorgegeben.

a) Viele Leute fahren ans Meer, um die … zu …

53

F Grammatik: *worauf – darauf, auf wen …; um … zu*

38 Kopieren Sie die drei Dialoge vergrößert auf eine Folie. Markieren Sie dann im ersten Dialog *auf den Test* und *darauf.* Die Schüler markieren dann in Dialog 2 und 3, worauf sich die Pronominaladverbien beziehen. Lassen Sie die Schüler selbst den Unterschied bei Personen und Sachen herausarbeiten.

39 Die Schüler ordnen zuerst die Sätze zu. Fragen Sie dann nach der Regel. Das Verb im Infinitiv und *zu* stehen am Ende des Satzes.

40 Die Lernenden sollen, analog zu Aufgabe 39, weitere Beispiele für Zwecke und Gründe finden. Als Hausaufgabe geeignet.

Einheit 9

Inhalt
Erfindungen und Erfinder
Schokoladenherstellung
Kommunikation
Herstellungsprozesse beschreiben
sagen, wie etwas funktioniert
Wortschatz
Technik, Erfindungen
Texte
Zeitungsbericht, Reportage
Grammatik
Passiv (Präsens, Präteritum, Perfekt)
untrennbare Verben
Adjektivbildung: Suffixe
Wiederholung: um ... zu,
Konjunktiv II, Relativsätze
Lern- und Arbeitstechniken
Grammatikregeln selbst finden
Wortarten erkennen

Allgemein:
In dieser Einheit geht es um Erfindungen und Erfinder und um die Frage, warum bzw. aus welchen Situationen heraus bestimmte Erfindungen gemacht wurden. Darüber hinaus geht es um die Beschreibung von Herstellungsprozessen am Beispiel der Schokolade.

Danach stellen wir den Wettbewerb „Jugend forscht" vor, mit dem in Deutschland jugendliche Forscher/innen und Erfinder/innen gefördert werden.

A Erfindungen, die die Welt (nicht) braucht

Dieser etwas ungewöhliche Einstieg in das Thema soll die Schüler motivieren und ihre Kreativität anregen. Alle vier Erfindungen, die hier vorgestellt werden, sind tatsächlich produziert worden, aber nie in Serie gegangen.

1 Wenn möglich, kopieren Sie die Fotos auf Folie und lassen Sie die Schüler raten, was für Erfindungen das sein könnten, was sie sehen und wie das Ganze funktioniert. Die Schüler stellen (in dieser Phase in der Muttersprache) Hypothesen über die Bilder auf. Danach lesen sie die zu den Bildern gehörenden Texte und entscheiden, welche dieser Erfin-

---

A Erfindungen, die die Welt (nicht) braucht

1 Sieh dir zuerst die Fotos an. Was kann man mit den Erfindungen machen?

Wer kennt sie nicht – die kleinen Probleme des Alltags. Die Mitglieder der japanischen Chindogu-Gesellschaft (der Name bedeutet etwa: nützliches, aber unbrauchbares Werkzeug) haben einfache Lösungen für schwierige Probleme gefunden. Alle Geräte funktionieren, werden nur als Einzelstück gebaut und sind unverkäuflich.

Der Butterstift

Problem: Für ein einziges Butterbrot ein Messer schmutzig machen? Nicht nötig: Mit dem Butterstift werden die Messer geschont. Wie bei einem Lippenstift wird die Menge Butter rausgedreht, die man braucht, und auf der Brotscheibe verteilt. Funktioniert am besten, wenn der Butterstift gut gekühlt wird.

Die Ohrring-Auffangschale

Problem: Man kann wertvolle Ohrringe leicht verlieren. Mit dieser sinnvollen Erfindung wird das verhindert: Die Schale wird einfach auf die Schulter gesteckt. Wenn der Ohrring fällt, wird er von einem feinen Netz aufgefangen.

Der Dosenhalter für die Westentasche

Problem: Was soll man im Flugzeug oder im Auto mit einer geöffneten Getränke-dose machen? Durch diese praktische Erfindung wird die Dose an die Jackentasche gesteckt. Man hat die beiden Hände frei und kann trotzdem immer trinken.

Der Zebrastreifen zum Ausrollen

Problem: Nervöse und hektische Autofahrer bremsen nicht für Fußgänger. Mit dem tragbaren Zebrastreifen ist das kein Problem mehr: Er wird einfach auf die Straße gelegt und man kann gefahrlos und stressfrei auf die andere Seite gehen. Danach kann man den Zebrastreifen wieder mitnehmen.

 2 Schreibt aus jedem Text fünf Stichwörter und erklärt euch gegenseitig die Geräte. Auf der Kassette findest du Beispiele.

Beispiel: Es funktioniert wie ein Lippenstift. Man dreht eine bestimmte Menge Butter raus und verteilt sie auf dem Brot.

3 Das Erfinden mit sowieso üben: Seht euch die Zeichnungen auf Seite 54 und 55 an. Welche Erfindungen sind aus diesen Situationen entstanden? Das Silbenrätsel hilft.

SON STREICH SCHI NE
LAM BRIL HÖL
NEN SCHREIB KAN
MOS LE SCHEN TA
ZER FÖHN THER
NE MA PE

54

---

dungen sie für die beste halten. Klären Sie dabei auch unbekannten Wortschatz, soweit das für das Textverstehen notwendig ist.

2 [ ]
In den Texten wird schon das Passiv verwendet. Gehen Sie an dieser Stelle noch nicht auf die Grammatik ein. Die Schüler schreiben aus jedem Text Stichwörter heraus und versuchen,

ohne das Buch, die Erfindungen den anderen mit ihren sprachlichen Möglichkeiten zu erklären.

Spielen Sie ein Beispiel von der Kassette vor, damit die Schüler ein Modell für ihre Äußerungen haben.

3 Die Bilder zeigen Probleme, für deren Lösung Erfindungen gemacht wurden. Die Schüler sollen zunächst erra-

ten, welche Erfindungen die Probleme lösen können und dann mit Hilfe der Wortteile die Lösungen aufschreiben.
◆ Bild 1: Taschenlampe, Bild 2: Thermoskanne, Bild 3: Schreibmaschine, Bild 4: Sonnenbrille, Bild 5: Föhn, Bild 6: Feuerzeug.

4 Wozu braucht man das? – *Um ... zu ...*
Ordne den Wortschatz den Erfindungen in Aufgabe 3 zu und schreibe dann Sätze wie im Beispiel.

Augen/schützen vor · Feuer machen · schneller und besser schreiben · Haare schnell trocknen ·
im Dunkeln sehen · Getränke heiß oder kalt halten

Die Sonnenbrille braucht man, um die Augen vor der Sonne zu schützen.

5 Was müsste man noch erfinden? Finde noch andere Beispiele.

Man müsste einen Test erfinden, den jeder lösen kann.

Man müsste eine Lehrerin erfinden, die ...

B Schokolade – eine gute Erfindung

Die Schweiz, aber auch Österreich und Deutschland sind bekannt und berühmt für ihre Schokolade
und die feinen Pralinen. Es gibt hunderte von Sorten.

6 Sieh dir die Fotos an. Was isst du am liebsten? Was hast du schon einmal probiert?
Was ist die beste Süßigkeit in deinem Land?

55

---

4 Die Schüler beschreiben, wozu man die Erfindungen aus Aufgabe 3 braucht, und wiederholen so die Struktur *um ... zu*.
Lassen Sie die Aufgabe zunächst mündlich und dann als Hausaufgabe schriftlich bearbeiten.

5 Kreative Übung, die zugleich den Konjunktiv II und die Relativsätze wiederholt. Die Schüler arbeiten in Gruppen und stellen danach einige Erfindungen der Klasse vor. Abstimmung: *Was ist die „beste" Erfindung?*

B Schokolade – eine gute Erfindung

6 Die Schüler schauen sich die Fotos an und sprechen in der Klasse darüber, welche Süßigkeiten sie kennen, welche sie besonders mögen, welche in- und ausländischen Süßigkeiten im eigenen Land besonders beliebt sind.

B Arbeitsbuch
1. Lesetext mit Fotos zur Herstellung von Schweizer Käse. Bei Interesse am Thema im Unterricht behandeln. Ggf. Wortschatz arbeitsteilig mit dem Wörterbuch erarbeiten lassen.

7 Fragen Sie die Schüler, ob sie wissen, wie Schokolade hergestellt wird. Lassen Sie sie dann die Bilder anschauen (am besten über Folie) und klären Sie unbekannten Wortschatz.

Lassen Sie **a** bis **f** den Bildern zuordnen. Die Schüler können in den Sätzen einzelne Wörter und Begriffe wieder erkennen und so die Sätze in eine richtige Reihenfolge bringen.

Lassen Sie dann den ganzen Prozess noch einmal vorlesen. Gehen Sie noch nicht auf das Passiv ein.

◆ *Reihenfolge der Sätze: c, d, a, e, b, f.*

8 Die Schüler werden hier für einen Teil der Passivstruktur sensibilisiert: die Verwendung des Partizip II im Gegensatz zu den oftmals auch verwendeten Infinitivkonstruktionen in Anweisungen. Lassen Sie die Aufgabe in Einzelarbeit lösen und dann vorlesen. Vergleichen Sie dann die Sätze in Aufgabe 8 mit denen in Aufgabe 7.

C Passiv

9–10 Wir bieten hier, wie schon häufiger, den Schülern an, selbständig eine Regel zu entdecken. Lassen Sie die Schüler in Stillarbeit Aufgabe 9 und 10 bearbeiten und kontrollieren Sie anschließend gemeinsam in der Klasse.
◆ Passiv: eine Form von *werden* + Partizip II

---

7 So wird Schokolade gemacht. Sieh dir die Bilder an und vergleiche sie mit der Beschreibung der Herstellung (a – f). Bringe die Sätze in die richtige Reihenfolge.

Rösten der Kakaobohnen   Zerkleinern der Bohnen Entfernen der Schalen   Mahlen der Kakaostückchen

Beimischen von Milchpulver und Zucker   Verrühren   in Form gießen

a Die kleinen Stückchen werden nun noch einmal gemahlen und immer mehr zerkleinert, bis man eine flüssige Masse bekommt.
b Die Schokoladenmasse wird dann in eine Form gegossen.
c In der Schokoladenfabrik werden die Kakaobohnen zuerst bei 120 Grad geröstet.
d Danach zerkleinert man die gerösteten Bohnen und die harten Schalen werden entfernt.
e Jetzt werden Milchpulver, Zucker oder andere Zutaten beigemischt.
f Zum Schluss wird alles noch einige Tage verrührt, bis man eine ganz feine Masse hat.

8 Man findet oft Beschreibungen nur mit Verben im Infinitiv.

Ergänze die Verben.
1. Kakaobohnen zuerst bei 120 Grad …
2. Danach die gerösteten Bohnen … und die harten Schalen …
3. Die kleinen Stückchen noch einmal …
4. Jetzt Milchpulver, Zucker oder andere Zutaten …
5. Zum Schluss alles noch einige Tage …
6. Dann in eine Form …

C Passiv

 GR **9** Wenn man beschreibt oder erzählt, wie etwas gemacht wird, dann verwendet man dabei oft das Passiv. Vergleiche die Formen der Sätze. Was verändert sich?

Diese Formen kennst du schon: Wer macht was? Persönlich: **Aktiv**	Diese Formen sind neu: Was wird gemacht? Unpersönlich: **Passiv**
Die Arbeiter rösten die Kakaobohnen. **Eine Maschine zerkleinert** die Bohnen. **Man gießt** die Masse in eine Form.	Die Kakaobohnen **werden geröstet**. Die Bohnen **werden zerkleinert**. Die Masse **wird** in eine Form **gegossen**.

56

C Arbeitsbuch
2. Eine kleine „Zeichenschule" von unserem Zeichner Theo Scherling. Mit dem Text wird nebenbei das Passiv Präsens geübt.
3. Ein Rezept für einen deutschen kulinarischen Klassiker: die Frikadelle.
4. Ein Rätsel mit Passivformen.
5. Die Schüler sollen nach dem Modell von 4 weitere Rätsel schreiben. Im Unterricht behandeln.
6. Früher und heute. Ein Vergleich, bei dem es auch um das Passiv Präteritum geht.
7. Eine Aufgabe zum Passiv Perfekt.

10 Kannst du die Regel formulieren? Vergleiche noch einmal die Sätze im Aktiv und im Passiv. Was verändert sich im Satz?

> **Regel** Passiv: Eine Form von ... + ...

11 Arbeitet zu zweit. Versucht, nur mit den Bildern die Herstellung von Schokolade zu beschreiben. A beginnt, dann B usw.

Zuerst werden... Dann ...

12 Wenn man im Passiv auch sagen will, wer etwas gemacht hat, dann braucht man *von* + Dativ. Kannst du die Lücken in Satz b ergänzen?

   a Die Kakaobohnen werden **von einer Maschine** zerkleinert.
   b Ostereier werden nicht ... den Osterhasen, sondern ... Hühnern gelegt.

13 Was macht man? Was wird gemacht? Lies den Text und höre die Kassette. Wie findest du den Schluss?

14 Schreibt zu zweit einen ähnlichen Text. Hier sind einige Anregungen:

In der Schule
Test/schreiben – Texte/korrigieren – Noten/vorlesen – Bücher/
aufschlagen – Sätze/schreiben – Lehrer(in)/begrüßen –
Jungen/ärgern

> Vor der Schule
>
> Zähne putzen
> Haare waschen
> Kaffee trinken
> Müsli essen
> Kleider anziehen
> die Schultasche packen
> den Bus ...
> ...

GR **15** Passiv Präteritum – Lies den Text und ergänze die Regel.

> **Regel**
>
> Passiv Präteritum:
> ... + ...

Dieses Motorrad von Gottlieb Daimler wurde 1885 in Deutschland gebaut und ist der Urgroßvater aller heutigen Autos. Von dem 250-ccm-Motor wurden 0,5 PS produziert und das Fahrzeug fuhr 12,5 km in der Stunde.

GR **16** Passiv Perfekt – Vergleiche die Minidialoge. Wie wird das Passiv Perfekt gebildet?

  ○ In dem Text habe ich noch Fehler gefunden.
  ● Das verstehe ich nicht. Er ist schon dreimal korrigiert worden.

  ○ Wo ist denn dein Fahrrad?
  ● Das weißt du nicht? Es ist vor zwei Wochen gestohlen worden.

  ○ Wie geht es deiner Mutter?
  ● Besser. Sie ist vorgestern operiert worden.

  ○ Wie war die Reise? Hat alles geklappt?
  ● Ja, wir sind pünktlich um 8 Uhr abgeholt worden.

> **Regel** Passiv Perfekt: ... + Partizip + ...

17 Lest die Dialoge mit verteilten Rollen vor und übt die Intonation. Hört zur Kontrolle die Kassette.

57

---

11 Hier verwenden die Schüler das Passiv zum ersten Mal produktiv, indem sie mit den Bildern und den Hilfen auf S. 56 den Herstellungsprozess von Schokolade beschreiben.

Alternative: Sie können auch einen anderen Herstellungs-prozess, z. B. den einer regionalen Süßigkeit, zunächst wort-schatzmäßig vorbereiten und dann von den Schülern be-schreiben lassen.

12 Im Passiv wird selten der Täter genannt. Daher haben wir die Bewusstmachung von *von* + Dativ in Verbindung mit dem Passiv hier beschränkt.

13
Kreative, produktive Übung zum Passiv. Die Schüler sollen zunächst den Text „Vor der Schule" lesen und überlegen, wie sie den Text weiterschrei-ben könnten, z. B. den Bus erreichen, den Bus verpassen usw. Auf der Kassette ist die Lösung in der Form des Passivs. Der Bus wird verpasst und der Schüler hat einen freien Tag.

14 Transferübung: Die Schüler schreiben jeweils zu zweit einen ähnlichen Text und verwenden dabei das Passiv.

15 Das Passiv Präteritum bietet keine neuen Schwierig-keiten. Die Schüler entdecken mit Hilfe des Textes die Regel.
◆ Präteritumform von *werden* und Partizip II.

Wiederholen Sie bei Bedarf an dieser Stelle die Konjugation von *werden* im Präteritum.

16–17
Sie können mit der Kassetten-version von Aufgabe 17 begin-nen. Die Schüler hören und le-sen den Text und notieren die Regel. Lassen Sie die Schüler die Dialoge mit verteilten Rol-len üben und vorspielen, um wieder einmal die Intonation zu üben.

18 Sie können diese Aufgabe zur Recherche als Hausaufgabe geben. Je zwei oder drei Schüler versuchen, möglichst viele Informationen zu einem Produkt herauszufinden.

19 Teilen Sie die Klasse in zwei Gruppen: „früher" und „heute". Jede Gruppe sollte nur die Spalte ansehen, die sie betrifft. Am besten mit Kopien arbeiten oder: *früher* deckt *heute* zu und umgekehrt.

Jemand aus der Gruppe „*früher*" liest einen Satz vor, z. B.: *Früher wurden noch viele Bilder gemalt.* Jemand aus der Gruppe „*heute*" muss mit dem entsprechenden Satz antworten: *Heute fotografiert man.*

Dann ist jemand aus der Gruppe „heute" dran, liest einen Satz vor usw.

Durch diese Aufgabe lesen die Schüler die verschiedenen Sätze sehr häufig, speichern so die Struktur und haben durch den Wettbewerbscharakter der Aufgabe auch Spaß.

Tipp: Wenn Sie besonders schnelle Schüler in der Klasse haben, die immer die Lösung als Erste finden, können Sie folgende Konvention einführen:

Wer öfter eine richtige Antwort hat, macht nicht selbst weiter, sondern darf einen anderen Schüler bestimmen, der weitermachen darf. So können Sie die Sprechaktivitäten etwas gerechter verteilen.

20 Als Hausaufgabe geeignet: Die Schüler sollen einige Beispiele sammeln und in der nächsten Stunde vorstellen.

D Jugend forscht

21 Lassen Sie die Schüler das Plakat auf der Seite unten anschauen und beschreiben: *Was machen die Leute? Wie alt sind sie? Um welche Bereiche geht es? Was könnte das Thema sein?*

22 Vor dem Lesen: Die Schüler formen die Stichwörter **a–j** in Fragen um, z. B.: *Gründer des Wettbewerbs – Wer hat den Wettbewerb gegründet? Begründung des Wettbewerbs – Warum hat man ...* Über die Namen der Teilnehmer und deren Zukunft (**f, j**) wird nichts im Text gesagt.

18 Erfindungen international: Ordne die Erfindungen den Ländern zu.

Papier   Deutschland
Buchdruck   China
Fotoapparat   Schweiz
Reißverschluss Frankreich
Kühlschrank

Das Papier wurde in ... erfunden.

19 Früher und heute – Früher wurde vieles anders gemacht. Lest zuerst die linke Spalte und bildet Hypothesen: Wie ist das heute? Vergleicht dann mit der rechten Spalte. Was passt zusammen?

Früher wurde viel mit dem Auto gefahren.
Früher wurde die Wäsche mit der Hand gewaschen.
Früher wurde viel frisches Gemüse gegessen.
Früher wurden die Zimmer mit Kerzen beleuchtet.
Früher wurden noch viele Briefe geschrieben.
Früher wurden noch viele Bilder gemalt.
Früher wurde alles mit der Hand geschrieben.

Heute haben die meisten eine Waschmaschine.
Heute kaufen die Leute oft Tiefkühlkost.
Heute hat man elektrisches Licht.
Heute fotografiert man.
Heute fährt man wieder mehr Fahrrad.
Heute schreibt man vieles mit dem Computer.
Heute telefonieren die Menschen meistens.

20 Könnt ihr noch mehr Beispiele für *früher* und *heute* finden? Fragt auch eure Eltern und Großeltern.

D Jugend forscht

21 Vor dem Lesen Hypothesen: Was erwartet ihr in einem Text mit dem Titel „Jugend forscht"? Sammelt Hypothesen in der Klasse.

22 Worüber informiert der Text auf Seite 59? Notiert im Heft, welche Stichwörter zum Text passen und die dazugehörige Zeile im Text.

a Gründer des Wettbewerbs
b Begründung des Wettbewerbs
c Dauer des Wettbewerbs
d Höhe der Preise
e Zahl der Mädchen
f Namen der Teilnehmer
g Zahl der Teilnehmer
h Alter der Teilnehmer
i Namen der Länder
j Zukunft der Teilnehmer

a, Henri Nannen

58

Die Schüler lesen dann den Text und schreiben die entsprechenden Informationen zu den Buchstaben.

◆ a) Henri Nannen, b) Interesse für Naturwissenschaft wecken, c) seit 1995, d) DM 3000, e) 1966: 20% – heute: (1995) 30%, f) –, g) 244 im Jahr 1966, 60 000 bis 1995, h) 1966: 16–21 – heute: 14–21, i) ganz Europa, j) –

Landeskunde: Der Wettbewerb „Jugend forscht"
Seit Mitte der 60er-Jahre gibt es in Deutschland jedes Jahr einen Wettbewerb „Jugend forscht", durch den Jugendliche dazu angeregt werden sollen, kleinere oder größere wissenschaftliche Projekt zu entwickeln und der Öffentlichkeit vorzustellen.
Die besten Arbeiten werden prämiert. Die Zahl der teil-

nehmenden Jugendlichen steigt ständig und die Ergebnisse der Arbeiten werden oft von der Industrie übernommen und in Serie gegeben. Aktuelle Informationen zu dem Wettbewerb kann man über das Internet bekommen. Adresse: *http://www.tu-clausthal.de/jufo/*

„Jugend forscht" – 30 Jahre und immer noch jung

Seit 1965 gibt es den Wettbewerb Jugend forscht. Die Idee kam von Henri Nannen, damals Herausgeber der Illustrierten STERN. Mehrere große Firmen waren spontan bereit, das Projekt finanziell zu fördern. Das Ziel war, Interesse für die Naturwissenschaften zu wecken und naturwissenschaftlichen Nachwuchs, also „junge Wissenschaftler", zu finden. 244 junge Leute im Alter von 16 bis 21 Jahren, darunter 20 Mädchen, waren beim ersten Wettbewerb im Frühjahr 1966 dabei mit Arbeiten zu selbstgewählten Themen in den Fachgebieten Biologie, Chemie, Mathematik und Physik. Um den ganz jungen „Forschern" eine Teilnahme zu ermöglichen, erweiterte man 1969 den Wettbewerb durch die Sparte „Schüler experimentieren", in der Schülerinnen und Schüler unter 16 Jahren arbeiten konnten. Im Laufe der Zeit erhöhte sich auch die Zahl der Fachgebiete; Technik sowie Geo- und Raumwissenschaften kamen hinzu, Mathematik wurde durch Informatik ergänzt. 1975 führte man das Thema „Arbeitswelt" ein; seit 1980 gibt es einen Sonderpreis für Arbeiten aus dem Bereich Umwelt. Heute ist „Jugend forscht" der größte Wettbewerb für den naturwissenschaftlichen Nachwuchs in ganz Europa; 60 000 Jugendliche haben mittlerweile teilgenommen. 1995 lag die Teilnehmerzahl bereits bei 4291 Jugendlichen zwischen 14 und 21 Jahren, davon über 30 Prozent Mädchen. Es lohnt sich übrigens auch finanziell, bei dem Wettbewerb mitzumachen: Jeder Gewinner erhält 3000 Mark.

23 Fragen zum Text stellen: Ergänzt die Fragen mit den Informationen aus dem Text. Tauscht eure Fragen aus. Wer findet die Antworten zuerst?

Seit wann ...?   Aus welchen Gebieten ...?   Wer hat ...?

Wer darf ...?   Wie viel ...?   Wie viele ...?

24 Schreibe zu jeder Zahl einen Satz. Suche die Informationen im Text.

21, 1965, 14, 60000, 30, 1980, ...

25 Diese Überschrift haben wir im „Internet" unter der Adresse von „Jugend forscht" gefunden. Diskutiert: Was ist da erfunden worden?

Ablage	Bearbeiten	Stil	Objekt	Seite	Ansicht	

Lausch Maus – Die akustische Maus!
Was brummt denn da?

26 Betrachtet das Foto und sammelt Beobachtungen und Vermutungen in der Klasse.

27 Lies nun den Text auf Seite 60. Welcher Titel passt am besten dazu?

a   Neue Computermaus für Behinderte
b   Eine Maus, die hören kann
c   Ein neuer Computer für Behinderte

59

23 Die Schüler entwickeln Fragen zu Text mit Hilfe der Satzanfänge und suchen die passenden Antworten.

◆ *Seit wann gibt es „Jugend forscht"? Wer darf teilnehmen? Aus welchen Gebieten kommen die Arbeiten? Wie viel (Geld) bekommt der Gewinner? Wer hat den Wettbewerb begründet? Wie viele Teilnehmer gab es z.B. 1995?*

24 In Sachtexten findet man häufig Zahlen, über die wichtige Informationen zu erschließen sind. Die Schüler sollen mit Hilfe des Textes zu jeder Zahl einen Satz schreiben. Einige Zahlen – aber nicht alle – sind vorgegeben. Die Schüler können weitere Zahlen ergänzen.

25–26 Wir stellen hier eine Erfindung aus dem Projekt „Jugend forscht" vor, die einen Preis gewonnen hat.

Lassen Sie die Schüler zunächst Hypothesen entwickeln, was erfunden wurde und wie die Erfindung aussehen könnte. Ziehen Sie dazu auch das Foto auf S. 59 heran.

27 Die Schüler lesen den Text auf Seite 60 und ordnen die passende Überschrift zu.

◆   *a)*

Der Computer eröffnet Behinderten immer bessere Möglichkeiten, am Alltagsgeschehen teilzuhaben. Hans-Henning Gerhard hat sich mit dem Problem beschäftigt, wie auch Personen, deren Arme und Beine gelähmt [5] sind, den Computer bedienen können. Seine Idee: die akustisch steuerbare Maus. Seine Lauschmaus wandelt Summtöne in Maus-Befehle um. Damit lassen sich die meisten modernen Computerprogramme steuern.

Der Benutzer kann mit dem Gerät arbeiten wie mit [10] einer gewöhnlichen Maus. Aber es hat noch einen weiteren Vorteil: Mit einer bestimmten Tonfolge wird das gesamte Computersystem ein- und ausgeschaltet, so dass keine zusätzliche Hilfsperson benötigt wird. Die Frequenz der Summtöne kann jeder Benutzer selbst [15] bestimmen und im Gerät speichern.

28 Kannst du mit diesen Elementen den Text in einem Satz zusammenfassen?

geben können. / dem Computer Befehle / Computermaus erfunden, / und Arme nicht bewegen / mit der auch / Hans-Henning hat / können, mit ihrer Stimme / Menschen, die ihre Beine / eine neue / Der junge Erfinder

E Wer hat nur die Grammatik erfunden?

GR 29 Adjektivsuffixe: Adjektive kann man oft an ihren Endungen erkennen. Häufige Endungen sind z.B. *-ig, -isch, -iv*.

Erika ist traur**ig**.
Eine altmod**isch**e Bluse.
Ein aggress**iv**er Hund.

30 Suche diese Adjektive in den Texten auf Seite 54:

unbrauchbar · tragbar · sinnvoll · gefahrlos · stressfrei

31 Die Endungen *-bar, -voll, -los, -frei*, aber auch z.B. *-arm, -reich* helfen, die Bedeutung der Adjektive zu erkennen. Lest die folgenden Sätze. Was bedeuten die Adjektive?
Macht zu zweit eine Liste im Heft und ordnet die Erklärungen im Kasten den Endungen zu.

a Du musst mehr Obst essen! Obst ist sehr vitaminreich.
b Keine Angst, davon wirst du nicht dick. Karotten sind kalorienarm.
c Du brauchst kein Geld. Der Eintritt ins Konzert ist kostenlos.
d Das ist ein sinnvolles Projekt. Der Direktor findet es auch gut.
e Es war toll! Wir hatten ein stressfreies Wochenende.
f Vorsicht, das Wasser ist nicht trinkbar!
g Ich habe mir einen tragbaren Computer für unterwegs gekauft.
h Er hat kein Glück. Er ist im Moment arbeitslos.

Das bedeutet:
1. viel
2. wenig
3. kein
4. Man kann …

reich : viel

32 Wenn man die Bedeutung der Endungen kennt, kann man die Adjektive leichter erklären. Hier einige Beispiele für *-frei*. Könnt ihr sagen, was das ist:

ein stressfreies Wochenende · ein schulfreier Tag · ein alkoholfreies Getränk?

60

---

28 Sie können differenzierend vorgehen. Lassen Sie die Schüler entscheiden, ob sie den Text ohne Hilfe zusammenfassen wollen oder mit den Vorgaben.

◆ *Der junge Erfinder Hans Henning hat eine neue Computermaus erfunden, mit der auch Menschen, die ihre Beine und Arme nicht bewegen können, mit ihrer Stimme dem Computer Befehle geben können.*

E Wer hat nur die Grammatik erfunden?

Die Einheit enthält viele Textbeispiele mit Sach- bzw. Fachtextcharakteristika. Unter anderm tauchen zahlreiche Adjektive mit Suffixen auf. In dieser Phase sollen die Schüler dafür sensibilisiert werden, dass man aus Adjektivsuffixen Bedeutungen erschließen kann.

29 Wir wiederholen zunächst einige Suffixe, die die Schüler schon kennen.

30 Die Schüler suchen die fünf Adjektive in den Texten zu den Erfindungen auf S. 54 und finden damit den Kontext, in dem die Adjektive gebraucht werden.

31 Die Schüler sollen durch die Analyse der Sätze erkennen, dass Adjektivsuffixe Bedeutung tragen. In diesem Fall kann man sie den Kategorien „viel", „wenig", „kein" oder „Man kann …" zuordnen.

32–33 Anwendung der Erkenntnisse aus den Aufgaben 30 und 31.

E Arbeitsbuch
8. Aufgabe zu Adjektivsuffixen.
9. Silbenkasten zu Komposita.
10. Aufgabe zu Präfixen von trennbaren Verben.

33 Könnt ihr die Sätze in Aufgabe 31 anders sagen? Arbeitet zu zweit und vergleicht in der Klasse.

Beispiel: Obst ist sehr vitaminreich: In Obst gibt es viele Vitamine. / Obst hat viele Vitamine.

34 Untrennbare Verben: Ergänze die Regel.

> **Regel** ▷ Untrennbare Verben sind Verben, die man ... Sie beginnen mit: *ver-, zer-, be-, ent-, er-*.

35 Finde Beispiele für untrennbare Verben in dieser Einheit.

F Erfinder im Deutschunterricht

36 Sieh dir die Erfindungen an, ergänze dann die Sätze unten mit den passenden Relativpronomen und ordne sie den Bildern zu.

a Hausschuhe, mit ... man gleichzeitig den Boden putzen kann.
b Ein Hammer, mit ... auch im Dunkeln gearbeitet werden kann.
c Ideal für Eltern, ... Kinder die Sonne und die Hitze nicht ertragen: ein Kinderbadewagen.
d Ein Eimer, ... du nicht vergessen darfst, wenn du ans Meer fährst. Damit kannst du eine Sandburg in einer Minute bauen. Auch für Erwachsene, ... noch nie eine Sandburg gebaut haben.

37 Erfindungen selbst machen.

Deutschlernende in Slowenien haben sich als Erfinder betätigt. Wir zeigen euch hier ein Beispiel. Vielleicht bekommt ihr ja auch Lust, nützliche oder unnütze Sachen zu erfinden. Vergesst nicht, eure Erfindungen zu beschreiben.

61

34–35 Diese beiden Aufgaben thematisieren noch einmal kurz die untrennbaren Verben und präsentieren die wichtigsten nicht abtrennbaren Präfixe. Lassen sie die Schüler ggf. die vollständige Liste mit Beispielen der „Systematischen Grammatik" des Arbeitsbuches nachschlagen.

F Erfinder im Deutschunterricht

Im letzten Abschnitt beschäftigen sich die Schüler noch einmal auf eine spielerische Weise mit dem Thema Erfindungen.

36 Die Schüler beschreiben mit Hilfe von Relativsätzen (Wiederholung) die außergewöhnlichen Erfindungen.

37 Hier stellen wir eine Erfindung vor, die Deutschlernende in Slowenien in der Zeitschrift JUMA präsentiert haben.
Die Schüler können ähnliche Erfindungen (als Hausaufgabe) zeichnen und im Unterricht zeigen.

Inhalt
  Geschichte – persönlich und
  politisch
Kommunikation
  über ein Kunstwerk
  sprechen
  über Vergangenheit
  sprechen
Wortschatz
  Politik, deutsche Geschichte
Texte
  Biographie, Zeitleiste,
  Gedicht
Grammatik
  Plusquamperfekt
  Zeitenfolge
  als, während + Genitiv
  Verb *lassen*
  Wiederholung: Zeitangaben,
  Präteritum
Landeskunde
  deutsche Geschichte
  im 20. Jahrhundert
Lern- und Arbeitstechniken
  eine Regel ergänzen

Allgemein:
Im Mittelpunkt dieser Einheit
stehen Informationen zur deutschen Geschichte. Um das Thema möglichst konkret fassbar
für die Lernenden zu machen,
haben wir zwei didaktische
Vorgehensweisen gewählt.

1. Geschichte eines Hauses.
Am Beispiel des „Deutschen
Reichstages" werden verschiedene Perioden deutscher Geschichte anschaulich gemacht.
Die Fotos des Reichstages zu
verschiedenen Zeiten sind der
Ausgangspunkt zur Erarbeitung
von Basisinformationen zu den
Phasen deutscher Geschichte
im 20. Jahrhundert.

2. Wir haben eine persönliche Geschichte zum Ausgangspunkt genommen, um zeitge-
schichtliche Ereignisse am
Schicksal einer Einzelperson zu
spiegeln und damit zu persona-
lisieren.

Sprachlich nehmen wir das
Thema zum Anlass, das Sprechen über Zeiträume und Zeitpunkte, Vorzeitigkeit und Nach-
zeitigkeit in der Vergangenheit
zu wiederholen und zu erweitern.

Bei dieser Einheit bietet sich
fächerübergreifendes Arbeiten
in Kooperation mit den
Fächern Kunst und Geschichte
an.

A Kunst und Geschichte

1 Wo ist das? Was erkennst du?

Als der Künstler Christo und seine Frau Jeanne-Claude planten, den Reichstag zu verhüllen, hatten sie schon Kunstprojekte in der ganzen Welt durchgeführt. Viele Projekte hatten mit Verpackungen zu tun.

 2 Höre die Kommentare auf der Kassette. Wie viele positive und wie viele negative Kommentare sind es?

● Ich finde die Idee blöd. Mit so viel
   Geld könnte man etwas Sinnvolleres
   machen.

○ Das ist eine ganz neue Perspektive. Man
   sollte den Reichstag gar nicht mehr aus-
   packen. Das sieht einfach schön aus.

3 Lies den Text. Was war vor 1995? Was passierte 1995? Schreibe je drei Fakten auf.

vor 1995	1995

Im Sommer 1995 verhüllten
der Künstler Christo und
seine Frau Jeanne-Claude den
Reichstag in Berlin. Christos
Planungen zur Verhüllung des
Reichstags hatten schon vor
24 Jahren, also lange vor dem
Ende der DDR, begonnen.
Zu dieser Zeit trennte eine
Mauer direkt neben dem

Reichstag Westberlin und Ostberlin, das damals Hauptstadt
der DDR war. Die Verhüllung
sollte vom Westen und vom
Osten zu sehen sein.
Viele Leute waren zunächst
dagegen, den Reichstag,
das Symbol der deutschen
Geschichte, zu verhüllen. Als
das Projekt dann im Sommer

1995 endlich stattfand, war
die Mauer schon weg und die
DDR existierte nicht mehr.
Millionen Touristen kamen in
diesen drei Wochen nach
Berlin, um das verhüllte Gebäude zu sehen. Am ersten
Wochenende waren es allein
700 000 Besucher. Fast alle
waren begeistert.

4 Diskutiert im Kurs: Wie findet ihr die Verpackungsidee? Was könnte man in eurem Land / in eurer Stadt verpacken?

62

A Kunst und Geschichte

1 Lassen Sie Vermutungen
anstellen, was für ein Gebäude
das sein könnte und warum es
so aussieht.

2 [   ]
Die Schüler lesen zunächst die
Texte und hören dann die Kassette und ordnen die Aussagen
in negativ und positiv, wobei sie
nicht jedes Detail verstanden

haben müssen.

3 Die Schüler lesen den
Text und machen Notizen, die
anschließend an der Tafel gesammelt werden.

4 Je nach Interesse der
Schüler können Sie eine kurze
Diskussion durchführen.
Im Sinne eines fächerübergrei-
fenden Unterrichts wäre eine
Kooperation mit dem Fach

Kunst denkbar. Dadurch könnten die Intentionen Christos intensiver diskutiert werden und
ggf. ein kleines Verpackungs-
projekt an der Schule initiiert
werden, wodurch der Ansatz
des Künstlers sinnlich erfahrba[r]
gemacht werden könnte.

B Die Geschichte eines Hauses

5 Orientiere dich in der Zeitleiste links. Was kennst du aus dem Geschichtsunterricht?
6 Weniger als 14 Jahre gab es im Reichstag ein demokratisches Parlament.
Lies „Die Geschichte des Reichstags". Welche Jahre waren das?

Zeitleiste

1871–1914
Nach Gründung des Kaiserreichs entwickelt sich Deutschland zu einem Industriestaat, aber nicht zu einer Demokratie. Reichskanzler Bismarck und später Kaiser Wilhelm der Zweite bestimmen die Politik.

1918
Deutschland verliert den Ersten Weltkrieg. Der Kaiser muss gehen.

1919–1933
Die Weimarer Republik ist der erste demokratische deutsche Staat. Die Frauen bekommen 1919 das Wahlrecht. Es gibt viele Parteien. Nach der Weltwirtschaftskrise (1929) werden die antidemokratischen Parteien stärker. Die Nationalsozialisten (Nazis) zerstören schließlich die Republik.

30. Januar 1933
Adolf Hitler wird Reichskanzler.

1933–1945
Die Nazis verfolgen politische Gegner, Juden und andere Minderheiten. Im Zweiten Weltkrieg, den Deutschland mit dem Angriff auf Polen am 1. September 1939 beginnt, sterben mehr als 50 Mio. Menschen. Mehr als sechs Mio. Menschen werden in deutschen Konzentrationslagern ermordet.

1945–1990
Am Ende des Krieges wird Deutschland besetzt. Aus den Zonen der Franzosen, Briten und Amerikaner wird 1949 die Bundesrepublik Deutschland, aus der russischen Zone die Deutsche Demokratische Republik.

3. Oktober 1990
Vereinigung der beiden deutschen Staaten. Die DDR existiert nicht mehr.

Die Geschichte des Reichstags

1884
Der Kaiser lässt den Reichstag bauen.

1894
Nach 10 Jahren Bauzeit ist das Reichstagsgebäude fertig. Das deutsche Parlament hat zwar wenig Rechte, aber ein eigenes Haus.

9. November 1918
Der sozialdemokratische Politiker Philipp Scheidemann ruft vom Balkon des Reichstags: „Es lebe die deutsche Republik." Der Reichstag ist jetzt das Parlament der ersten deutschen Republik.

27. Februar 1933
Der Reichstag brennt. Hitler benutzt die Gelegenheit und lässt politische Gegner einsperren. Alle Parteien außer der NSDAP (der Nationalsozialistischen Deutschen Arbeiterpartei) sind ab 1933 verboten. Es gibt praktisch kein Parlament mehr.

April 1945
Die sowjetische Armee besetzt Berlin. Der Reichstag, der nach dem Brand wieder aufgebaut worden war, wird im Krieg wieder zerstört.

Nach 1949
Der Reichstag wird wieder aufgebaut. Das westdeutsche Parlament tagt nun in Bonn, die DDR bestimmt Ostberlin zur Hauptstadt. Direkt hinter dem Haus trennt seit 1961 eine Mauer Ostberlin von Westberlin. Berlin und Deutschland sind für mehr als 40 Jahre geteilt.

November 1989
Vor dem Reichstag wird gefeiert. Die Mauer ist weg. Berlin ist nicht mehr geteilt. Der Deutsche Bundestag in Bonn beschließt den Umzug der Regierung von Bonn nach Berlin. Der Reichstag wird wieder der Sitz des deutschen Parlaments.

63

B Die Geschichte eines Hauses

5 Die Schüler können wahrscheinlich schon einige Zahlen zuordnen und in der Muttersprache Ereignisse bzw. historische Abschnitte nennen. Hier finden Sie heraus, welches Vorwissen (evtl. aus dem Geschichtsunterricht) bei den Schüler existiert.

6 Die Schüler lesen zunächst die Spalte zur Geschichte des Reichstags und überlegen sich zu jedem Abschnitt eine Frage. Sie notieren die Fragen und prüfen anschließend, ob diese Fragen in der linken Spalte, dem Kommentar zur Zeitleiste, beantwortet werden.
Beispiele: *1884 – Wer war damals Kaiser? 1894 – Welche Rechte hatte das Parlament?*
Fragen, die nicht geklärt werden können, ergeben Arbeitsaufträge zur Recherche zu Hause.
◆ *Die 14 Jahre waren die Jahre 1919 bis 1933.*

Zusätzliche Aufgabe:
Wie oft wurde der Reichstag zerstört?

**Landeskunde –
Zu den Fotos auf S. 63:**
Foto 1: Der Bau des Architekten Walleau wurde im Stil der Gründerzeit errichtet, in dem nach der Gründung des Deutschen Reiches von 1871 viele Gebäude in Berlin entstanden. Das deutsche Parlament hatte in jener Zeit nicht das Recht, den Regierungschef zu wählen. Es konnte lediglich das Budget mitbestimmen, war aber kein Parlament im demokratischen Sinne.
Foto 2: Der Reichstagsbrand vom 27. Februar 1933 wurde nie völlig aufgeklärt. Hitler ließ in der Folgezeit bis zu den Wahlen im März politische Gegner einsperren und erhielt durch die „Reichstagsbrandverordnung" Sondervollmachten, die den Weg in die Diktatur ebneten.
Foto 3: Der wieder aufgebaute Deutsche Reichstag wurde im Krieg durch Bomben und Artilleriebeschuss praktisch völlig zerstört. Nach dem Krieg verlief die Mauer, die West- und Ostberlin teilte, direkt hinter dem Gebäude. Der Bereich vor dem Gebäude wurde zeitweise als Gemüsegarten genutzt.
In der Zeit zwischen 1949 und 1990 diente der Reichstag als Museum und ab und zu als Tagungsort des Bundestages.
Foto 4: Der Fall der Mauer in Berlin im November 1989 wurde mit einem großen Fest vor dem Reichstag gefeiert. Auch die Vereinigung der beiden deutschen Staaten im Oktober 1990 feierte man mit einem Fest vor dem Reichstag. Zum Zeitpunkt des Erscheinens dieses Lehrerhandbuchs ist der Umbau des Reichstag fast fertig. In Zukunft wird er die Tagungsstätte des Bundestages sein.

7 Partnerarbeit. Die Zahlen stehen in den Texten auf Seite 63.

◆ a) 1918, b) 1919, c) 1933 bis 1945, d) 1933, e) 1939, f) 1945, g) 1949, h) 1961, i) 1989, j) 1990

8 Partnerarbeit. Die Aufgabe bezieht sich ebenfalls auf die Zeitleiste auf S. 63.

◆ Beispiele: a) Deutsche Reich, b) hatte wenig Rechte, c) wurde Deutschland Republik, d) wählen, e) gab es eine Wirtschaftskrise, f) ließ Hitler politische Gegner verfolgen, g) 1939, h) von 1939 bis 1945, i) wurde Deutschland geteilt, j) wurden 1949 gegründet

C Elisabeth Funk – Eine persönliche Geschichte

Steigen Sie über die Bilder ein. Wer wird hier gezeigt? Welche Ereignisse aus der Zeit von 1933 bis 45 kennt ihr?

9

Beginnen Sie mit der Textarbeit und ziehen Sie erst später die Kassette heran. Zeichnen Sie zu Aufgabe 9 ein Notizschema an die Tafel, wie im Beispiel hier unten vorgegeben. Die Schüler sollen unter den Rubriken ihre Ergebnisse notieren. Vergleichen Sie die Ergebnisse gemeinsam.

---

7 Abschnitte deutscher Geschichte. Welche Jahreszahlen gehören in die Lücken?

a Kaiser Wilhelm verließ Deutschland im Jahre …
b … wurde die Weimarer Republik gegründet.
c Von … bis … regierten die Nazis in Deutschland.
d Im Jahre … brannte der Reichstag.
e … begann Deutschland den Zweiten Weltkrieg mit dem Angriff auf Polen.
f … wurde Deutschland besetzt und in vier Zonen geteilt.
g Im Jahre … wurde die Bundesrepublik Deutschland gegründet.
h … baute die DDR zwischen Ost- und Westberlin eine Mauer.
i … wurde die Mauer geöffnet. Die DDR-Bürger durften frei reisen.
j … hörte die DDR auf zu existieren.

8 Schreibe die Aussagen zur deutschen Geschichte ins Heft.

a 1871 wird das … gegründet. **b** Das deutsche Parlament im Kaiserreich … **c** 1918, nach dem Ersten Weltkrieg … **d** In der Weimarer Republik durften die Frauen zum ersten Mal … **e** 1929 … **f** Nach dem Brand des Reichstags … **g** Der Zweite Weltkrieg begann … **h** Er dauerte … **i** Nach dem Krieg … **j** Die Bundesrepublik Deutschland und die DDR …

C Elisabeth Funk – Eine persönliche Geschichte

9 Lies den Text und die Informationen in der Zeitleiste. Was erfährst du hier über Jugendliche in der Zeit zwischen 1933 und 1945?

Jugendliche in der Schule · Jugendliche in der Partei · Jugendliche im Krieg

Elisabeth Funk wurde 1928 geboren. Sie ist zum Zeitpunkt des Interviews 68 Jahre alt. Als junges Mädchen hat sie die Zeit des Nationalsozialismus in Deutschland auf dem Dorf erlebt. Ihre Eltern hatten einen kleinen Bauernhof in Hessen. Ihr Vater arbeitete bei der Post. Im Interview berichtet sie über ihre Schulzeit und über die Freizeit im Bund Deutscher Mädchen, dem BDM (das war damals die Mädchenorganisation, in der praktisch alle mitmachen mussten). Sie erzählt auch über ihre Erlebnisse in der Kriegszeit und über die beruflichen Möglichkeiten junger Frauen auf dem Land in der damaligen Zeit. Was sie über die Schulzeit sagt, ist sicher typisch für die Schulen damals: Die Lehrer waren streng, die Prügelstrafe gehörte zum Alltag. Viele Lehrer waren Mitglied der NSDAP. Die Schüler hatten Angst vor ihren Lehrern.

Zeitleiste

1933–1939
Die Nationalsozialisten bauen ihren Staat auf. Schon 1933 beginnt auch die Verfolgung der Juden und der politischen Gegner der Nazis.

Elisabeth Funk

Elisabeth kommt 1934 in die Schule. Die Lehrer sind streng. Ihre Freizeit müssen die Jugendlichen in den Jugendorganisationen der NSDAP verbringen.

64

Ereignisse 1933–45	Jugendliche 1933–45
ab 1933: NS-Staat Verfolgung politischer Gegner	Jugendliche wurden in NS-Jugendorganisationen organisiert.

Landeskunde:
Zu den Abbildungen auf S. 64–65:
S. 64 unten: Mädchen in der Uniform des BDM (Bund Deutscher Mädchen) singen ein Lied vor dem Essen in einem Gemeinschaftsraum.

S. 65 oben: Ein typisches nordhessisches Dorf in den 30er-Jahren. Die Straßen waren damals noch nicht geteert. In der Landwirtschaft wurden

Kühe als Zugtiere benutzt.
S. 65 (links): Ein weinender Junge in Volkssturmuniform. Gegen Ende des Krieges mussten ältere Männer und Jugendliche im so genannten Volkssturm kämpfen. Sie waren das letzte Aufgebot des untergehenden Nazistaats.
S. 65 (Mitte): Das zerstörte Kassel 1945. Kassel ist eine der Städte mit dem höchsten Zerstörungsgrad in Deutschland.

1939
Mit dem deutschen Überfall auf Polen beginnt der Zweite Weltkrieg.

1941–1944
Die deutschen Armeen erobern den größten Teil Europas. Aus den Konzentrationslagern für Juden und politische Gegner werden Vernichtungslager, in denen die Nazis sechs Millionen Menschen ermorden. Viele Städte werden bombardiert, zuerst von den Deutschen, dann von Engländern und Amerikanern. In Europa werden 1700 Städte durch Bomben zerstört. Die Jugendlichen helfen nicht nur bei der Beseitigung der Schäden nach den Angriffen, am Ende müssen sie sogar als Soldaten kämpfen.

1945–1949
Am 8. Mai 1945 ist der Krieg in Europa zu Ende. Deutschland ist weitgehend zerstört und wird in vier Zonen geteilt. Die meisten Schulen sind kaputt. Es gibt kein Papier, keine Lehrbücher. Viele Menschen hungern und haben kein Dach über dem Kopf. 1949 entstehen aus den vier Besatzungszonen zwei deutsche Staaten: die Bundesrepublik Deutschland und die Deutsche Demokratische Republik.

Elisabeth ist 1939 elf Jahre alt. Wie alle Kinder im Dorf muss sie in der Landwirtschaft mitarbeiten.

Elisabeth fährt mit ihrer BDM-Gruppe nach Kassel und sieht zum ersten Mal eine bombardierte Stadt, in der in einer Nacht 10 000 Menschen gestorben sind.

Weil ihr Vater nicht in der NSDAP ist, bekommt er einen schlechteren Arbeitsplatz und Elisabeth muss mit 14 Jahren in einer Munitionsfabrik arbeiten.

Danach arbeitet sie kurz in einem Kinderheim in Eisenach. Als die Stadt bombardiert wird, muss sie zu Hause bleiben. Die Arbeit auf dem Bauernhof ist auch gefährlich. Tiefflieger beschießen die Menschen auf den Feldern.

Elisabeth lernt Hauswirtschaft in einem Diakonissenhaus. Die Eltern holen sie aber nach einem Jahr zurück auf den Bauernhof. Ausbildung und Berufsleben sind damit beendet. 1952 heiratet Elisabeth und bekommt zwei Kinder.

10 Hört jetzt das Interview und sammelt zu zweit Informationen zu den folgenden Stichwörtern.

Lehrer und Schule: aufspringen · „Heil Hitler" · Totenstille · NSDAP · Prügel · Eltern · Stock · ein paar um die Ohren
Kriegszeit: BDM · HJ (Hitler-Jugend) · Lieder · Schnitzeljagd · einmal wöchentlich · Wehrmachtberichte · bombardieren · Aufräumungsarbeiten · Tiefflieger
Berufstätigkeit: auf dem Land · Selbstversorger · Landwirtschaft · Vater und die Nazis · Munitionsfabrik · Kinderheim · Diakonissenhaus/Hauswirtschaft

11 Schreibe mit den Stichwörtern in Aufgabe 10 einen kurzen Text: „Jugendliche in der Nazizeit."

12 Habt ihr Projektideen? Geschichte und Geschichten aus eurem Land /eurer Familie …

Ihr könnt Zeitleisten schreiben, ältere Leute interviewen und auf Deutsch darüber berichten. Vielleicht habt ihr alte Familienfotos oder alte Schulbücher usw.? Habt ihr Lust, eine Ausstellung zu machen?

10 Das Interview ist sehr lang. Lassen Sie es nur in lernstärkeren Gruppen ganz, in lernschwächeren Gruppen aber in Abschnitten hören: Abschnitt 1: Schule; Abschnitt 2: Krieg; Abschnitt 3: Berufstätigkeit.

Die Schüler schreiben zunächst die Stichwörter ab, wobei sie jeweils Platz für Notizen lassen.

Gehen Sie arbeitsteilig vor, damit nicht alle Schüler alle Notizen machen müssen. Lassen Sie jeweils nur eine Gruppe zu einem Abschnitt arbeiten und tragen Sie die Ergebnisse später im Kurs zusammen.

11 Nach gemeinsamer Korrektur dienen die Stichwörter als Ausgangspunkt für kurze Texte. An dieser Stelle können Sie zur Differenzierung auch das Transkript des Hörtextes heranziehen.

12 Projektarbeit: Zeitleisten und Berichte auf Deutsch schreiben, Familienfotos und Schulbücher auswerten kann interessant sein, besonders wenn es Berührungspunkte mit der deutschen Geschichte gibt.

Auch die Geschichte der eigenen Schule kann ein interessanter Rückblick in die Geschichte des Landes sein.

Die Aufgabe ist als Anregung gedacht, sich über das Lehrwerk hinaus mit dem Thema „Geschichte" zu beschäftigen.

Es gibt viele Beispiele für gelungene Ausstellungen und Projekte zur geschichtlichen Dimension des eigenen Lebensraums der Schüler.

Vielleicht können hier auch Geschichtslehrer mit einbezogen werden. Interessant könnte auch der Austausch von Projektergebnissen und Ideen z.B. über das Internet sein.

Fast 90% der Häuser der Stadt wurden im Bombenkrieg zerstört.
S. 65 (unten): Die Karte zeigt die Besatzungszonen in Deutschland. Berlin wurde von den vier Siegermächten geteilt und zunächst gemeinsam verwaltet.

B Arbeitsbuch
Diese Arbeitsbucheinheit kann insgesamt zur Erweiterung des Themas „Deutsche Geschichte" im Unterricht eingesetzt werden oder aber geschichtsinteressierten Schülern als Zusatzangebot dienen.
1. Lesetext mit Aufgabe zu Zeitangaben.
2. Zuordnungsübung: Zeitangaben zur deutschen Geschichte.
3. Sätze mit Zeitangaben schreiben.
4. Briefmarken und Texte zu berühmten Persönlichkeiten der deutschen Geschichte.
5. Quiz zu einigen wichtigen politischen Begriffen.

C Arbeitsbuch
6.–9. Textzusammenfassung und Kommentar zu einem Text des deutschen Schriftstellers Max von der Grün. Max von der Grün (*1926) beschäftigt sich in seinem Werk intensiv mit der deutschen Geschichte und der Arbeitswelt.

D Über Vergangenheit sprechen

13 Wiederholung. Zeitangaben können an verschiedenen Stellen im Satz stehen: in der Satzmitte nach dem Hilfsverb, am Satzende, am Satzanfang und zwischen Hilfsverb und Verb.

14 Da die Regel leicht zu erarbeiten ist, können die Schüler hier ggf. zu jedem der drei Sätze einen weiteren Satz schreiben. Sie nehmen jeweils den gleichen Satzanfang:
Während des Unterrichts ...
Während der Ferien ...
Während des Konzerts ...

15 Stillarbeit und Partnerarbeit. Weisen Sie die Schüler darauf hin, dass sie darauf achten müssen, welches Ereignis zuerst kommt.
Viele Sätze im Plusquamperfekt beginnen mit *nachdem*. Die Ergänzung der Regel sollen die Schüler anschließend mit der „Systematischen Grammatik" im Arbeitsbuch kontrollieren.

16–17 Aufgabe 16 arbeitet noch einmal die Inhalte der Einheit auf. In Aufgabe 17 werden die Sätze dann mit Hilfe der neu gelernten Struktur umformuliert.

D Über Vergangenheit sprechen

13 Wiederholung: Zeiträume, Zeitpunkte und Ereignisse in der Vergangenheit beschreiben. Wo stehen die Zeitangaben? Wie wird die Vergangenheit gebildet?

a Deutschland war <u>bis 1918</u> ein Kaiserreich.
b Der Reichstag brannte <u>im Februar 1933</u>.
c <u>Von 1933 bis 1945</u> regierten die Nationalsozialisten in Deutschland.
d Der Reichstag wurde <u>vor mehr als 100 Jahren</u> gebaut.
e Deutschland war <u>nach dem Zweiten Weltkrieg</u> 40 Jahre lang geteilt.
f <u>Seit dem 3. Oktober1990</u> existiert die DDR nicht mehr.
g <u>Während des Krieges</u> wurden viele Städte zerstört.
h <u>Als der Krieg zu Ende war</u>, hatten Millionen Menschen keine Wohnung mehr.

GR 14 *Während* **+ Nomen im Genitiv: Lies die Beispiele und schreibe die Sätze a–c.**

Während mein**er** Schulzeit wohnte ich in Dresden.
Während unser**es** Praktikum**s** haben wir neue Erfahrungen gemacht.

a Während / der Unterricht / nicht essen dürfen
b Während / die Ferien / nicht lernen müssen
c Während / das Konzert / Alfred / geschlafen haben

GR 15 **Das Plusquamperfekt – die Zeit vor der Vergangenheit. Lies die Sätze und ergänze die Regel im Heft**

Zuerst
Christo hatte die Idee den Reichstag zu verhüllen.
Christo plante das Projekt 24 Jahre lang.
Christo verhüllte den Reichstag.
Sie waren dort gewesen.

Danach
Er plante das Projekt 24 Jahre.
1995 verhüllte er den Reichstag.
Millionen Touristen kamen nach Berlin.
Sie fanden die Aktion toll.

Nachdem Christo schon einige Gebäude **verpackt hatte**, plante er die Verhüllung des Reichstags.
Nachdem Christo das Projekt 24 Jahre lang **geplant hatte**, verhüllte er 1995 den Reichstag.
Nachdem er den Reichstag **verhüllt hatte**, kamen Millionen Touristen nach Berlin.
Nachdem sie dort **gewesen waren**, fanden sie das Projekt toll.

Regel > Das Plusquamperfekt steht meistens in Sätzen zusammen mit dem Präteritum oder dem Perfekt. Es wird mit der Vergangenheitsform der Verben ... und dem ... gebildet.

16 Deutsche Geschichte: Je zwei Ereignisse gehören zusammen. Was war zuerst? Was kam danach?

a Der Kaiser verließ Deutschland. **b** Die DDR öffnete die Mauer. **c** Der Reichstag brannte. **d** Es gab eine Wirtschaftskrise. **e** Christo verhüllte den Reichstag. **f** Die Weimarer Republik wurde gegründet. **g** Viele DDR-Bürger gingen in den Westen. **h** Die Nazis verfolgten ihre Gegner. **i** Die meisten Menschen fanden die Aktion des Künstlers gut. **j** Die nationalsozialistische Partei wurde stärker.

Zuerst verließ der Kaiser Deutschland. Dann wurde die Weimarer Republik gegründet.

66

D Arbeitsbuch
10. Zeitangaben mit *als*.
11. Wiederholung zum Passiv.
12.–13. Aufgaben zu drei verschiedenen Bedeutungen des Verbs *lassen*. Eine Ergänzung zu Aufgabe 19 im Kursbuch. Sollte im Unterricht behandelt werden.
14. Hier haben wir den Text von Bertolt Brechts didaktischem Gedicht „Fragen eines lesenden Arbeiters" abgedruckt.
15.–16. Ein Lied der östereichen Gruppe „Hubert von Goisern und die Alpinkatzen". Es lohnt, diese Aufgaben im Unterricht zu behandeln.

17 So kann man die Informationen zu einem Satz verbinden. Schreibe die Sätze aus Aufgabe 16 neu.

Nachdem der Kaiser Deutschland verlassen hatte, wurde die Weimarer Republik gegründet.

18 Letztes Jahr um diese Zeit. Erinnerst du dich noch?

Ich hatte schon …	… mein neues Fahrrad bekommen.
Ich hatte noch nicht …	… die Klasse 6 abgeschlossen.
Ich hatte gerade …	… mein Zimmer renoviert.
Ich war …	…
Meine Eltern …	
Meine Freundin …	

19 Das Verb *lassen*: In den folgenden Sätzen funktioniert *lassen* wie ein Modalverb. Was machst du selbst? Was machen andere für dich? Ergänze die Sätze.

Ich putze meine Schuhe selbst.	Ich lasse meine Schuhe putzen.
Ich schneide meine Haare selbst.	Ich lasse …
Ich repariere mein Moped selbst.	Ich …
…	…

20 Was hast du gestern gemacht oder machen lassen?

Gestern habe ich mein Zimmer aufgeräumt. Gestern habe ich mein Zimmer aufräumen lassen.
Ich habe meine Hemden gebügelt. Ich habe meine Hemden …
Ich habe letzte Woche ein Passfoto gemacht. Ich …

21 Was verbieten deine Eltern? Was erlauben sie?

○ Meine Eltern lassen mich nicht bis 12 Uhr ausgehen.
● Meine auch nicht. Ich muss um 10 zu Hause sein.
○ Meine Eltern haben mich allein in Urlaub fahren lassen.
● *Wir* waren alle zusammen an der Ostsee.
○ Lassen dich deine Eltern laute Musik hören?
● Ja, kein Problem.

22 Bertolt Brecht: „Fragen eines lesenden Arbeiters."

Lies den Anfang des Gedichts. Kannst du die Idee Brechts in einem Satz formulieren?

**Höre das Gedicht von der Kassette.
Den Text findest du im Arbeitsbuch.**

> Wer baute das siebentorige Theben?
> In den Büchern stehen die Namen von Königen.
> Haben die Könige die Felsbrocken herbeigeschleppt?
> Und das mehrmals zerstörte Babylon –
> Wer baute es so viele Male auf?
> …

23 Geschichte persönlich: Haben sie das selbst gemacht?

Die Generäle haben die Städte bombardiert. Die Generäle haben die Städte bombardieren lassen.

Der Kaiser baute den Reichstag. Der Kaiser ließ …
Die DDR baute eine Mauer in Berlin. …
Christo hat den Reichstag verhüllt. …
… …

67

---

18 Freiere Aufgabe, die Sie beliebig abwandeln und erweitern können:
Letztes Jahr …
Letzte Woche …
Gestern …

19–21 Das Verb *lassen* wird hier in zwei Bedeutungen gebraucht: 1. *erlauben* und 2. *beauftragen/zwingen*. Lassen Sie jeweils ein Beispiel in die Muttersprache übersetzen und vergleichen.

Machen Sie dann gemeinsam mit den Schülern eine Tabelle an der Tafel, in der Beispiele für die beiden Bedeutungen gesammelt werden.

In der Umgangssprache wird auch häufig die Formel *Lass das!* mit der Bedeutung *Hör auf!* verwendet.

20 Sie können die Aufgabe eingrenzen: Die Schüler finden je drei Sätze und beschreiben, was sie selbst gemacht haben, bzw. was sie haben machen lassen.

21 Ein kleine, dialogisch angelegte Aufgabe zur Verwendung von *lassen*. Zunächst wird der Dialog in Partnerarbeit gelesen und anschließend mit eigenen Inhalten variiert.

22
Arbeiten Sie ggf. mit dem Arbeitsbuch. Können die Schüler drei Ereignisse aus dem Text mit dem Verb *lassen* ausdrücken?

◆ **Beispiel:** *Die „großen Männer" der Weltgeschichte haben die meisten Dinge nicht selbst getan, sondern haben sie tun lassen.*

Hören Sie erst nach der Erarbeitung den Text von der Kassette und lassen Sie mitlesen.

23 Diese Aufgabe überträgt den Ansatz Brechts auf die historischen Inhalte, die in dieser Einheit behandelt worden sind.

Partnerarbeit und anschließend allgemeine Abschlussdiskussion im Kurs.

Landeskunde:
Bertolt Brecht wurde 1898 in Augsburg geboren und starb 1956 in Ostberlin (damals DDR). Er gehört zu den bedeutensten Schriftstellern und Regisseuren deutscher Sprache im 20. Jh. Auf Grund seines politschen Engagements in den Zwanziger-jahren musste Brecht 1933 aus Deutschland fliehen. Den größ-en Teil seines Exils verbrachte er in den USA. 1949 kehrte er nach Deutschland zurück und gründete im damaligen Ost-berlin zusammen mit seiner Frau, Helene Weigel, das Berli-ner Ensemble. Weltweit am bekanntesten dürften Brechts Theaterstücke sein, z.B.: „Mut-ter Courage und ihre Kinder", „Der gute Mensch von Sezuan", „Herr Puntila und sein Knecht Matti". Aber auch sein lyrisches Werk und seine Prosa haben hohen literarischen Wert.

In dieser Plateaueinheit bieten wir Aufgaben zur Wiederholung der grammatischen Strukturen der vorangehenden Einheiten an sowie Aufgaben, die besonders die Fertigkeiten Sprechen und Schreiben bei den Schülern aktivieren.

Den Abschluss der Einheit bildet eine Seite mit einigen weiteren interkulturell interessanten Informationen, die zu Vergleichen einladen.

1 Diese Übungsform ist ein Prinzip, das man mit sehr unterschiedlichen Strukturen „füllen" kann. Auf der einen Seite hat die Aufgabe Drillcharakter, da immer wieder gleiche Strukturen wiederholt werden. Auf der anderen Seite können die Schüler aber auch die Satzanfänge frei ergänzen und dadurch ihre Kreativität ins Spiel bringen.

Spielen Sie das Ganze mit einem guten Schüler am Anfang einmal vor. Lassen Sie auch den Schüler dann Satzanfänge nennen, die Sie selbst ergänzen.

Hinweis: Wichtig ist, dass die Schüler den ganzen Satz mit dem Satzanfang immer wieder bilden.

Der Vorteil einer solchen Übung ist, dass sehr viele Schüler sehr schnell sehr viele Strukturen aktiv benutzen und damit die Wahrscheinlichkeit von z.B. Wortstellungsfehlern (*Gestern ich habe ...*) verringert wird.

Sie können dieses Übungsprinzip immer wieder im Unterricht wiederholen.

Besprechen Sie vor der Übung die „Regeln" der Äußerungen und skizzieren Sie knappe „Hilfen" an der Tafel. So stellen Sie sicher, dass sich die Schüler beim Üben selbst korrigieren können.

2 Mit dieser Aufgabe soll der Konjunktiv II wiederholt werden. Die Erstellung der Aufgabe und die Lösung ist weitgehend in die Hände der Schüler gelegt. Achten Sie beim Schreiben der Kärtchen auf die Richtigkeit der Fragen.

3 Auch in dieser Aufgabe geht es um den Konjunktiv. Wenn Sie kreative Schüler haben, können diese auch andere Satzanfänge oder Strukturen an der Tafel oder auf der Folie anbieten. Die anderen Schüler in der Klasse müssen sie lösen.

---

1 „Formel I" – Satz-Rennen in drei Runden

Immer zwei Schüler/innen spielen gegeneinander. Eine/r zieht eine Karte mit einem Satzanfang und liest ihn vor. Der/die andere muss den Satzanfang wiederholen und ihn ergänzen.

Dann ist der/die andere dran und zieht eine Karte.

Vorschläge für die Kärtchen (ihr könnt natürlich gemeinsam ganz andere Kärtchen schreiben):

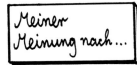 

Gestern bin ich ...
Glaubst du, dass ...
Peter hat gefragt, ob ...
Peter hat gefragt, warum ...
Sie hat behauptet, dass ...

2 Wiederholung Konjunktiv II: Könnt ihr euch bei Problemen helfen? Arbeitet zu zweit. Schreibt Probleme wie im Beispiel auf ein Kärtchen. Eine/r zieht ein Kärtchen und antwortet.

> Was würdest du tun, wenn du kein Geld hättest?

> Was würdest du tun, wenn dein bester Freund deine Freundin küssen würde?

> Was würdest du tun, wenn man dir dein Fahrrad gestohlen hätte?

3 Wünsche und Träume. Leider klappt nicht immer alles. Was wollten die Leute machen? Ergänzt die *wenn*-Sätze in A und B zu zweit. Fallen euch noch andere Satzanfänge ein?

A
Wenn ... Aber es regnet!
Wenn ... Aber meine Noten sind schlecht!
Wenn ... Aber ich bin erst 15!
Wenn ... Aber ich bin kein Vogel!

B
Wenn ich mehr Zeit hätte ... Aber ...
Wenn ich ein berühmter Sänger wäre ... Aber ...
Wenn mir jemand helfen würde ... Aber ...
Wenn ich nicht erkältet wäre ... Aber ...

68

4 Die „A–B–A …"-Geschichte.

Nehmt ein Blatt und schreibt A-B-A – … darauf, wie im Beispiel. Überlegt den ersten Satz gemeinsam in der Klasse. A schreibt den ersten Satz auf das Blatt und auch den zweiten. Dann schreibt B einen Satz, der dazu passt. Jetzt kommt A wieder dran. Der neunte und letzte Satz muss wieder von A geschrieben werden.

Peter war froh, dass die Ferien jetzt vorbei waren.
A : Herr Rohrmann, der Mathelehrer, war sauer.
B: Er wollte …
A:

5 Alles relativ. Welches Relativpronomen steht nach dem Komma? Ergänzt die Tabelle zusammen an der Tafel und macht dann Aufgabe 6.

	Nominativ	Akkusativ	Dativ	Genitiv
Der Mann	, der …	, den …	, dem …	, dessen …
Das Kind	, …	, …		
Die Frau	, …	, …		
Die Leute	, …			

6 Welche Relativpronomen gehören zu den Sätzen? Vergleiche mit der Tabelle.

a <u>Sein</u> Herrchen heißt Daniel.
b Ich mag <u>ihn</u> sehr.
c <u>Er</u> liebt Sportschuhe.
d <u>Er</u> hat ein schwarzes Fell.
e Ohne <u>ihn</u> gehe ich nie spazieren.
f <u>Er</u> kann sehr laut bellen.
g <u>Seine</u> Ohren sind lang und weich.
h Ich habe <u>ihm</u> einen Knochen geschenkt.
i Ich würde alles für <u>ihn</u> tun.
j Ich bin mit <u>ihm</u> in den Zoo gegangen.

7 Schreibe aus den Sätzen a–j in Aufgabe 6 Relativsätze nach folgendem Modell:

Der Hund heißt Fredo.
Beispiel: a Der Hund, dessen Herrchen Daniel heißt, heißt Fredo. **b** Der Hund, …

8 Es ist nicht leicht, ein Praktikum zu machen.
Schreibt die Sätze um. Macht aus den Nomen Verben und verwendet den Infinitiv mit *zu*.

a Das Überprüfen der Bremsen war ziemlich kompliziert.
b Das Auswechseln der Zündkerzen war kein Problem.
c Das Kehren des Hofs machte keinen Spaß.
d Das Aufräumen der Werkstatt und des Büros kostete sehr viel Zeit.
e Das Putzen der Halle war schlecht für die Gesundheit.
f Das Einstellen einer Handbremse war für Daniel interessant.
g Das Reparieren eines Reifens hat am Anfang fast eine Stunde gedauert.

Es war ziemlich kompliziert, die Bremsen zu überprüfen.

69

4 Schreibtraining: Lassen Sie ein großes Blatt wie in der Zeichnung beschrieben in A – B – A – B – A – B – A – B – A einteilen oder machen Sie sich selbst ein solches Blatt und vervielfältigen Sie es.

Entwickeln Sie nun zusammen mit der Klasse ein Thema und den ersten Satz einer Geschichte/eines Textes. Die Schüler schreiben dann in Partnerarbeit (A, B) die Geschichte weiter, wobei sie sich gegenseitig helfen und korrigieren können. Jeder Schüler muss abwechselnd einen Satz beitragen.

5 Hier wird in einem ersten Schritt das System der Relativpronomen noch einmal zusammen mit den Schülern entwickel.

Machen Sie an der Tafel eine Tabelle, wie im Buch angedeutet, und lassen Sie dann die Schüler die entsprechenden Relativpronomen in den passenden Kasus ergänzen.

Die Schüler sollten hier zunächst mit den Informationen arbeiten, an die sie sich noch erinnern, und dann ihre Ergebnisse mit der „Systematischen Grammatik" im Arbeitsbuch überprüfen und ggf. korrigieren.

6 Mit Hilfe der in Aufgabe 5 erstellten Tabelle können die Schüler jetzt die entsprechenden Relativpronomen zuordnen.
◆ a) dessen, b) den, c) der, d) der, e) den, f) der, g) dessen, h) dem, i) den, j) dem

7 Umformulierung der Sätze aus 6 nach vorgegebenem Modell.
◆ **Beispiel:**
Der Hund, dessen Herrchen Daniel heißt, heißt Fredo.
Der Hund, den ich sehr mag, heißt Fredo.
Der Hund, der Sportschuhe liebt, heißt Fredo.

8 Die Schüler machen aus den Nomen Verben und gebrauchen dabei den Infinitiv mit *zu*.

9 Kreative Aufgabe zur Wiederholung des Plusquamperfekts. Es handelt sich hier um eine Reihenübung. Die Schüler sollen nacheinander jeweils auf den Satz des Nachbarn reagieren und einen Satz hinzufügen, wie im Beispiel beschrieben.

10 Aufgabe zum Gebrauch der Relativpronomen. So wie wir die Aufgabe hier angelegt haben, ist sie eher für stärkere Schüler geeignet.

Wenn Sie differenzieren wollen, können Sie ähnlich vorgehen, aber mit geöffneten Büchern arbeiten. Das erleichtert den Schülern das Finden der Informationen.

9 Wiederholung Plusquamperfekt – Beschreibt den Tag von Norbert Nachdem. Jeder sagt einen Satz.

Nachdem Norbert Nachdem aufgewacht war, duschte er.

Nachdem Norbert Nachdem geduscht hatte, machte er sich einen Kaffee.

Nachdem sich einen …

10 Memo

Wer hat ein (relativ) gutes Gedächtnis? Spielt in Gruppen zu viert. Seht euch fünf Minuten die Bilder genau an und merkt euch die Namen und die Eigenschaften der Personen. Schließt dann die Bücher.
Eine/r darf das Buch öffnen und eine Frage stellen. Wer richtig antwortet, bekommt einen Punkt. Wer nach zehn Fragen am meisten Punkte hat, hat gewonnen.

Beispiele:
○ Wie heißt der Junge, den man noch nie ohne seine Mütze gesehen hat?
● Der Junge, den man noch nie ohne seine Mütze gesehen hat, heißt Jens.
○ Was wisst ihr über Arnold Schwarzenegger?
● Arnold Schwarzenegger ist ein Mann, der aus Österreich kommt. / Arnold Schwarzenegger ist ein Mann, dessen Körper …

Sie hat blonde Haare. Ihr Fahrrad wurde gestohlen. Marco war mit ihr befreundet.

Er hat immer gute Noten in Deutsch. Seine Papageien heißen Fritz und Frieder. Es geht ihm meistens gut.

Man hat Jens noch nie ohne seine Mütze gesehen. Daniela hat ihm zum Geburtstag Pralinen geschenkt. Er ist sehr sportlich.

Sie waren schon überall auf der Welt. Ihnen macht Grammatik Spaß. Man kann sich auf sie verlassen.

Er kommt aus Österreich. Sein Körper hat ihn berühmt gemacht. Man kennt ihn auch in den USA. Seine Texte sind meistens nicht sehr lang.

Sie hat hellblaue Augen. Ihr VW ist ziemlich alt. Der Direktor spielt Tennis mit ihr. Ich habe nur gute Noten von ihr bekommen.

Fast alle kennen ihn. Er trägt immer eine karierte Mütze. Sein Leben ist spannend. Sein Kollege Watson ist oft mit ihm zusammen.

Wir haben sie in *sowieso* 2 kennen gelernt. Ihnen gehört ein alter Bahnhof. Sie haben ein Kind und einen Hund. Ihr Bahnhof hat drei Stockwerke.

70

Arbeitsbuch
1. Kreuzworträtsel zur Landeskunde.
2. Aufgabe zum Genitiv.
3. Leseaufgabe zur Sensibilisierung für Grammatik in Texten.
4. Aufgabe zu Relativsätzen.
5.–7. Lesetext, der thematisch an Einheit 10 (Geschichte) anschließt.

11 Andere Länder, andere Sitten. Lest die Texte. Wie ist das bei euch?

1

Wusstest du, dass in Griechenland die Kinder ihre Weihnachtsgeschenke nicht am 24. und auch nicht am 25. Dezember erhalten, sondern erst am 1. Januar? Und zwar bringt sie Sankt Vassilios, der wie Nikolaus aussieht, im Orient wohnt und am 1. Januar seinen Namenstag feiert.

2

Wusstest du, dass man nicht überall auf der Welt auf die gleiche Art zählt? Wie zählst du? A, B, C, D oder anders?

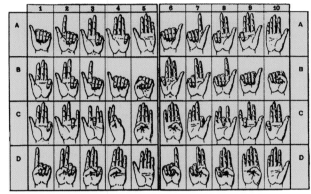

3

Wusstest du, dass in Island Geschlechtsnamen nicht üblich sind und die Kinder ganz einfach den Namen des Vaters mit der Endung -son oder -dottir als Zunamen übernehmen? Was glaubst du bedeuten -son und -dottir? Was weißt du schon über Jon Ingolfsson und Solveig Jakobsdottir?

4

Wusstest du, dass die Baoulé der afrikanischen Elfenbeinküste zwei Namen erhalten: Den des Vaters und den des Wochentages, an dem sie geboren wurden?
Was erfährst du also über Kouassi Konan und Amoin Yao?

	♀	♂
Mo	Akissi	Kouassi
Di	Adjoua	Kouadio
Mi	Amlan	Konan
Do	Ahou	Kouakou
Fr	Aya	Yao
Sa	Affoué	Koffi
So	Amoin	Kouamé

5

Wusstest du, dass es in Thailand unhöflich ist, ein Kind am Kopf zu berühren? Was bedeutet das in deinem Land?

71

11 Die Impulse 1 bis 5 in dieser Aufgabe sollen die Schüler für Unterschiede zwischen den Kulturen sensibilisieren.

Lassen Sie die einzelnen Abschnitte nacheinander lesen und bearbeiten. Regen Sie die Schüler an, darüber nachzudenken, was in ihrer eigenen Kultur besonders ist, und lassen Sie diese Besonderheiten beschreiben.

Wie schon in Einheit 6 bieten wir auch hier einen literarischen Text an.

Prinzipiell gehen wir davon aus, dass Sie über das Lehrwerk hinaus auf dieser Stufe literarische Texte in das Kursprogramm integrieren. Mit der Einheit 12 möchten wir Ihnen anhand der Aufgaben einige Muster und Beispiele für Übungsformen geben, die uns im Umgang mit literarischen Texten auf dieser Ebene besonders geeignet erscheinen.

Im Gegensatz zu Einheit 6 präsentieren wir hier Ausschnitte aus einer Ganzschrift, wobei wir mit Zitaten, überbrückenden Zusammenfassungen und „dramatisierten" Dialogelementen arbeiten, um die Erzählstruktur des Romans zu vermitteln.

Zum Roman:

Der Roman „Die Blaufrau" von Ann Ladiges stammt aus den 70er-Jahren. Es geht darin nicht nur um den Aspekt der Berufswahl, sondern vor allem um die Frage von Männer- und Frauenrollen in der Arbeitswelt und um gewerkschaftliche Fragen der Solidarität der Arbeitnehmer und Arbeitnehmerinnen.

Wir greifen nur eine Sequenz heraus, die mit Berufswahl und Ausbildung zu tun hat und schließen damit an Einheit 7 an, wo dieses Thema anhand von Sachtexten präsentiert wurde.

Daher können wir uns hier ganz auf den Inhalt konzentrieren und beschäftigen uns nicht explizit mit Wortschatz und Grammatik.

Bei dieser Einheit könnte sich eine fächerübergreifende Kooperation mit dem muttersprachlichen Unterricht anbieten.

In dieser Einheit stellen wir euch Ausschnitte aus einem Roman vor. Der Titel des Romans ist ein Wortspiel. „Blaumann" heißt die blaue Arbeitskleidung, die die Arbeiter und Arbeiterinnen in Fabriken tragen.

1 Ihr habt in der Muttersprache sicher schon Romane, Kurzgeschichten und Erzählungen gelesen. Worauf kommt es an (Personen, Handlungen ...)?

2 Schaut euch das Titelfoto an und lest den Text rechts.
Schreibt zwei Fragen und zwei Vermutungen über den Roman auf.

Ann Ladiges
Blaufrau

Den Zündkabeldefekt an ihrem alten Mofa hat die fünfzehnjährige Petra sofort entdeckt, mit Motoren weiß sie ganz schön Bescheid. Nur welchen Beruf sie erlernen soll, das weiß sie nicht. Darüber hat sie sich bisher auch keine großen Gedanken gemacht.

3 Lies die Zusammenfassung der ersten Seiten des Romans. Was meinst du, was soll Petra machen? Was erfährst du über die Berufe der anderen Personen in diesem Roman?

Petra Simoneit weiß zunächst nicht, was sie nach der Hauptschule machen soll. Ihr Vater arbeitet bei der Post, in der Verwaltung. Im Roman heißt es über den Beruf von Petras Vater: „Was Papp Tag für Tag in dieser Verwaltung machte, das wusste Petra nicht genau. Der Vater wollte das Wort ‚Post' nach Feierabend nicht mehr hören." Ihre Mutter war Verkäuferin, hat dann geheiratet und ihren Beruf aufgegeben. Die Eltern diskutieren mit Petra oft über ihren Beruf. Petra hat sich noch nicht so viele Gedanken darüber gemacht. Ihre Noten in der Schule waren gar nicht so schlecht. Eine „2" in Deutsch und auch in Geometrie. Die Eltern haben Petra dann noch zu einem Schreibmaschinenkurs angemeldet. Ihre Freundin Conny findet einen Arbeitsplatz in einem Büro und erzählt, dass es ihr gut gefällt.

W enn sie von der Zukunft reden, sind alle immer todernst. Der Ernst des Lebens. Nun fängt der Ernst des Lebens für dich an, hat Papp heute morgen gesagt.

Ihre Mutter ist mit ihr auf das Arbeitsamt gegangen, zur Berufsberatung für Hauptschüler. Sie sagte:

E s geht um deine Zukunft, Kind. [...] Sechs Wochen hatte sie auf einen Termin bei der Berufsberatung warten müssen. Jetzt war ihr
5   unbehaglich. Die Berufsberaterin betrachtete aufmerksam Petras Zeugnis. Warum sagt sie bloß nichts.

72

---

1 Beginnen Sie mit einem Unterrichtsgespräch, das das Vorwissen der Schüler aus dem muttersprachlichen Unterricht aktiviert: *Worauf achtet man bei Kurzgeschichten und Erzählungen? Was habt ihr gelesen? Was lest ihr gern? Was habt ihr auf Deutsch bereits gelesen? Welche Romane kennt ihr? ...*

2 Kopieren Sie das Titelblatt des Romans nach Möglichkeit auf eine Folie. Was wissen die Schüler jetzt schon über das Mädchen (Kleidung, Alter, Beruf, Tätigkeit)? Anschließend lesen die Schüler den „Klappentext" (blau unterlegt) und schreiben zwei Fragen und zwei Vermutungen über den Roman auf.
Geben Sie evtl. Hilfen, indem Sie an die Tafel schreiben:

In diesem Roman geht es um ... Ich glaube, dass Petra ...

3 Einstieg mit einer Zusammenfassung der ersten Seiten, in der einige der handelnden Personen des Romans kurz vorgestellt werden. Fragen Sie die Schüler, wie sie vorgehen wollen, um diese Informationen zu sammeln.
Auf grauem Untergrund finden Sie in diesem Kapitel die Zitate

aus dem Roman.
Stichwort: *Ernst des Lebens.* Gibt es in Ihrer Sprache einen ähnlichen Begriff? In welchem Kontext wird der Begriff verwendet? Lesen Sie gemeinsam mit den Schülern die Zitate auf S. 72.

4 Als sie das Büro verlassen, ist Petras Mutter ziemlich sauer. Woran erkennst du das?
Lies den Dialog zwischen Petra und ihrer Mutter.

> Hockst da und kriegst den Mund nicht auf!
> Was sollte ich denn sagen?
> Fragen! Wozu sind wir denn sonst hingegangen?
> Ich wusste nicht, was ich fragen sollte.
> 5   Die Mutter blieb stehen: Ist dir eigentlich klar, um was es geht?
> Um meine Zukunft, dachte Petra. Ja, klar, sagte sie.
> Eine Frau drehte sich um, sah zu ihnen hin. Petra wollte weitergehen, aber die Mutter konnte
> nicht aufhören.
> Es kommt auf den persönlichen Eindruck an, den man beim Arbeitsamt macht! Ich begreife
> 10   dich nicht. Wir zerbrechen uns den Kopf, was aus dir werden soll, aber dich scheint das alles
> nichts anzugehen.
> Doch, sagte Petra. Natürlich.

5 Petras Mutter ist wütend. Lest den Dialog laut. Achtet auf die Intonation.

6 Im nächsten Kapitel sitzen Petra und ihre Eltern am Frühstückstisch.
Die Eltern lesen die Stellenanzeigen in der Zeitung.
Seht euch die Zeichnung an. Beschreibt die Situation.

7 Hört den folgenden Abschnitt zuerst von der Kassette. Wie wird der Beruf der Sekretärin
beschrieben? Was denkt die Mutter darüber?

> Sonntagmorgen. Petra freute sich auf ein gemütliches Frühstück. Die Mutter legte die *Welt am*
> *Sonntag* auf den Tisch.
> Da, *Stellenangebote weiblich*. Sieh dir das an. Sie las vor: *Sekretärin für unsere Kreditabteilung.*
> *Gestandene Sekretärin. Chefsekretärin auf Direktionsebene. Als Sekretärin Karriere machen.*
> 5   Ja, sagte Petra.

73

---

4 Anschließend lesen die Schüler in Einzelarbeit zunächst den Dialog zwischen Petra und ihrer Mutter.

5 ☐

Lassen Sie den Dialog laut vorlesen. Achten Sie auf die Intonation (wütend). Spielen Sie anschließend die Kassette vor und besprechen Sie die Unterschiede und Gemeinsamkeiten zwischen dem eigenen Vortrag und der Version auf der Kassette.

6 Steigen Sie auch in den nächsten Abschnitt zunächst wieder über die Zeichnung ein. Unterrichtsgespräch: Die Eltern sind praktisch hier für sich und die Tochter ebenso. Zwischen beiden scheint keine Kommunikation stattzufinden.

7 ☐

Beginnen Sie diesen Abschnitt mit der Kassette und lassen Sie die Schüler notieren.
Achten Sie auf die Intonation der Mutter, die dadurch ihre Wertschätzung für den Beruf der Sekretärin ausdrückt. Lassen Sie beim zweiten Zuhören mitlesen und klären Sie ggf. benötigte unbekannte Wörter.

8 Die Schüler diskutieren die Fragen zunächst in Partnerarbeit und machen dabei Notizen. Anschließend gemeinsames Unterrichtsgespräch.

9 Notieren Sie die Vermutungen der Schüler an der Tafel (s. Tafelbild hier unten).

Schreiben Sie dann hinter die Vermutungen einen Ankreuzraster für richtig/falsch. Die Schüler lesen den Textabschnitt und entscheiden danach, welche ihrer Vermutungen richtig oder falsch waren.

10 Der folgende Abschnitt des Romans sollte zu Hause gelesen werden. Die Informationen werden dann an der Tafel gesammelt.

12

Der Vater wollte der Mutter die Zeitung aus der Hand nehmen, aber sie hielt sie fest. Ihr müsst euch das mal anhören, sagte sie. Zum Beispiel: Sekretärin des Verkaufsleiters Fachhandel gesucht.
Sie machte eine Pause, las dann langsam und mit Betonung weiter vor. *Sie ist Assistentin und rechte Hand ihres Chefs, der viel Arbeit und wenig Zeit hat. Wir – eine junge Mannschaft – haben für sie eine lebendige Aufgabe! Der Außendienst will betreut und informiert werden, Anrufe sind entgegenzunehmen. Und natürlich gibt es die vielen kleinen Dinge, die eine gute Sekretärin von selbst sieht und erledigt.*

8 Bevor ihr weiterlest: Diskutiert eure Eindrücke im Kurs.

- Was wisst ihr über die Berufe der Eltern?
- Welchen Eindruck haben die Eltern von Petra?
- Beschreibt die Rolle, die sie bei der Berufswahl spielen.
- Beschreibt Petras Rolle in den Gesprächen auf dem Arbeitsamt und am Frühstückstisch.

9 Diskutiert: Was meint ihr, wie geht die Geschichte weiter? Lest dann die Textzusammenfassung.

Inzwischen war der letzte Schultag gekommen. Fünf Jungen und die Hälfte der Mädchen hatten noch keinen Ausbildungsplatz. Die Eltern schenkten Petra 200 Mark und einen neuen Bademantel, von Oma Zwirner bekam sie 50 Mark und ein goldenes Kettchen. Petras Vater lernt dann zufällig den Chef der Hemag kennen. Die Hemag ist ein großer Betrieb mit 3000 Arbeitnehmern, in dem Maschinen hergestellt werden. Der Chef ist einverstanden damit, dass Petra im Büro anfangen kann. Petras Vater freut sich, dass er mit seinen Kontakten für sie einen Ausbildungsplatz bekommen konnte. Sie beginnt im Personalbüro. Frau Müschler ist die Sekretärin des Chefs der Personalabteilung. Petra mag sie nicht besonders. Marianne Urbanek, eine andere Kollegin, ist nett zu ihr.

10 Im folgenden Abschnitt des Romans werden Petras erste Tage und Wochen im Büro geschildert. Was macht sie gern, was mag sie überhaupt nicht?

Papier, Papier, Papier. Petra war in den ersten Tagen wie betäubt. Man hatte ihr eine alte Schreibmaschine hingestellt, zum Üben gerade richtig, wie die Müschler behauptete.
Viertel nach acht.
Briefe müssen sauber geschrieben werden. Links ein Zeilenabstand von zehn Grad, unten zwei Fingerbreit frei lassen. Halten Sie ruhig beide Finger ans Papier! Auch eine Hauspost darf nicht schlampig sein. Die Personalabteilung ist das Aushängeschild des Betriebes.
Halb zehn.
Schreiben, schreiben, schreiben. Das ist nun mal der Anfang, Fräulein Simoneit. Nur so finden Ihre Finger blind die Tasten. Sehen Sie, Ihr Schriftbild wird immer schöner. Und merken Sie sich eines: die Personalakte verfolgt einen jeden vom Eintritt in die Firma bis zum Ruhestand. Es sei denn, es wird vorher eine Kündigung ausgesprochen.
Elf Uhr.
Ich fall vom Stuhl, dachte Petra. Der Hintern tat ihr weh, sie konnte nicht mehr sitzen. Acht Stunden am Tag sitzen! In der Schule gab es wenigstens nach einer Dreiviertelstunde eine Pause, aber im Büro acht Stunden auf einem Stuhl!
Fünf nach elf.
Die Uhr kann nicht richtig gehen. Es muß doch später sein. Es kam ihr vor, als ginge der Tag überhaupt nicht zu Ende.
Am Abend sagte der Vater: Du wirst dich schon daran gewöhnen. Es ist eben eine Umstellung. Jetzt stehst du im Berufsleben. Stehen ist gut, dachte Petra. Ich sitze.

74

Vermutung	r	f
1. Petra wird arbeitslos.		
2. Petra ...		
3. Petra ...		

Nach sechs Wochen ließ die Müschler Petra immer noch diese öden Formbriefe abschreiben.
Für Ihre Bewerbung danken wir Ihnen. Da wir gerne ein unverbindliches Gespräch mit
Ihnen führen möchten, bitten wir Sie, sich am dem in unserem Hause, Zimmer bei vorzustellen.
Bitte bringen Sie den beigefügten Personalbogen ausgefüllt mit. Sollten Sie den genannten
25 *Termin nicht ...*
Das muss Ihnen in Fleisch und Blut übergehen, Kindchen, sagte die Müschler. Nur so lernen
Sie, diese Briefe selbständig zu schreiben.
So ein Schwachsinn, dachte Petra. Sie gab sich Mühe, versuchte alles richtig zu machen, was
Frau Urbanek oder die Müschler ihr auftrugen. Aber manchmal blickte sie einfach nicht durch.
30 Eingabe der Personaldaten in die EDV. Was gehört da rein? Name, Geburtstag, Tätigkeits-
bezeichnung, Probezeit, Lohn oder Gehalt, Zulagen. Was guckt die denn so, die Müschler?
Was hab ich denn nun wieder vergessen?
Wer wird bei Unfall verständigt?!
Ach ja. Ich kann mir das einfach nicht alles merken.
35 Petra war dankbar, wenn Frau Urbanek sie zur Poststelle schickte oder zum Kopiergerät. Sie holte
gern Büromaterial und drängte sich zum Kaffeekochen. Ich spüle sogar Tassen gern, dachte sie.
Dann hab ich was in den Händen! Nicht immer nur Papier. Am liebsten brachte sie Unterlagen
in das neue Verwaltungsgebäude. Sie ging dann nicht über die Glasbrücke im ersten Stock,
sondern über den Werkhof. Meistens machte sie einen kleinen Umweg und versuchte, einen
40 Blick in die Hallen zu werfen.
Einmal stand sie unschlüssig vor einem Hallentor und überlegte, ob sie einfach hineingehen sollte.
Suchen Sie etwas, Fräulein? sprach ein älterer Arbeiter sie an.
Nee, sagte Petra. Ich hab nur ... ich arbeite im Büro, erklärte sie dann etwas verlegen.
Im Personalbüro.

11 Lies die Zeilen 13 bis 44 noch einmal. Beschreibe: Woran erkennst du, dass Petra unzufrieden ist?
Was würde sie lieber tun?

12 Stell dir vor, Petra trifft ihre Freundin Conny. Was erzählt Petra über ihre Arbeit im Betrieb?

13 Wie geht die Geschichte weiter?

Petras Kollegin Marianne merkt bald, dass sich Petra im Büro nicht besonders wohl fühlt. Sie gibt ihr
einen Tipp. Im technischen Bereich, in der Produktion, werden noch Leute gesucht. Sie sagt, dass sie
sich dort bei Herrn Weber melden soll.

14 Lies den folgenden Abschnitt und ergänze die folgenden Satzanfänge:

Petra sagt zuerst, dass ...
Petra sagt nicht, ...
Herr Weber sagt, dass er ...
Er sagt, dass Petra ...
Herr Weber will ...

Ausbildungsleiter, Joachim Weber. Gewerblich-technischer Bereich. Petra las das Türschild
zum zweiten Mal. Ich geh jetzt rein, sagte sie sich. Ich hab mich entschlossen.
Sie klopfte kräftig. Herein.
Er ist also da. Petra öffnete die Tür. Das energische Klopfen hatte ihr plötzlich Mut gemacht. Auch
5 die richtigen Worte fielen ihr gleich ein. Sie erklärte Herrn Weber, dass sie ihre Ausbildung im
Büro abbrechen und Maschinenschlosserin werden möchte. Die Zeit im Büro betrachte sie nicht
als verloren, sie wisse jetzt genauer, was sie wolle. Dass sie den Eltern von ihrem Entschluss
nichts gesagt hatte, erwähnte sie nicht. Herr Weber fragte auch nicht danach. Er ließ sie reden.
Dann räusperte er sich: Er persönlich habe nichts gegen Mädchen in sogenannten Männer-
10 berufen. Ganz im Gegenteil. Aber letztlich hinge die Entscheidung nicht von ihm allein ab.

75

11 Die Schüler lesen den
angegebenen Abschnitt noch
einmal und bearbeiten die
Fragestellung jeweils zu zweit.

12 Szenen- und Perspektiv-
wechsel. Das Gespräch kann in
der Gruppe gespielt werden.
Die Schüler können ihre Stich-
punkte aus den Aufgaben 10
und 11 dazu heranziehen.

13 Lesen Sie den Über-
leitungssatz gemeinsam und
diskutieren Sie die Vermutungen in der Klasse.

14 Die Schüler lesen den
Abschnitt und ergänzen danach
die Satzanfänge zu zweit.
◆ *Petra sagt zuerst, dass sie*
ihre Büroausbildung abbrechen
möchte. Petra sagt nicht, dass
ihre Eltern nichts davon wissen.
Herr Weber sagt, dass er nichts
gegen Mädchen hat. Er sagt,
dass Petra sehr spät kommt.
Herr Weber will sie einen Test
machen lassen / will sie anrufen.

15 Kommentar zur Aussage mündlich oder schriftlich. Diskussion im Kurs.

16 Auswertung in Partnerarbeit.

Da hätten die Meister noch ein Wörtchen mitzureden und so weiter. Außerdem wäre Petra reichlich spät gekommen, die Auswahlverfahren für das neue Ausbildungsjahr seien abgeschlossen. Wir haben 17 Jungen aus 150 Bewerbungen ausgesiebt, sagte er.

15 Ich lasse Sie mal den Test machen, sagte Herr Weber dann und notierte sich Petras Namen. Wir müssen ja erst mal sehen, ob Sie überhaupt geeignet sind. Also, wenn es Ihnen ernst ist ...
Ernst. Der Ernst des Lebens. Jetzt fängt er wirklich an, dachte Petra. Aber dann werden sie mich endlich auch ernst nehmen.
Ja, es ist mir ernst, sagte sie.
Herr Weber stand auf, gab ihr die Hand.
20 Sie hören von mir, sagte er. Aber machen Sie sich keine allzu großen Hoffnungen.

15 Herr Weber sagt:

„Ich persönlich habe nichts gegen Mädchen in sogenannten Männerberufen. Ganz im Gegenteil."

Was heißt das? Könnt ihr diese Aussage kommentieren?

16 Petra schreibt einen Test. Was meint ihr, wie sind ihre Chancen?

Jetzt war sie doch aufgeregt. Herr Weber gab ihr die Testbögen und einen neuen, blauen Kugelschreiber. Sie musste sich an den großen Tisch mitten im Zimmer setzen. Herr Weber nahm seine Armbanduhr ab. Er forderte sie auf, die allgemeinen Bemerkungen auf der ersten Seite zu lesen, sie solle Bescheid geben, wenn sie soweit wäre. Sie las, dass sie jetzt einen Intelligenz
5 und Eignungstest machen würde und dass sie die Ergebnisse nicht weitergeben dürfe. Sie hatte plötzlich wieder diesen Frosch im Hals und musste sich räuspern. Dann sagte sie heiser:
Ich fange jetzt an. Sie las:

1. Die Tochter des Bruders meiner Mutter ist meine
   Nichte   Tante   Kusine   Enkelin   Stiefschwester
10   *A   B   C   D   E*
Kreuzen Sie die richtige Antwort an.
Die Tochter des Bruders? Was hat denn das mit Maschinenschlosser zu tun? Die Tochter des Bruders meiner Mutter ist meine ... Kusin, Kusine! Also C. Oma Zwirner. Die Mutter meiner Mutter. Los, weiter!

15 *2. Das Gegenteil von verschwenderisch ist*
   schlicht   geizig   sparsam   großzügig   wohlhabend
   A   B   C   D   E
Geizig? Nein, sparsam. C. Weiter.

Auf der dritten Seite endlich kamen technische Fragen. Wie muss ein Treibriemen gespannt
20 werden, damit die Achse X ... Welches Zahnrad dreht sich in Uhrzeigerrichtung ...
Jetzt hatte Petra schon eher das Gefühl, den richtigen Test bekommen zu haben. Sie fand die Fragen nicht besonders schwierig, manche höchstens etwas kniffelig. Zum Schluss musste sie nach einer Abbildung ein Stück Draht biegen. Herr Weber äußerte sich nicht, ob sie es richtig gemacht hatte. Er sagte nur:
25 Das war's dann für heute. Ich rufe Sie an.

76

Arbeitsbuch
In dieser Einheit präsentieren wir einen Fotoroman, in dem die Themen „Beruf" und „Liebe/Freundschaft" verbunden sind. Der Roman eignet sich auch zur Bearbeitung im Unterricht. Die Aufgaben sind dem Fotoroman vorangestellt.

1. Redewendungen im Text suchen.

2. Themen des Fotoromans in vorangegangenen Einheiten finden.
3. Eine Aufgabe zu Zeitangaben.

Freitag, eine Woche später. Kurz vor Büroschluss rief Ausbildungsleiter Weber an. Petra möge doch, bevor sie gehe, kurz bei ihm hereinschauen.
Ich wette, du hast Glück gehabt, behauptete Marianne. Und das sagte auch Herr Weber.
Glück muß man haben im Leben, Fräulein Simoneit. Heute hat ein Vater für seinen Sohn
30 abgesagt. Ich habe den Ausbildungsvertrag für Sie vorbereitet. Mit den Meistern habe ich Ihre Bewerbung besprochen. Ihre Eltern brauchen nur zu unterschreiben. Und bitte, bringen Sie mir den Vertrag umgehend zurück! Ach, und noch etwas. Ich muss Ihnen sagen, Sie haben den Test wirklich ausgezeichnet gemacht.
Maschinenschlosser! Es hat geklappt! Ich hab einen Vertrag! Petra rannte die Treppen hinunter.
35 Am Haupttor wartete Marianne.
Mensch, Mädchen, sagte sie und gab Petra einen Kuss.

17 Petra hat einen Ausbildungsvertrag als Maschinenschlosserin bekommen. Glück oder Leistung? Was steht im Text darüber?

18 Arbeitet in Gruppen. Sammelt Argumente für und gegen den Berufswechsel.

19 Petras Eltern müssen den Ausbildungsvertrag unterschreiben. Wie reagieren sie? Spielt das Gespräch im Kurs.

20 Hier ist das Ende der Diskussion zwischen Petra und ihren Eltern um den Berufswechsel. Ihr Vater sagt:

Bring deine Ausbildung als Bürokaufmann zu Ende, dann können wir weitersehen. Außerdem bist du es selbst gewesen, die ins Büro wollte.
Ja, weil ich nicht wusste, was ich wollte, versuchte Petra zu erklären. Es hat mir ja auch keiner geholfen. Jetzt hör aber auf! empörte sich die Mutter. Wer ist denn mit dir zum Arbeitsamt gegan-
5 gen?! Petra wäre am liebsten aus dem Zimmer gerannt. Aber sie wusste: Ich muss durchhalten.
[...]
Donnerstag war Oma Zwirner gekommen, um im Garten zu helfen. Sie hörte sich das ganze Theater um Petra an. Dann sagte sie nur zur Mutter: Ich weiß nicht, worüber ihr euch so auf-regt? Warum sollen Frauen nicht Maschinenschlosser sein? Was war denn im Krieg? In der
10 Rüstung haben die Frauen gearbeitet. Schwere Handarbeit. Falls du weißt, was das ist. Oder ich! Ich habe Straßenbahn gefahren. Als ich das deinem Vater ins Feld geschrieben habe, da hat er zurückgeschrieben: Lottchen, du bist doch viel zu zart für so was. Wie hältst du das bloß durch, mein Mäuschen? Na, das Mäuschen hat noch ganz andere Sachen durchgehalten. Trümmer hab ich geräumt. Immer rauf auf die Ruinen mit der leeren Schubkarre und runter mit der vollen!
15 Und das alles mit dir im Bauch. Jawohl!

21 Beschreibt die Argumente der Großmutter mit eigenen Worten.

22 Erinnert ihr euch an Einheit 10? Was wisst ihr über die Zeit, über die die Großmutter erzählt?

Zum Schluss unterschrieb ihr Vater den Vertrag doch. Petra fing ihre Ausbildung im Betrieb an, zusammen mit 17 Jungen. Leicht war das alles nicht. Ihr Ausbilder sagte gleich am ersten Tag, er persönlich habe nichts gegen Mädchen in Männerberufen ... Später schaffte Petra die mündliche Prüfung in der Berufsschule und arbeitete weiter in dem Betrieb. Sie hatte ihren Beruf gefunden.

23 In dem Roman gibt es eine Reihe von Szenen: „Auf dem Arbeitsamt", „Am Frühstückstisch", „Der Streit mit den Eltern". Wählt eine Szene aus, bereitet sie in Gruppen vor und spielt sie in der Klasse.

24 Frauen in Männerberufen – was heißt das? Welche Probleme hat Petra mit ihrer Berufswahl? Warum?

77

17 Die Antwort wäre, dass es sowohl Glück war als auch Leistung.
Lassen Sie die Schüler die entsprechende Textstelle zitieren und das Zitat auch sprach-lich einleiten:
Im Text steht ...
Im Text heißt es ...

18 Kurze Gruppenarbeit. Die Schüler notieren Argumente für und gegen den Berufswechsel.
Mögliche Gegenargumente:
– *Die Eltern sind dagegen.*
– *Petra verliert viel Zeit.*
– *...*

19 Rollenspiel. Die Gruppen entwerfen zunächst Rollenkar-ten bzw. notieren sprachliche Mittel und Argumente, bevor sie das Rollenspiel durch-führen.

20 In dieser Schlüsselszene kommt die Oma schließlich Petra zu Hilfe. Wie bewerten die Schüler die Aussage Petras *Es hat mir ja auch keiner geholfen*, auf den die Eltern so empört reagieren?

21 Beispiel:
◆ *Die Großmutter sagt, dass im Krieg viele Frauen die Arbeit von Männern gemacht haben.*

22 Rückgriff auf Einheit 10 und die Erlebnisse von Elisa-beth Funk.

23 Weitere Möglichkeiten von Rollenspielen zu verschie-denen Szenen im Roman. Falls die Schüler Interesse haben, können Sie auch noch andere Szenen heranziehen.

24 Abschlussdiskussion zur Frage der Männer- und Frauen-berufe.

Inhalt
Umweltprobleme,
Aktionen für die Umwelt
Kommunikation
Rollenspiel und Diskussion
die eigene Meinung darstellen
Wortschatz
Umwelt, Müll, Materialien
Texte
Plakate, Zeitungsberichte,
ein Lied, ein Gedicht
Grammatik
Satzverbindungen
Passiv mit Modalverben
trotz, wegen + Genitiv
Landeskunde
Umweltprobleme/
Umweltschutz in D/A/CH
Lern- und Arbeitstechniken
mit einer Textgrafik arbeiten

Allgemein:
Das Thema „Umweltschutz,
Umweltverschmutzung" ist seit
drei Jahrzehnten eines der
wichtigsten Themen in der politischen und gesellschaftlichen
Diskussion. Wir haben den
Schwerpunkt auf die Darstellung von Möglichkeiten gelegt,
wie Jugendliche etwas für die
Umwelt tun können.

Durch die Auswahl der Alpen als Beispiel für eine von
Umweltzerstörung gefährdete
Region beziehen wir alle drei
deutschsprachigen Länder in
die Diskussion mit ein.

Bei dem Thema liegt es
nahe, die Entwicklungen im
eigenen Land mit den hier vorgestellten Problemen und Lösungsansätzen zu vergleichen.

Im fächerübergreifenden
Unterricht bietet sich bei dieser
Einheit die Zusammenarbeit
mit den sozialkundlichen
Fächern und der Biologie und
evtl. dem Kunstunterricht
(Plakate) an.

A „Mund auf statt Augen zu"

1 Seht euch die Bilder an. Worum geht es? Wie findet ihr die Plakate?

Wenn wir die Ozonschicht zerstören, schlagen wir uns selbst K.O.

...und aus dem Schlund stieg Rauch empor wie Rauch eines grossen Ofens, und die Sonne und die Luft wurden verfinstert. Off. 9,2

TODESANZEIGE

Traurig nehmen wir Abschied von unserem lieben

Homo Ignorans

Nutzbarmachung und Optimierung waren seine Stärken, Maximierung und Streben nach immer mehr seine Schwächen. Damit zerstörte er seine eigene Atmosphäre. Mit seinem Tod entzieht er sich der Verantwortung über die grausamen Folgen seines Tuns.

In stiller Trauer:
Alles, was noch lebt und lebt

Trauerfeier findet keine statt. Anstelle von Blumen gedenke die Homo Sapiens täglich eine Minute der Konsequenzen seines Lebensstils.

Leidzirkulare werden keine versandt.

2 Lies den Text und notiere Stichworte. Kannst du ihn mündlich zusammenfassen?

„Was mit der Umwelt geschieht, geht uns alle an", meint das Bundesamt für Umwelt, Wald und Landschaft (BUWAL) und rief deshalb junge Leute zwischen 12 und 25 Jahren auf, für die Umwelt Werbung zu machen. Die von den jungen Leuten produzierten Werbetexte, Slogans, Videos, Reportagen, Musikstücke und Plakate wurden in einer dreijährigen Kampagne unter dem Titel „Mund auf statt Augen zu" der Öffentlichkeit präsentiert. Die Zeitungen haben in der ganzen Schweiz über die Jugendkampagne, an der über 2000 Jugendliche aktiv mitgemacht haben, berichtet. Die besten Plakate wurden überall ausgehängt. Drei Themen standen im Mittelpunkt: „Klima", „Naturschutz" und „Artenvielfalt". Drei Jugendliche, die an der Aktion mitgemacht haben, berichteten in einer Schülerzeitschrift.

3 Hier schreiben drei Schüler/innen, Maja, Daniel und Philipp, wie sie zu ihrem Plakatentwurf gekommen sind. Lies die Texte und mache danach die Aufgabe auf Seite 79. Was passt zusammen?

Maja: Den Plakatentwurf für „Mund auf statt Augen zu" habe ich in Bern gesehen. Ich war interessiert und fragte meinen Bruder, ob er auch mitmachen würde. Zuerst haben wir ziemlich lange über die Ursachen und Auswirkungen der Klimaveränderungen diskutiert. Unsere Ideen und Entwürfe haben wir einander per Post zugeschickt, da Daniel in Zürich lebt und ich in Bern wohne. Mein Bruder hatte schließlich die Idee, eine Todesanzeige zu gestalten und wir studierten das Layout der Todesanzeigen in verschiedenen Zeitungen. Das Plakat haben wir gemeinsam ausgearbeitet. Um ein geeignetes Zitat zu finden, haben wir die „Offenbarung" der Bibel gelesen.

Daniel: Die etwas harte Form der Todesanzeige soll die Leute spontan ansprechen – zuerst als Blickfang, dann, beim näheren Hinsehen, durch den Text, der einiges aussagt – und so ins Bewusstsein der Leute eindringen. Wir hoffen natürlich, dass das Plakat Veränderungen im Verhalten der Leute bringt, weil das sehr wichtig ist. Ob das Plakat neben einem kleinen Denkanstoß auch noch anderes Handeln bewirkt, ist eine andere Frage. Die Leute werden vielleicht darüber reden! Bei uns hat sich eigentlich nichts im Verlauf unserer Mitarbeit geändert, weil wir schon vorher umweltbewusst waren und überzeugt sind, dass ein anderer Umgang mit der Natur wichtig ist. Wir fahren schon immer mit dem Rad und werden das auch in Zukunft tun.

Philipp: Unser Zeichenlehrer hatte uns den Auftrag gegeben, für die BUWAL-Kampagne ein Plakat zu entwerfen. Die Idee für unser Plakat ist uns ganz spontan gekommen. Wir haben diesen Entwurf zu viert entwickelt und ans BUWAL geschickt. Wir wollen nicht die Faust im Sack machen und machen mit dem Plakat darauf aufmerksam, dass wir uns selbst k.o. schlagen, wenn wir die Ozonschicht zerstören. Trotzdem bleiben wir realistisch, was die Wirkung des Plakates betrifft. Wir glauben, dass viele Leute, die unser Plakat sehen, dennoch mit ihren Autos statt mit der Straßenbahn, dem Bus oder dem Rad fahren werden. Bei uns selbst hat sich einiges geändert. Vor allem sind wir besser informiert als vorher.

A „Mund auf statt Augen zu"

In dieser Phase präsentieren
wir eine Aktion des schweizerischen Umweltministeriums,
bei der Jugendliche Plakate
zum Thema „Umweltzerstörung" entworfen haben.
Zum Schluss werden die
Schüler dazu angeregt, Ideen
für eigene Aktionen zu sammeln.

1 Die Schüler betrachten in
Ruhe die beiden Plakate und
fassen die Hauptaussage in einem Satz zusammen.
◆ **Beispiele:** *Das Plakat auf
der linken Seite meint, dass die
Menschen sich selbst zerstören,
wenn sie die Ozonschicht kaputtmachen.*
*Die Todesanzeige rechts sagt,
dass die Menschen sich durch
ihre Ignoranz/Unwissenheit
selbst umbringen.*

2 Sie können den Text entweder von den Schülern still lesen lassen oder ihn selbst vorlesen und die Schüler Stichworte
notieren lassen. Anschließend
versuchen die Schüler, den Text
mündlich zusammenzufassen.

Sie können nun noch einmal
zu den Plakaten zurückgehen
und fragen, welches der beiden
Plakate die Schüler für das beste halten und warum.

3 Teilen Sie die Klasse in
drei Gruppen ein. Jede Gruppe
liest einen der Texte und berichtet dann den anderen, wie
die Jugendlichen zu ihren Projekten gekommen sind.

In den Texten sprechen die
Jugendlichen auch darüber,
was sie selbst für die Umwelt
tun. Fragen Sie, wer in der Klasse sich auch für umweltbewusst
hält. Ist das überhaupt ein Thema, das ihre Schüler beschäf-

Maja	hat zusammen mit vier Freunden die Idee für das Plakat gehabt.
Daniel	fragte ihren Bruder, ob er auch mitmachen würde.
Maja und Daniel	ist skeptisch, was die Wirkung des Plakats betrifft.
Philipp	diskutierten lange zusammen.
	hatte die Idee mit der Todesanzeige.
	wollten mit dem Plakat die Leute spontan ansprechen.
	waren schon vorher sehr umweltbewusst.
	hofften, durch die Todesanzeige das Verhalten der Menschen zu verändern.
	sind überzeugt, dass ein anderer Umgang mit der Natur wichtig ist.

4 Diskutiert in der Klasse: Was können Plakate bewirken? Kann man mit Plakaten die Einstellung von Menschen verändern? Hängen zur Zeit in eurer Stadt interessante Plakate?

5 Schüleraktionen in Zeitungsschlagzeilen:

Ausstellung: Das Waldsterben
Kassel. Die Schüler der Klasse 9b der Offenen Schule Waldau eröffnen am Montag, 15. Mai, 13.30 Uhr, in der Stadtteilbibliothek eine Ausstellung, in der Karikaturen und Plakate von Schülern und bekannten Künstlern präsentiert werden. Die Ausstellung hat das Waldsterben zum Thema.

Infostand am Rathaus:
Gift in Lebensmitteln

Schülerdemo für autofreie Innenstadt

Projekttage Friedrichsgymnasium:
Was tun gegen den Müll in der Schule?

Werden in eurem Land / eurer Schule / eurer Region auch Umweltaktionen organisiert? Habt ihr Ideen, welche Aktionen man machen sollte?

B Ein Tal wird zum „Highway"

6 Seht euch das Foto an und beschreibt es. Welche der folgenden Wörter passen am besten dazu?

Autobahn
Landschaft
Beton
Berge
Täler
Dörfer
Bauernhöfe
Lärm
Lebensqualität
Geschwindigkeit
Bequemlichkeit
Ruhe
Umweltzerstörung
Landleben
Erholung
grünes Tal

tigt? Wer hat evtl. schon an Aktionen teilgenommen? Wie sahen die aus?

Im Anschluss an die Texte gibt es eine Auswertungsübung zum Leseverstehen. Lassen Sie die Zuordnung in Stillarbeit vornehmen und dann vorlesen.

A Arbeitsbuch
1.–2. Arbeit mit einem literarischen Text von Franz Hohler (s. LHB, S. 88), der die Passivität und das zu lange Abwarten der meisten Menschen im Angesicht von bedrohlichen Entwicklungen zum Thema hat.
Auch für den Unterricht geeignet.

4–5 Meistens haben Plakate etwas mit Konsum oder Politik (Wahlwerbung) zu tun. Fragen:
Kennt ihr Plakate, die zum Nachdenken über Probleme anregen?
Was können Plakate generell bewirken?
Welche Plakate haben auf euch schon irgendeinen Einfluss gehabt?

Die Zeitungsausrisse geben einige Ideen für Schüleraktionen zum Umweltschutz. Lassen Sie die Schüler in Gruppen Ideen sammeln und gemeinsam diskutieren. Je nach Interesse kann es sinnvoll sein, die Ideen auf großen Wandzeitungen festzuhalten, die vor der Diskussion im Klassenraum aufgehängt werden, damit alle sie lesen und sich in der Diskussion darauf beziehen können.

B Ein Tal wird zum „Highway"

In Phase B wird an einem konkreten Beispiel gezeigt, wie der Bau einer Autobahn in den Alpen das Leben der Menschen und die Natur verändert hat.

6 Die Schüler betrachten das Foto und äußern spontan erste Eindrücke.
Links neben dem Foto steht eine Liste mit Begriffen, die die Schüler mit dem Foto in Zusammenhang bringen können. Jeder Schüler sucht sich zwei Begriffe aus und formuliert dazu je eine Aussage.
Beispiele: *Autobahn – Im Tal wird eine Autobahn gebaut. Man baut eine Autobahn. Landschaft – Die Landschaft wird wird zerstört.*

7 Stellen Sie zunächst sicher, dass alle die Überschrift des Zeitungsartikels genau verstehen. Sammeln Sie dann Vermutungen über den Inhalt des Textes.

Danach lesen die Schüler bis Zeile 25 und ergänzen **a–e** in Partnerarbeit.

◆ *a) Weil es keine Industrie gab, waren die Alpen eine sehr arme Region. b) Weil die Böden nicht sehr fruchtbar waren, konnten die Bauern nicht viel verdienen. c) Weil man nichts verdienen konnte, wanderten viele Alpenbewohner aus. d) Weil das Skifahren zum Massensport wurde, wurden Liftanlagen, Hotels und Straßen gebaut. e) Weil viele Hotels, Straßen und Hochhäuser gebaut wurden, gab es Wohlstand für viele, aber auch neue Probleme.*

8 Hier zeigen wir, wie man komplexe Informationen mit Hilfe einer Textgrafik ordnen kann.

Die Schüler lesen noch einmal den ersten Abschnitt des Textes und vergleichen ihn mit der Textgrafik. Danach fassen sie den Abschnitt mit Hilfe der Grafik in eigenen Worten zusammen.

Die Schüler können nun in Gruppen die anderen Abschnitte des Textes in die Form einer Textgrafik bringen.

9 In Aufgabe 7 haben die Schüler schon einige Ursachen und Konsequenzen zugeordnet. Sie sollen nun weitere Beispiele im Text finden, aufschreiben und vergleichen.

10 Sie können entweder die Vorgabe in Aufgabe 8 verwenden oder eine andere von den Schülern entwickelte Textgrafik.

Sollten die Schüler Probleme haben, können Sie Aufgabe 11 aus Phase C vorziehen und noch einmal über die Konjunktionen sprechen.

Im Arbeitsbuch finden Sie auf Seite 126 eine Übersicht über die wichtigsten Satzverbindungen.

---

7 Der Text in Aufgabe 8 nennt viele Gründe für die Veränderung der Alpenregion. Lies den ersten Abschnitt des Textes und ergänze die Sätze mit Informationen aus dem Text.

a Weil ..., waren die Alpen eine sehr arme Region.
b Weil ..., konnten die Bauern nicht viel verdienen.
c Weil ..., wanderten viele Alpenbewohner aus.
d Weil ..., wurden Liftanlagen, Hotels und Straßen gebaut.
e Weil ..., gab es Wohlstand für viele aber auch neue Probleme.

8 Lies den Text und ergänze die Textgrafik im Heft.

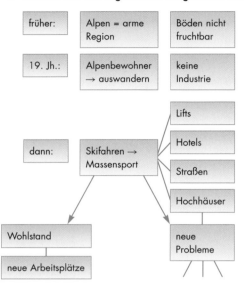

9 Im Text findest du viele Ursachen und Konsequenzen. Beschreibe drei weitere Zusammenhänge wie in Aufgabe 7. Vergleicht eure Ergebnisse im Kurs.

10 Mit einer Textgrafik arbeiten, aus Stichwörtern Sätze machen. Arbeitet zu zweit. Verwendet die folgenden Wörter, um die Gedanken zu verbinden.

und · deshalb · um ... zu · als · denn · obwohl · aber · weil

80

Laster, Lärm und Landschaft
Umwelt und Verkehr in den Alpen

Früher waren die deutschen, die österreichischen und Schweizer Alpen eine sehr arme Region. Es gab keine Industrie und als Bauer konnte man nicht viel verdienen, denn die Böden waren nicht sehr fruchtbar. Viele Alpenbewohner wanderten deshalb im 19. Jahrhundert aus. Als das Skifahren zum Massensport wurde, veränderte sich die Alpenregion. Überall wurde gebaut: Liftanlagen, Pensionen und Hotels, Straßen und Hochhäuser. Das brachte nicht nur mehr Wohlstand für alle durch den Tourismus, sondern auch neue Probleme für die Region. Der Tourismus brachte neue Arbeitsplätze vor allem in der Gastronomie und im Freizeitbereich. Man brauchte viele Restaurants, Cafés und auch Skilehrer und Betreuer für die vielen tausend Gäste. Jetzt ging es den Menschen in der Alpenregion besser. Aber für die Natur, für die schönen Berge und Täler, für die Pflanzen und die Tiere begann eine Zeit der Zerstörung. Damit der Verkehr immer schneller werden konnte, musste man neue Straßen und Autobahnen bauen. Straßen, die so breit waren, dass man nicht nur die Landschaft zerstörte, sondern auch viele Bergdörfer. Heute kommen auf diesen Straßen aber nicht nur die Touristen ins Land, sondern auch der Schwerlastverkehr mit seinen Lastwagen und Transportern. Seit 1990 hat der Schwerlastverkehr um fast 50% zugenommen. Für die Einwohner vieler Alpentäler bedeutete das eine extreme Zunahme von Lärm und Luftverschmutzung. Seit einigen Jahren kämpfen nun nicht nur die Einwohner vieler kleiner Städte und Dörfer, sondern auch bekannte Umweltorganisationen wie zum Beispiel Greenpeace für die Reduzierung der Fahrgeschwindigkeit und den Bau von Lärmschutzwänden. Eine gute Lösung wäre die Verlagerung des Schwerlastverkehrs auf die Schiene, aber das ist eine Frage von Kosten und wirtschaftlichen Interessen.

C Satzverbindungen

11 Die folgenden Konjunktionen kennt ihr. Schreibt zu zweit je einen Beispielsatz.

wenn · weil · denn · obwohl · um … zu · einerseits … andererseits

GR **12** Diese Verbindung ist neu: *nicht nur … sondern auch*. Sucht Beispiele im Text von Aufgabe 8. Was wisst ihr jetzt schon über den Gebrauch?

13 Arbeitet zu zweit. Macht aus zwei Sätzen einen Satz. Verwendet *einerseits … andererseits* oder *nicht nur … sondern auch*. Vergleicht die Ergebnisse.

einerseits … andererseits
Die Bauern verdienen jetzt mehr Geld.
Die Touristen verschmutzen die Umwelt.

Einerseits verdienen …

nicht nur … sondern auch
Man baute Hotels und Pensionen.
Man baute Straßen und Skilifts.

Man baute nicht nur …

14 Schreibe die Sätze mit *einerseits … andererseits* oder *nicht nur … sondern auch*.

a Gemüse ist gesund und schmeckt gut.
b Schokolade schmeckt gut, hat aber viele Kalorien.
c Autos sind bequem. Sie verschmutzen aber auch die Luft.
d Das Problem der Umweltpolitik sind die Kosten, aber auch die wirtschaftlichen Interessen.

15 Der folgende Text beschreibt eine Aktion gegen die Zerstörung der Alpenlandschaft. Lies den Text. Welche W-Fragen kannst du beantworten?

Wer? · Was? · Wann? · Warum? · Wie (mit welchen Mitteln)? · Wozu (zu welchem Zweck)?

Protest gegen Schwerlastverkehr: Greenpeace blockierte Alpen-Übergänge

Innsbruck (dpa). Aus Protest gegen den Schwerlastverkehr aus den EG-Staaten über die Alpen haben am Montag rund 140 Mitglieder der Umweltorganisation Greenpeace drei Stunden lang die Brennerautobahn in der Nähe von Schönberg in Tirol blockiert. Am Mittag beendeten sie die Blockade, weil sie – wie ein Sprecher erklärte – die Ergebnisse der Verhandlungen Österreichs mit der europäischen Gemeinschaft über den Alpentransit abwarten wollten. Die Brennerautobahn musste für mehrere Stunden für den gesamten Verkehr in beiden Richtungen gesperrt werden. Der Verkehr wurde auf Bundesstraßen umgeleitet. Dennoch entstanden bis zu 30 Kilometer lange Staus. Gleichzeitig blockierten Umweltschützer auch den Gotthard-Tunnel bei Göschenen in der Schweiz.

Menschenkette an der Zollstation Schönberg der Brennerautobahn

16 Wie findet ihr die Aktion? Wer ist dafür, wer ist dagegen?

81

C Satzverbindungen

11 Lassen Sie (evtl. als Hausaufgabe) zu jeder Konjunktion einen Beispielsatz schreiben.

12 Die Schüler lernen hier *nicht nur … sondern auch* kennen, indem sie Beispiele dafür im Text zu Aufgabe 8 suchen. Lassen Sie die Regel an der Tafel entwickeln.

13–14 Kontrastierung von *einerseits … andererseits* und *nicht nur … sondern auch*. *Einerseits … andererseits* ist bereits aus Einheit 2 bekannt.

15 Die Aufgaben 15 bis 18 stellen wieder eine kleine Sequenz dar, die von der Erarbeitung eines Sachtextes bis zu einem Rollenspiel führt.
Im Text zur Aufgabe 15 geht es um eine Aktion der Umweltschutzorganisation Greenpeace.
Die Schüler erschließen den Text mit den sechs journalistischen Fragen: *Wer? Was? Wann? Warum? Wie? Wozu?*

16 Diskussion in der Klasse. Achten Sie darauf, dass die Schüler ihre Meinungen begründen. Erarbeiten Sie ggf. vor der Diskussion die notwendigen sprachlichen Mittel gemeinsam in der Klasse und halten Sie sie an der Tafel fest. (Vorbereitung auf das Rollenspiel.)

C Arbeitsbuch
3.–6. Gesteuerte Satzbildung mit Konjunktionen. Kontrollieren Sie die Ergebnisse im Kurs.

17 Die Aktionen von Green-peace werden oft sehr unter-schiedlich bewertet, je nach-dem, welche Perspektive man einnimmt. Meistens sind sehr viele unterschiedliche Interes-sen berührt.

Die Schüler sollen sich in Personen mit verschiedenen Interessen hineinversetzen. Dazu bieten wir Rollen an, die, je nach Klasse und Interesse, ergänzt werden können.

Es ist wichtig, dass die Schüler sehr genaue Profile der Personen erstellen, die sie spielen wollen.

Teilen Sie die Klasse in fünf Gruppen ein, die jeweils eine der Rollen ausgestalten. Sie ergänzen dabei die Charakter-merkmale der Personen und sammeln Wortschatz und Redemittel, die die Person in der Diskussion evtl. brauchen kann.

Das Ziel der Sequenz ist eine Podiumsdiskussion, bei der die Schüler Sprecher ihrer Gruppen nach vorne schicken und die Diskussion führen lassen.

Die Zuschauer achten wäh-rend der Diskussion darauf, wie die Interessenvertreter ihre Argumente vorbringen, und entscheiden am Ende, wer die besten Argumente hat, wer am besten gewirkt hat und was man hätte besser machen können.

18 Vergleichen Sie die Ein-stellungen, die die Schüler jetzt haben, mit den Einstellungen, die sie in Aufgabe 16 vorgetra-gen hatten.

17 Aktionen für die Umwelt – Pro und Contra. Eine Podiumsdiskussion vorbereiten.

Sich in fremde Rollen hineinversetzen heißt, die Personen genau beschreiben. Arbeitet in Gruppen und findet Informationen zu den Rollen: Name, Alter, Beruf, Familie, Probleme (Krankheit etc.). Wie sind die Leute? Wütend, ängstlich ...

Die Rollen
– Ein/e Autofahrer/in mit der Familie (zwei kleine Kinder) auf dem Weg in den Urlaub.
– Ein/e LKW-Fahrer/in mit einer Ladung italienischer Erdbeeren auf dem Weg nach Deutschland.
– Eine Frau/ein Mann, der/die direkt an der Autobahn wohnt.
– Ein/e Vertreter/in von Greenpeace.
– Ein/e Hotelbesitzer/in aus einem Urlaubsort in den Alpen.

Sammelt Wortschatz und Strukturen, die zu den Rollen passen.

Ich bin dagegen, dass ... Ich finde es unmöglich ... ungerecht Polizei Gefängnis genau richtig Man müsste ... Einerseits ... andererseits Geld Umwelt Luft Arbeitsplatz

Bereitet nun in Gruppen eure Rollen vor. Wählt dann Vertreter/innen für das Podium aus.

Führt jetzt die Podiumsdiskussion. Am Ende stimmen die Zuhörer/innen ab: Wer hat am besten diskutiert?

18 Denkt ihr jetzt anders über die Greenpeace-Aktion als vor dem Rollenspiel?

82

D Müll vermeiden statt produzieren

19 Woraus besteht das? Woraus ist das? Beschreibt Dinge, die ihr im Klassenraum seht.

Holz · Metall · Leder · Stoff · Plastik · Glas **Beispiel:** Die Stühle sind aus Holz und Metall.

20 Woraus besteht Müll?

21 Das alles findet man im Müll. „Entsorge" den Müll in die richtigen Container. Was bleibt übrig?

Dosen, Glasflaschen, Bananenschalen, faule Erdbeeren, alte Kleidungsstücke, kaputte Schuhe, leere Zahnpastatuben, Plastikflaschen, leere Batterien, leere Cornflakespackung/-schachtel, verwelkte Blumen, kaputte Blumenvase, Weihnachtsbäume, alte Zeitungen, Werbung, Kassetten, Disketten, Verpackungsmaterial, Papiertaschentücher, Plastikbeutel

22 Müll: Was habt ihr weggeworfen? Heute? Gestern? In der letzten Woche?

23 Wie ist das bei euch? Was wird wo gesammelt?

24 Einige Fakten zum Thema „Müll in Deutschland".

– Jeder Deutsche produziert 350 Kilo Müll im Jahr.
– Jeder Deutsche leert im Jahr 50 Getränkedosen. Das macht zusammen drei Milliarden Dosen.
– Auf jeden Deutschen entfallen im Jahr 70 Kilo Verpackungsmüll.

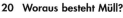 **25 Müll vermeiden. Vier Jugendliche berichten, was sie für die Umwelt tun.**

83

Landeskunde: Müllrecycling
In der Regel sind die Deutschen sehr „müllbewusst". In fast allen Haushalten wird der Müll in mindestens drei Kategorien getrennt: 1. Biomüll (Lebensmittelabfälle), 2. Recyclingmüll (Plastik, Papier, Glas ...), 3. Restmüll.
Daneben gibt es in vielen Städten Sammelcontainer für Glasflaschen und Altpapier. Der sogenannte Sperrmüll wird mehrmals im Jahr in besonderen Aktionen gesammelt. Auch hier wird in vielen Städten schon nach Kategorien getrennt, z.B. Elektrogeräte, Metallteile, Sondermüll (Lacke, Giftstoffe ...) und allgemeiner Sperrmüll (alte Einrichtungsgegenstände aller Art). Trotzdem ist das Müllaufkommen noch sehr hoch und die Müllentsorgung ein großes Problem.

D Müll vermeiden statt produzieren

19 Müll besteht aus vielen Materialien. Wir haben uns hier auf die wichtigsten Materialien beschränkt. Die Schüler beschreiben Gegenstände aus ihrer nächsten Umgebung im Klassenzimmer oder was sie an sich tragen bzw. in der Schultasche haben.

20 Das Foto eines kleinen Müllberges zeigt sehr viele Gegenstände. Die Schüler erkennen und benennen einige dieser Gegenstände. Dabei können sie auch mit dem Wörterbuch arbeiten. Lassen Sie die Klasse in Gruppen arbeiten. Wer hat nach 10 Minuten die meisten Gegenstände gefunden und bezeichnet?

21 Fast überall findet man heute in Deutschland Mülltonnen und Sammelbehälter, in denen der Müll getrennt gesammelt wird. Es gibt Tonnen für Glas, für Papier, für Metalle usw.
Fragen Sie die Schüler, ob sie so etwas Ähnliches auch kennen. Betrachten Sie dann gemeinsam die Fotos und stellen Sie fest, ob die Schüler verstanden haben, was jeweils in diese Container gehört.
Klären Sie ggf. unbekannten Wortschatz und lassen Sie dann die Müllwörter der Reihe nach laut vorlesen. Achten Sie auf die Intonation. Die Schüler überlegen dann jeweils zu zweit, welcher Müll in welchen Container gehört.

22 Lassen Sie die Schüler einige Minuten allein notieren, was sie weggeworfen haben. Vergleichen Sie dann in der Klasse.

23 Unterrichtsgespräch nach Vorbereitung in Partnerarbeit.

24 Fragen Sie die Schüler, ob es ähnliche Angaben auch zu ihrem eigenen Land gibt.

25 [ ]
Spielen Sie die Kassette vor. Die Schüler machen Notizen, vergleichen danach ihre Notizen jeweils zu zweit und fassen anschließend die Aussagen der Jugendlichen mündlich zusammen.

D Arbeitsbuch
7. Vorstellung einer interessanten Erfindung zum Zerkleinern von Getränkedosen. Für die Diskussion im Kurs geeignet.
8.–10. Sequenz mit einem Lesetext und einem Hörtext zum Thema „Dosenfreie Zone im Allgäu".

26 Ein Lied des Schweizer Lieder-
machers, Schriftstellers und
Kabaretisten Franz Hohler.

Die Schüler betrachten die
Zeichnung und beschreiben,
was sie sehen. Fragen:
Was machen die Leute?
Was hat das Ganze mit dem
Thema „Umwelt und Müll" zu
tun?

Sie können nun entweder
das Lied gleich vorspielen, damit die Schüler einen Eindruck
bekommen, oder aber zunächst
den Text lesen lassen und dabei
die Wörter und Aktionen her-
ausschreiben lassen, die für die
Umwelt schädlich sind.
Beispiele: *Es ist schlecht, …*
… dass man mit dem Auto in
die Natur fährt
… dass man das Autoradio laut
laufen lässt
… dass man Getränke in Dosen
mitnimmt
…
Lassen Sie die Schüler am
Schluss Alternativen ent-
wickeln: *Wie könnte man ein*
Picknick umweltbewusster
gestalten.

27 In dem Gedicht von Erich
Fried geht es darum, dass man
die Welt ändern muss, wenn
man sie retten will.

Aber was müsste man än-
dern? Lassen Sie die Schüler
jeweils zu zweit Argumente
und Vorschläge für eine Verän-
derung der Welt vorbereiten.
Schreiben Sie an die Tafel
Strukturen wie:
Man müsste/sollte/könnte …
Wenn … (wäre), dann …
Wenn wir …
…
Lassen Sie anschließend die
Vorschläge vortragen und in
der Klasse besprechen.

26 Das Lied „Raste an dieser Quelle" ist von
Franz Hohler. Was ist schlecht für die Umwelt?
Schreibt die Wörter heraus. Die dritte Strophe
ist nur auf der Kassette.

Raste an dieser Quelle
und zieh behutsam deine Handbrems an!
Schau doch, von dieser Stelle
sieht man die ganze Autobahn!
Parke mit unserm Volvo
am besten rückwärts gegen jenen Baum!
Klapptisch und Campingstühle
nehm ich schon aus dem Kofferraum.
Den Gartengrill stell ich hier an den Hang.
Sei du nur still!
Hol schon den Büchsenöffner
und höre des Transistors Klang!

Schau, wie die Batterien
den Hähnchenspieß fein langsam rundum drehn!
Schön, wie die Kartonteller
auf unserem Wegwerftischtuch stehn!
Hei, wie die Büchse Fanta
aus ihrer Öffnung luft'gen Schaum versprüht!
Blas, Wind, damit die Kohle
nicht bloß so mühsam weiterglüht!
Wie wunderbar
schmeckt uns des Hähnchens Beinchen!
S ist nicht ganz gar …
Trotzdem – ein Schluck vom Weinchen,
damit ich nachher besser fahr!
…

27 Lest das Gedicht von Erich Fried und sprecht in der Klasse darüber. Was müsste man verändern?

Wer will,
dass die Welt so bleibt,
wie sie ist,
der will nicht,
dass sie bleibt.

84

Franz Hohler wurde 1943
geboren. Er ist Schriftsteller,
Liedermacher und Kabarretist.
Vor allem seine Kurzgeschich-
ten sind im ganzen deutsch-
sprachigen Raum bekannt.
Franz Hohler lebt in der
Schweiz.

Erich Fried wurde 1921 in
Wien geboren. 1938 musste er
vor den Nationalsozialisten
nach London fliehen, wo er
fast bis zu seinem Tod 1988
lebte. Er wurde vor allem
durch seine politisch engagierte Lyrik bekannt, aber
auch durch seine Shakespeare-
übersetzungen. Daneben
schrieb Fried auch Erzählungen und Hörspiele.

E Grammatik: Passiv mit Modalverben, Satzverbindungen, *trotz, wegen* + Genitiv

28 Wiederholung: Schreibt den folgenden Satz im Passiv Präsens, Passiv Präteritum und Passiv Perfekt.

Die Menschen zerstören die Umwelt.   → **Passiv Präsens:** Die Umwelt wird …

29 Diese Umwelttipps haben Schüler in einer Schülerzeitschrift veröffentlicht.
Lest zuerst die linke Spalte.

- Batterien nicht in den Papierkorb werfen.

- Licht beim Verlassen des Zimmers ausschalten.
- Zeitungen immer zum Papiercontainer bringen.
- Glasflaschen nicht in den Hausmüll werfen.
- Wasser sparen.
…

- Batterien dürfen nicht in den Papierkorb geworfen werden.
- Das Licht sollte beim Verlassen des Zimmers …
- Zeitungen, Papier und Pappe sollten …

- Glasflaschen dürfen nicht …
- Wasser muss …
…

R **30** Lies den ersten Satz in der rechten Spalte von Aufgabe 29 und die folgende Regel.

> **Regel** Passiv mit Modalverben: Modalverb + Verb (Partizip Perfekt) + *werden* (Infinitiv).

31 Ergänze nun die Sätze in der rechten Spalte in Aufgabe 29. Kannst du die Liste weiterschreiben?

32 Ursachen und Konsequenzen: *weil – deshalb/deswegen*. Vergleicht die Sätze. Wo steht das Verb?

– Greenpeace blockierte die Autobahn. Es gab einen langen Stau. Der Verkehr musste auf die Bundesstraße umgeleitet werden.
– Weil Greenpeace die Autobahn blockierte, gab es einen langen Stau. Deswegen (deshalb) musste der Verkehr auf die Bundesstraße umgeleitet werden.

33 Verbinde jeweils die drei Sätze wie in Aufgabe 32 vorgegeben.

a In den Alpen gab es keine Industrie. / Die Region war sehr arm. / Viele Menschen wanderten aus.
b Die Böden waren nicht fruchtbar. / Die Bauern verdienten nicht viel. / Den Bauern ging es nicht gut.
c Viele Touristen kamen zum Skifahren. / Liftanlagen, Hotels und Straßen wurden gebaut. / Es gab Wohlstand für viele, aber auch neue Probleme.

34 Schreibe mithilfe der Textgrafik auf Seite 80 einen Text. Verwende dabei die Satzverbindungen.

R **35** *Trotz* und *wegen*: Lies die Beispiele und ergänze die Regel.

Wegen der vielen Touristen gibt es in den Alpen Umweltprobleme.
Weil es viele Touristen gibt, gibt es in den Alpen Umweltprobleme.
Trotz des Protestes von Greenpeace änderte sich nichts.
Obwohl Greenpeace protestierte, änderte sich nichts.

> **Regel** *weil / obwohl* + Verb; *trotz /wegen* + Nomen im Genitiv.

36 Ergänze die Sätze mit den Genitiv-Formen und schreibe sie zu Ende.

a Trotz … (der Regen) ging Sven … b Wegen … (der Regen) … c Wegen … (seine guten Noten) …
d Trotz… (seine guten Noten) … e Trotz … (der Lottogewinn) … f Wegen… (der Lottogewinn) …

85

E Grammatik: Passiv mit Modalverben, Satzverbindungen, *trotz, wegen* + Genitiv

28 Wir beginnen mit einer Wiederholung der bereits bekannten Passivformen. Ziehen Sie ggf. auch die „Systematische Grammatik" heran.

29–31 Mit den Umwelttipps führen wir das Passiv mit Modalverben ein. Nachdem die Regel geklärt ist (Aufgabe 30), werden die Beispielsätze aus Aufgabe 29 entsprechend verändert und ggf. weitere ergänzt (Aufgabe 31).

32–33 Hier geht es noch einmal um die Bewusstmachung von Ursachen und Konsequenzen mit *weil* und *deshalb*. Die Schüler sollen die Verbstellung erkennen und dann in Aufgabe 33 selbst Sätze bilden.

34 Sie können die Textgrafik aus Aufgabe 8 verwenden oder eine andere von den Schülern erstellte Textgrafik.

35–36 Kontrastierung von *trotz* und *wegen*. Die Schüler vergleichen die Regel mit den Beispielen und wenden die Regel in Aufgabe 36 an. Es besteht hier die Möglichkeit, die Sätze kreativ weiterzuschreiben und ganz neue Sätze zu schreiben.

◆ **Beispiele:** *a) Trotz des Regens ging Sven spazieren. b) Wegen des Regens konnten wir nicht Fußball spielen. c) Wegen seiner guten Noten bekam der Schüler einen Arbeitsplatz. d) Trotz seiner guten Noten bekam sie keine Lehrstelle. e) Trotz des Lottogewinns war er nicht glücklich. f) Wegen des Lottogewinns konnte er sich ein neues Auto kaufen.*

E Arbeitsbuch
11.–13. Grammatik: Sätze verbinden mit Konjunktionen.
14.–16. Aufgaben zum Passiv mit Modalverben.
Im Unterricht aufgreifen.

Inhalt
Liebe und Freundschaft
Kommunikation
Ratschläge zum Kennenlernen geben
über Gedichte sprechen
einen Liebesbrief schreiben
Wortschatz
Gefühle
Texte
ein Liebeslied, Magazinartikel, Gedichte, Liebesbrief, Comic
Grammatik
Partizip I
Indefinitpronomen

Allgemein:
In der Einheit 14 geht es um das Thema „Liebe" in einem Liebeslied, in Texten aus einem Jugendmagazin und Liebesgedichten. Am Ende können die Schüler noch ihren ersten Liebesbrief auf Deutsch entwerfen.

1 Die Fotos zeigen zwei Aspekte einer jungen Liebe: die Freude über das Zusammensein und die Enttäuschung und das quälende Warten auf Nachricht von der geliebten Person. Sicher fällt ihren Schülern noch anderes dazu ein.

2 Wir haben den Liedtext nicht im Kursbuch abgedruckt. Wenn Sie doch damit arbeiten möchten, finden Sie ihn auf Seite 134 in diesem Buch.
Die Schüler sollen anhand der Sätze Vermutungen über den Inhalt des Liedes äußern. Lassen Sie einzelne Sätze auswählen, laut vorlesen und kurz interpretieren.

3
Die Schüler hören das Lied und markieren Sätze aus Aufgabe 2, die sie erkannt haben.
◆ *Die Szene spielt in einer Kneipe.*

4 In dem Lied tauchen viele idiomatische Redewendungen auf. Zwei davon haben wir aufgegriffen: *Ich mach ihn an* bedeutet hier in etwa *Ich fange Streit mit ihm an*; es bedeutet aber auch, mit jemandem flirten, versuchen, jemanden für sich zu interessieren.
Hast du 'n Stich? bedeutet etwa *Bist du verrückt?*

A Matthias Reim: Verdammt, ich lieb dich

1 Zwei Fotos zum Thema „Liebe". Was fällt euch dazu ein?

2 In dem Lied von Matthias Reim kommen die folgenden Sätze vor. Was ist passiert?

Ich wollt nur ein bisschen freier sein.
Verdammt, ich lieb dich.
Ich glaube das einfach nicht.
(Das Telefon) klingelt aber nicht.
Ich passte nicht in deine heile Welt.
... wenn es dein Neuer (neuer Freund) wär.
Ich brauch dich nicht.
Ich will dich nicht verlieren.
Früher waren wir oft gemeinsam hier.
Lass meine Frau in Ruh'.

Könnt ihr die Geschichte erzählen? Sammelt Ideen in der Klasse.
Was meint ihr: Ist das ein trauriges/fröhliches, ein schnelles/langsames Lied?

3 Hört das Lied. Welche Sätze habt ihr erkannt? Wo spielt die Szene?
4 Matthias Reim singt: „Ich mach ihn an." und „Hast du'n Stich?". Was bedeutet das?
5 Könnt ihr die Liebesgeschichte aufschreiben? Gebt den Personen Namen. Was genau ist passiert? Wie könnte die Geschichte weitergehen?

B Zum ersten Mal verliebt

6 Den Text auf der nächsten Seite haben wir in der Jugendzeitschrift „Stafette" gefunden. Henning und Lena, Benedikt und Anne sind verliebt. Wer hat sich in wen verliebt? Wo ist es passiert?

7 Wenn jemand verliebt ist, verändert sich sein Verhalten. Ordne die Beispiele zu.

Verliebte ...	Das heißt zum Beispiel:
... werden verlegen.	Sie haben manchmal Angst, dem anderen in die Augen zu schauen.
... fangen an zu stammeln.	
... reden Blödsinn.	Sie sprechen undeutlich und brechen Sätze ab.
... wissen nicht, wie sie sich verhalten sollen.	
... sind nervös und unkonzentriert.	Sie haben das Gefühl, dass ihre Beine weich wie Butter sind.
... sind aufgeregt.	
... werden rot.	Sie reden dummes Zeug.
... haben zitternde Knie und feuchte Hände.	
... haben Herzklopfen.	...

86

---

5 Partnerarbeit: Die Schüler erfinden eine dem Lied entsprechende Liebesgeschichte.
Mögliche Fragen als Hilfe auf Folie:
Wo haben sie sich kennen gelernt?
Wie lange waren sie zusammen?
Wie haben sie gewohnt?
Wann haben sie sich getrennt?

B Zum ersten Mal verliebt

6 Aufgabe zum selektiven Leseverstehen. Die Schüler sollen jeweils zu zweit herausfinden, wer sich in wen verliebt hat, und den Ort bezeichnen, wo das passiert ist.
◆ *Lena hat sich im Bus in Henning verliebt. Benedikt hat sich auf einer Schulfeier in Anne verliebt.*

7 In Aufgabe 7 haben wir Sätze und Wortschatz gesammelt, mit dem man das Verliebtsein beschreiben kann (wenn das überhaupt geht). Die Aussagen werden gelesen und den Erklärungen zugeordnet. Gibt es in der eigenen Sprache ähnliche Ausdrücke?

8 Wie war das bei Lena und Benedikt? Was passt zu wem? Lies den Text und ordne die Symptome aus Aufgabe 7 zu. Was meinst du: Ist das Verhalten typisch für Verliebte?

DU
+ ICH
= WIR

... legt er den Arm um Anne, und Anne hat nichts dagegen

Zum ersten Mal verliebt

Wie Du's erkennst.

Der erste Schritt.

Deine Chancen.

Was Du unbedingt vermeiden solltest.

Kennst Du diese Anzeichen? Feuchte Hände, Herzklopfen, gerötete Wangen, man bringt keinen Ton heraus, zitternde Knie. Klingt, als wäre eine Grippe im Anzug. Es kann aber auch etwas ganz anderes dahinterstecken:
Du bist zum ersten Mal verliebt!
Da ist auf einmal alles ganz anders: Du fühlst anders, erlebst alles viel intensiver, benimmst Dich vielleicht anders als sonst, denkst plötzlich an Dinge, die Dich vorher gar nicht interessiert haben.
Das Verliebtsein entwickelt sich bei manchen allmählich, bei anderen Knall auf Fall, sozusagen als „Liebe auf den ersten Blick".

Lena sah Henning ab und zu auf dem Schulweg oder in der Pause, fand ihn ganz nett. Nach einer Weile achtete sie darauf, ob er im gleichen Bus saß und beobachtete ihn heimlich ein bißchen. Schließlich erwischte sie sich dabei, daß sie immer öfter – auch zu Hause oder im Unterricht – an ihn

dachte, sich in der Phantasie Gespräche und Begegnungen mit ihm ausmalte. Ab diesem Zeitpunkt wurde ihr klar, daß sie sich in Henning verliebt hatte. Nicht klar war Lena aber, wie sie Kontakt aufnehmen konnte.

Bei Benedikt lief es etwas anders. Er lernte Anne auf einer langweiligen Schulfeier kennen, kam durch Zufall mit ihr ins Gespräch und ... zack! war's passiert. Benedikt wurde plötzlich verlegen, fing an zu stammeln, merkte, daß er anfing, Blödsinn zu reden. Am liebsten wollte er schnell abhauen, aber gleichzeitig dableiben. Er wußte einfach nicht mehr, wie er sich verhalten sollte.

Es ist also gar nicht so wichtig, wie Lena und Benedikt ihr Interesse zeigen. Sie müssen nur den Mut aufbringen, überhaupt etwas zu tun, aktiv zu werden und in Kauf nehmen, daß es schiefgeht. Wer einigermaßen sensibel anderen gegenüber ist, merkt an gewissen Signalen, die der andere aussendet, wie gut seine Chancen sind.

Stafette 1/94 (nach alter Rechtschreibnorm)

87

8   Am Beispiel von Lena und Benedikt sollen die Schüler die Ausdrücke aus Aufgabe 7 zuordnen.

Gespräch in der Klasse (je nach Gruppensituation):
Ist dieses Verhalten typisch für Verliebte? Habt ihr auch schon einmal so etwas gesehen oder erlebt?

Forcieren Sie die Diskussion nicht zu sehr. Es kann sein, dass die Jugendlichen nicht gerade in der Klasse und vor dem Lehrer/der Lehrerin über ihre Erlebnisse sprechen wollen. Vielleicht wollen sie aber über Erlebnisse sprechen, die sie bei anderen gesehen oder von ihnen erfahren haben, also eher über die 3. Personen als über sich selbst.

A Arbeitsbuch

1.– 2. Textauswertung zu einem Lied auf der Arbeitsbuchkassette. Auch für den Unterricht geeignet.

3.–7. Sequenz zu Texten aus zwei Tagebüchern. Üben von Lesestrategien und kreatives Schreiben.

7. Muss kontrolliert werden.

8.–10. Hörverstehen: Interview zum Thema Liebe.

9 Lassen Sie die Schüler die Beispiele zu den Zeilen ins Heft schreiben und mit den Beispielen aus dem Text ergänzen.

◆ Zeilen 10–18: *stärker erleben = intensiv; langsam, kontinuierlich = allmählich; plötzlich = Knall auf Fall.*
Zeile 19–32: *nach einiger Zeit = nach einer Weile; unbemerkt = heimlich.*
Zeilen 33–44: *ängstlich, unsicher = verlegen; undeutlich sprechen = stammeln; Unsinn, Absurdität = Blödsinn; weggehen = abhauen.*

10

Lassen Sie die Schüler zunächst die Aussagen hinter den Herzchen auf der Seite unten lesen und unbekannten Wortschatz klären. Spielen Sie dann die Kassette vor und lassen Sie die Schüler die Äußerungen zuordnen.

11 Die Schüler lesen den Text auf der rechten Seite. Die Tipps sagen, was man unbedingt vermeiden sollte. Die Schüler sollen daraus positive Ratschläge formulieren, die sagen, was man tun soll.

---

9 Wortschatz erschließen: Wie heißt das im Text?

Zeilen 10–18
– stärker erleben
– langsam, kontinuierlich
– plötzlich

Zeilen 19–32
– nach einiger Zeit
– unbemerkt

Zeilen 33–44
– ängstlich, unsicher
– undeutlich sprechen
– Unsinn, Absurdität
– weggehen

10 Hört die Kassette. Welche Äußerungen passen zu den Herzchen im Text unten? Kennt ihr andere Anzeichen?

11 Lies die Liste rechts und gib deinem Freund / deiner Freundin gute Ratschläge. Fallen euch noch mehr Tipps ein?

Am besten ihr geht an einen Ort, wo ihr allein seid.

Wie Du erkennst, ob Du Chancen hast:

♥ Er/Sie ist zufällig häufig an den gleichen Orten wie Du.

♥ Er/Sie wird verlegen, rot oder hektisch, wenn Du in der Nähe bist.

♥ Er/Sie legt es darauf an, daß Ihr beide allein im Klassenzimmer oder sonstwo zurückbleibt.

♥ Er/Sie fragt Dich häufiger als früher um Rat und Hilfe.

♥ Du bekommst kleine Geschenke oder Zettelchen von ihm/ihr.

♥ Er/Sie interessiert sich plötzlich für Deine Hobbys.

♥ Er/Sie ist ruppiger und unfreundlicher als früher zu Dir (kann ein Zeichen für Verliebtheit sein, muß aber nicht!).

Was Du bei der ersten Verabredung unbedingt vermeiden solltest:

STOP An einen Ort gehen, an dem Ihr nicht ungestört reden könnt: zum Stammtreff Deiner Clique, wo Euch alle beobachten, oder in eine laute Disko.

STOP Heiße Liebesschwüre und gleich totales Verständnis vom anderen erwarten: Da wirst Du sicher enttäuscht!

STOP Nur von Dir, Deinen Interessen, Deiner Familie und Deinen Freunden reden.

STOP Gleich mit der Tür ins Haus fallen: Sofort Händchen halten wollen und allen verkünden wollen, daß Ihr jetzt „ein Paar" seid.

STOP Dem neuen Freund oder der neuen Freundin von den anderen tollen Mädchen oder Typen vorschwärmen, mit denen Du schon gegangen bist.

STOP Dich unnatürlich und übertrieben anziehen oder benehmen.

88

Landeskunde: Mittelhochdeutsch
Der Begriff „Mittelhochdeutsch" wird als Sammelbezeichnung für die im deutschsprachigen Raum zwischen dem 12. und 14. Jh. gesprochenen Dialekte verwendet. Man unterscheidet die oberdeutschen (Alemannisch, Schwäbisch, Bayrisch/Östereichisch) und die mitteldeutschen Dialekte. Vor dem 16. Jh. gab es in deutschen Sprachraum noch keine allgemein verwendete Hochsprache. An den Fürstenhöfen des Hochmittelalters entstanden viele literarische Meisterwerke, deren Autoren oft unbekannt blieben. Aus dieser Zeit stammt auch die berühmte Nibelungensage.

Die Beginn einer deutschen Standsprache (Hochdeutsch) wird im Allgemeinen mit dem Erscheinen der Bibelübersetzung von Martin Luther angesetzt.

C Liebesgedichte

Du bist min, ich bin din:
des solt du gewis sin.
du bist beslozzen
in minem herzen:
verlorn ist daz slüzzelin:
du muost immer drinne sin.

Anonymus, mittelhochdeutsch

Für die Welt bist Du
irgend jemand,
doch für irgend jemand
bist Du die Welt.

Monika, 17

Traum-Land

Ein Händchen haltendes Paar
im See.
Ein schlafender Mann wandert
am Horizont.
Funkelnde Sterne schwimmen
im Wasser.
Ein bellender Hund fliegt vorbei.
Die Welt
hat sich auf den Kopf gestellt.
Lachende Australier
grüßen das Abendland.

Lutz Rohrmann

Sprachschwierigkeiten

Wenn ich sie sehe,
denke ich:
Sie ist schöner als alle.

Wenn ich sie höre,
denke ich:
Die Stimme eines Engels!

Wenn ich an sie denke,
denke ich:
Wie klug ist sie doch!

Wenn ich mit ihr rede,
sage ich:
„Du hast einen Fleck auf der Bluse!"

Hans Manz

12 Vorschläge zur Arbeit mit den Gedichten.

1. Laut lesen.
2. Hören und Wörter notieren, an die ihr euch noch erinnert.
3. Auswendig lernen und vortragen.
4. Variieren (einzelne Wörter austauschen).
5. Das Gedicht weiterschreiben.
6. Ein eigenes Gedicht schreiben.
7. Ein Bild zu einem Gedicht malen.
8. Aus einem Gedicht eine Geschichte machen.
9. Über den Inhalt diskutieren.

D Grammatik: Partizip I und Indefinitpronomen

13 Eine Regel selbst entdecken: In dem Gedicht „Traum-Land" und in der Karikatur findest du Verben im Partizip I. Mache dir eine Tabelle im Heft: Infinitiv / Partizip I. Wie wird es gebildet? Wo steht es im Satz? Wozu wird es verwendet?

Es wird verwendet wie ...

14 Das Partizip I verwenden – die Adjektivendungen wiederholen. Setze die richtigen Verbformen ein.

weinen · sprechen · spielen · brüllen · tanzen

Gestern haben wir im Zirkus einen ... Tiger gesehen. Ein ... Clown brachte die Zuschauer zum Lachen. Der ... Papagei „Lora" erzählte Witze. Nach der Pause kamen vier fußball... Elefanten. Bei den ... Eisbären haben die Zuschauer am meisten applaudiert.

89

C Liebesgedichte

12 Wir schlagen hier fünf Gedichte vor, die Sie aber jederzeit durch andere ersetzen können. Das Gedicht „Traum-Land" wird später bei der Grammatik in D wieder aufgegriffen.

Zu den Liebesgedichten haben wir keine Aufgaben entwickelt, sondern Anregungen, aus denen die Schüler sich in Gruppen entweder etwas aussuchen können oder aber motiviert werden, andere Aktivitäten zu entwickeln.

D Grammatik: Partizip I und Indefinitpronomen

13 In dem Gedicht „Traum-Land" sowie in der Zeichnung und der Sprechblase auf der rechten Seite finden die Schüler viele Beispiele für die Verwendung des Partizip I. Sie sollen, wie schon häufiger geübt, die Beispiele miteinander vergleichen und daraus eine Regel entwickeln. Das Partizip I wird meistens verwendet wie ein Adjektiv und auch so verändert.

Hier wäre vielleicht auch eine Gelegenheit, die Grundlagen der Adjektivdeklination zu wiederholen (s. *sowieso 2*, Kursbuch, Einheiten 2, 10 und 11; Tabellen in *sowieso 2*, Arbeitsbuch, S. 110).

14 Anwendung des Partizip I (Hausaufgabe).

C Arbeitsbuch
11. Gedanken und Aphorismen zum Thema Liebe ergänzen.

D Arbeitsbuch
12. Partizip I.
13.–17. Indefinitpronomen. Aufgabe 13 sollte im Unterricht kontrolliert werden.

15 In den Aufgaben 15–18 geht es um die Indefinitpronomen.

Mit dem ironischen Text, mit dem wir beim Thema Liebe bleiben, führen wir die Indefinitpronomen ein. Die Schüler sollen den Text lesen und Tipps für Frankenstein junior sammeln.

16 Bei der Beantwortung der Fragen werden die Indefinitpronomen aus dem Text herausgefiltert.

17 Die Schüler suchen aus der Liste links neben dem Comic die zu den Sprechblasen passenden Indefinitpronomen heraus. Mit der Liste haben sie auch gleichzeitig eine Systematik, die sie für Aufgabe 18 verwenden können.

Wir haben (soweit es geht) die Indefinitpronomen in der Liste in Paaren angeordnet, um damit eine Lernhilfe zu geben.

18 Anwendung der Indefinitpronomen in Form eines kleinen Quiz. Die Schüler ordnen jeweils zu zweit die Situationen den Äußerungen zu, setzen die passenden Indefinitpronomen ein und lesen dann abwechselnd in verteilten Rollen die Situationen und die Äußerungen vor.

◆　①d, ②a, ③e, ④f, ⑤b, ⑥c

---

15 Indefinitpronomen – Wenn man nicht genau weiß, *wer?*, *was?* oder *wie viel?*

Aus dem Tagebuch von Frankenstein junior:

> Niemand liebt mich, keiner findet mich schön, manche sagen sogar, dass ich hässlich bin, alle glauben, dass ich dumm bin, jeder versucht, mich zu belügen. Ich glaube sogar, dass einige mich hassen! Wenn ich jetzt nichts unternehme, geht alles schief!!! Es muss doch jemand geben, der mich mag!!! Ich muss etwas ändern – aber was?

Habt ihr einen Tipp für Frankenstein junior?

16 Beantworte die Fragen: Wer liebt Frankenstein? Wer findet ihn schön? Was geht schief?

GR **17** Ergänze in den Sprechblasen der folgenden Bildergeschichte die Indefinitpronomen.

jemand
niemand

alle
keine/r/s

jede/r/s
manche/r/s
einige

etwas

alles
nichts

Lerntipp ▷ Indefinitpronomen in Paaren lernen.

18 Ordne die Situationen 1–6 den Äußerungen a–f zu und ergänze die Indefinitpronomen im Heft. Die Liste in Aufgabe 17 kann dir helfen.

① Typische Antwort in einer Mathestunde auf die Frage, was verstanden wurde.
② Jemand will telefonieren und hat kein Kleingeld.
③ Eine Schülerin will wissen, ob ihre Freundin Informationen über den nächsten Test hat.
④ Schlechte Nachricht auf dem Campingplatz nach einem Gewitter.
⑤ Unglücklicher Deutschlehrer nach der Korrektur einer Klassenarbeit.
⑥ Enttäuschende Auskunft am Bahnhof.

ⓐ Kann mir j... eine Mark leihen?

ⓑ Bei m... Arbeiten habe ich Bauchschmerzen bekommen.

ⓒ Heute kommt k... mehr.

ⓓ N...!

ⓔ Und, hast du e... erfahren?

ⓕ A... ist nass!

90

E Liebesbriefe schreiben

19 Ordne die Zeilen. Was schreibt Anne an Marco?

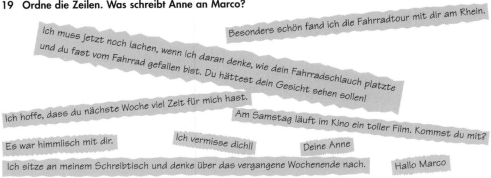

Besonders schön fand ich die Fahrradtour mit dir am Rhein.

Ich muss jetzt noch lachen, wenn ich daran denke, wie dein Fahrradschlauch platzte und du fast vom Fahrrad gefallen bist. Du hättest dein Gesicht sehen sollen!

Ich hoffe, dass du nächste Woche viel Zeit für mich hast.

Am Samstag läuft im Kino ein toller Film. Kommst du mit?

Es war himmlisch mit dir.

Ich vermisse dich!!

Deine Anne

Ich sitze an meinem Schreibtisch und denke über das vergangene Wochenende nach.

Hallo Marco

20 Früher hat man Briefe schreiben lassen. Schaue die Bilder an und schreibe den Brief.

Hägar der Schreckliche Von Dik Browne

21 Wie endet die Geschichte?

22 Einen Text gemeinsam weiterschreiben. Arbeitet in Gruppen.

| zuerst | dann | zum Schluss | obwohl | weil | denn | und |

Martina wartete schon seit Tagen auf eine Nachricht von ihrem neuen Freund Markus. Sie hatte ihn vor einer Woche in der Disco kennen gelernt. Dann endlich: Ein Brief von Markus. Schnell öffnete sie ihn ...

91

E Liebesbriefe schreiben

19 Eine Aufgabe, die für schwächere Schüler geeignet ist. Durch Ordnen der Briefabschnitte erhalten die Schüler ein Modell für einen Liebesbrief.

20–21 Eine Szene aus dem Mittelalter: Ein sogenannter Schreiber lässt sich von einem jungen Mann einen Liebesbrief diktieren. Die Freundin des jungen Mannes hört zu, ist am Anfang offensichtlich begeistert, doch dann ändert sich die Szene und am Ende wird der junge Mann (wahrscheinlich von der jungen Frau) geschlagen. Was ist passiert? Lassen Sie die Schüler Vermutungen sammeln.

Lassen Sie die Schüler selbst den Brief schreiben, den der Schreiber gehört hat. Auf **Kopiervorlage 8** finden Sie die Lösung.

22 Teilen Sie die Klasse in Gruppen von vier bis fünf Schülern ein und diktieren Sie dann die angegebenen Konjunktionen auf ein Blatt Papier. Diktieren Sie danach den Anfang des Textes. Die Schüler sollen nun in der Gruppe den Text weiterschreiben und jede Konjunktion mindestens einmal verwenden. Am Ende werden die Ergebnisse in der Klasse verglichen.

Einheit 15

Inhalt
Politikfelder, Frauen in der Politik, politisches System
Kommunikation
über Politik sprechen
eine Statistik interpretieren
eine Kurzrede halten
berichten, was andere gesagt haben
Wortschatz
politische Institutionen
Texte
Magazinartikel, Zeitungsbericht, Reportage, Statistik
Grammatik
Konjunktiv I
indirekte Rede
um ... zu / damit
Landeskunde
politische Institutionen in Deutschland
Lern- und Arbeitstechniken
Übungen selbst machen
Kurzreden vorbereiten

Allgemein:
In dieser Einheit geht es um politische Institutionen (Parteien, Parlament, Regierung) in Deutschland. Analoge Texte zu Österreich und der Schweiz können Sie ggf. heranziehen.

Das Thema Politik wird mit den Themen Jugendliche, Frauen und Politikfelder verbunden. Da der textliche Schwerpunkt der Einheit auf Zeitungstexten liegt, behandeln wir an dieser Stelle auch den Konjunktiv I, der in Zeitungstexten besonders häufig zu finden ist. Das Thema Politik soll aber auch Thema aktiver Spracharbeit sein: Das Üben von Kurzreden zu einem Thema steht im Mittelpunkt des zweiten Teils der Einheit.

A Politik

1 Wortschatzsammlung in der Muttersprache oder auf Deutsch. Viele Schlagwörter werden den Schülern bekannt sein. Die Formulierungshilfen in den Sprechblasen sollten von den Schülern im Anschluss an die Sammelphase verwendet werden.

2 Hier geht es um das Erkennen von Themenschwerpunkten durch selektives Lesen.

A Politik

1 Worum geht es? Was wisst ihr schon? Sammelt Wortschatz zu diesen Politikfeldern.

Außenpolitik · Innenpolitik · Schulpolitik · Kulturpolitik · Energiepolitik · Verkehrspolitik · Wirtschaftspolitik

In der Außenpolitik geht es um die Beziehungen zu anderen Ländern.

Die Innenpolitik beschäftigt sich mit ...

Bei der Schulpolitik ...

2 Politik in der Zeitung. Welcher Textausschnitt gehört zu welchem Politikfeld? Was hat dir bei der Zuordnung geholfen?

① (...wd) – Die *IBM Deutschland GmbH Informationssysteme GmbH, Stuttgart*, stellt bis Ende 1998 in den Dienstleistungsbereichen rund 1500 neue Mitarbeiter ein. In diesem Jahr werden es rund 700 und im nächsten Jahr rund 800 sein, bestätigte die IBM Deutschland Informationssysteme GmbH auf Anfrage. Im Dienstleistungsbereich beschäftige IBM Informationssysteme derzeit rund 9000 Mitarbeiter. Dieser Bereich sei mit plus 16 Prozent schneller gewachsen als der Markt.

② Bedeutung zuzumessen". Weil jedes Jahr zehn Prozent der Schüler ihre Schule ohne Abschluss verließen, müsse die Bundesanstalt für Arbeit jeweils für zehntausende von Jugendlichen Förderlehrgänge veranstalten. Dies koste bei eine halbe Milliarde Mark. Es sei „wirklich nicht Aufgabe der Bundesanstalt für Arbeit, Versäumnisse der Bildungspolitik in den Ländern wettzumachen", sagte Kohl.
Die Gewerkschaft Erziehung und Wissenschaft (GEW) nannte die Äußerungen „puren Opportunismus". Wenn die Länder die Schulen mangelhaft ausstatteten, sei dies wesentlich der Wirtschafts- und Finanzpolitik der Bundesregierung zu danken. *(dpa)*

③ Bundeskanzler Kohl hat gestern zum Auftakt seines Besuchs in Kiew dem ukrainischen Präsidenten Leonid Kutschma weitere Unterstützung für den Reformprozess in der ehemaligen Sowjetrepublik versprochen. Nach Angaben aus deutschen Regierungskreisen verband Kohl dies aber nicht mit neuen finanziellen Zusagen. Kohl sagte, sein zweiter offizieller Besuch sei eine Demonstration für eine unabhängige und stabile Ukraine. Er unterstrich sein Interesse

④ ...Energie. In Deutschland wird jedoch vonseiten der Industrie die Nutzung der Solarenergie verschlafen. Diese Energie wird sich durchsetzen, aber Anbieter in anderen Ländern werden einen Vorsprung haben. Das ist ein ökonomisches Problem, kein ökologisches. Ich glaube auch, dass sich solare Energieprojekte vor allem in Ländern aufbauen lassen, wo es noch keine Versorgungs-Infrastruktur, die bei uns mit viel Geld geschaffen wurde, gibt. Wir sind aber erst am Anfang der technischen Entwicklung mit ungeheuren Möglichkeiten. Ein 5000stel der Sonneneinstrahlung reicht, um zehn Milliarden Menschen mit Energie zu versorgen.

⑤ Umweltpolitik der Landesregierung kritisiert. Ihr fehle ein Zukunftskonzept, Mittelkürzungen um 30 Prozent in

Anzeige
Möbel Bolte
■ Kompetent für schönes Wohnen ■
VELLMAR, B7, Abfahrt Stadtmitte/OT Obervellmar
mit der Filiale Rotenburg/Fulda

nerhalb eines Jahres seien ein „deutliches Zeichen für den Ausstieg des Landes aus der Zukunftsvorsorge", heißt es in

einer Mitteilung des Naturschutz-Verbandes.
Die rot-grüne Landesregierung gebe den Naturschutzpreis, um Wirtschaft und Verkehr als „scheinbar standortsichernde" Bereiche zu stärken. Aufgrund der Mittelkürzungen sieht der Naturschutzbund das Biosphärenreservat Rhön und den geplanten Nationalpark Kellerwald in Gefahr. Ohne ausreichende Gelder seien beide Projekte lediglich „Hülsen ohne Inhalt".

⑥ ...LEN ■ Die Bundesregierung will den Anteil des Fahrrads im Verkehr als attraktive und umweltfreundliche Alternative zum Auto deutlich steigern helfen. Das sagte der Parlamentarische Staatssekretär im Bundesverkehrsministerium, Manfred Carsten, am Mittwoch in Friedrichshafen zur Eröffnung der internationalen Fahrradmesse Eurobike. Er verwies auf das Beispiel Niederlande, wo bereits ein Drittel aller Fahrten mit dem Fahrrad vorgenommen würden. In Deutschland sei es jede zehnte Fahrt.
Carsten nannte neue Straßenverkehrsvorschriften, die derzeit in seinem Ministerium

92

◆ ① *Wirtschaftspolitik,* ② *Schulpolitik (oder Wirtschaftspolitik),* ③ *Außenpolitik,* ④ *Energiepolitik,* ⑤ *mögliche Lösung: Umweltpolitik,* ⑥ *Verkehrspolitik.*

3 Ist Politik für dich wichtig? Lies die Aussagen und höre die Umfrage. Was trifft für dich zu?

☐ Ich gucke mir manchmal die Nachrichten im Fernsehen an, aber sonst interessiere ich mich nicht für Politik.

☐ Die da oben machen doch, was sie wollen. Da lohnt sich das Engagement nicht.

☐ Jede Gesellschaft hat die Politiker, die sie verdient.

☐ Wer sich nicht engagiert, hat auch kein Recht zu kritisieren.

☐ Politik ist wichtig für alle. Wir müssen alle Verantwortung übernehmen und aktiv in der Gesellschaft mitarbeiten.

4 Projekt: Schüler lesen die Zeitung.
Schüler haben eine Umfrage zum Thema Politik an ihrer Schule gemacht und die Ergebnisse im Rahmen eines Projekts in einer Tageszeitung veröffentlicht.
In welcher Reihenfolge werden die Fragen a–i im Text beantwortet?

a Interessierst du dich für Politik?
b Bist du eher links oder rechts?
c Was willst du politisch ändern?
d Welche Politiker findest du gut?
e Welche Partei würdest du wählen?

f Wie viele Parteien sind im Bundestag vertreten?
g Wie heißt der Oberbürgermeister?
h Soll das Wahlalter auf unter 18 gesenkt werden?
i Zu welcher Partei gehört der Oberbürgermeister?

Umfrage: Das jugendliche Herz schlägt kräftig grün

Fast 43% der Jugendlichen wollen den Grünen später – als Erstwähler – ihre Stimme geben. Dies ergab eine Umfrage unter mehr als 100 Schülern.

Kassel. Jugendliche sind nicht an Politik desinteressiert, sie denken durchaus darüber nach. Doch ihnen fehlt das Hintergrundwissen. Dies ergab eine Umfrage unter mehr als 100 Jugendlichen aus drei Kasseler Schulen. Die Ergebnisse im Einzelnen: 40,7 Prozent aller Befragten äußerten Interesse am politischen Geschehen, 27,8 Prozent sagten, ihr Interesse sei mittelgroß, 31,5 Prozent gaben „kein Interesse" an. Nur fünf Prozent wollen das Wahlalter auf unter 18 Jahre senken. Doch lediglich 56,7 Prozent der Jugendlichen wissen, wie viele Parteien im

Bundestag vertreten sind. Bei der lokalen Politik ist das Unwissen nicht ganz so stark: 77,4 Prozent konnten den Namen des Kasseler Oberbürgermeisters nennen und wussten, welcher Partei er angehört. Die meisten Befragten schätzen sich selbst als politisch neutral ein, immerhin 3,4 Prozent der Jugendlichen stufen sich links ein. Nur einer behauptete von sich, er sei rechts. Auf die Frage, was sie politisch ändern wollen, antworteten die meisten Befragten: die Umwelt-, bzw. die Atompolitik, dicht gefolgt von Forderungen nach härteren Schritten gegen die Auslän-

derfeindlichkeit und für gerechtere Steuern.
Was die Jugendlichen später als Erstwähler auf dem Wahlzettel ankreuzen, wissen fast alle genau: 42,9 Prozent wollen den Grünen ihre Stimme geben, 13,3 Prozent der CDU, 10,4 Prozent der SPD. Doch knapp 25 Prozent wollen überhaupt nicht zur Wahl gehen. Die PDS scheint unter den Jugendlichen zur Protestpartei Nummer eins zu avancieren: 13,5 Prozent würden hier ihr Kreuzchen machen. Unter den Politikern genießen Joschka Fischer und Antje Vollmer von den Grünen die meiste Sympathie.

Caren Rother, Alexander Stein, Dominik Malolespsy, Klasse G10a, Heinrich-Schütz-Schule

5 Ergänze die Aussagen mit Informationen aus dem Text.

a Mehr als 40% der Jugendlichen wollen später …
b Es ist erstaunlich, dass fast ein Drittel der Jugendlichen sich nicht …
c Ungefähr die Hälfte kennt die Zahl …

d Drei Viertel wussten, wie der …
e Das größte Problem für die Schüler ist die …
f Ein Viertel der Schüler hat keine Lust …
g An der Spitze der Sympathie stehen …

6 Eine Statistik in der Klasse machen. Stellt die Fragen aus Aufgabe 4 in eurer Klasse. Welche Fragen würdet ihr noch stellen? Wie ist das Ergebnis?

93

Landeskundliche Information: Zeitungsprojekte
In vielen deutschen Schulen finden oft Zeitungsprojekte statt. Das heißt z.B., Schüler lesen die Zeitung regelmäßig im Unterricht, berichten über das, was sie gelesen haben, bzw. berichten selbst in der Zeitung und nehmen Stellung zu tagesaktuellen Themen. Der Text auf Seite 93 stammt aus einem solchen Zeitungsprojekt in Kassel. In dem vorliegenden Projekt ging es um die Frage: Was denken Jugendliche über Politik?

---

3 [ ]
Einstieg über die abgedruckten Äußerungen. Anschließend Anhören der Kassette. Die Äußerungen können Ausgangspunkt einer allgemeinen Diskussion sein, bei der Sie das Interesse Ihrer Schüler an Politik und die allgemeine Einstellung dazu kennen lernen werden.

4 Stellen Sie sicher, dass die Schüler die Fragen verstehen.
Suchen Sie mit ihnen gemeinsam die erste Antwort des Textes auf eine der Fragen:
a) Die Ergebnisse im Einzelnen: 40,7% …
Die Schüler lesen dann den Zeitungsartikel und bringen die dem Artikel zugrunde liegenden Reporterfragen in die Reihenfolge, die dem Text entspricht.
◆ Reihenfolge: a) – h) – f) – g) – i) – b) – c) – e) – d)

5 Weitere Überprüfung des Textverstehens.
◆ a) … die Grünen wählen.
b) … für Politik interessiert.
c) … der Parteien im Bundestag.
d) … Kasseler Oberbürgermeister heißt. e) … Umweltpolitik. f) …, zur Wahl zu gehen. g) … die Politiker Joschka Fischer und Antje Vollmer.

6 Verwenden Sie nun die Fragen von Aufgabe 4 erneut bzw. entsprechend in den Begrifflichkeiten abgewandelt und machen Sie die gleiche Umfrage in Ihrer Klasse.
Jeweils eine Gruppe ist für 1 bis 2 Fragen zuständig und befragt die anderen. Die Auswertung erfolgt dann ebenfalls in diesen Gruppen. Das Ergebnis wird an der Tafel festgehalten.

B Politik ist Männersache – oder etwa nicht?

7 So könnten die Schüler-äußerungen lauten:
Die Statistik zeigt, dass der Anteil der Frauen in der CDU/CSU am geringsten ist.
In der SPD ist der Anteil der Frauen im Parlament größer. Bei den Grünen gibt es mehr weibliche als männliche Abgeordnete. Bei der PDS sind es etwas mehr männliche als weibliche Abgeordnete.

8 Bringen Sie ggf. einen Artikel aus einer Tageszeitung Ihres Landes oder eine kurze Information zum gleichen Thema mit, um die Diskussion zu stimulieren.

9–10 Das Zusammenfassen der Aussagen der Politikerinnen ist schwer. Aufgabe 10 ist leichter.
Bitten Sie die Schüler, zu zweit jeweils die Aussage einer Politikerin zu lesen, dann zu versuchen, sie in einem Satz zusammenzufassen. Falls eine Gruppe Probleme hat, weisen Sie auf Aufgabe 10 hin.

11 Schreiben Sie noch einmal die Politikfelder aus Aufgabe 1 als Grundlage des Gruppendiskussionen an die Tafel.
Die einzelnen Argumente werden in Stichpunkten notiert und dann der Klasse vorgetragen.

B Arbeitsbuch
1.–3. Arbeit mit Nachrichtentexten aus dem Radio. Training von selektiven Hörstrategien.
4.–6. Arbeit mit einem literarischen Text (Fabel) zum Thema Politik. Sensibilisierung für interkulturelle Unterschiede: Eigenschaften von Tieren.
7. Politiker-Checkliste: Eigenschaften von Politikern beurteilen (Adjektive).
8.–10. Rateansätze zum Thema Politik.

15

B Politik ist Männersache – oder etwa nicht?

7 Lies die Statistik und ergänze:

Die Statistik zeigt, dass ...

8 Was wisst ihr über den Anteil der Frauen in der Politik in eurem Land?

Anteil der weiblichen **Abgeordneten** nach der **Wahl 1994:**		
Partei	Männer	Frauen
CDU/CSU	253	41
SPD	167	85
BÜNDNIS 90/DIE GRÜNEN	20	29
FDP	39	8
PDS	17	13
	496	176 = 35,48%

Quelle: Bundespresseamt, Stand: 10. November 1994

9 Lies, was die Politikerinnen sagen und fasse jede Aussage in einem Satz zusammen. Probleme? Aufgabe 10 ist einfacher.

WARUM SOLLTEN SICH FRAUEN POLITISCH ENGAGIEREN?

Angela Marquardt, 24
PDS, Mitglied des Bundesvorstandes
„Meine Erfahrungen in der DDR und in der Bundesrepublik haben mir gezeigt, daß es stets sinnvoller ist, seine Interessen selbst zu vertreten, als zu hoffen, irgendeine oder einer der vielen Stellvertreterinnen und Stellvertreter würde dies übernehmen. Das trifft für Junge und Alte, für Frauen und Männer gleichermaßen zu."

Hildegard Müller, 29
Junge Union Deutschlands, Mitglied im Bundesvorstand
„Politik muß weiblicher werden, meckern allein nützt da nichts. Frauen, beteiligt euch, denn es ist schließlich unsere Zukunft, über die heute fast nur Männer entscheiden!"

Anja Engelmohr, 17
Grün-Alternatives Jugendbündnis, Mitglied im Bundesvorstand
„Politik wird bisher leider noch weitgehend von den Herren in den grauen Anzügen bestimmt. Demokratie funktioniert aber nur dann, wenn Frauen gleichermaßen an der Gestaltung der Lebensbedingungen mitwirken. Gerade junge Frauen sollen durch politischen Einfluß ihre Zukunft selbst gestalten."

Maja Schmidt, 21
Junge Liberale, Mitglied des Bundesvorstandes der FDP
„Damit Politik nicht verkalkt und wir uns in Zukunft nicht mehr von über 50jährigen Männern regieren lassen müssen, sollten vor allem junge Frauen den Mut und die Lust finden, alte Rollenklischees mitsamt der angeblich weiblichen Zurückhaltung abzulegen und anfangen, aktiv für sich, ihre Rechte und für eine Welt, in der sie leben wollen, zu kämpfen."

10 Ordne a–d den Aussagen der Politikerinnen zu.

a Die Frauen dürfen sich nicht nur beschweren, sie müssen aktiv mitmachen.
b Die Frauen sollten nicht so bescheiden sein.
c Es gibt in der Politik zu viele Männer. Wir brauchen mehr junge Frauen in der Politik.
d Alle Menschen sollten versuchen, ihre Interessen selbst zu vertreten.

11 Was wäre, wenn es mehr Frauen in der Politik gäbe? Würde sich etwas ändern? In welchen Bereichen? Diskutiert zuerst in Gruppen und dann in der Klasse.

94

Landeskundliche Information: Frauen in den Parlamenten
Der Anteil der weiblichen Abgeordneten in Bund, Länder- und Kommunalparlamenten in Deutschland ist immer noch gering. Obwohl Frauen statistisch die Hälfte der Bevölkerung ausmachen, stellen sie in den meisten Parlamenten nur eine Minderheit. Dies gilt auch für Regierungen und höhere Verwaltungsfunktionen. Obwohl der Gleichberechtigungsgrundsatz seit 1949 im Grundgesetz der Bundesrepublik Deutschland steht, hat sich hieran im Verlaufe der letzten 50 Jahre wenig geändert. Die Parteien Bündnis 90/Die Grünen und SPD haben zu Beginn der 90er-Jahre eine so genannte „Frauenquote" eingeführt, die besagt, dass ein festgelegter Anteil der Mandatsträger in der Partei Frauen sein müssen. Bei den Grünen liegt die Quote bei 50% und gilt auch für Parlamentsmandate.

C Politische Institutionen in Deutschland – Was man weiß oder wissen sollte.

12 Formuliert Fragen wie in den Beispielen.

- Wie viele Parteien sind im Parlament?
- Gibt es einen Präsidenten?
- Wie alt muss man sein, um wählen zu dürfen?
- …

13 Verteilt die Fragen in der Klasse. Welche Fragen werden in den Informationstexten beantwortet? Welche Fragen bleiben offen? Wie könnt ihr euch die Informationen beschaffen?

Der **Bundestag,** das deutsche Parlament, berät und beschließt Gesetze. Er wählt den Bundeskanzler. 1997 hatten die Parteien CDU/CSU und FDP zusammen eine Mehrheit. Sie konnten den Bundeskanzler wählen. SPD und BÜNDNIS 90/DIE GRÜNEN und PDS waren in der Opposition.

Der **Bundeskanzler** wird von der Mehrheit im Parlament gewählt. Er bildet die **Regierung,** das heißt, er sucht die Minister aus. Er bestimmt die Richtlinien der Politik.

Im **Bundesrat** sitzen die Vertreter der 16 deutschen Bundesländer. Viele Gesetze können ohne ihre Zustimmung nicht gemacht werden. Die Bundesrepublik ist ein föderaler Staat. Die Bundesländer bestimmen die Bundespolitik mit.

Der **Bundespräsident** hat, anders als z. B. die Präsidenten Frankreichs und der USA, keine Macht. Er repräsentiert den Staat, kann aber keine politischen Entscheidungen treffen.

Das **Bundesverfassungsgericht** ist das oberste Gericht in Deutschland. Es prüft z. B., ob die Gesetze, die das Parlament gemacht hat, mit dem „Grundgesetz" (der Verfassung) übereinstimmen. Es ist unabhängig von Parlament und Regierung.

14 Politikquiz: Wer ist wer?

a … führt die Regierung.
b … muss manchmal entscheiden, ob ein Gesetz legal ist.
c … sitzt im Parlament, aber unterstützt den Bundeskanzler nicht.
d … sind Parteien, die 1997 die Regierung bildeten.
e … müssen bei vielen Gesetzen zustimmen.
f … hat weniger Macht als viele seiner ausländischen Kollegen.
g … kann Gesetze beschließen.
h … kontrolliert die Gesetze, die das Parlament beschließt.

15 Könnt ihr ein Politikquiz für euer eigenes Land schreiben?

16 Diese Parteien saßen 1997 im deutschen Parlament. Welche Parteien kennst du aus deinem Land? Kannst du sie auch kurz beschreiben wie in den Beispielen auf Seite 96?

95

12–13 Die Fragen dienen der Bewusstmachung von politischen Themen und sind gleichzeitig eine Vorentlastung für den Text in Aufgabe 13.

Lassen Sie die Fragen auf Zetteln sammeln und die Zettel (Kärtchen) anschließend jeweils wieder an zwei Schüler verteilen. Sie sollen sich zunächst einmal bewusst machen, ob sie die entsprechende Information für das eigene Land besitzen, und anschließend die Texte zu zweit durcharbeiten, um herauszufinden, ob ihre Frage dort beantwortet wird. (Zur Informationsbeschaffung: s. Kasten unten.)

14 Das Politikquiz ist eine Auswertung zur Textarbeit in Aufgabe 13.
◆ *a) Der Bundeskanzler … b) Das Bundesverfassungsgericht … c) Die Opposition … d) CDU/CSU und FDP … e) Die Bundesländer … f) Der Bundespräsident … g) Der Bundestag … h) Das Bundesverfassungsgericht …*

15 Projektarbeit mit dem Ziel des Vergleichs der politischen Systeme in der Form eines Quiz.

Geben Sie einige Tage Zeit zur Vorbereitung. Jeder muss mindestens zwei Quizfragen entwickeln. Die Fragen werden gesammelt. Eine Gruppe wählt zehn Fragen für das Quiz aus und erstellt daraus ein Arbeitsblatt.

16 Gruppenarbeit. Die Kurzbeschreibungen auf der Seite 96 können die Vorlage sein für eigene Texte.

Allgemeiner didaktischer Hinweis zur politischen Landeskunde:

Das politische System gehört in den meisten Curricula zum Wissensbestand für fortgeschrittene Lernende. Wir haben uns auf Basisinformationen und kurze Erklärungstexte beschränkt, da die ausführliche Darstellung von Institutionen bei den Schülern erfahrungsgemäß auf wenig Interesse stößt. Ziel dieser Phase ist der Erwerb einiger Grundbegriffe des politischen Vokabulars im Deutschen. Falls Sie sich auch mit dem politischen System Österreichs oder der Schweiz beschäftigen möchten, stellen die jeweiligen Kulturinstitute Informationen zur Verfügung.

Literaturhinweis: In regelmäßigen Abständen veröffentlicht das Bundespresseamt einen Band mit dem Titel „Tatsachen über Deutschland". Dieser Band wird vom Bundespresseamt in Bonn kostenlos abgegeben. Hier finden Sie Texte über die Institutionen der Bundesrepublik sowie andere landeskundliche Informationen aus der Sicht der deutschen Bundesregierung in verschiedenen Sprachen.

17 Die Schüler lesen den Text. Anschließend Gespräch in der Muttersprache: Wie erfolgt die Wiedergabe von Äußerungen Dritter in der eigenen Sprache?

18 Partnerarbeit. Anschließend Auswertung. Fragen: *Was haben die drei Spalten miteinander zu tun? Worin besteht der Unterschied zwischen den Spalten 2 und 3?*
(Antwort: *schriftliche Informationsweitergabe, mündliche Informationsweitergabe.*)
Die Schüler notieren nun, welche Formen, die sie bisher noch nicht kennen, hier auftauchen.

19–20 Aufgrund der Liste (S-O-S-Modell) können die Schüler die Regel erkennen.
Besprechen Sie zunächst, warum in Aufgabe 19 nur die 3. Person auftaucht. Bitten Sie die Schüler, zu diesem Zweck noch einmal den Text in Aufgabe 18 anzusehen.
Weisen Sie darauf hin, dass es nur um schriftsprachliche Grammatikverwendung geht, die so in der gesprochenen Sprache praktisch nicht vorkommt. Da die Stammformen leicht zu erkennen sind, stellt die grammatische Form in der Regel kein Verstehensproblem dar.

CDU/CSU Die Christlich Demokratische Union (in Bayern Christlich Soziale Union) war zwischen 1994 und 1998 die größte Partei im deutschen Bundestag. Bekannte Politiker der CDU/CSU sind die Bundeskanzler Adenauer und Kohl.
SPD Die Sozialdemokratische Partei Deutschlands ist die älteste deutsche Partei. Sie wurde vor mehr als 130 Jahren als Arbeiterpartei gegründet. Ihr bekanntester Politiker nach 1945 ist Willi Brandt.
BÜNDNIS 90/DIE GRÜNEN Die jüngste deutsche Partei entstand in den 70er Jahren aus der Umweltbewegung und aus den Bürgerinitiativen. Ihr wichtigstes Ziel ist eine bessere Umweltpolitik.
PDS Die Partei des Demokratischen Sozialismus ist die Nachfolgerin der SED, das war die Regierungspartei der ehemaligen DDR.
FDP Die Freie Demokratische Partei hat eine liberale Tradition. Sie war in der Geschichte der Bundesrepublik fast immer an den Regierungen beteiligt.

D Grammatik: Konjunktiv I, *um ... zu/damit*

17 Lies den folgenden Text.

> In den Nachrichten und in der Zeitung steht oft, was die Politiker gesagt, gedacht, gemeint haben. Wenn man berichtet, was andere gesagt haben, dann wird in geschriebenen Texten häufig der Konjunktiv I oder Konjunktiv II benutzt. In der gesprochenen Sprache ist der Konjunktiv I selten.

18 Vergleiche die Beispiele in der Tabelle.

Das wurde gesagt (wörtliche Rede):
○ Ich habe das nicht gewusst.

○ Das ist zu gefährlich.

○ Wir können das nicht tun.

So steht es oft in der Zeitung (Konjunktiv I oder II):
Er sagte, er habe das nicht gewusst.
Sie meinte, das sei zu gefährlich.
Sie behaupteten, sie könnten das nicht tun.

So erzählt man es weiter:
Er hat gesagt, dass er das nicht gewusst hat.
Sie meint, dass das zu gefährlich ist.
Sie behaupteten, dass sie das nicht tun können.

19 Diese Formen des Konjunktivs I findest du oft in Texten. Kannst du eine Regel erkennen?

... er/sie/es/man	... sei	... hab-**e**	... könn-**e**
... sie (Pl)/Sie	sei-**e-n**	hab-**e-n**	könn-**e-n**

20 Wenn Verbformen im Indikativ und im Konjunktiv I identisch sind, benutzt man den Konjunktiv II.

„Wir **können** nicht kommen." (Indikativ)
Sie sagten, sie **können** nicht kommen. (Konjunktiv I)
Sie sagten, sie **könnten** nicht kommen. (Konjunktiv II)

96

D Arbeitsbuch
11. Literarischer Text zum Nachdenken über Anpassung. Der Text enthält viele Konjunktiv-I-Formen und soll von den Schülern umgeschrieben (Indikativ) werden.
12.–13. Aufgaben zum Konjunktiv I (kontrollieren).
14. Tipps, um bessere Reden zu halten: *um ... zu.*
Kontrolle im Unterricht.
15. Wiederholung von Lernstrategien unter Verwendung von *damit*. Kontrolle im Unterricht.

21 Übungen selbst machen: „3-er Drill"

Schüler 1 (wörtliche Rede):   Ich habe die Hausaufgaben gemacht.
Schüler 2 (Konjunktiv I):   Er sagt, er habe die Hausaufgaben gemacht.
Schüler 3 (Konjunktiv II):   Er sagt, er hätte die Hausaufgaben gemacht.

22 Den Konjunktiv erkennen: Sätze, in denen der Konjunktiv I vorkommt, werden oft mit bestimmten Verben eingeleitet, z.B.: *sagen, meinen, betonen, erwidern, bestätigen, versichern.*
Findet die Formen in den Zeitungstexten auf Seite 92 und schreibt die Beispiele ins Heft.

23 Wiederholung: Gründe und Ziele. Du hast schon einige Möglichkeiten kennen gelernt, Gründe und Ziele auszudrücken. Schreibe den folgenden Satz mit *weil, denn, um ... zu, deshalb.*

Ich schütze die Umwelt. Ich will eine bessere Welt.

24 Ziele ausdrücken mit *damit.*

Beispiele:
• Viele Jugendliche wählen die grüne Partei, damit die Umwelt besser geschützt wird.
• Ich bin politisch aktiv, damit sich endlich etwas ändert.
• Die Lehrerin muss deutlich sprechen, damit wir sie verstehen können.
• Ein Steak sollte nur kurz gebraten werden, damit es saftig bleibt.

25 Wozu haben Giraffen lange Hälse? Was passt zusammen?

Giraffen haben lange Hälse,   damit sie beim Essen nicht quietscht.
Bananen sind gelb,   damit sie besser fernsehen können.
Butter enthält Fett,   damit man sie von Tomaten unterscheiden kann.

26 Schreibe ganze Sätze mit den folgenden Satzanfängen.

a Erbeeren sind rot, damit ... **b** Autos haben vier Räder, damit ... **c** Lehrer geben oft Hausaufgaben auf, damit ... **d** Spaghetti sind lang und dünn, ...

27 Kurzreden vorbereiten und halten: „Fünfsatzrede"

In einem Ratgeber für Rhetorik haben wir diese Anleitung zum Trainieren von kurzen Reden gefunden.

> **Der erste Satz**
> nennt ein Problem oder eine Behauptung, z.B.:
> 1. Der starke Autoverkehr in unserem Wohnviertel ist ein großes Problem.
> Dann folgen
> **drei Beispiele**
> für das Problem oder die Behauptung:
> 2. Die Autos machen Lärm.
> 3. Sie verpesten die Luft.
> 4. Vor allem gefährden sie die Kinder.
> **Der Schlusssatz**
> ist eine Forderung oder ein Lösungsvorschlag:
> 5. Deswegen sollte man endlich mit dem Bau einer Umgehungsstraße beginnen.

28 Die Rede auf der Kassette hat ein Lehrer gehalten. Hört zu. Wie heißt der letzte Satz?

29 Könnt ihr eine Gegenrede formulieren?

30 Arbeitet in Gruppen. Findet ein Thema und haltet selbst kurze Reden.

97

27–30 Die Aufgaben üben das Formulieren von Kurzreden.

Die Fünfsatzrede dient dazu, die Schüler auf das Wesentliche einer Aussage, deren Herleitung bzw. Exemplifizierung, aufmerksam zu machen.

Auf diese Weise können Gedanken strukturiert werden. Dies ist nicht nur nützlich für Reden, sondern auch für das Schreiben von Texten mit argumentativem Charakter.

Besprechen Sie mit den Schülern die Funktion der einzelnen Schritte in der Fünfsatzrede.

28 [   ]
Der letzte Satz auf der Kassette, der im Lärm der Klasse untergeht, heißt:
Deshalb sollte man mit ihnen viel autoritärer umgehen.
Lassen Sie die Schüler einen eigenen Schlusssatz erfinden.

29 Vergleichen Sie die Gegenreden im Plenum. Welche Reden der Schüler halten sich an das Schema? Wo gibt es Abweichungen? Was könnte man verbessern?

30 Gruppenarbeit. Besprechen Sie zunächst im Plenum eine Reihe möglicher Themen. Vorschläge: *Müllproblem, Schulnoten (Abschaffung), Schulferien, hohe Preise für Kleidung, Notwendigkeit bestimmter Schulfächer (Abschaffung von ...)* usw. Die Schüler sollen möglichst selbst Themen finden. Dann erst Arbeit in Gruppen. Wenn die Reden gehalten werden, achten Sie zunächst auf die Schriftversion. Korrigieren Sie.

Beim Halten der Reden spielen dann Gestik und Mimik eine Rolle. Achten Sie auf die Position der Lernenden, auf die Handbewegungen und auf die Intonation. Die ersten und die letzten Sätze müssen mit besonderer Emphase intoniert werden. Nach Möglichkeit Arbeit mit einem Kassetten- oder Videorekorder. Aufnahmen anschauen und in der Klasse gemeinsam auswerten.

Achten Sie auf die typischen Elemente der Rhetorik: Pausen, Akzentsetzung im Satz, Betonung, Emphase, Gestik, Mimik, Augenkontakt mit den Zuhörern, Überzeugungskraft der Argumente usw.

21 Schreiben Sie eine Reihe von Sätzen auf Kärtchen und lassen Sie die Kärtchen ziehen. Damit ist der Dreierdrill jeweils „angestoßen". Die Schüler geben das Wort weiter oder benutzen hierzu einen Ball.

22 Die hier aufgelisteten Verben sind oft in Zeitungstexten mit dem Konjunktiv verbunden. Die Schüler sollen in den Texten auf Seite 92 nachschauen, wie die Konjunktivsätze eingeleitet werden. Lassen Sie dann in Gruppen zu den Verben Beispielsätze formulieren.

23–24 Gründe und Ziele ausdrücken ist schon im Laufe des Bandes 3 öfter thematisiert worden. Aufgabe 23 dient dazu, verschiedene Varianten ins Gedächtnis zu rufen. Somit ist die Aufgabe 24 vorbereitet.
Damit drückt eine Absicht aus. Fragen Sie : *Welche Ziele bzw. Absichten werden hier genannt?*

25 Vielleicht finden ihre Schüler noch andere lustige Zusammenstellungen.

26 Freiere Übung. Jeweils zu zweit bearbeiten lassen. Vergleichen Sie die Ergebnisse anschließend im Kurs.

Inhalt

Computer, Projekte im Internet zum Thema „Sprachen"

Kommunikation

über Computer und Internet diskutieren

kurze Texte schreiben

Wortschatz

Computer, elektronische Datenverarbeitung

Texte

elektronische Post, Leitseiten im Internet, Zeitungsartikel von Jugendlichen

Grammatik

Prowörter in Texten

Wiederholung: Satzverbindungen, Adjektivendungen

Landeskunde

deutschsprachige und internationale Kommunikation im Internet, Computerprojekte an Schulen in Deutschland

Lern- und Arbeitstechniken

Wiederholung von Lerntipps zu den Themen „Schreiben" und „Texte planen"

Englisch als Lernhilfe

Allgemein:

Die meisten Ihrer Schüler haben vermutlich Erfahrungen mit Computern und können darüber berichten.

Wir nehmen das Thema zum einen als Anlass für eine themenbezogene Spracharbeit (Englisch als Lernhilfe, Schreiben im Internet, Textgrammatik), zum anderen als Anlass für Landeskunde.

Wie stellen deutsche Schulprojekte im Internet vor. 1997 waren mehr als 300 Schülerzeitschriften aus Deutschland im Internet einsehbar. Je nach medialer Möglichkeit in Ihrer Schule bieten sich umfangreiche Projekte und Recherchen zum Thema „Schule und Schulen" in Deutschland an. Im Bereich der Spracharbeit geht es in dieser Einheit vor allem um zwei Dinge: Die englische Sprache als Lernhilfe und Elemente der Textgrammatik.

A Computer, Schulen und Projekte

1   Klassenumfrage: Wer arbeitet zu Hause oder in der Schule mit dem Computer? Was macht ihr damit?

2   Schaut euch die Abbildungen an. Wozu können Schüler Computer nutzen?

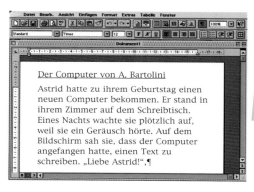

 3   Hört die Kassette. Zu welchen Bildschirmen passen die Aufnahmen?

98

A Computer, Schulen und Projekte

1   Finden Sie heraus, wie viel Ihre Schüler bereits mit Computern gearbeitet haben. Was machen sie mit Computern? Welche Funktionen hat der Computer in der Familie, für Eltern und Geschwister?

2   Die Abbildungen zeigen Computerprogramme.

Links oben: Lexikonspiel, bei dem man durch die Beantwortung von Fragen jeweils einen Punkt auf das Ziel vorrückt.
Rechts oben: Ein Lexikon. Die aufgeschlagene Seite beschäftigt sich mit den Weltreligionen. Die roten Wörter können angeklickt werden und führen zu weiteren Informationen.
Links Mitte: Man findet nicht nur Informationen zum Klavier, sondern auch Musikbeispiele.

Rechts unten: Der Computer als Lernhilfe. Dieser Grammatiktrainer enthält Übungen zur Grundstufengrammatik für Deutsch.
Links unten: Die Abbildung zeigt das Texverarbeitungsprogramm „Word".

3
Die Schüler identifizieren die Geräusche.
◆   *1. oben rechts, 2. Mitte links, 3. oben links*

4 Ein internationales Kommunikationsprojekt – Lies den Text und beantworte die W-Fragen: Wer? Wo? Wann? Worüber?

5 Diskussion in der Klasse: Briefe mit E-Mail – Briefe mit der Post. Was sind Vor- und Nachteile?

6 Die Sprachen in dem Projekt waren Englisch und Deutsch. Im Internet und in Computerbüchern gibt es viele englische Wörter. Lehrer und Schüler haben sich auch im Internet bei Problemen mit Vokabeln geholfen. Wir haben den Brief an Mario gefunden. Welche Wörter kennt ihr? Welche Wörter sind in Deutsch und Englisch ähnlich? Gibt es eine Übersetzung in eure Sprache?

◆ High-End-Bilddaten auf Cartridges, MOD, CD ROM
◆ IRIS Digital-Proof
◆ Belichtungen bis DIN A1

REPROTECHNIK KURSCHULBOGEN

Das transatlantische Klassenzimmer

In einem Projekt, das zum ersten Mal im Schuljahr 1995/96 stattfand, nahmen Schüler und Lehrer aus Hamburger und Chicagoer Schulen Kontakt auf. Zuerst schrieben sie kurze Briefe am Computer und stellten sich vor. Später schrieben sie im Computer-Netz über viele Themen, die alle Jugendliche interessierten: über Umweltprobleme, über Berufe und über den Alltag von Jugendlichen in Deutschland und in Amerika.
Und so funktionierte das Projekt: Schüler tippten ihre Texte in den Computer. Über das Internet konnten dann alle anderen Teilnehmer des Netzes die Texte sehen und dazu Stellung nehmen, das heißt ihre eigene Meinung äußern. Manchmal saßen Schüler gleichzeitig am Computer. Dann konnten sie direkt antworten, das heißt richtig diskutieren. Manchmal dauerte es aber auch länger, bis man eine Antwort bekam. Spaß gemacht hat es allen. Sie freuten sich jedes Mal auf die Reaktionen anderer Schüler auf ihre Texte. Zum Schluss fassten sie ihre Texte in einem „transatlantischen, elektronischen" Buch zusammen.

Date: Tue, 17 Sep 1996 13:43:15 +0200
Message-Id: <9609171143.AA32638@ccg.us>
X-Sender: Lima@pop-hopla.ccg.us
X-Mailer: Windows Eudora Version 1.4.3
Mime-Version: 1.0
Content-Type: text/plain; charset="us-ascii"o

Lieber Mario, hier noch ein paar „Computer-Wörter" auf Englisch und Deutsch:

copy	kopieren
display	zeigen, der Bildschirm
format	formatieren, den Text vor dem Ausdrucken in eine gute Form bringen
printer	der Drucker
software	Programme für den Computer

der Bildschirm

das Disketten-Laufwerk

die Maus

der Rechner / der Computer

das CD-ROM-Laufwerk

der Lautsprecher

die Tastatur / das Keyboard

7 In einem Schul-Zeitungsprojekt hat Dominik über Computer geschrieben. Diese Wörter kommen in dem Text vor. Schreibt zu jedem Wort eine Aussage und vergleicht danach mit dem Text auf S. 100.

Spiele · Mädchen · Zukunft · Berufsleben · Nachteile

99

---

4 Partnerarbeit. Erarbeitung des Textes. Kennen die Schüler ähnliche Projekte?

Information: Das „Transatlantische Klassenzimmer" wurde von der Körber-Stiftung angeregt und sollte Kontakte und Klassenpartnerschaften zwischen deutschen und amerikanischen Schülern fördern. Inzwischen gibt es eine Vielzahl von Kontakten (s. Internet-Homepage des Goethe-Instituts)

5 Erarbeiten Sie während der Diskussion ein Tafelbild, das die Vor- und Nachteile von E-Mail und Internet mit der traditionellen Post vergleicht:

E-Mail/Internet:
+ *schnell, billiger, kurze Briefe, man schreibt öfter*
– *Netz = teuer, Computer = teuer, man achtet nicht mehr auf die Briefform*

Traditionelle Post:
+ *schöne Briefmarken, Handschrift ist persönlicher, schöne Briefform*
– *langsam, teuer, Handschrift schwer lesbar*

6 Die Schüler lesen die E-Mail und überlegen, ob es andere Wörter gibt, die sie auf Englisch zu diesem Thema kennen. Die Abbildungen – links die Anzeige, unten das beschriftete Computerterminal, rechts der E-Mail-Text – enthalten eine ganze Reihe solcher Wörter, die den Schülern, je nach dem Bekanntheitsgrad mit dem Medium, in ihrer Bedeutung klar sind.

Alternativen:
– In Computeranzeigen im eigenen Land nach englischen Wörtern schauen.
– Eine dreisprachige Liste machen (Englisch/Deutsch/Muttersprache). Die Liste aufteilen in Verben, Nomen.
– Überlegungen anstellen, in welcher Weise die englischen Wörter benutzt werden (im Original, Abweichungen), also sprachlich diskutieren: Abweichungen in der Schreibweise Englisch/Deutsch/eigene Sprache.
– Formulierung eines Lerntipps.
Beispiel: *In Computertexten auf englische Wörter achten, da sie meistens Schlüsselwörter zum Textverständnis sind.*
– Gibt es Möglichkeiten der Übersetzung? Software, Computer?
– Allgemeine Diskussion, um das Sprachbewusstsein der Lernenden zu fördern: *Warum setzen sich englische Wörter durch? Welche Rolle spielt die englische Sprache allgemein (Wirtschaft, Medien, Filme)? Welche Bedeutung haben demgegenüber andere Sprachen?*
   Provozierende These: *Man müsste nur Englisch lernen. Pro und Contra. Allgemeine Diskussion zum Verhältnis der Sprachen untereinander, falls in Ihrer Klasse Interesse an diesem Thema besteht.*

7 Den Text auf Seite 100 haben wir auch im Kasseler Schulzeitungsprojekt (s. Einheit 15) gefunden. Lassen Sie die Schüler eine Aussage zu jedem der Wörter schreiben. Erst dann wird umgeblättert, der Text gelesen und werden die eigenen Aussagen mit dem Text verglichen.

8 Auswertungsdiskussion zum Text: Wozu benutzt man Computer? Was können die Schüler über die Entwicklung sagen? Falls die Eingangsdiskussion schon sehr intensiv war, können Sie diesen Schritt übergehen.

9 Gesprächsimpuls zur Frage rollenspezifischen Verhaltens gegenüber Computern. Im Arbeitsbuch (S. 74) gibt es hierzu Aussagen von jungen Frauen, die sich mit Dominiks Meinung auseinander setzen.

B Texte planen und schreiben

10 Einstieg über E-Mails. Die Schüler identifizieren die Themen.
◆ *Links oben*: Vokabelhilfen. *Rechts Mitte*: Vorstellung einer Schule und einer Person. *Links unten*: englischsprachiger Brief im Netz. Selbstvorstellung mit Hobbys usw. *Rechts unten*: Austausch von Aufgaben und Testlösungen über das Internet.

11–12 In *sowieso 2* haben wir die wichtigsten Arbeitstechniken zum Thema „Schreiben" im Abschnitt „Systematisch Schreiben lernen" des Arbeitsbuchs zusammengefasst (*sowieso 2*, Arbeitsbuch, S. 96–102). Falls Ihre Lerner nicht damit gearbeitet haben, sollten Sie Teile dieses systematischen Teils im Rahmen Ihrer Arbeit im Band 3 integrieren, soweit Sie es noch nicht getan haben.

Besprechen Sie an dieser Stelle auch die Probleme, die die Lernenden bei der Arbeit mit diesen Tipps gehabt haben.

16

COMPUTER – Das Zeitalter fängt erst an

Im Berufsleben wird fast nur noch mit Computern gearbeitet. Diese braucht man zum Beispiel, um Akten zu ordnen oder um Zeichnungen und Schriftstücke herstellen zu können. Man kann fast alles damit erledigen, zum Beispiel kann man über das Internet an Vorlesungen in Oxford teilnehmen oder den Kontostand von zu Hause über den PC abfragen. Die Nachteile der Computer sind: Kinder können leicht mit diversen Spie-

len den Bezug zur Umwelt und zur Realität verlieren. Eine Umfrage ergab, dass sehr viele Leute einen Computer besitzen. Die Gründe dafür sind u. a. fallende Preise. Ein guter Computer aus einem Fachgeschäft kostet nicht mehr als etwa 1800 DM. Die meisten Erwachsenen benutzen ihren PC, um zu arbeiten. Die am meisten benutzten Arbeitsprogramme sind *Winword, Access, Excel* und *Corel Draw*. [...]

Kinder spielen
Auch sehr viele Kinder und Jugendliche haben einen Computer zu Hause, sie arbeiten weniger mit dem PC, sondern spielen lieber. Dennoch gibt es Leute, die einen Computer als nutzlos betrachten. Meistens sind dies ältere Leute und einige Mädchen, die sich einfach nicht für Computer begeistern können und wollen. Sie sehen in der Hightech-Welt keinen Sinn.

Aber sind wir mal ehrlich, die Computer vereinfachen uns das Leben. Sie werden immer weiter entwickelt und werden immer mehr leisten können. Computer werden in der Zukunft den gleichen Stellenwert haben wie Autos. Jeder hat sie, jeder braucht sie. Das Computerzeitalter hat erst begonnen.

Dominik Hertmann, Klasse 9c, Friedrich-Wöhler-Schule, Kassel

8 Thema „Computer": Sammelt und notiert Erfahrungen, Vorteile und Probleme. Diskutiert dann in der Klasse.

9 Dominik schreibt: Mädchen haben kein Interesse an Computern. Stimmt das?

B Texte planen und schreiben

10 Hier sind Ausschnitte aus Schülerbriefen aus dem Netz. Worüber schreiben sie?

```
Supj: Re: COMPUTERSPRACHE
Date: 95-09-06 04:05:06 ENT
From: whirsch@INSPIRE.OSP.WEDNET.EDU (Wolfgang Hirsch)
Sender: AATG%INDYCMS. BITNET@uga.cc.uga.edu (American Association of Teachers of
German)
  eply-to: AATG%INDYCMS.BITNET@uga.cc.uga edu (American Association of Tea
of German)
To: AATG%INDYCMS.BITNET@.cc.uga.edu (Multip
Mir fallen zur Computersprache noch ein pa

computer = der Rechner
the use of computers = elektronische Daten
to save = speichern
bold = fett
to bold = fett drucken
to delete = loeschen
```

```
X-From: Ralph.und.Mathias@Mich-GYM-M.bsn.by.schule.de
(Ralph und Mathias)
Sender: GateServer@bsn.by.schule.de
To: Deutschmcs@aol.corn

Hallo Paul,
wir heissen Ralph Heinz und Mathias Schmid und gehen auf das
Michaeli-Gymnasium in Muenchen. Unsere Schule ist sehr gross
(ueber 800 Schüler) Ralph hat zwei Brüder (Peter: 13; Wolfgang: 9).
              Schwester (Steffi 12).
       ntennis beim TSV (Turn- und Sportverein)
```

```
Hallo Sila und Astrid!
    I hope you don't mind if I write in English fo
while ... I will go back to German later. To answ
your questions:
We don't have many parties at my house, except t
such things as Birthdays or summer vacation
My last party was back in December, just
    I have a few hobbies: I love
mess around on my computer
watch plays and
```

```
Liebe Leute, hat jemand die Lösung
für die Aufgabe 29 in sowieso 3,
S. 19? Ich weiss nicht, was ich
schreiben soll.
```

11 In *sowieso 2* habt ihr systematisch das Schreiben geübt. Was habt ihr im Deutschunterricht geschrieben? Was hat gut geklappt? Womit hattet ihr Probleme? Wer hat eure Texte gelesen?

12 Im Arbeitsbuch von *sowieso 2* (S. 96–102) haben wir euch Tipps zum Thema Schreiben gegeben. Welche Ideen habt ihr ausprobiert?

100

A Arbeitsbuch
Die Übungen 1–10 beziehen sich auf das Thema „Computer".
1.–2. Leseverstehen. Ein Interview zum Thema Computer. Zuordnungsübung.
3. Differenzierende Übung zur Erschließung schwieriger Wörter.
4. Konjunktiv I/II: Lücken in einem Zeitungstext zum The-

ma „Computer" ergänzen.
5.–6. Fragebogen zum Thema „Computer". Vermutungen anstellen und Fragen zuordnen.
7. Berufe in der Zukunft und die Rolle des Computers. Als Diskussionsanlass in der Klasse geeignet.
8.–9. Kontrastmeinungen zum Text auf S. 100 im Kursbuch. Selektives und detailgenaues Hören.

10. Leseverstehen: Informationen aus einem Text entnehmen und mit Fragen zum Text vergleichen.

B Arbeitsbuch
11. Eine Geschichte zu einem der drei Themen schreiben, in der zehn Wörter aus einer Liste vorkommen müssen. Die Geschichten in der Klasse vortragen lassen und besprechen.

Variante 1: Die Texte werden vorgelesen und jeweils von einer anderen Gruppe sprachlich korrigiert.

Variante 2: Selbstkorrektur und Verbesserung als Hausaufgabe nach den Tipps, die Sie Ihren Schülern während der Arbeit gegeben haben.

Gut schreiben heißt auch verändern.

Nimm dir genügend Zeit für das Korrigieren.

Plane zuerst: Ideen notieren, Ideen sortieren.

Ein guter Schreiber plant seinen Text.

13 Diskutiert in der Klasse: Was ist für euch am wichtigsten, wenn ihr einen Text plant? Wie schreibt ihr?

a Ich arbeite gern zu zweit, dann geht es schneller und macht mehr Spaß.

b Ich brauche Ruhe beim Schreiben, um nachdenken zu können.

c Ich schreibe einfach los und korrigiere später, das geht am schnellsten.

d Ich …

14 Schreibtraining – Kurztexte mit fünf Sätzen.

a Wähle ein Thema.

Mein Hobby · Mein Land · Meine Stadt · Meine Schule ·
Meine Klasse · Ein Umweltproblem

b Mache eine kurze Stichwortliste.

> *Mein Zimmer / zu klein / Möbel / kein Platz für Freunde / umziehen*

c Formuliere den Text.

> *Ich habe ein Problem mit meinem Zimmer. Es ist eigentlich viel zu klein für mich. Außerdem sind die Möbel alt und nicht sehr praktisch. Wenn mich Freunde besuchen, haben wir keinen Platz zum Sitzen. Am liebsten würde ich schon morgen umziehen.*

d Kontrolliere das Ergebnis.

C Grammatik und Wortschatz

15 Prowörter – Wörter, die Sätze verbinden. Notiere: Welche Wörter verbinden die Sätze im Text rechts?

Sieben Sätze

Klaus sucht einen Freund.
Klaus will mit ihm in die Ferien fahren.

Klaus gibt eine Anzeige auf.
Klaus hofft, dass er bald eine Antwort bekommt.

Die Ferien fangen bald an.
Klaus ist schon ziemlich unruhig.
Grund: Er will nicht gern alleine fahren.

Ein Text

Klaus sucht einen Freund, mit dem er zusammen in die Ferien fahren will.

Deshalb gibt er eine Anzeige auf und hofft, dass er bald eine Antwort bekommt.

Die Ferien fangen bald an und Klaus ist schon ziemlich unruhig, denn er will auf keinen Fall alleine fahren.

101

Abschluss: Vorstellung von besonders gelungenen Texten im Kurs. Was unterscheidet einen gelungenen Text von einem weniger gelungenen Text?

Anonyme (!) Gegenüberstellung zweier abweichender Texte zu einem Thema.

Dazu ist es hilfreich, wenn einige Schüler (oder alle) auf Folie arbeiten. Dazu können Sie Folien durchschneiden und jeweils einen Folienstreifen an eine Arbeitsgruppe ausgeben.

Nach Arbeit und Korrektur in der Klasse sollten Themen, die bisher noch nicht bearbeitet worden sind, bzw. Themen, die die Schülern eingebracht haben, als Hausaufgabe ähnlich bearbeitet werden.

C Grammatik und Wortschatz

15 Diese Aufgabe soll bei den Schülern das Bewusstsein dafür wecken, was eine Reihe von Sätzen zu einem Text macht.
1. Block: Zwei Informationen werden mit einem Relativsatz mit Präposition verbunden.
2. Block: Verbindung von zwei Gedanken durch die Konjunktion *und*.
3. Block: Verbindung mit *und* und *denn*.

Welche anderen Möglichkeiten der Verbindung von Gedanken kennen ihre Schüler (Kausalsätze, *dass*-Sätze usw.)? Vergleichen Sie Namensnennung und Pronomen. Auch Pronomen stellen Beziehungen zwischen Sätzen her.

Lassen Sie das Buch schließen. Schreiben Sie den zweiten Teil der Sätze an die Tafel:
… mit dem er zusammen in die Ferien fahren will.
… und hofft, dass er bald eine Antwort bekommt.
… denn er will auf keinen Fall alleine fahren.

Fragen Sie die Schüler, welche Informationen fehlen, um diese Teilsätze zu verstehen.

C Arbeitsbuch
12. Aus jeweils zwei Sätzen wird mit Satzverbindungen ein Satz geschrieben. Möglichst im Unterricht kontrollieren.

13 Finden Sie heraus, wie Ihre Schüler schreiben, was ihnen dabei wichtig ist. Die Schüler sollten sich hier selbständig äußern (**a–c** können helfen). Partnerarbeit, Auswertung im Plenum.

14 Ein Trainingsansatz in vier Stufen (**a–d**), der zur Routineübung werden sollte:
a Auswahl des Themas. Die Schüler ergänzen die Vorgaben

mit eigenen Themen.
b Eine Stichwortliste zum Thema. Vergleichen Sie die Stichwortlisten im Kurs, bevor Sie weitermachen.
c Formulierung des Textes. Erinnern Sie vor der Schreibphase an die Fünfsatzrede (s. S. 97), bei der es ebenfalls darum ging, einen Gedankengang systematisch aufzubauen.
d Zwei Möglichkeiten der Ergebniskontrolle:

16 Es gibt mehrere Möglichkeiten, die Sätze zu verbinden.

◆   1. Beispiel – Anschluss
der zweiten Information mit
Komma: …, *auch Daniel hat
ein Praktikum gemacht.* Oder:
*Daniel hat, wie viele andere
Schüler in der 9. Klasse, ein
Praktikum gemacht.*
2. Beispiel: *Er hat das Praktikum in der Autowerkstatt
gemacht, weil er sich für Autos
interessiert.*
3. Beispiel: *Weil die Arbeit nicht
leicht war, war er abends oft
müde. / Er war oft müde, denn
… / Deshalb ist er sicher … / Aus
diesem Grund ist er sicher …
Danach war er sicher …*

17   Die Satzanfänge bestimmen oft darüber, wie ein Satz
weitergeht, sowohl inhaltlich
wie auch formal.

Diese Aufgabe sollten die
Schüler zunächst in Partnerarbeit anschauen. Hier kann man
sehen, was das konkret heißt:
Oft ist eine Angabe, d.h., danach kommt das Verb.

Schreiben Sie zuerst die unterstrichenen Wörter an die Tafel. Besprechen Sie in der Muttersprache, was diese Wörter
über den Rest des Satzes bzw.
über den Nebensatz sagen.

Schauen Sie sich dann die
Informationen im blauen
Kasten rechts an.

18   Zunächst Vokabeln
klären, dann zu zweit bearbeiten lassen.

Nach der Besprechung des
Inhalts auf die Sprache eingehen. Wo sind Prowörter in den
Texten? Wo sind Satzverbindungen zu finden? Diskussion
der sprachlichen Gestaltung
des Textes. Wo und wie werden
Bezüge zwischen den Sätzen
hergestellt?

19   Eine Geschichte, die immer wieder einen überraschen-
den und kreativen Schluss von
den Schülern erhält.

Durch die vorgegebenen
Wörter wiederholen die Schüler
Nebensätze und Möglichkeiten
der Satzverbindung.

Gruppenarbeit. Es wird unterschiedliche Lösungen der
Geschichte geben.

16 Verbinde die folgenden Sätze zu einem Text.

In der 9. Klasse machen viele deutsche Schüler ein Praktikum.
Daniel hat ein Praktikum gemacht.

Er hat das Praktikum in einer Autowerkstatt gemacht.
Er interessiert sich sehr für Autos.

Die Arbeit war nicht leicht.
Er war abends oft sehr müde.
Er ist sicher, dass er später nicht in einer Autowerkstatt arbeiten will.

17 Satzanfänge. Vergleicht die unterstrichenen Wörter und die Kommentare.

a Oft habe ich richtig Lust zu schreiben.
b Dann setze ich mich an meinen Schreibtisch, schalte das Radio ein und öffne
meinen Füller.
c Aber manchmal werde ich leider gestört,
weil meine Mutter wieder mal findet,
dass ich aufräumen soll.
d Sie lässt mich aber in Ruhe, wenn sie
sieht, dass ich schreibe.

oft, dann: Danach kommt das Verb.
habe … Lust …: Danach steht *zu* und ein Verb
im Infinitiv.

aber: Danach kommt ein Hauptsatz.
weil, dass: Danach kommt ein Nebensatz.
Das Verb steht am Ende.
sie: Das ist ein Pronomen. Wer „sie" ist, steht
vorher im Text.

18 Finde ähnliche Wörter in dem Zeitungstext.

Zum Glück ein Unfall

Nur wegen eines Verkehrs-
unfalls ist eine Frau aus
Ulm noch am Leben. Ihr
war beim Abendessen eine
Fischgräte im Hals stecken
geblieben. Ihr Sohn raste
sofort mit ihr ins Krankenhaus. Weil der zu schnell
war, kam er von der Straße
ab und fuhr gegen eine Verkehrsinsel. In diesem Mo-
ment löste sich die Fischgräte im Hals der Mutter
und sie bekam wieder Luft.
Der Wagen war allerdings
total demoliert.   **ljr**

19 Ein Schreibspiel: „Astrid und ihr Computer." Teilt die Klasse in Gruppen.
Ein/e Schreiber/in aus jeder Gruppe schreibt die folgenden Wörter auf Kärtchen:

zuerst · denn · weil · aber · deswegen · obwohl · und · zuletzt

So beginnt der Text:

Astrid hatte zu ihrem Geburtstag einen
neuen Computer bekommen. Er stand in
ihrem Zimmer auf dem Schreibtisch. Eines
Nachts wachte sie plötzlich auf, weil sie ein
Geräusch hörte. Auf dem Bildschirm sah
sie, dass der Computer angefangen hatte,
einen Text zu schreiben …

**Schreibt die Geschichte weiter. Baut jedes Wort
von den Kärtchen mindestens einmal in die
Geschichte ein.**

102

20 **Englisch und Deutsch.**
Diskutiert: Warum findet man auf den ersten Seiten dieser Einheit so viele englische Wörter?

21 Der folgende Text beantwortet die Frage aus Aufgabe 20. Wie stark beeinflusst Englisch eure Sprache? Mit welchen anderen Sprachen ist eure Sprache verwandt?

Sprachen leben

Sie haben Familien und Nachbarn. Deutsch und Englisch sind eng verwandt. Was verbindet die beiden Sprachen?

Die Sprachgeschichte
Deutsch und Englisch haben die gleichen germanischen Wurzeln. Beide Sprachen haben viele lateinische Wörter aufgenommen. Viele Wörter in beiden Sprachen waren früher identisch und haben sich dann verschieden entwickelt. Das Englische hat dazu in seiner Sprachgeschichte noch viele französische Wörter aufgenommen.

Die Gegenwart: Internationale Themen
Die ersten beiden Seiten in dieser Einheit zeigen: Die Computer-Sprache ist Englisch. Wörter aus der Computer-Sprache und andere Wörter in den Bereichen Technik, Medizin, Wirtschaft usw. werden in vielen Sprachen direkt aus dem Englischen übernommen. Die internationale Kommunikation, zum Beispiel auch über das Internet, läuft meistens auf Englisch. Englische Vokabeln kommen in alle Sprachen durch die Popmusik, durch Filme und durch den Sport. Das sind Themen über die man weltweit spricht.

---

22 Macht im Kurs eine Wortliste. Arbeitet in Gruppen und vergleicht später.

Wortfelder:
Computer
Medien
Musik
...

Deutsch	Englisch	meine Sprache
Rockmusik	rock music	

23 Haben euch Englischkenntnisse schon mal beim Deutschlernen geholfen? Beim Wortschatz? Bei der Grammatik? ...

24 **Wiederholung: Adjektivendungen.**
Baut den Text unten mit Adjektiven in der rechten Spalte aus.

Tipp: Lest zuerst den ganzen Text.

Hört dann die Geschichte von der Kassette und vergleicht. Es gibt mehrere Möglichkeiten.

Regina Taub GK'12 Deutsch Klausur 2 / 12.2.99

DAS IST MUT!

Eine Lehrerin in Göttingen gab ihrer 12. Klasse einmal eine Aufgabe: „Schreibt einen Text über das Thema: Was ist Mut?" Fast alle Schüler fingen an zu schreiben. Nur Regina saß 20 Minuten vor ihrem Blatt Papier. Sie fand einfach keinen Anfang. Plötzlich hatte sie eine Idee. Mitten auf das Blatt schrieb sie mit Druckbuchstaben: „DAS IST MUT!". Dann stand sie auf, gab das Blatt ihrer Lehrerin und verließ die Klasse. Am nächsten Tag bekamen alle die Arbeit zurück, auch Regina ...

schwierig
kurz
fleißig, weiß
richtig, genial
weiß, groß
staunend, schnell

25 Wie reagierte die Lehrerin? Hat Regina die Aufgabe gelöst? Welche Note bekam sie? Schreibt den Text weiter.

103

20–22 Hier wird das Thema der Beziehung zwischen Deutsch und Englisch, das am Beginn der Einheit bereits anklang, vertieft. Wenn Sie diesen Punkt schon diskutiert haben, können Sie Aufgabe 20 auslassen und direkt zu Aufgabe 21 gehen.

Je nach Interesse an Sprachsystematik können Sie Aufgabe 22 ausbauen und auch zu einem anderen Thema eine zwei- oder dreisprachige Liste (Deutsch/Englisch/Muttersprache) machen. Es bieten sich besonders die Felder Technik und Medien an, aber auch Kultur und Film.

Mit **Kopiervorlage 9** können Sie das Wortfeld Musik als Anregung vorgeben.

23 Je nach Nähe der Muttersprache zum Deutschen oder Englischen können Sie hier auch auf die Grammatik eingehen. Wie kann man die englische Sprache nutzen, um das Deutsche besser zu verstehen? Was hilft? (Was hilft beim Satzbau?) Wo gibt es eher Abweichungen?

24
Lassen Sie zunächst den Text lesen. Besprechen Sie dann kurz die Zusatzinformationen in der rechten Spalte. *Wer oder was war schwierig/kurz/fleißig usw.? Zu welchen Wörtern im Text passen diese Zusatzinformationen?* Lassen Sie die Geschichte dann jeweils zu zweit schreiben und spielen Sie erst anschließend die Kassette vor.

Nun können die Schüler den Text ausbauen. Einige Schüler sollten auf Folie oder an die Tafel schreiben, damit eine Grundlage für ein gemeinsames Korrekturgespräch da ist.

25 Als Hausaufgabe geben oder in der Klasse in Gruppen bearbeiten lassen. Machen Sie klare Vorgaben für die Anzahl der Sätze. Im Allgemeinen sollten es nicht mehr als drei bis vier sein. Die Schüler werden sehr verschiedene Versionen für das Ende der Geschichte erfinden.

A Musik hören – Musik machen

 1 Ihr hört je ein Stück Jazz, Heavy-Metal, Klassik und Volksmusik. Was ist was?

2 Klassenumfrage: Welcher Musikausschnitt hat euch am besten gefallen? Welche Musikrichtungen kennt ihr noch? Macht eine Tabelle an der Tafel.

Musikart:	-- ätzend	- langweilig	- + ganz gut	+ gut	++ super
Heavy Metal					
Reggae					

3 Wer von euch macht Musik? Welche Art? Seit wann?

 4 Oliver und Nathalie sind Geschwister. Beide machen Musik. Er ist Liedermacher, sie ist Flötistin. Oliver spricht Deutsch und er komponiert und singt manchmal auch auf Deutsch. Aber Deutsch ist nicht die Muttersprache von Oliver und Nathalie, obwohl man in ihrem Land vor allem Deutsch spricht.

Höre das Interview.
Woher kommen die beiden? Was ist ihre Muttersprache?

5 Höre das Interview noch einmal und mache im Heft Notizen zu folgenden Punkten.

– Angaben zur Person
– Musikart
– musikalischer Beginn
– Instrumente
– musikalische „Stärken"

6 Höre nun den zweiten Teil des Interviews. Wie stellt sich Oliver seine Zukunft vor? Zeichne die Textgrafik ins Heft und ergänze sie mit den folgenden Angaben.

Hobby · Studium · Lieder schreiben · nicht davon leben · Psychotherapeut · Konzerte

7 **Beruf Musikerin:**
Was sagt Nathalie am
Ende des Interviews?
Was passt zusammen?

Eine Musikerin	muss nicht bei jeder Vorstellung ihr Können zeigen.
Eine Sekretärin	bedeutet den meisten Menschen nicht besonders viel.
Die Konkurrenz	kann nicht immer in Top-Form sein.
Die Kultur	muss immer ihr Bestes geben.
	muss nur ihr Diplom vorweisen.
	ist sehr groß.
	hat einen unsicheren Beruf.
	verdient mit ihrem Beruf oft zu wenig.

104

Einheit 17

Inhalt
Musik, Salzburg, Mozart, Musikinstrumente, Tanzschule
Kommunikation
Vorlieben und Abneigungen ausdrücken
ein Bild beschreiben
Wortschatz
Musik, Musikinstrumente
Texte
Interview, Lied, Stadtplan, Stadtführung, Lexikoneintrag, Biographie, Hörspielausschnitte, Spiel, Jugendmagazinartikel
Landeskunde
Mozart und Salzburg
Tanzschule

Allgemein:
Im Mittelpunkt dieser Einheit steht das Thema „Musik". Es wird mit einer Reihe landeskundlicher Themen und kommunikativer Aktivitäten (kommentieren, Interviews machen usw.)verbunden.

In dieser Einheit bietet sich fächerübergreifendes Arbeiten mit dem Musikunterricht und ggf. auch dem Geschichtsunterricht an.

A Musik hören – Musik machen

1–2
Zuerst die Musik anhören lassen.Wer kann die Musik identifizieren? Wer kennt die Begriffe auf Deutsch?

Dann Gruppenarbeit (ggf. mit Wörterbuch)zu Aufgabe 2. Anschließend werden die Ergebnisse der Gruppen an der Tafel gesammelt und verglichen. Dadurch entsteht ein Gesamtmeinungsbild der Klasse.

3 Wie angegeben.

4
Oliver und Nathalie leben im Tessin. Ihre Muttersprache ist Italienisch.

Beim ersten Hören konzentrieren sich die Schüler auf die beiden Fragen. Zusatzfrage: *Woran habt ihr die Muttersprache der beiden erkannt?*

5
Sie können die fünf Stichwörter auch auf verschiedene Gruppen aufteilen. Auf diese Weise wird die Aufgabe leichter.

Differenzierungsmöglichkeit:
Schwächere Schüler suchen sich nur zwei Punkte aus der Liste aus, andere versuchen, die ganze Liste zu beantworten. Vergleich im Kurs.

6
Wie angegeben.

7 Partnerarbeit. Anschließend werden die Lösungen in der Klasse verglichen.

8 Schaut euch das Foto an, lest den Liedtext und hört das Lied.

Deine Zukunft
von Oliver Padlina

Eines Tages wirst du diese Welt entdecken und deine Träume
in Frage stellen, weil alles anders scheint
als vorher, als alles immer klar war und jedes Problem
wie eine Wolke am Himmel schnell verschwand.

Deine Identität ausbauen, neue Wege finden,
eine Aufgabe erfüllen,
das ist doch, was du heute willst, um in dieser Welt zu leben
und ihr auch etwas zu geben!

Eines Tages wirst du diese Welt entdecken und deine Träume
in Frage stellen, weil alles anders scheint
als vorher, als alles immer klar war und jedes Problem
wie eine Wolke am Himmel schnell verschwand.

Aber du wirst sicher bemerken, dass dieser Weg leider voll von Hindernissen ist,
von Leuten, die versprechen, dir alle Türen zu öffnen. Pass auf! Dafür verlangen sie (von dir):
deine Freiheit zu verlieren, deine Rechte zu vergessen, wo du nur zufrieden leben willst.

Eines Tages wirst du diese Welt entdecken und deine Träume
in Frage stellen, weil alles anders scheint
als vorher, als alles immer klar war und jedes Problem
wie eine Wolke am Himmel schnell verschwand.

9 Kinder, Jugendliche – Erwachsene. Was passt zum einen, was zum anderen Lebensabschnitt?
Lest den Liedtext genau. Macht eine Liste. Diskutiert dann in der Klasse und ergänzt eure Liste.

Kind sein	erwachsen werden
alles war klar	

105

8

Die Schüler lesen den Liedtext zunächst allein.

Erarbeiten Sie dann gemeinsam unbekannten Wortschatz an der Tafel und spielen Sie erst danach das Lied vor.

9 Ziel dieser Aufgabe ist es, das Textverstehen zu trainieren. Sie eignet sich aber auch als Vorbereitung auf eine Diskussion über das Thema „Kinder – Jugendliche – Erwachsene", falls bei Ihrer Gruppe Interesse an dieser Thematik besteht.

Alternativvorschlag:
Sie können die Schüler zunächst die beiden Lieder im Kursbuch und im Arbeitsbuch (Aufgabe 1, S. 76) hören lassen. Fragen Sie dann, welches Lied den Schülern besser gefällt und welches sie im Unterricht bearbeiten möchten. Lassen Sie das andere Lied dann weg.

A Arbeitsbuch
1. Hörverstehensübung. Die Schüler sollen versuchen, das Lied von Nicole zuerst ohne den Liedtext auf S. 79 zu bearbeiten, und erst dann den Text hinzuziehen.

B Salzburg und Mozart

10 Lassen Sie die Schüler in Gruppen zunächst den Stadtplan und die Legende anschauen.

Zusatzaufgaben:
1. In der Liste der 23 Begriffe aus dem Stadtplan haben 10 Wörter mit der katholischen Kirche zu tun. Welche?
2. Welche Wörter in der Liste bezeichnen Kirchen? (Stift, Kirche, Dom)
3. Was sagen die Namen über die Geschichte der Orte aus? (Alter Markt, Mönchsberg, Residenzplatz, Feste Hohensalzberg)

In den europäischen Städten nehmen zahlreiche Namen von Gebäuden, Plätzen oder Straßen Bezug auf historische Ereignisse. Jeder Stadtplan ist ein anschauliches Beispiel dafür. Sie können mit den Schülern auch Vergleiche zum eigenen Land anstellen.
Frage: *Wonach werden Straßen/Orte benannt?* (Personen, kirchliche Ereignisse oder andere historische Tatsachen)

11 ☐

Anschließend hören die Schüler die Ausschnitte aus der authentischen Salzburger Stadtführung und ordnen in Partnerarbeit die Stadtplannummern und die entsprechenden Abbildungen einander zu. Auswertung in der Klasse.
◆ *Ausschnitt 2:* ⓐ②⑫ *u.v.a.; Ausschnitt 3:* ⓓ⑫, *Ausschnitt 4:* ⓐⓑⓒ⑯; *Ausschnitt 5:* ⓑ㉑

12 ◆ Beispiele: *St. Peter, Franziskanerkirche, Kollegienkirche, die Festung Hohensalzburg. Im Dom: Fußbodenmosaik, Krypta (Gräber der Salzburger Bischöfe, Domtaufbecken, in dem Mozart getauft wurde. Im Schloss: Mirabell, Heckentheater, Zwergegarten*

Hinweis: Sowohl zur Stadt Salzburg als auch zu Mozart können Sie und Ihre Schüler umfangreiche Informationen im Internet finden. Eine Adresse: *http://www.austria-info.at/personen/mozart/dindex.html*

B Salzburg und Mozart

10 Seht euch den Stadtplan und die Bilder an. Welche Wörter könnt ihr erschließen?

 11 Was gehört zusammen? Ihr hört Ausschnitte aus einer Stadtführung durch Salzburg. Ordnet jedem Ausschnitt eine Stadtplannummer und eine Abbildung zu.

Ausschnitt	Stadtplan	Bild
1	2	e

12 Welche anderen Sehenswürdigkeiten der Stadt werden noch genannt? Kontrolliert mit dem Stadtplan.

Stadtbummel durch

SALZBURG

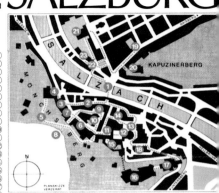

Staatsbrücke ①
Getreidegasse ②
Bürgerspital ③
Mönchsberglift ④
Mönchsberg ⑤
Festspielhäuser ⑥
Pferdeschwemme ⑦
Neutor ⑧
Universität ⑨
Kollegienkirche ⑩
Franziskanerkirche ⑪
Dom ⑫
Residenzplatz ⑬
Alter Markt ⑭
Stift St. Peter ⑮
Feste Hohensalzburg ⑯
Stift Nonnberg ⑰
Erzbischöfl. Palais ⑱
Sebastianskirche ⑲
Kapuzinerkloster ⑳
Schloß Mirabell ㉑
Landestheater ㉒
Mozarteum ㉓

SALZBURG, die Hauptstadt des gleichnamigen österreichischen Bundeslandes, hat 144 000 Einwohner, liegt 424 Meter hoch und erstreckt sich über 66 km². Seit dem 8. Jahrhundert Erzbischofsitz, ist die Stadt vor allem als Geburtsstadt Mozarts und als Veranstaltungsort der Salzburger Festspiele weltberühmt geworden.

106

B Arbeitsbuch
2. Hier werden in einem Interview eine Reihe von Stars benannt, die Mozarts Schicksal teilen und die den Schülern evtl. bekannt sind. Sie können dieses Material auch bei Aufgabe 15 des Kursbuches hinzuziehen.

3. Das Gedicht von Hans Manz erweitert den biographischen Ansatz durch eine weitere Textsorte.

Tipp: Lassen Sie das Gedicht als Intonationsübung im Kurs vorlesen oder vortragen. Achten Sie dabei besonders auf die Aussprache der Endungen.

13 Amadeus Superstar – Was wisst ihr über Mozart? Sammelt in der Klasse.

14 So werden berühmte Persönlichkeiten im Lexikon beschrieben. Es geht aber auch anders. Überlegt: Wie sehen Biografien von Pop-Stars aus, die ihr zur Zeit gut findet?

15 Lest den Text über Mozart und vergleicht mit Stars von heute.
Was ist ähnlich? Was ist anders?

2. **Wolfgang Amadeus,** Sohn von 1), österr. Komponist, *27.1.1756 Salzburg, gest. 5.12.1791 Wien; vor L. van Beethoven u. neben J. Haydn der bedeutendste Komponist der klass. Periode; erregte bereits im Alter von 6 Jahren als Klaviervirtuose gemeinsam mit seiner Schwester „Nannerl" (Maria Anna M., *30.7.1751 Salzburg, gest. 29.10.1829 Salzburg) am Wiener Hof u. auf einer 3jährigen Kunstreise 1763–1766 durch zahlreiche dt. Städte sowie Paris u. London größtes Aufsehen. In London wirkte Joh. Chr. Bach auf sein frühes Schaffen ein, in Paris lernte er Johann Schobert kennen u. in Wien J. Haydn, dem er 1785 seine drei Streichquartette widmete. Bereits mit 9 Jahren schrieb er seine erste Oper, „Apollo u. Hyacinthus". *(Quelle: „Bertelsmann Lexikon" im Internet)*

Superstar mit fünf! Das wilde Leben des W. A. Mozart

Mit 5 Jahren hatte er sein erstes Konzert. Mit sechs spielte er vor der Kaiserfamilie. Tourneen führten ihn nach München, Paris, London, Mannheim, Frankfurt, Mailand und Lille. **Mit 13** ging er nach Italien und
5 arbeitete einige Monate an der Mailänder Scala. Seine Konzerte waren riesige Erfolge. Er spielte vor europäischen Kaisern und Königen, arbeitete mit den besten

Wegen seiner ersten großen Liebe, der Sängerin Aloysia Weber, blieb Mozart so lange in Mannheim, bis er in Geldschwierigkeiten geriet.
Mit 25 ging er nach Wien und lebte dort als Musiker und Komponist ohne feste Stelle am Hof oder am Theater. 25 Er heiratete Constanze Weber, die Schwester „seiner Aloysia".

Sängern und Sängerinnen seiner Zeit zusammen und schrieb Stücke für sie. Auf seinen Reisen lernte er neue
10 Instrumente und Musikformen kennen und kombinierte sie zu ganz neuen Formen, mit denen er seine Fans begeisterte.
Die Adligen finanzierten Mozart und seine Musik. Er verdiente das Geld für die ganze Familie. **Mit 13** wurde
15 er „Konzertmeister" in Salzburg. Sein Vater war froh darüber, aber für Amadeus war es nicht das Richtige. Dauernd gab es Ärger mit dem Arbeitgeber und mit dem Vater.
Das Leben als „Superstar" hatte seinen Preis: Der Stress
20 machte ihn krank.

Amadeus liebte das Leben: Partys, Freunde, Modenschauen. Er hatte fast immer Geldprobleme und musste Tag und Nacht arbeiten, um seinen Lebensstil zu 30 finanzieren.
In Wien schrieb er seine größten Opern. Einige, wie die „Zauberflöte", würde so populär wie heute Musicals. Dann, **kaum 35** Jahre alt, der Tod. Bis heute weiß niemand, woran der „Superstar" starb. Es gibt viele Legenden. 35 Aber Mozart ist unsterblich. Seine Musik begeistert noch heute die Menschen. Sein Leben war Stoff für Bücher und Filme. Seine Musik beeinflusst moderne Komponisten, auch in der Pop-Musik, bis heute.
Amadeus – ein Superstar auch noch nach 200 Jahren.

16 Hört die Kassette. Kennt ihr die Melodie?

17 Hört den Ausschnitt aus einem Hörspiel und macht Notizen. Um wen geht es? Was erfahren wir über die Situation? Was ist der Konflikt? Welche Orte spielen eine Rolle?

18 Hört das Ende des Hörspielausschnitts. Wem schreibt Mozart? Warum? Was sagt er über sich selbst?

19 Ein Gemälde aus dem 18. Jahrhundert und ein Szenenfoto aus dem Film „Amadeus". Beschreibt die Bilder oben. Was zeigen sie?

107

Landeskunde: Alla turka
Die Klaviersonate A-Dur mit Rondo „alla turka" (KV 331) schrieb Mozart wahrscheinlich 1783 in Salzburg. Lieder im türkischen Stil wie auch andere türkische Modeelemente waren Ende des 18. Jh.s in Europa weit verbreitet und sehr populär, besonders in Wien. Das kurze Stück könnte man in der heutigen Sprache als „Hit" bezeichnen.

Tafelbild zu Aufgabe 13

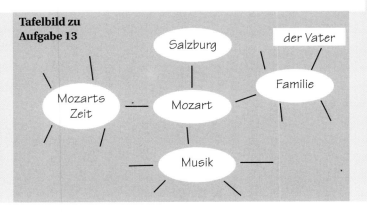

---

13 Tafelbild s. unten.

14 Fragen Sie vor dem Lesen: *Was erwartet ihr von einem Lexikoneintrag zu einer Biografie.*
Stichwörter an der Tafel notieren. Anschließend lesen die Schüler den Artikel durch und notieren zu den Begriffen an der Tafel Informationen aus dem Lexikoneintrag.
Danach Vergleich mit Biographien von aktuellen Popstars.

15 Das linke Bild zeigt Mozart und seine Schwester am Klavier, den Vater mit Violine. Ein Bild der Mutter hängt an der Wand. Das rechte Bild, aus dem Film „Amadeus" des Hollywoodregisseurs Milos Foreman, zeigt Mozart ausgelassen im Kreise seiner Freunde.
Beginnen Sie mit dem Vergleich der beiden Bilder: *Was unterscheidet die Bilder?* (Stimmung, Gesichtsausdruck, usw.)
Vergleich mit modernen Stars, die auch früh berühmt wurden und früh starben.
Falls den Schülern keine Beispiele einfallen, können Sie das Arbeitsbuch hinzuziehen (s. Lehrerhandbuch S. 110, unten).

16
Fragen: *Wie findet ihr das Stück? Woran erinnert es euch? Welche Wörter fallen euch dazu spontan ein? Zu welchem Land passt es? …*

17
Die Schüler sollen sich bei Aufgabe 17 und 18 auf unterschiedliche Punkte konzentrieren: *Wer spricht? Welche Probleme werden genannt? Welche Lösungen für die Probleme gibt es?*

18
Was ist der Anlass des Briefes? An wen geht der Brief? Was erfährt man über den Schreiber. Nach dem Hören werden die Informationen an der Tafel gesammelt.

19 Falls Sie die Bilder, wie vorgeschlagen, bereits besprochen haben, können Sie folgende Fragen als Hausaufgabe geben: *Worüber amüsieren sich die Männer? Worauf schauen sie gemeinsam?*

C Musikinstrumente international

 20 Lest den Text und ordnet jedem Instrument das passende Herkunftsland zu. Hört dann die Instrumente von der Kassette. Versucht die Tonbeispiele a–k den Instrumenten 1–11 zuzuordnen.

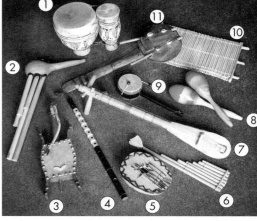

Roby sammelt Musikinstrumente aus aller Welt. Er besitzt über 30 Stück und einige davon sind wirklich originell.

Da ist z.B. das Instrument aus China, das aus vielen zusammengebundenen Röhrchen besteht, die mit Reis gefüllt sind. Oder das kleine von den Bahamas, das an den Seiten zwei kleine Kugeln hat, die ganz schön laut klingen, wenn man es mit der Hand hin- und herbewegt. Aus Togo kommt eine Art Banjo, das mit Muscheln dekoriert ist. Interessante Stücke sind auch das Streichinstrument, samt Bogen aus Jordanien, die schmale Mandoline aus Marokko und die Panflöte aus dem brasilianischen Amazonas. Nicht so selten sind die Bongos aus Tunesien, die Bambusflöte aus Japan und die Maracas aus Mexiko. Besonders stolz ist aber Roby auf das Blasinstrument aus der Karibik, mit einem Kürbis und Bambusröhren gebastelt, und auf die halbe Kokosnussschale mit den fünf Metallstäbchen, die unter den Fingern vibrieren. Ein Instrument, das bei den südafrikanischen Zulus sehr beliebt ist.

① Tunesien, h

21 *Spiel das richtige Instrument*

Spielregeln
– Ihr spielt zu dritt, jeder für sich.
– Jeder wählt sich ein Startfeld und damit eine Instrumentenkategorie aus.
– Der erste Spieler würfelt. Wenn er auf ein Feld kommt, das zu seiner Instrumentenkategorie gehört, darf er weiterwürfeln, wenn nicht, dann ist der Spieler an der Reihe, zu dem das Feld gehört. Auf Seite 109 findet ihr einen Kontrollkasten, falls ihr nicht mehr ganz sicher seid, zu welcher Kategorie ein Instrument gehört.
– Wer als erster die volle Runde gedreht hat und genau auf seinem Start/Ziel-Feld landet, gewinnt.

Tipp: Dieses Spiel könnt ihr mit allen Wörtern spielen, die man in Kategorien einteilen kann. Macht in der Klasse Vorschläge und übt Wortschatz, den ihr noch nicht so gut kennt. Vielleicht findet ihr auch noch andere Varianten.

108

C Musikinstrumente international

20
Die Schüler lesen den Text und versuchen jeweils zu zweit, die Aufgabe zu lösen.
◆ *China:* ⑩; *Bahamas:* ⑨; *Togo:* ⑪; *Jordanien:* ③; *Marokko:* ⑦; *Brasilien:* ⑥; *Tunesien:* ①; *Japan:* ④; *Mexiko:* ⑧; *Karibik:* ②; *Südafrika:* ⑤

21 Dieses Spiel (siehe Tipp) kann mit allen Wortfeldern gespielt werden, die man in Kategorien einteilen kann.
Sie brauchen **Kopiervorlage 10**, Würfel und Spielfiguren oder Münzen. Jede Gruppe erhält eine Kopie.
Spielen Sie mit einer Gruppe zusammmen das Spiel vor. Die anderen schauen zu. Wenn alle verstanden haben, wie es funktioniert, spielen sie selbständig weiter.

C Arbeitsbuch
4. Lesetext über den Erfinder einer elektronischen Geige. Lückentext als Auswertung.

D Systematisch Tanzen lernen oder: Es muss nicht immer Disco sein!

22 In den deutschsprachigen Ländern sind Tanzkurse für Jugendliche sehr populär. Lest den Bericht aus der Zeitschrift „Glücks-Post" und diskutiert in der Klasse darüber.

Mögliche Themen:
– Wie lernt man bei uns tanzen?
– Tanzfilme als Auslöser
– Tanzkurse als Treffpunkt für neue Bekanntschaften und Beziehungen

Let's Dance!

Es muss nicht immer Techno oder Disco sein, auch die klassischen Gesellschaftstänze sind bei den Jugendlichen wieder gefragt. Die GP besuchte eine Zürcher Tanzschule.

Begeistert strömen Schüler und
5 Teenager wieder in die Tanzschulen und lernen mit Spaß die klassischen Gesellschaftstänze wie Walzer, Foxtrott, Cha-Cha-Cha, Disco-Swing.

10 „Die heutige Jugend ist tolerant, offen, neugierig und lebt im Gegensatz zu früher multikulturell. Sie entscheidet sich nicht für oder gegen die Techno-Szene
15 oder den Tanzkurs, sondern mag ,sowohl als auch', meint Tanzlehrerin Marianne Kaiser. Die Leiterin der bewährten Zürcher Tanzschule hat als Ergänzung zu
20 den üblichen Erwachsenen-Kursen allabendlich um 18 Uhr einen Jugend- und Schüler-Tanzkurs ins Programm aufgenommen. Mit großem Erfolg.
25 Dort treffen wir auch die beiden 17-jährigen Schüler Vera Speerli und Thomas Aebischer aus Zürich, die mit größtem Spaß dabei sind. „Meine ältere Schwester, die sehr
30 gut tanzen kann, sowie der Tanzfilm ,Strictly Ballroom' waren für mich die Auslöser, einen Tanzkurs zu besuchen", erzählt Vera, die statt flotter Disco-Musik und
35 heißer Techno-Rhythmen viel lieber Klassik oder Jazz hört. „Außerdem etwas langweiligen *English Waltz* mag ich alle Tänze", lacht der sympathische Teenager und
40 blickt seinem Tanzpartner dabei tief in die Augen. Verschmitzt meint Thomas: „Das Tanzen brachte uns etwas näher. Wir konnten unsere Beziehung weiterent-
45 wickeln. Da wir beide das gleiche Real-Gymnasium besuchen und inzwischen sogar in derselben Klasse sitzen, kannten wir uns schon vor dem Tanzkurs. Vera
50 musste mich allerdings dazu überreden. Inzwischen haben wir aber bereits fünf Kurse absolviert und der Spaß wird immer größer", freut sich der sportliche Schüler, der
55 ebenfalls Klassik den gängigen Hits vorzieht und selber in einem Schülerorchester Cello spielt.

Thomas und Vera sind mit Spaß und Herz im Spezial-Tanzkurs für Jugendliche dabei.

Kontrollkasten zum Spiel in Aufgabe 21:
Saiteninstrumente: Cello, Mandoline, Geige, Gitarre, Kontrabass, Bratsche. **Blasinstrumente:** Flöte, Klarinette, Trompete, Posaune, Mundharmonika, Saxophon. **Schlaginstrumente:** Xylophon, Pauke, Triangel, Schlagzeug, Tamburin, Trommel.

109

D Systematisch tanzen lernen oder: Es muss nicht immer Disco sein!

22 Unterrichtsgespräch: *Tanzkurse sind in deutschsprachigen Ländern populär. Wie ist das bei uns? Was heißt Tanzkurs? Wer geht in Tanzkurse?*

Mögliche Vorentlastungen des Textes: Sammeln Sie an der Tafel Begriffe für Tänze, zunächst in der eigenen Sprache. Welche können die Schüler auf Deutsch bezeichnen?

Alternative: Machen Sie eine Liste der Tänze an der Tafel: *Walzer, Foxtrott, Cha-Cha-Cha, Discoswing, Jazztanz, Techno, English Waltz.* Fragen Sie die Schüler, welche Tänze sie kennen, welche Wörter sie kennen und wie diese in der eigenen Sprache heißen.

Nun lesen die Schüler den Artikel.

Gespräch nach dem Lesen: *Welche Tanzfilme kennt ihr? Sind zur Zeit Tanzfilme populär? Welche? Worum geht es in den Filmen (außer um das Tanzen)?*

Projektvorschlag: Falls Ihre Klasse Spaß an dem Thema hat, können Sie aus einem Handbuch einmal eine Seite über den Walzer kopieren und anschließend mit den Schülern einen Tanz einüben.

D Arbeitsbuch
5. Die Kurzgeschichte von Franz Hohler „Der Liederhörer" kann auch im Unterricht erarbeitet werden. Die Bearbeitung der Geschichte dient auch der Wiederholung von grammatischem Lernstoff. Kontrolle der Lösungen mit der Kassette. Eine Kontrolle im Unterricht wäre sinnvoll.

6. Suchrätsel zu den Musikbeispielen, die in *sowieso 3* eine Rolle gespielt haben. Das Rätsel ist nicht ganz einfach. Es eignet sich auch gut für einen Gruppenwettbewerb in der Klasse.

Die letzte Einheit ist wieder ein Plateau. Es hat die Schwerpunktthemen „Lesen und Schreiben". Die Schüler werden u.a. ermutigt, selbständig Aufgaben zu entwickeln und über das Thema „Testen und Prüfen" nachzudenken.

Die erste Doppelseite enthält zahlreiche Lesetexte unterschiedlichster Art, die in Form einer Zeitungsseite zusammengestellt sind. Wir haben absichtlich keine Auswertungsvorschläge gemacht und wollen die Schüler anregen, das, was sie bisher an Übungstypen kennen gelernt haben, auf die verschiedenen Texte selbständig anzuwenden.

sowieso extrablatt – die

Ein Lächeln hilft gegen den Stress

Los Angeles. Wenn der Stress unerträglich wird – lächeln Sie! US-Psychologe Paul Ekmann entdeckte, dass selbst ein gequältes Lächeln im Hirn die gleiche Aktivität wie ein echtes Lachen auslöst: Herzschlag, Atmung und Hauttemperatur werden wieder normal, man fühlt sich wohl.

(Wiener Kronenzeitung, 18. Dezember 1994)

Comic – Höchstpreis

dpa. Das 1938 erschienene Heft Nummer eins der Reihe „Action Comics" der Supermann-Serie wurde vom Londoner Auktionshaus Sotheby's für 54 625 Dollar versteigert. Für das erste Batman-Heft aus dem Jahr 1938 zahlte ein Liebhaber bei der Auktion 48 875 Dollar. Beide Heftchen kosteten in den 30er Jahren am Kiosk 10 Cents.

(Hessisch-Niedersächsische Allgemeine, 7.6.1996)

Mund zu, Zunge rein

Wer Rad fährt sollte anderen nicht die Zunge rausstrecken. Diese Erfahrung machte ein Mountainbiker. Bei einem schweren Sturz biss sich der Mann die Zunge ab. Glück im Unglück: Der Sanitäter legte die abgebissene Zunge auf Eis. In einer Spezialklinik konnte sie wieder angenäht werden.

(SALTO, 7. Juli 1992)

14-jähriger mit Note 1 zur Uni

AP. Die Uni Oxford bekommt in den nächsten Jahren ihren zweitjüngsten Studenten aller Zeiten. Adam Dent. Der 14-Jährige qualifizierte sich in Chemie, Biologie, Physik und Mathematik - überall Note 1. Die meisten anderen Studenten sind fünf Jahre älter.

(Bild am Sonntag, 1996)

Lichtenbergschule auf der Datenautobahn

Als erste Schule Deutschlands hängt die Lichtenbergschule an den großen Computern der Welt.

„Jetzt ist der Rechner wieder abgestürzt", murmelt Björn Köster. Der Zugriff zum Internet ist manchmal schwierig. „Geh erst mal auf C, dann versuchen wir's nochmal," rät der 17-Jährige seiner Kurskollegin Susanne. Für die Informatik-Schüler an der Georg-Christoph-Lichtenberg-Schule ist das Alltag. Seit neun Monaten schon läuft das Projekt „Unterricht auf der Datenautobahn". Als erste Schule Deutschlands hat das Gymnasium damit den elektronischen Schlüssel zu fast allen wichtigen Datenbanken der Welt in den Händen. „Versuche Verbindung." Susanne Wiegand wartet ungeduldig. Die 16-Jährige hofft auf Post von ihrer neuen Freundin Kyle Knapp in Kalifornien. Was wie ein Spiel aussieht, ist Teil der Informatikausbildung. Die 19 Kursteilnehmer haben Informatik als ihren Leistungskurs gewählt.

(Hessisch-Niedersächsische Allgemeine, 14.12.94)

Banküberfall

Täter erbeutet 20 000 Mark.
Bei einem Überfall auf die Commerzbank-Filiale in der Großen Eschenheimer Straße hat ein Unbekannter am Mittwoch 20 000 Mark erbeutet. *Siehe Bericht Seite 2.*

Es ist nie zu früh, um ...

... mit den Weihnachtsvorbereitungen zu beginnen. In Berlin werden seit dieser Woche hunderte von Studenten für ihren großen Auftritt am Heiligen Abend oder in den Tagen davor geschult. Sie üben das würdevolle Tragen von Kostüm und Bart sowie das Geschenkeverteilen.

Lust auf Urlaub im Schnee gesunken

Laut einer brandneuen Umfrage des „market"-Instituts lässt bei den Österreichern die Lust auf einen Wintersporturlaub in der heurigen Saison stark nach. 76% der Befragten gaben an, nicht in die Berge fahren zu wollen (vor zwei Jahren waren es 71%). Grund dafür: Wegen der schlechten Wirtschaftsprognosen sei ein Skiurlaub zu teuer.

(Wiener Kronenzeitung, 11.11.95)

Humor

„Möchtest du nicht aufstehen?", fragt eine ältere Dame Kai im Bus. Kai antwortet: „Wissen Sie, den Trick kenne ich. Dann setzen Sie sich hin und mein Platz ist weg."

Anruf bei der Feuerwehr: „Hilfe, unser Haus brennt!" – „Wie kommen wir zu Ihnen?" „Ach, haben Sie denn diese großen, roten Autos nicht mehr?"

Ein Onkel beantwortet den Brief seines Neffen. „Hiermit sende ich dir die gewünschten 10 Mark. Aber ich muss dich auf einen Schreibfehler aufmerksam machen. ‚10' schreibt man mit <u>einer</u> Null."

110

Zeitung zum Lehrwerk

Banküberfall mit Brotmesser

Eigener Bericht. Bei einem Überfall auf die Commerzbank-Filiale in der Großen Eschenheimer Straße hat ein Unbekannter am Mittwoch mehrere tausend Mark erbeutet.

Der etwa 30 bis 35 Jahre alte Mann hatte die Filiale gegen 15 Uhr betreten, die Kassiererin mit einem langen Messer bedroht und ihr zugerufen: „Ich brauche 10 000 Mark!"

Die Kassiererin gab ihm ein Bündel 50-Mark-Scheine. Zu Fuß flüchtete der Unbekannte in Richtung Hauptwache. Einige Bankkunden, die ihn verfolgten, verloren ihn aus den Augen.

Der Mann ist etwa 1,80 groß und kräftig. Er trägt einen Schnauzbart und macht einen ungepflegten Eindruck. Bekleidet war er mit einer schwarzen Hose und einem beigefarbenen Hemd.

(Frankfurter Rundschau, 28. 6. 96)

Maus im Jumbo

Wegen einer Maus im Passagierraum musste in London der Flug eines Jumbo-Jets nach New York annulliert werden.

(Münchner Abendzeitung, 1. 3. 95)

Verkaufe sowieso Bd. 1+2. Wenig gelesen, praktisch neu. Kassetten originalverpackt. Halber Preis. Tel. 5364 78

Nachhilfe gesucht! Wichtig: Erfahrung mit sowieso 3. Nur mit Foto. Tel.10 87 09

Schülererfindung: TV-Aufzeichnung ohne Werbung

Einen Videorecorder, der automatisch Werbung erkennt und dann abschaltet, hat ein 18-jähriger Schüler aus Neubiberg bei München erfunden. Mit seiner Erfindung wurde Tobias Kramer Landessieger im Wettbewerb „Jugend forscht" und darf jetzt am Bundeswettbewerb teilnehmen.

Verwüstung in Stadtbibliothek

Fort Worth (USA) – Der lokale Radiosender von Fort Worth meldete, in den Büchern der Stadtbibliothek seien Dollarnoten als Lesezeichen versteckt. Hunderte Menschen stürmten darauf die Bibliothek und rissen die Bücher aus den Regalen auf der Suche nach Geld.

Bitte melden! Samstag in der Disco „Blitz und Donner": **Ich:** lange, schwarze Haare – **Du:** groß, blond, kurzes Haar mit grüner Lederjacke. Du hast mich angelacht. Ich möchte dich kennen lernen! Tel. 28 07 26

Erste Hilfe bei Computerproblemen. Anruf genügt, komme sofort. DOS/Mac/alle Spiele. Stunde DM 25, Tel. 78 12 70

Gesucht! Allround-Sänger für Heavy Metal Band „Die Huber" gesucht. Wir proben samstags ab 18 Uhr im „Ding-Dong". Oder telef. bei Gaby oder Konstanze melden. Tel. 66 69 99

Autor gesucht! Wer hilft mir, meine Memoiren zu schreiben? Arbeitstitel: Ich mach das sowieso. Tel.12 36 91

---

1 Aufgaben selbst machen: Schreibt zum „sowieso Extrablatt" Aufgaben für andere Gruppen im Kurs. Modelle findet ihr in sowieso 3 z. B. auf den Seiten 11 (Aufgabe 9), 25 (Aufgabe 17), 45 (Aufgabe 34), 58 (Aufgabe 22) und 59 (Aufgabe 23).

2 Zwei Projektideen.

1. Eine Kurszeitung machen.
Der Deutschkurs ist zu Ende. Eine Kurszeitung ist eine schöne Erinnerung. Worüber kann man schreiben?
Interessante Leute / Etwas Ungewöhnliches ist passiert /
Eine Meldung aus einer deutschen Zeitung /
Lustige Fotos aus dem Kurs oder aus Deutschland /
Briefe aus dem Internet …

2. Eine Nachrichtensendung für Radio sowieso machen.

„… Schulrekord. Donnerstagmorgen kam Dirk Fahrian zum dritten Mal zu spät in dieser Woche. Seine Entschuldigung war dieses Mal: Sein Hund Boxer hat Grippe. "

111

1 Sammeln Sie zunächst Möglichkeiten an der Tafel, was man mit Texten machen kann: *Fragen stellen, zusammenfassen, richtig/falsch usw.*

Lassen Sie die Schüler dann die Seiten angeben und die dort angegebenen Übungsvorschläge suchen.

Die Schüler suchen jeweils zu zweit Texte und schreiben Übungen dazu. Achten Sie darauf, dass nicht alle Schüler den gleichen Text bearbeiten. Lassen Sie genügend Zeit, um die Texte in Ruhe zu überfliegen und einzuschätzen.

Die Übungen müssen nicht perfekt sein. Die Idee ist, dass die Schüler dabei die Texte gründlich lesen und, wenn sie Lust haben, darüber sprechen.

2 Hier bieten wir zwei Projektideen an. Die erste orientiert sich am Modell einer Kurszeitung, die die Schüler eigenständig gestalten sollen. Dabei haben sie durch die Textvielfalt auf der Doppelseite Anregungen, die sie individuell „füllen" können.

Die zweite Projektidee hat als Ziel einen Hörtext, der von den Schülern vorbereitet, gestaltet, auf Kassette aufgenommen und präsentiert werden soll. Der Großteil der Arbeit liegt in der Verantwortung Ihrer Schüler. Damit erhalten Sie die Möglichkeit, individuell und gezielt zu beraten und zu helfen.

Diese Doppelseite beschäftigt sich mit unterschiedlichen Aspekten des Themas „Lesen".

Wir steigen mit Gedanken zum Analphabetismus ein und enden mit einer Liebesgeschichte, in der das Lesen eine große Rolle spielt.

3 Sammeln Sie Äußerungen an der Tafel. Achten Sie darauf, dass unterschiedliche Satzanfänge verwendet werden. So wiederholen Sie wichtige Strukturen. Schreiben Sie am besten Satzanfänge an die Tafel. Die Schüler können diese zunächst mündlich ergänzen und dann die Äußerungen ins Heft schreiben.

4 Mit dieser Frage sollen die Schüler für das Problem des Analphabetismus sensibilisiert werden.

5 Der Text heißt auf Deutsch: *Liebe heißt … alphabetisieren.* Die Schüler sollen nur einige Sätze schreiben. Man könnte so beginnen: *Das Plakat bedeutet, dass...* Lassen Sie einige Texte vorlesen.

6 Wahrscheinlich werden die Schüler überrascht sein, dass es auch in den industrialisierten Ländern so viele Menschen gibt, die nicht lesen und schreiben können. Oft handelt es sich dabei um „funktionale Analphabeten", d.h. Menschen, die zwar lesen und schreiben gelernt haben, aber oft nicht sehr gründlich. Da sie in ihrem späteren Leben diese Fertigkeiten nur sehr selten praktiziert haben, sind sie allmählich wieder verloren gegangen.

7–8 Die Aufgaben 7 bis 12 beschäftigen sich mit der Frage, was das Lesen für Jugendliche bedeutet oder bedeuten könnte.

Die beiden Texte beschreiben einerseits das Abenteuer Lesen, die Möglichkeit, mit Hilfe eines Buches unendlich viel zu erleben, und andererseits die Veränderung des Leseprozesses mit dem Heranwachsen. Vielleicht erinnern sich die Schüler daran, was und wie sie (vielleicht begeistert) früher gelesen haben. Vielleicht sind es ja ganz ähnliche Bücher, die sie

kennen. Lassen Sie Beispiele für die Texte sammeln und in der Klasse austauschen (Aufgabe 8).

9 Natürlich brauchen die Schüler die Titel nicht auf Deutsch zu schreiben. Vielleicht nennen sie aber Titel, die Sie selbst auf Deutsch kennen. Nennen Sie dann jeweils den deutschen Titel.

18

3 Lesen – Was heißt das?
Wo und wann müsst ihr etwas lesen und verstehen?

Man muss lesen können, …

… um zu wissen, was im Fernsehen kommt.
… um eine unbekannte Adresse zu finden.
… wenn man …
… damit man …
… weil man …
…

4 Was wäre, wenn du nicht lesen könntest?

5 In Zusammenarbeit mit der UNESCO zeigt eine internationale Ausstellung Plakate zum Thema Analphabetismus. Kannst du zu dem Plakat einen kleinen Text schreiben? Was ist die Aussage?

6 Lest den Text und diskutiert: Was sind die Gründe für Analphabetismus?

Amar es….
Alfabetizar.

Über eine Milliarde können nicht lesen

Paris. Mehr als 200 Millionen Menschen in den Industriestaaten können nicht lesen und schreiben; In den Entwicklungsländern sind es über 880 Millionen.
Diese Zahlen veröffentlichte die Kulturorganisation der Vereinten Nationen, UNESCO, am Dienstag in Paris. Im Vorfeld des Internationalen Alphabetisierungstages am 9. September ermahnte UNESCO-Chef Federico Mayor die Regierungen aller Staaten: „Alphabetisierung ist Voraussetzung für eine bessere Welt in der Zukunft."

7 In „jetzt", der Jugendbeilage der „Süddeutschen Zeitung", haben Jugendliche geschrieben, was sie über das Thema „Lesen" denken. Lies die Texte und finde für jede der beiden Aussagen ein Beispiel.

ROMAN HEBERT
Literatur ist die mit Abstand günstigste Art zu reisen. Mit 11,40 DM reise ich nicht nur auf einem prächtigen Schiff, sondern auch mit Menschen einer anderen Kultur durch ferne Ozeane …

SILKE DENKER
Was es wirklich heißt, ein Buch zu lesen, kann man nur verstehen, wenn man 12 ist oder 13. Irgendwann mit dem Heranwachsen verliert das Leben einen Teil seines Zaubers und ein Kapitel zu lesen ist

eine Selbstverständlichkeit und keine Herausforderung mehr. Sicherlich, auch wenn man groß ist, kann man Bücher lieben, kann man das gleiche Buch immer und immer wieder lesen und Raum und Zeit und Wirklichkeit über ein paar wenigen Sätzen vergessen. Aber man braucht keine Taschenlampe mehr, um heimlich unter der Bettdecke zu lesen. Und man weint nicht mehr um Winnetou.

8 Erzählt über eure ersten Leseerfahrungen.
9 Eine Umfrage in der Klasse. Jede/r schreibt fünf Titel von Büchern auf, die sie/er gelesen hat. Welches Buch ist das beliebteste?

112

10 Lies die Aussagen von Katarina, Jörn, Gabriele und Regine. Wem würdest du zustimmen? Begründe deine Entscheidung.

KATARINA BADER

In der Schule werden Gedichte und Romane oft grau und leblos. Man zerrupft und zerfleischt sie manchmal so lange, bis von der Stimmung, die sie ausstrahlen, nichts mehr übrig bleibt. Interpretationen sind meiner Meinung nach oft der reinste Mord.

JÖRN MENTZEL

Was soll's? Schwarzenegger hat es so treffend formuliert, dass ich mich nur auf ihn zu berufen brauche, um zu wissen, was eben die Großen, wie Goethe und Konsorten, nicht wissen konnten: *Hasta la vista, Baby,* denn der mit den meisten Muskeln siegt immer, obwohl er nie ein Buch in den Händen gehalten hat.

GABRIELE SEYNSCHE

Geschriebene Worte haben mein Leben verändert. Denn sie haben meine Lust am Leben geweckt. Weswegen ich viel Zeit mit Büchern verbringe. Zeit, in der ich auch reden könnte oder Rad fahren oder tanzen. Vielleicht wäre ich ohne Bücher ein Sportass geworden. Oder Astronaut.

REGINE WOLTERING

Meine Freunde sagen manchmal, dass ich wie Anne aus „Anne auf Green Gables" bin. Durch dieses Buch bin ich zugegebenermaßen auf die Idee gekommen, mir die Haare rot zu färben.

11 Hat dich auch schon einmal ein Buch / ein Film so beeinflusst, dass du etwas an dir verändert hast?

12 Lest den Titel der Geschichte und betrachtet die Zeichnung. Überlegt: Was hat Lesen mit Liebe zu tun?

Lesen – der Weg zum Herzen einer Frau
von Kim Kirchhof (15)

Weil er den Weg zur Gemeindebücherei kannte, wurde ein Junge zu meiner ersten großen Liebe. Und ich falle immer wieder darauf rein, Jungen, die lesen, für etwas ganz Besonderes zu halten. Dass wir uns richtig verstehen, ich meine nicht die nicht so tollen Jungen – die müssen ja lesen, weil sie nichts Besseres vorhaben — sondern die ganz coolen Typen, die Snowboard-Fahrer, die Computer-Freaks, die bundesligaverdächtigen Liberos. Was bekommen sie für einen Glanz, wenn sie auch noch lesen können. Als ich einen Jungen mit dem „Medicus" in der Hand traf, erschien er mir in einem ganz neuen Licht und ich konnte nicht mehr glauben, dass er der ignorante Trampel sei, für den ich ihn bis dahin gehalten hatte. Nach acht Wochen stillen Anbetens und Beobachtens wurde mir klar, er ist ein ignoranter Trampel und hat noch nie etwas anderes gelesen als den Sportteil der Bild-Zeitung. Das Buch muss seiner Mutter gehört haben. Und es geht nicht nur mir so! Eine Umfrage (von mir) hat ergeben: Jungen, die lesen, werden für sensibler, zärtlicher, vertrauenswürdiger, toleranter, einfach für toller gehalten. Seitdem weiß ich, dass Jungen, die eine Freundin suchen, in einer Disco völlig falsch sind. Mein Tipp: Rein in die Leseecke beim *Hugendubel!* Dort sitzt deine Traumfrau? Schau, was sie liest. Hole dir das gleiche Buch aus dem Regal. Setze dich zwei Plätze neben sie. Der Rest kommt von ganz allein!

113

10 Die Jugendlichen geben ganz unterschiedliche Einschätzungen vom Wert des Lesens. Die Schüler sollen überlegen, was auf sie zutreffen würde, und ihre Einschätzung begründen. Natürlich sind auch abweichende Meinungen möglich.

11 Die Aufgabe bezieht sich auf den Text von Regine Woltering, aber Sie können den Gedanken auf andere „Impulse" ausweiten, z.B. aktuelle Filme oder Lieder. Wenn die Schüler Probleme haben, über sich selbst zu erzählen, dann fallen ihnen vielleicht andere Personen ein, die eine solche Erfahrung hatten.

12 Der Text ist leicht ironisch und behauptet, dass Jugendliche, besonders Jungen, interessanter wirken können, wenn sie lesen, vor allem, wenn sie literarische Texte lesen.
Die Münchner Buchhandlung „Hugendubel" ist eine der größten Buchhandlungen Europas. Man findet dort junge und alte Menschen, auf bequemen Bänken und Stühlen sitzend, die stundenlang in den angebotenen Büchern „schmökern".

Sie können über die Zeichnung einsteigen. Das Buch, das der Junge liest, steht auf dem Kopf, um zu zeigen, dass er hauptsächlich „Eindruck schinden" will. Der Junge meint wohl, dass er besonders gut ankommt, wenn er Goethe liest.

Gespräch in der Klasse:
Was ist dran an der Geschichte? Sind Menschen, die lesen, wirklich erfolgreicher bzw. beliebter?

13 In der Bildergeschichte sind die traditionellen Rollen von Touristen und Einheimischen vertauscht. Nicht Weiße bestaunen Farbige, sondern Farbige sind als Touristen in Deutschland.

Die vier Szenen beschreiben typische Situationen, die sich beim Besuch einer fremden Kultur ergeben können.

Lassen Sie die Schüler jeweils zu zweit die Zeichnungen beschreiben und interpretieren. Sie können hier noch einmal die Strukturen der Bildbeschreibung aus Einheit 5, Aufgabe 6, wiederholen.

Anschließend wählen die Schüler eine Textsorte (als Hausaufgabe) aus. Wir haben einige Möglichkeiten vorgegeben. Sollte Ihnen oder den Schülern etwas anderes einfallen, umso besser!

Hinweis: Wenn Sie genügend Zeit haben, lassen Sie die Schüler sich in verschiedenen Stadien ihrer Schreibaufgabe in Partner- oder Kleingruppenarbeit von der Skizze bis zur Reinschrift gegenseitig beraten, korrigieren und verbessern. Sammeln Sie die Ergebnisse in einem Ordner.

14 Differenzierende Aufgabe zum Thema „Sich beschweren".

Wahrscheinlich hat jeder etwas, das ihn stört, sei es in der Schule, in der Familie oder sonst im Alltag.

Die Schüler können wählen, ob sie einen kurzen mündlichen Vortrag mit Stichworten darüber vorbereiten wollen oder das Ganze aufschreiben möchten.

Sie können in aufeinander folgenden Stunden zu Beginn und zum Ende der Stunde einen oder zwei Vorträge oder Berichte vortragen lassen. Vielleicht ergeben sich aus den Beschwerden auch interessante Diskussionen in der Klasse.

15

Kreative Hör- und Schreibaufgabe, die darauf basiert, dass wir beim Hören oder Lesen immer vollständige Bedeutung erzeugen, selbst wenn nur Bruchstücke erkennbar sind. Auf der Kassette sind Geräusche und Bruchstücke von Gesprächen. Die Schüler stellen daraus jeweils zu zweit eine Geschichte zusammen, die möglichst genau mit allen Einzelheiten ergänzt wird.

Spielen Sie die Kassette mehrmals vor. Die Aufgabe trainiert Hörstrategien, indem beim Hören Kontexte kreiert werden und damit aus den Bruchstücken ein sinnvoller Zusammenhang konstruiert wird.

---

13 Schreiben.
Die vier Zeichnungen erzählen eine Geschichte. Überlegt zuerst, was man dazu schreiben könnte: Sketch, Erzählung, Bericht, Nachricht, Brief? Wählt dann eine Möglichkeit aus und schreibt!

14 „Das find ich sch... schlecht!"
Worüber du dich schon immer einmal beschweren wolltest. Schreib einen kurzen Text oder bereite einen Vortrag vor (1 Minute).

 15 Hören und Schreiben.
Hört die Geräuschgeschichte und schreibt sie auf.

114

16 Über Prüfen und Testen nachdenken.

Findet mögliche Antworten auf die Frage wer?, was? und wie? in eurem Unterricht getestet wird. Normalerweise prüfen die Lehrer/innen und die Schüler/innen werden geprüft. Aber muss das immer so sein? Was könnte man außerdem prüfen und bewerten? Hier einige Möglichkeiten:

– Man könnte bewerten, wie gut der/die Lehrer/in vorbereitet war.
– Man könnte bewerten, wie die Atmosphäre in der Klasse ist.
– Man könnte bewerten, wie gut man selbst mitgearbeitet hat.

Tafelbild · Lehrmaterial · Übungen · Hausaufgaben · Zeit · Motivation · Zusammenarbeit · Spaß · …

17 Einen Fragebogen entwerfen.

Schüler/in
❏ Ich habe heute gut aufgepasst.
❏ Ich habe meine Hausaufgaben gemacht.
❏ Ich habe heute öfter etwas gesagt.
❏ Ich habe gefragt, wenn ich etwas nicht verstanden habe.
❏ …

Lehrer/in
❏ Ich habe mich gut vorbereitet.
❏ Ich war freundlich zu den Schülern.
❏ Ich habe versucht, alles gut zu erklären.
❏ Ich habe ein bisschen Spaß gemacht.
❏ Der Unterricht hat mir selbst gefallen.
❏ …

18 Der Kampf gegen die Nerven. Sich auf einen Test vorbereiten.

Die meisten Menschen sind vor Tests und Prüfungen ziemlich aufgeregt. Warum? Sie wissen nicht genau, was kommt und ob ihr Wissen ausreicht. Was kann man dagegen tun? Was ist eure Erfahrung?

19 Wir haben deutsche Schüler gefragt. Notiert und vergleicht mit euren Erfahrungen.

Lerntipp ➤ Wenn man weiß, was kommt, fühlt man sich meistens sicherer.

20 Deshalb nicht vergessen: „Fragen kostet nichts!"

1. Frage: Wie wird der Test aussehen? (Form)
– Mündliche Antworten?
– Schriftliche Aufgaben mit Lücken?
– Ein freier Text?
– Muss man ankreuzen oder schreiben?

2. Frage: Was wird geprüft? (Inhalt)
– Geht es um Leseverstehen (Texte/Themen)?
– Grammatik (welche Formen)?
– Wortschatz (welche Einheiten/Wortfelder)?
– …

Lerntipp ➤ Versucht, so viel wie möglich über den Test herauszufinden.
Fragt eure Lehrer/innen und Schüler/innen aus dem letzten Jahr.

Lerntipp ➤ Versucht herauszufinden, was ihr schon könnt und wo eure Lücken sind.

Auf der nächsten Seite haben wir einige Vorschläge dazu gemacht.

115

Die folgenden zwei Seiten (115–116) helfen den Schülern, sich auf Tests vorzubereiten. Die Vorschläge und Aufgaben sind im Zusammenhang mit den anderen Tipps und Hinweisen zum Thema „Wiederholen" zu sehen, die wir von *sowieso 1* an in den systematischen Teilen zum Thema „Lernen lernen" angeboten haben.

16 Ausgangspunkt ist die Reflexion darüber, was im Unterricht eigentlich alles bewertet werden könnte. Dabei wird der Unterrichtsprozess als Ganzes hinterfragt und nicht nur die Eigenleistung der Schüler.

Lassen Sie die Schüler Beispiele sammeln. Schreiben Sie an die Tafel Strukturen, wie im Beispiel vorgegeben:

Man könnte testen, bewerten, überprüfen, wie … / ob … / wie viel … wann … / …

17 Die Entwicklung der Fragebögen sensibilisiert die Schüler dafür, dass sie selbst Verantwortung für den Verlauf des Unterrichts haben. Sie sind ein Stück Selbstevaluation.

Natürlich gilt das auch für die Lehrperson. Je nachdem, wie viel Ihnen selbst und Ihren Schülern dieser Ansatz etwas bedeutet, können Sie mehr oder weniger Zeit darauf verwenden. Sie können z.B. zusammen mit den Schülern große Plakate zu den Fragebogenansätzen entwerfen und im Klassenzimmer aushängen.

18 Austausch von Strategien zur Vorbereitung auf einen Test. Was machen Ihre Schüler? Welche Möglichkeiten sind ihnen bekannt?

19
Deutsche Schüler haben sich zu dem Thema geäußert. Lassen Sie Notizen machen und mit den eigenen Äußerungen aus Aufgabe 18 vergleichen.

20 Am besten, Sie bringen konkrete Testbeispiele mit und verteilen sie zur Analyse an Schülergruppen. Sprechen Sie über Testformen und darüber, was schwer oder leicht ist, über Zeitrahmen usw.

21 Zeigen Sie die Beispiele für Selbsttests aus *sowieso 1* und *2* und lassen Sie die Schüler nach dem Modell in Aufgabe 21 den Test weiterschreiben.

22 Die Schüler sollen den Test am besten in der Klasse lösen. Damit die Phasen nicht zu lang werden, lassen Sie die Schüler immer nur fünf Aufgaben schriftlich lösen und vergleichen Sie dann die Ergebnisse in der Klasse.

Fragen Sie: *Wo gab es Probleme? Was war sehr leicht? Was hat niemand gelöst? …*

21 Selbsttest – Was kann ich schon auf Deutsch?

In *sowieso 1* und *2* findet ihr jeweils auf der letzten Seite einen Selbsttest. Schreibt im Kurs jetzt einen Test für *sowieso 3*.

1. Über das Wetter sprechen
2. Ein Hotelzimmer reservieren
3. Sagen, was mir fehlt (Krankheiten)
4. …

ohne Probleme	es geht	das kann ich noch nicht

22 Testvorbereitung konkret – Aufgaben zu *sowieso 3*.

1. Ein Deutschkurs geht zu Ende. Wie geht es weiter? Formuliere drei gute Vorsätze.
– Ich werde …

2. Wie ist das Wetter?

3. *Wenn – dann*: Schreibe je einen Satz zum Thema: Schule, Freizeit, Freundschaft.

4. *ob*: Ergänze die drei Sätze mit *ob*.
Ich weiß nicht, …
Ich frage mich manchmal, …
Mir ist es egal, …

5. Wortschatz: Finde je fünf Wörter, die dazu passen:
Grippe · Weihnachten · Berufe

6. Fünf Flaggen:

Länder – Menschen – Sprachen:
Deutschland – Deutsche – Deutsch

7. Ergänze die Sätze.
Wenn ich Lehrer wäre, …
Wenn ich schon 20 wäre, …
Wenn ich mehr Zeit hätte, …

8. Was war noch auf dem Bild (fünf Sachen)?

116

9. „Spaghetti für zwei."
Was war das Problem?

10. Welche Berufe passen zu den Wörtern?
Kirche, Wurst, Zeitung, Haare, Partei

11. Verbinde die Wörter zu Buchtiteln.
der Name – die Rose · der Besuch – die alte Dame · die Märchen – die Brüder Grimm · die Geschichte – das Fahrrad · der Tod – der junge Musiker

12. Ergänze die Relativsätze.
– Schwarzenegger ist ein Mann, der …
– Das Fahrrad, mit dem …
– Das Taxi, …

13. Ein Bauernhof: 5 Tiere und 5 Tierstimmen.

Hunde – bellen, …

14. Schreibe Fragesätze.
Woran? · Womit? · Mit wem? · Wofür? · An wen?

15. Wozu braucht man diese Dinge:
eine Sonnenbrille, einen Kuli, ein Fahrrad, einen Lehrer?

Arbeitsbuch
1.–4. Diese Aufgaben beziehen sich auf die Texte auf den Seiten 84 bis 87 im Arbeitsbuch. Die Aufgaben trainieren noch einmal verschiedene Lesestrategien. Zu allen Aufgaben finden die Schüler die Lösungen entweder direkt nach der Aufgabe (bei 1.) oder auf Seite 83 unten. Sie können diese Texte im Unterricht als Zusatzmaterial verwenden.

5. Ein Würfelspiel mit Fragen und Aufgaben zu Grammatik, Landeskunde usw., das sehr einfache Regeln hat und allein oder in der Gruppe zu spielen ist. Sie können diese Doppelseite auch im Kurs als Quizvorlage verwenden und mit zwei Großgruppen im Wettbewerb spielen.

Tipp: Vergrößern Sie die Vorlage aus dem Arbeitsbuch auf Folien und schneiden Sie die Aufgaben aus. Sie können diese nach und nach auf den Projektor legen. Wer zuerst die richtige Antwort weiß, bekommt einen Punkt. Die Aufgaben 6. bis 13. wiederholen Grammatik, Wortschatz, Lese- und Hörverstehen.

6. Grammatikübung mit Symbolen und „Grammatiksprache" für Spezialisten. Für den Unterricht geeignet. (Zeichnen Sie die Symbole an die Tafel.)

7. Aufgabe zum Erkennen von Textsorten. Wobei die Texte ohne ihr spezifisches Lay-out präsentiert werden. Die Lösung und die Origi-

23 Die Schwierigkeit aufzuhören.

Mehrere Personen

– Schluss jetzt!
– Ich finde auch, es reicht!
– Sehr richtig! Einmal muss Schluss sein!
– Und zwar endgültig.
– Man muss auch mal aufhören können!
– Und darum: Schluss jetzt!
– Ein für alle Mal!
– Jawohl! Denn sonst geht's endlos so weiter.
– Und wir kommen nie an ein Ende!
– Und reden morgen früh immer noch.
– Schrecklicher Gedanke!
– Ich schlage vor: Jeder hält jetzt einfach seinen Mund!
– Sehr gut. Von jetzt an – kein Wort mehr!
– Es wird einfach aufgehört.
– Und zwar ruck-zuck!
– Denn sonst hören wir ja doch nicht auf.
– Das fürchte ich auch.
– Also, jetzt reicht's aber wirklich!
– Herrjeh noch mal, hört das endlich auf!
– Das ist ja nicht auszuhalten!
– Man wird ja noch total verrückt dabei!
– Aufhören jetzt, und zwar sofort!
– Aufhören! Himmeldonnerwetter – aufhören!
Alle: Ruhe!

Aus: Helmut Müller, Der eine und der andere – Szenische Dialoge, Klett Verlag.

117

23

Dies ist die letzte Aufgabe des Lehrwerks *sowieso*.

Es dreht sich alles um den Schluss, das Ende und die vielfältigen Möglichkeiten, wie man das im Deutschen ausdrücken kann.

Arbeiten Sie am besten mit einer Kopie des Textes und mit der Kassette.

Markieren Sie die Akzente und Besonderheiten der Intonation zusammen mit den Schülern.

Lassen Sie dann das Ganze gemeinsam spielen. Jeder sagt einen Satz (mit Betonung und nicht zu leise).

Am Schluss könnte alles in einen befreienden „RUHE"-Schrei der gesamten Klasse münden.

Das Ende der „Lesung" sollte möglichst mit dem Ende der Stunde zusammenfallen, um so einen „dramatischen" Abschluss zu inszenieren.

In dem sehr empfehlenswerten Bändchen von Helmut Müller (s. Quellenangabe) finden Sie übrigens noch zahlreiche andere Dialoge und Sketche, die Sie sehr gewinnbringend in Ihren Unterricht einbauen können.

---

naltexte (soweit sie ein spezifisches Lay-out haben) finden die Schüler auf Seite 92 unten.

8. Wiederholung von Zeitformen von Verben.

9. Komplexe Aufgabe in Form eines C-Tests: In einem Text fehlt bei jedem zweiten Wort ungefähr die

Hälfte. Mit dieser Form werden sowohl das Leseverstehen wie auch Wortschatz und Grammatik überprüft.

10. Wortschatz nach Themenbereichen ordnen. Die Schüler sollen selbständig Oberbegriffe finden.

11.–13. Aufgaben zum Hörverstehen, die sich an die

Thematik der Einheit 14 anlehnen und das Thema „Gute Freunde oder Clique" aufgreifen.

In dieser Liste findest du die Wörter aus Einheit 1–18 von *sowieso 3*.
Namen von Personen, Städten und Ländern haben wir nicht aufgenommen.

Diese Informationen gibt das Wörterverzeichnis:

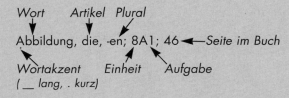

Wort   Artikel Plural

Abbildung, die, -en; 8A1; 46 ◄—*Seite im Buch*

Wortakzent   Einheit   Aufgabe
(__ lang, . kurz)

Fett gedruckte Wörter gehören zum Lernwortschatz. Diese Wörter musst du auf jeden Fall lernen.
Unregelmäßige Verben sind mit allen Formen angegeben.

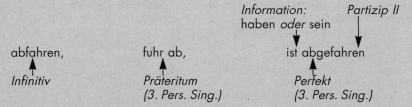

Information: Partizip II
haben *oder* sein

abfahren,   fuhr ab,   ist abgefahren

Infinitiv   Präteritum   Perfekt
                   (3. Pers. Sing.)   *(3. Pers. Sing.)*

Viele Wörter haben mehr als eine Bedeutung. Sie sind dann so aufgeführt:

Stelle (1), die, (Sg.); 6.6; 36
Stelle (2), die, -n; 17B15; 107

---

ab und zu; 14B8; 87
abbeißen, biss ab, hat abgebissen; 18; 110
Abbildung, die, -en; 8A1; 46
abbrechen, brach ab, hat abgebrochen; 12.14; 75
Abendland, das, (Sg.); 14C; 89
abfahren, fuhr ab, ist abgefahren; 6.2; 34
abfragen; 16A7; 100
Abgeordnete, der, -n; 15B7; 94
abhängen, hing ab, hat abgehangen; 12.14; 75
abhauen; 14B8; 87
abholen; 4C20; 26
abkommen, kam ab, ist abgekommen; 16C18; 102
ablegen; 15B9; 94
abschalten; 18; 111
abschließen, schloss ab, hat abgeschlossen; 10D18; 67
abschrauben; 7C19; 42
absolvieren; 17D22; 109
abstimmen; 13C17, 82
abstürzen; 18; 110
Absurdität, die, -en; 14B9; 88
abwarten; 13C15; 81
Adjektivsuffix, das, -e; 9E29; 60
Adlige, der/die, -n; 17B15; 107
ähnlich; 4D22; 27

Akte, die, -n; 16A7; 100
Aktion, die, -en; 10D15; 66
akustisch; 9D25; 59
alkoholfrei; 9E32; 60
allabendlich; 17D22; 109
allerdings; 16C18; 102
allgemein; 12.15; 76
allmählich; 14B8; 87
Alltagsgeschehen, das, (Sg.); 9D27; 60
Alm, die, -en; 5.18; 33
Alpen-Übergang, der, "-e; 13C15; 81
Alpenbewohner, der, -; 13B7; 80
Alpentransit, der, (Sg.); 13C15; 81
als; 10A1; 62
Alte, der/die, -n; 4C18; 26
Altenwohnheim, das, -e; 4C19; 26
analysieren; 7C19; 42
Anbeten, das (Sg.); 18.12; 113
anbringen, brachte an, hat angebracht; 5.18; 33
andererseits; 2B9; 11
ändern (sich); 13A3; 78
Angabe, die, -n; 17A5; 104
angeben, gab an, hat angegeben; 15A4; 93
angeblich; 15B9; 94
angehen, ging an, hat angegangen (jmdn. geht etwas an); 12.4; 73

angehören; 15A4; 93
Angestellte, der/die, -n; 7E34; 45
Angriff, der, -e; 4C17; 25
anhalten, hielt an, hat angehalten; 7D32; 44
ankommen, kam an, ist angekommen (etwas kommt auf etwas an); 12.1; 72
ankreuzen; 15A4; 93
anlegen (es auf etwas anlegen); 14B11; 88
Anleitung, die, -en; 15D27; 97
anmachen; 14A4; 86
anmelden; 12.3; 72
annähen; 18; 110
annullieren; 18; 111
Anregung, die, -en; 9C14; 57
anschauen; 5.18; 33
anscheinend; 6.6; 36
Anschluss (Anschluss finden); 4B11; 24
ansprechen, sprach an, hat angesprochen; 13A3; 78
anstecken; 3E33; 21
anstellen (sich); 3E35; 21
anstrengen (sich); 1B8; 8
anstrengend; 7C19; 42
Anteil, der, -e; 15B8; 94
antidemokratisch; 10B6; 63

Anwohnerin, die, -nen; 13C17; 82
Anzeichen, das, -; 14B8; 87
anziehen, zog an, hat angezogen; 13D26; 84
Anzug (im Anzug sein); 14B8; 87
applaudieren; 14D14; 89
Arbeit, die, -en; 2A2; 10
Arbeiter, der, -; 6.2; 34
Arbeiterpartei, die, -en; 10B6; 63
Arbeitgeber, der, -; 17B15; 107
Arbeitnehmer, der, -; 12.9; 74
Arbeitsamt, das, "-er; 7E33; 45
Arbeitseinsatz, der, "-e; 8A2; 46
arbeitsfrei; 8A2; 46
arbeitslos; 7A7; 39
Arbeitslosigkeit, die, (Sg.); 4C17; 25
Arbeitsplatz, der, "-e; 2B12; 12
Arbeitswelt, die, (Sg.); 9D22; 59
Arbeitszeit, die, -en; 8A2; 46
arm; 4B11; 24
Armee, die, -en; 10B6; 63
Artenvielfalt, die, (Sg.); 13A2; 78
Arzt, der, "-e; 3E33; 21
Assistentin, die, -nen; 12.7; 74
Asylbewerber, der, -; 6.3; 35
Atmung, die, (Sg.); 18; 110
Atompolitik, die, (Sg.); 15A4; 93
ätzend; 17A2; 104
auf einmal; 14B8; 87
aufbauen; 4C17; 25
aufbringen (Mut aufbringen), brachte auf, hat aufgebracht; 14B8; 87
Aufenthalt, der, -e; 8A2; 46
auffangen, fing auf, hat aufgefangen; 9A1; 54
auffordern; 6.8; 36
aufgeben (1), gab auf, hat aufgegeben; 12.3; 72
aufgeben (2), gab auf, hat aufgegeben; 16C15; 101
aufmerksam machen (jmdn.); 7D32; 44
Aufnahme, die, -n; 16A3; 98
aufnehmen (1), nahm auf, hat aufgenommen; 8B19; 49
aufnehmen (2), nahm auf, hat aufgenommen; 14B8; 87
aufnehmen (3), nahm auf, hat aufgenommen; 16C21; 103
Aufräumungsarbeit, die, -en; 10C10; 65
aufregen (sich); 12.20; 77
aufrufen, rief auf, hat aufgerufen; 13A2; 78
aufspringen, sprang auf, ist aufgesprungen; 10C10; 65
Auftrag, der, "-e; 13A3; 78
auftreten, trat auf, ist aufgetreten; 3C29; 19
Auftritt, der, -e; 18; 110

aufwachen; 11.9; 70
Augenblick, der, -e; 6.11; 37
Auktion, die, -en; 18; 110
aus; 13D19; 83
ausbauen; 7D31; 44
Ausbildungsstelle, die, -n; 7E34; 45
Ausdruck, der, "-e; 6.14; 37
Ausdrucken, das, (Sg.); 16A6; 99
ausdrücken; 2B15; 12
ausfüllen; 12.10; 75
aushalten, hielt aus, hat ausgehalten; 4B11; 24
aushängen; 13A2; 78
Auskunft, die, "-e; 14D15; 90
Ausländer, der, -; 1A2; 7
Ausländerfeindlichkeit, die, (Sg.); 15A4; 93
Auslöser, der, -; 17D22; 109
auslüften; 8A2; 46
ausmalen; 14B8; 87
ausprobieren; 16B12; 100
Auspuff, der, -e; 7C19; 42
ausreichen; 18.18; 115
ausrollen; 9A1; 54
aussagen; 13A3; 78
ausschalten; 9D27; 60
Aussehen, das, (Sg.); 8A6; 47
aussenden; 14B8; 87
Außendienst, der, -e; 12.7; 74
Außenpolitik, die, (Sg.); 15A1; 92
außer; 10B6; 63
äußern; 6.14; 37
Äußerung, die, -en; 14B10; 88
aussprechbar; 8E33; 52
Ausstellung, die, -en; 10C12; 65
austauschen; 3E34; 21
auswandern; 13B7; 80
auswechseln; 5.18; 33
Auswirkung, die, -en; 13A3; 78
Auszubildende, der/die, -n; 7E34; 45
Autofahrer, der, -; 9A1; 54
autofrei; 13A5; 79
automatisch; 4A1; 22
Autor, der, -en; 7A1; 38
avancieren; 15A4; 93
Backsteinmauer, die, -n; 5.18; 33
Bahn, die, (Sg.); 8C16; 49
Bakterie, die, -n; 7C19; 42
Bambusröhre, die, -n; 17C20; 108
Band, die, -s; 8D23; 50
Banjo, das, -s; 17C20; 108
Bankkauffrau, die, -en; 7A1; 38
Bankkaufmann, der, "-er; 7A1; 38
Bart, der, "-e; 18; 110
Basteln, das, (Sg.); 7C19; 42
basteln; 7C22; 42
Batterie, die, -n; 13D21; 83
Bau, der, (Sg.); 15D27; 97
Bäuerin, die, -nen; 7A1; 38
Bauernregel, die, -n; 3C21;18

Baufacharbeiter, der, -; 7A1; 38
Baukasten, der, "- ; 1B8; 8
bedeckt; 3A1; 14
Bedeutung, die, -en; 5.14; 32
bedienen; 9D27; 60
Bedingung, die, -en; 3B; 16
bedrohen; 18; 111
beeinflussen; 16C21; 103
beenden; 10C9; 65
Befehl, der, -e; 9D27; 60
Befragte, der, -n; 15A4; 93
Begegnung, die, -en; 14B8; 87
begeistern; 16A7; 100
begeistert; 10A3; 62
Beginn, der, (Sg.); 7B15; 41
Begründung, die, -en; 9D22; 58
Behauptung, die, -en; 15D27; 97
behutsam; 13D26; 84
bei; 15A1; 92
beimischen; 9B7; 56
Beinchen, das, -; 13D26; 84
Bekanntschaft, die, -en; 17D22; 109
beleuchten; 9C19; 58
bellen; 1B10, 9
belügen, belog, hat belogen; 14D15; 90
bemühen (sich); 6.5; 35
benehmen (sich), benahm sich, hat sich benommen; 14B8; 87
benötigen; 9D27; 60
Benutzer, der, -; 9D27; 60
bequem; 2B12; 12
Bequemlichkeit, die, -en; 13B6; 79
beraten, beriet, hat beraten; 15C13; 95
Bereich, der, -e; 9D22; 59
bereits; 9D22; 59
Bergmann, der, "-er; 4B11; 24
Bericht, der, -e; 17D22; 109
berufen (sich), berief, hat berufen; 18.10; 113
beruflich; 10C9; 64
Berufsausbildung, die, -en; 4B11; 24
Berufsschule, die, -n; 12.22; 77
Berufswechsel, der, (Sg.); 12.18; 76
berühren; 11.11; 71
Besatzungszone, die, -n; 10C9; 65
beschaffen; 15C13; 95
beschäftigen (sich); 9D27; 60
Bescheid geben, gab Bescheid, hat Bescheid gegeben; 12.15; 76
Bescheid wissen, wusste Bescheid, hat Bescheid gewusst; 12.2; 72
bescheiden; 15B10; 94
beschießen, beschoss, hat beschossen; 10C9; 65
beschließen, beschloss, hat beschlossen; 10B6; 63
beschweren (sich); 15B10; 94
Beseitigung, die, (Sg.); 10C9; 65

besetzen; 10B6; 63
besitzen, besaß, hat besessen; 16A7; 100
Besitzer, der, -; 8B19; 49
besprechen, besprach, hat besprochen; 2B12; 12
Beste, das, (Sg.); 17A7; 104
bestehen (1), bestand, hat bestanden; 4D24; 27
bestehen (2) bestand, hat bestanden; 13D19; 83
bestellen; 2C22; 13
bestimmen; 7E34; 45
Besucher, der, -; 10A3; 62
betätigen (sich); 9F37; 61
beteiligen (sich) (1); 15B9; 94
beteiligen (2); 15C16; 96
Beton, der, (Sg.); 13B6; 79
betonen; 2B14; 12
betragen, betrug, hat betragen; 4A3; 22
betreffen, betraf, hat betroffen; 13A3; 78
Betrieb, der, -e; 4C19; 26
bewährt; 17D22; 109
bewegen (sich); 3D30; 20
Bewerbung, die, -en; 7C19; 42
bewerten; 18.16; 115
bewirken; 13A3; 78
Bewusstsein, das, (Sg.); 13A3; 78
Beziehung, die, -en; 15A1; 92
Bezug, der, "-e; 16A7; 100
Bibel, die, -n; 13A3; 78
Biene, die, -n; 8A6; 47
Bildschirm, der, -e; 2B9; 11
Biografie, die, -n; 4B; 23
bisher; 6.10; 37
Bistro, das, -s; 7E34; 45
blasen, blies, hat geblasen; 13D26; 84
Blasinstrument, das, -e; 17C20; 108
Blaumann, der, "-er; 12; 72
Blauton, der, "-e; 5.18; 33
blicken; 17D22; 109
Blickfang, der, (Sg.); 13A3; 78
blind; 12.10; 74
Blitz, der, -e, 3A1, 14
blitzen; 3A11; 15
Blockade, die, -n; 13C15; 81
blockieren; 13C15; 81
Blödsinn, der, (Sg.); 14B7; 86
bloß; 6.7; 36
Blumenvase, die, -n; 13D21; 83
Blutprobe, die, -n; 7C19; 42
Boden, der, "-; 13B8; 80
Bogen, der, "-; 17C20; 108
bombardieren; 10C9; 65
Bongo, das, -s; 17C20; 108
Brand, der, "-e; 10B6; 63
braten, briet, hat gebraten;15D24; 97

Bratsche, die, -n; 17C21; 108
brechen, brach, hat gebrochen; 3E35; 21
breit; 13B8; 80
Bremse, die, -en; 7C19; 42
bremsen; 9A1; 54
Brotscheibe, die, -n; 9A1; 54
brüllen; 8A6; 47
brummen; 8A6; 47
brutal; 4C17; 25
Buchdruck, der, (Sg.); 9C18; 58
Büchse, die, -n; 13D26; 84
Büchsenöffner, der, -; 13D26; 84
Bügeln, das, (Sg.); 8A2; 46
bügeln; 10D20; 67
Bund, der, "-e; 10C9; 64
Bundesamt, das, "-er; 13A2; 78
Bundeskanzler, der, -; 15C13; 95
Bundespolitik, die, (Sg.); 15C13; 95
Bundespräsident, der, -en; 15C13; 95
Bundesrat, der, (Sg.); 15C13; 95
Bundesrepublik, die, (hier: Sg.); 15C16; 96
Bundesstraße, die, -n; 13C15; 81
Bundestag, der, (Sg.); 10B6, 63
Bundesverfassungsgericht, das, -e; 15C13; 95
Bundesvorstand, der, "-e; 15B9; 94
Bürger, der, -; 4C17; 25
Bürgerinitiative, die, -n; 15C16; 96
Bürokauffrau, die, -en; 7A1; 38
Bürokaufmann, der, "-er; 7A1; 38
Butterbrot, das, -e; 9A1; 54
Cartoon, der, -s; 4A1; 22
CD-ROM-Laufwerk, das, -e; 16A6; 99
CDU (Christlich Demoktatische Union), die, (Sg.); 15A4; 93
Cello, das, -s; 17C21; 108
Cha-cha-cha; der; 17D22; 109
Chance, die, -n; 14B8; 87
Chemie, die, (Sg.); 9D23; 59
Clique, die, -n; 14B11; 88
Computer-Netz, das, -e; 16A4; 99
Computermaus, die, "-e; 9D27; 59
Container, der, -; 13D21; 83
Controller, der, -; 7A1; 38
Cornflakespackung, die, -en; 13D21; 83
Cornflakesschachtel, die, -n; 13D21; 83
CSU (Christlich Soziale Union), die, (Sg.); 15C13; 95
da; 13A3; 78
dabei sein, war dabei, ist dabei gewesen; 9D22; 59
dabei; 14B8; 87
Dach, das, "-er; 10C9; 65
dahinterstecken (etwas steckt dahinter); 14B8; 87

damalig; 10C9; 64
damals; 7E34; 45
Dame, die, -n; 4C18; 26
damit; 13B8; 80
dankbar; 12.10; 75
dann; 3B; 16
darunter; 9D22; 59
Dauer, die, (Sg.); 9D22; 58
dauernd; 17B15; 107
Dauerwelle, die, -n; 7E34; 45
davon; 9D22; 59
dazugehören; 7A4; 38
dazugehörig; 9D22; 58
DDR (Deutsche Demokratische Republik), die, (Sg.); 15B9; 94
Demokratie, die, -n; 10B6; 63
demolieren; 16C18; 102
demonstrieren; 4C17; 25
Denkanstoß, der, "-e; 13A3; 78
dennoch; 13A3; 78
deren; 7D27; 43
desinteressiert; 15A4; 93
dessen; 7D27; 43
deutlich; 6.5; 35
Diakonissenhaus, das, "-er; 10C9; 65
Dialekt, der, -e; 8B20; 49
dicht; 15A4; 93
dichtmachen; 4C18; 26
dies; 15A4; 93
Diplom, das, -e; 17A7; 104
Disco-Swing, der; 17D22; 109
Diskette, die, -n; 13D21; 83
Disketten-Laufwerk, das, -e; 16A6; 99
divers; 16A7; 100
Donner, der (Sg.); 3A1, 14
Doppelzimmer, das, -, 8C14, 49
dran sein, war dran, ist drangewesen; 11.1; 68
drehen, sich; 4C18; 26
Dreher, der, -; 4B11; 24
Drittel, das, -; 7A7; 39
drohen; 2B9; 11
Druckbuchstabe, der, -n; 16C24; 103
Drucker, der, -; 3B19; 17
dummes Zeug; 14B7; 86
durchaus; 15A4; 93
durchführen; 10A1; 62
durchgreifen, griff durch, hat durchgegriffen; 7E34; 45
durchhalten, hielt durch, hat durchgehalten; 12.20; 77
durchschnittlich; 2B9; 11
Dusche, die, -n; 8C14; 49
ebenfalls; 4C19; 26
effektiv; 2B12; 12
EG-Staat, der, -en; 13C15; 81
ehemalig; 4C17; 25
Ehepaar, das, -e; 2C22; 13

eher; 15A4; 93
Eimer, der, -; 9F36; 61
einander; 13A3; 78
einbauen; 16C19; 102
eindringen, drang ein, ist eingedrungen; 13A3; 78
Eindruck, der, "-e; 12.4; 73
eineinhalb; 7E34; 45
einerseits; 2B9; 11
eines Tages; 17A8; 105
Einfluss, der, "-e; 15B9; 94
einführen; 9D22; 59
einige; 14D15; 90
einigermaßen; 14B8; 87
einiges; 13A3; 78
einsammeln; 2A5; 10
Einsatzdauer, die, (Sg.); 8A2; 46
einschalten; 9D27; 60
einschätzen (sich); 15A4; 93
einschieben, schob ein, hat eingeschoben; 7E34; 45
einsperren; 10B6; 63
Einstellen, das, (Sg.); 7C19; 42
Einstellung, die, -en; 13A4; 79
einstufen (sich); 15A4; 93
eintönig; 5.18; 33
Eintritt, der, (Sg.); 9E31; 60
einzeln; 14C12; 89
Einzelstück, das, -e; 9A1; 54
Einzelzimmer, das, -; 8C16; 49
Eisbär, der, -en; 14D14; 89
Eisbecher, der, -; 2C22; 13
Elefant, der, -en; 14D14; 89
Elektriker, der, -; 7A1; 38
elektrisch; 9C19; 58
elektronisch; 16A4; 99
Element, das, -e; 4C20; 26
empfangen, empfing, hat empfangen; 8D26; 50
endgültig; 18.23; 117
eng; 16C21; 103
Engagement, das, (Sg.); 15A3; 93
engagieren (sich); 15A3; 93
Engel, der, -; 14C; 89
Enkelin, die, -nen; 12.15; 76;
entdecken; 12.2; 72
Ente, die, -n; 8A6; 47
entfallen, entfiel, ist entfallen; 13D24; 83
entfernen; 9B7; 56
entgegenhalten, hielt entgegen, hat entgegengehalten; 8E33; 52
entgegennehmen, nahm entgegen, hat entgegengenommen; 12.7; 74
enthalten, enthielt, hat enthalten; 7C19; 42
Entscheidung, die, -en; 12.14; 75
entschließen (sich), entschloss sich, hat sich entschlossen; 12.14; 75
Entschluss, der, "-e; 12.14; 75

entsorgen; 13D21; 83
entspannen (sich); 8F39; 53
entstehen, entstand, ist entstanden; 9A3; 54
enttäuscht; 14B11; 88
entwerfen, entwarf, hat entworfen; 13A3; 78
entwickeln (sich); 14B8; 87
Entwicklungsland, das, "-er; 18.6; 112
Entwurf, der, "-e; 13A3; 78
erbauen; 10D22; 67
erbeuten; 18; 110
Erde, die (Sg.); 4B12; 24
Ereignis, das, -se; 10D13; 66
erfahren, erfuhr, hat erfahren; 11.11; 71
Erfinder, der, -; 9D28; 60
erfüllen; 17A8; 105
ergeben, ergab, hat ergeben; 15A4; 93
erhöhen (sich); 9D22; 59
Erholung, die, (Sg.); 13B6; 79
Erinnerung, die, -en; 18.2; 111
erkältet; 3E33; 21
Erklärung, die, -en; 3D30; 20
erlauben; 4B8; 23
erleben; 10C9; 64
Erlebnis, das, -se; 10C9; 64
erledigen; 12.7; 74
erleichtern; 8A2; 46
ermahnen; 18.6; 112
ermöglichen; 9D22; 59
ermorden; 10B6; 63
Ernten, das, (Sg.); 8A2; 46
erobern; 10C9; 65
eröffnen (1); 9D27; 60
eröffnen (2); 13A5; 79
erscheinen, erschien, ist erschienen; 18; 110
erschließen, erschloss, hat erschlossen; 14B9; 88
ersetzen; 3C28; 19
erstaunlich; 15A4; 93
erstaunt; 2C22; 13
Erstwähler, der, -; 15A4; 93
ertragen, ertrug, hat ertragen; 9F36; 61
erwähnen; 8A7; 47
erweitern; 9D22; 59
erwidern; 15D20; 97
erwischen; 14B8; 87
Erzählung, die, -en; 12.1; 72
erziehen, erzog, hat erzogen; 4B8; 23
etwa; 9A1; 54
ewig; 5.18; 33
Existenz, die, -en; 7E34; 45
exotisch; 4C18; 26
extrem; 13B8; 80

Fabrik, die, -en; 12; 72
Fachgebiet, das, -e; 9D22; 59
Fachgeschäft, das, -e; 16A7; 100
Fahrgeschwindigkeit, die, -en; 13B8; 80
Fahrradschlauch, der, "-e; 14E20; 91
Fahrradtour, die, -en; 8F38; 53
Fahrzeug, das, -e; 9C15; 57
Fakt, der, -en; 10A3; 62
Fall, der (auf jeden Fall); 5.15; 33
fallen (mit der Tür ins Haus fallen); 14B11; 88
falls; 12.20; 77
faul; 13D21; 83
Faust, die (die Faust im Sack machen); 13A3; 78
FDP (Freie Demokratische Partei), die, (Sg.); 15C13; 95
fehlen (1); 15A4; 93
fehlen (2); 18.21; 116
Feierabend, der, (Sg.); 12.3; 72
fein; 13D26; 84
Feld, das, -er; 8A2; 46
Fell, das, -e; 11.6; 69
Felsbrocken, der, -; 10D22; 67
Ferienort, der, -e; 8C16; 49
Fernsehgerät, das, -e; 2C22; 13
fest (1); 12.7; 74
fest (2); 17B15; 107
feststellen; 2B9; 11
feucht; 14B7; 86
finanziell; 9D22; 59
finanzieren; 17B15; 107
Fischgräte, die, -n; 16C18; 102
Fleck, der, -en; 14C; 89
fleißig; 16C24; 103
Floh, der, "-e; 1B10, 9
Flöte, die, -n; 17C21; 108
Flötistin, die, -nen; 17A4; 104
flott; 17D22; 109
flüchten; 18; 111
Flüchtling, der, -e; 4C17; 25
Flügel, der, -; 4E34; 29
Flugzeug, das, -e; 9A1; 54
flüssig; 9B7; 56
föderal; 15C13; 95
folgen; 5.7; 31
folgend-; 4C20; 26
fönen; 7E34; 45
fördern; 8A2; 46
Förderung, die, (Sg.); 8A2; 46
Forderung, die, -en; 15A4; 93
formatieren; 16A6; 99
formulieren; 10D22; 67
Formulierung, die, -en; 7E37; 45
forschen; 9D; 58
Forscher, der, -; 9D22; 59
Fotoapparat, der, -e; 9C18; 58
fotografieren; 9C19; 58
Foxtrott, der, -s; 17D22; 109

Frechheit, die, -en; 6.3; 35
frei; 4B8; 23
Freiheit, die, -en; 17A8; 105
Fremdsprache, die, -n: 2C; 13
Fremdsprachenkenntnisse, die (Pl.);
2C; 13
Frequenz, die, -en; 9D27; 60
Friseurmeisterin, die, -nen; 7E34; 45
Friseursalon, der, -s; 7E34; 45
fromm; 4B11; 24
Frosch, der, "-e; 8A6; 47
fruchtbar; 13B8; 80
Frühjahr, das, (Sg.); 9D22; 59
Frühstücksbuffet, das, -s; 8C14; 49
Führerschein, der, -e; 2A2; 10
füllen; 17C20; 108
funkelnd; 14C; 89
fürchten; 18.23; 117
Futur, das, (Sg.); 2B; 11
gängig; 17D22; 109
Gans, die, "-e; 8A6; 47
Gänsebraten, der, -; 8D23; 50
gar nicht; 12.3; 72
gar; 13D26; 84
Gärtner, der, -; 7A1; 38
Gastgeber, der, -; 8E33; 52
Gastronomie, die, (Sg.); 13B8; 80
Gebäude, das, -; 10A3; 62
Gebiet, das, -e; 9D24; 59
Gebirge, das, -; 5.6; 31
gebrauchen; 2C22; 13
Gedächtnis, das, -se; 11.10; 70
Gedanke, der, -n; 6.2; 34
geeignet; 13A3; 78
gefährden; 15D27; 97
gefährlich; 15D18; 96
gefahrlos; 9A1; 54
gefallen (sich etwas gefallen lassen);
6.14; 37
Gefängnis, das, -se; 13C17; 82
gegen; 13D26; 84
Gegenrede, die, -n; 15D29; 97
Gegenteil, das, -e; 12.15; 76;
gegenüber; 14B8; 87
Gegenwart, die, (Sg.); 16C21; 103
Gegner, der, -; 10B6; 63
gehen (es geht um etwas); 12.3; 72
Geige, die, -n; 17C21; 108
gelähmt; 9D27; 60
Gelegenheit, die, -en; 10B6; 63
Gemälde, das, -; 17B19; 107
General, der, "-e; 10D23; 67
Generalstreik, der, -s; 4C20; 26
genial; 16C24; 103
genießen, genoss, hat genossen;
8F39; 53
Genitivattribut, das, -e; 7B; 40
genügen; 18; 111
genügend; 16B12; 101

Genwissenschaft, die, -en; 9D22; 59
Gepäck, das, (Sg.); 8C16; 49
gerade; 15B9; 94
Gerät, das, -e; 9D27; 60
geraten, geriet, ist geraten; 17B15;
107
gerecht; 15A4; 93
Gericht, das, -e; 15C13; 95
germanisch; 16C21; 103
gerötet; 14B8; 87
gesamt; 13C15; 81
Geschäft, das, -e; 2B12; 12
Geschehen, das, (Sg.), 15A4; 93
geschehen, geschah, ist geschehen;
13A2; 78
Geschlechtsname, der, -n; 11.11; 71
Geschwindigkeit, die, -en; 13B6; 79
Gesellschaft, die, -en; 4C17; 25
Gesellschaftstanz, der, "-e; 17D22;
109
Gesichtsausdruck, der, "-e; 8E33; 52
Gespräch, das, -e; 14B8; 87
gestalten; 13A3; 78
Gestaltung, die, (Sg.); 15B9; 94
Geste, die, -n; 8E35; 52
Gesundheit!; 3E; 20
Gesundheit, die, (Sg.); 3A5; 14
Gewinner, der, -; 9D22; 59
gewiss-; 14B8; 87
Gewitter, das, -; 3A1; 14
gewöhnen; 12.10; 74
gewöhnlich; 9D27; 60
Gift, das, -e; 13A5; 79
Gipfel, der , -; 5.18; 33
Glas, das, (Sg.); 13D19; 83
glatt; 3B14; 16
Glatteis, das, (Sg.); 3E33; 21
gleichermaßen; 15B9; 94
gleichzeitig; 13C15; 81
glücklich; 1B5; 8
grammatisch; 1B10; 9
greifen, griff, hat gegriffen; 6.7; 36
Grille, die, -n; 8A6; 47
Grillparty, die, -s; 3A4; 14
grinsen; 4B11; 24
Grippetablette, die, -n; 3E33; 21
Großhandelskaufmann, der, "-er;
7A1; 38
grün; 15A4; 93
Gründer, der, -; 9D22; 58
Grundgesetz, das, (Sg.); 15C13; 95
Gründung, die, -en; 10B6; 63
Grünen, die, (Pl.); 15A4; 93
grunzen; 8A6; 47
grüßen; 14C; 89
günstig; 18.7; 112
Gute Besserung!; 3E35; 21
Gymnasialzweig, der, -e; 4B8; 23
Gymnasium, das, Gymnasien;
2C22; 13

hacken; 8A2; 46
hageln; 3A11; 15
Hahn, der, "-e; 3C21; 18
Hähnchenspieß, der, -e; 13D26; 84
Halbpension, die, (Sg.); 8C16; 49
Hälfte, die, -n; 4A1; 22
Halle, die, -n; 12.10; 75
Halsschmerzen, die, (Pl.); 3E33; 21
halten (1), hielt, hat gehalten; 7D32;
44
halten (2), hielt, hat gehalten; 9A4;
55
halten (3) (eine Rede halten);
15D28; 97
halten (4), hielt, gehalten; 18.10; 113
Hammer, der, -; 9F36; 61
Handarbeit, die, (Sg.); 12.20; 77
Handbremse, die, -n; 7C19; 42
Händchen halten; 14B11; 88
händchenhaltend; 14C; 89
Handeln, das, (Sg.); 13A3; 78
Handlung, die, -en; 12.1; 72
Handschuh, der, -e; 7C19; 42
Hang, der, "-e; 13D26; 84
hart (1); 9B7; 56
hart (2); 13A3; 78
hässlich; 14D15; 90
häufig; 3A4; 14
Hauptsatz, der, "-e; 7D25; 43
Hauptschulabschluss, der, "-e; 7E34;
45
Hauptschule, die, -n; 12.3; 72
Hausfrau, die, -en; 6.2; 34
Haushalt, der, -e; 8A2; 46
Hausschuh, der, -e; 9F36; 61
Hauswirtschaft, die, (Sg.); 10C9; 65
Heavy-Metal; 17A1; 104
heben, hob, hat gehoben; 6.5; 35
heil; 14A2; 86
Heimat, die, -en; 4A1; 22
heimlich; 14B8; 87
heiter; 3A1; 14
hektisch; 9A1; 54
hellsehen; 5.4; 30
Heranwachsen, das, (Sg.); 18.7; 112
herausbringen (keinen Ton heraus-
bringen), brachte heraus, hat
herausgebracht); 14B8; 87
herausfinden, fand heraus, hat
herausgefunden; 8D23; 50
Herausforderung, die, -en; 18.7; 112
Herausgeber, der, -; 9D22; 59
herbeischleppen; 10D22; 67
Herkunftsland, das, "-er; 17C20; 108
Herrchen, das, -; 11.6; 69
herstellen; 12.9; 74
Herstellung, die, (Sg.); 9B7; 56
Herzklopfen, das, (Sg.); 14B7; 86
Heugabel, die, -n; 8A2; 46
heutig-; 9C15; 57

Hightech-Welt, die, -en; 16A7; 100
Hilfsperson, die, -en; 9D27; 60
Himmel, der, (Sg.); 5.18; 33
himmlisch; 14E20; 91
hin und her; 17C20; 108
hinauf; 6.2; 34
Hindernis, das, -se; 17A8; 105
hineinversetzen (sich); 13C17; 82
Hinsehen, das, (Sg.); 13A3; 78
Hintergrund, der (im Hintergrund);
    5.6; 31
Hintergrundwissen, das, (Sg.);
    15A4; 93
hinzukommen, kam hinzu, ist hin-
    zugekommen; 9D22; 59
Hirn, das, -e; 18; 110
Hit, der, -s; 17D22; 109
Hitlerjugend, die, (Sg.); 10C10; 65
Hitze, die, (Sg.); 3A4; 14
höchstens; 12.15; 76;
Hof, der, "-e; 17B15; 107
hoffen; 13A3; 78
Hoffnung, die, -en; 12.14; 76
Höflichkeit, die, -en; 4E; 29
Höhe, die, -n; 9D22; 58
Holz, das, (Sg.); 8A2; 46
Holzweg, der (auf dem Holzweg
    sein); 5.14; 32
Honig, der, (Sg.); 3E33; 21
Horoskop, das, -e; 5.12; 32
Hörspiel, das, -e; 17B17; 107
Huhn, das, "-er; 8A2; 46
Hummel, die, -n; 8A6; 47
hungern; 10C9; 65
Husten, der, (Sg.); 3E33; 21
husten; 6.5; 35
Hustensaft, der, "-e; 3E33; 21
identisch; 15D20; 96
Identität, die, (Sg.); 17A8; 105
illustrieren; 5.1; 30
Illustrierte, die, -n; 9D22; 59
im Dunkeln; 9A4; 55
im Einzelnen; 15A4; 93
imaginär; 4C20; 26
immerhin; 15A4; 93
in Frage stellen; 17A8; 105
Indefinitpronomen, das, Indefinitpro-
    nomina; 14D; 89
Indikativ, der, (Sg.); 4D21; 27
indirekt; 3B18; 17
Industrie, die, -n; 4C20; 26
Industriestaat, der, -en; 10B6; 63
infizieren; 7C19; 42
Informatik, die, (Sg.); 9D22; 59
informieren; 12.7; 74
informiert; 13A3; 78
Infostand, der, "-e; 13A5; 79
Ingenieur, der, -e; 7A1; 38
Inhalt, der, -e; 14C12; 89
inhaltlich; 1B11; 9

Innenpolitik, die, (Sg.); 15A1; 92
Innenstadt, die, "-e; 13A5; 79
insgesamt; 4A3; 22
Institution, die, -en; 15C; 95
intensiv; 14B8; 87
interaktiv; 2B9; 11
Internet, das, (Sg.); 9D25; 59
interpretieren; 4B7; 23
interviewen; 10C12; 65
inzwischen; 12.9; 74
irgend; 14C; 89
irgendein; 15B9; 94
irgendwo; 3C29; 19
irren (sich), 5.14; 32
-jährig; 13A2; 78
jeder; 14D15; 90
jedesmal; 16A4; 99
jedoch; 8E33; 52
Job, der, -s; 7A7; 39
Journalist, der, -en; 7A1; 38
Jude, der, -n; 10B6; 63
Jugendarbeitslosigkeit, die, (Sg.);
    7A7; 39
Jugendkampagne, die, -n; 13A2; 78
jugendlich; 15A4; 93
k.o. (k.o. schlagen) 13A3; 78
Kabelanschluss, der, "-e; 2B9; 11
Kaiser, der, -; 10B6; 63
Kaiserreich, das, -e; 10B6; 63
Kakaobohne, die, -n; 9B7; 56
Kakaostückchen, das, -; 9B7; 56
Kalorie, die, -n; 13C14; 81
kalorienarm; 9E31; 60
Kampagne, die, -n; 13A2; 78
kämpfen; 10C9; 65
kaputt; 7D27; 43
kariert; 11.10; 70
Karte, die, -n; 3A7; 15
Kartonteller, der, -; 13D26; 84
Kasse, die, -n; 6.7; 36
Kater, der, -; 8A6; 47
kehren; 7C19; 42
keiner; 14D15; 90
Keyboard, das, -s; 16A6; 99
KfZ (Kraftfahrzeug), das, (Kraftfahr-
    zeuge); 7C19; 42
Kinderbetreuung, die, (Sg.); 8A2; 46
Kindererziehung, die, (Sg.); 4B8; 23
Kindergarten, der, "-; 7C22; 42
Kinderheim, das, -e; 10C9; 65
Kindheit, die, (Sg.); 7E34; 45
Klang, der, "-e; 13D26; 84
Klapptisch, der, -e; 13D26; 84
Klarinette, die, -n; 17C21; 108
Klassenarbeit, die, -en; 14D15; 90
klauen; 4D28; 28
kleben; 4A2; 22
Kleingeld, das, (Sg.); 14D15; 90
Klima, das, (Sg.); 13A2; 78
Klimaanlage, die, -n; 8C16, 49

Klimaveränderung, die, -en; 13A3;
    78
klingen, klang, hat geklungen;
    2C22; 13
klopfen; 12.14; 75
klug; 14C; 89
Knall auf Fall; 14B8; 87
knapp; 15A4; 93
Koch, der, "-e; 4C19; 26
Köchin, die, -nen; 4C19; 26
Kofferraum, der, "-e; 13D26; 84
Kohle, die, -n; 13D26; 84
Kokosnussschale, die, -n; 17C20;
    108
Kollegin, die, -nen; 7E34; 45
Komma, das, -s; 11.5; 69
Kommunikationsmittel, das, -; 2B9; 11
kompliziert; 4A1; 22
König, der, -e; 17B15; 107
Konjugationstabelle, die, -n; 2B7; 11
Konjunktion, die, -en; 13C11; 81
Konkurrenz, die, (Sg.); 17A7; 104
Können, das, (Sg.); 17A7; 104
Konsequenz, die, -en; 13B9; 80
kontinuierlich; 14B9; 88
Kontostand, der, "-e; 16A7; 100
Kontrabass, der, "-e; 17C21; 108
Kontrollkasten, der, "-; 17C21; 108
Konzentrationslager, das, -; 10B6; 63
kopieren; 5.15; 33
Korrektur, die, -en; 14D15; 90
Kosten, die, (Pl.); 13B8; 80
kostenlos; 9E31; 60
Kostüm, das, -e; 18; 110
kräftig; 12.14; 75
krähen; 3C21; 18
Krankenbett, das, -en; 4C18; 26
Krankengymnast, der, -en; 7A1; 38
Krankenhaus, das, "-er; 4C19; 26
Krankheit, die, -en; 3E; 21
Kreditkarte, die, -n; 8C16; 49
Kreuzchen, das, -; 15A4; 93
Krieg, der, -e; 5.2; 30
Kriegszeit, die, -en; 10C9; 64
Kriminalität, die, (Sg.); 4C17; 25
kritisch; 4B10; 23
kritisieren; 15A3; 93
kühlen; 9A1; 54
Kunst, die, "-e; 1A2; 7
Künstler, der, -; 7A1; 38
Kürbis, der, -se; 17C20; 108
kurz (1); 12.15; 77
kurz (2); 12.15; 77; 76
kurzfristig; 8A2; 46
Kurzrede, die, -n; 15D27; 97
Kusine, die, -n; 12.15; 76
Labor, das, -s; 7C19; 42
Ladung, die, -en; 13C17; 82
Landdienst, der, -e; 8A2; 46
landen; 3C29; 19

Landessieger, der, -; 18; 111
Landschaftsbild, das, -er; 5.6; 31
Landwirt, der, -e; 7A1; 38
Lärm, der, (Sg.); 13B6; 79
Lärmschutzwand, die, "-e;13B8; 80
lassen (sich + Infinitiv), ließ sich ...,
   hat sich ... lassen; 9D27; 60
Laster, der, -; 13B8; 80
lateinisch; 16C21; 103
Laufe (im Laufe der Zeit); 9D22; 59
laufen (1), lief, ist gelaufen; 7E34;
   45
laufen (2), lief, ist gelaufen; 14E20;
   91
lauschen; 9D25; 59
Laut, der, -e; 8A7; 47
Lautsprecher, der, -; 16A6; 99
Lautstärke, die, (Sg.); 8E33, 52
Layout, das, -s; 13A3; 78
lebendig; 12.7; 74
Lebensabschnitt, der, -e; 17A9; 105
Lebensbedingungen, die, (Pl.);
   15B9; 94
Lebenslauf, der, "-e; 7C19; 42
Lebensqualität, die, (Sg.); 13B6; 79
Lebensstil, der, -e; 17B15; 107
lediglich; 15A4; 93
leeren; 13D24; 83
legal; 15C14; 95
legen (Eier legen); 9C12; 57
Lehrbuch, das, "-er; 10C9; 65
Leistung, die, -en; 4D27; 28
Leiterin, die, -nen; 17D22; 109
liberal; 15C16; 96
Liebe, die, (Sg.); 14A1;86
Liebesschwur, der, "-e; 14B11; 88
Liedermacher, der, -; 17A4; 104
Liftanlage, die, -n; 13B7; 80
links; 15A4; 93
Lippenstift; der, -e; 9A1; 54
LKW-Fahrer, der, -; 13C17; 82
lohnen (sich); 2C22; 13
lokal; 15A4; 93
lösen (sich); 16C18; 102
losschreiben, schrieb los, hat losge-
   schrieben; 16B13; 101
Lösungsvorschlag, der, "-e; 15D27; 97
Lottogewinn, der, -e; 4D29; 28
luftig; 13D26; 84
Luftverschmutzung, die, (Sg.); 13B8;
   80
Macht, die, (Sg.); 15C13; 95
Mädchenorganisation, die, -en;
   10C9; 64
Mädel, das, -s; 4B11; 24
Magen, der, "-; 6.6; 36
mahlen, mahlte, hat gemahlen; 9B7;
   56
mal was anderes; 4C18; 26
Maler, der, -, 7D27; 43

manche; 14D15; 90
Mandoline, die, -n; 17C20; 108
Männersache, die, (Sg.); 15B; 94
Mantel, der, "-; 1B7; 8
Maraca, die, -s; 17C20; 108
Mark, die, -; 14D15; 90
Maschinenschlosserin, die, -nen;
   12.14; 75
Masse, die, -n; 9B7; 56
Massensport, der, Massensportarten;
   13B8; 80
Mauer, die, -n; 5.18; 33
maximal; 8A2; 46
Mechaniker, der, -; 7A1; 38
meckern; 8A6; 47
Medien, die, (Pl.); 16C22; 103
Medizin, die, (Sg.); 7D27; 43
Medizinisch-technischer-Assistent,
   der, Medizinisch-technische-
   Assistenten; 7C19; 42
mehr; 1B8; 8
Mehrheit, die, -en; 15C13; 95
mehrmals; 10D22; 67
Meinung, die, -en, (meiner Meinung
   nach); 14A1;86
melken; 8A2; 46
Menschenkette, die, -n; 13C15; 81
Metall, das, -e; 13D19; 83
Metallstäbchen, das, -; 17C20; 108
Metzger, der, -; 7A1; 38
miauen; 8A6; 47
Migrant, der, -en; 4A3; 22
Mikroskop, das, -e; 7C19; 42
Milchpulver, das, -; 9B7; 56
Milliarde, die, -n; 2B9; 11
Minderheit, die, -en; 10B6; 63
Mindestalter, das, (Sg.); 8A2; 46
mindestens; 8A2; 46
Minister, der, -; 15C13; 95
minus; 3A9; 15
Missverständnis, das, -se; 6.13; 37
Mist, der (Sg.); 3C21; 18
Mitarbeit, die, (Sg.); 13A3; 78
mitarbeiten; 10C9; 65
Mitarbeiter, der, -; 7E34; 45
mitbestimmen; 15C13; 95
mithilfe; 13E34; 85
mitsamt; 15B9; 94
mittelgroß; 15A4; 93
Mittelpunkt, der, (Sg.); 13A2; 78
mittlerweile; 9D22; 59
mitwirken; 15B9; 94
Modenschau, die, -en; 17B15; 107
Mord, der, -e; 18.10; 113
Motor, der, -en; 7C19; 42
müde; 3B17; 16
Mühe, die, (Sg.); 12.10; 75
muhen; 8A6; 47
Müll, der, (Sg.); 4C20; 26
Müllabfuhr, die, (Sg.); 4C18; 26

multikulturell; 17D22; 109
Mundharmonika, die, -s; 17C21; 108
mündlich; 13A2; 78
Munitionsfabrik, die, -en; 10C9; 65
Muschel, die, -n; 17C20; 108
Musical, das, -s; 17B15; 107
Musikerin, die, -nen; 17A7; 104
Musikrichtung, die, -en; 17A2; 104
Musikstück, das, -e; 13A2; 78
Müsli, das, -s; 9C13; 57
Muslimin, die, -nen; 4B11; 24
Muttersprachler, der, -; 8B11; 48
nachdem; 10D15; 66
Nachfolgerin, die, -nen; 15C16; 96
nachher; 13D26; 84
nachlassen, liess nach, hat nach-
   gelassen; 18; 110
Nachwuchs, der, (Sg.); 9D22; 59
nah (Komparativ: näher); 13A3; 78
Nähe, die, (in der Nähe von);
   13C15; 81
nämlich; 6.1; 34
nass; 14D15; 90
national; 13A2; 78
Nationalsozialismus, der, (Sg.);
   10C9; 64
Nationalsozialist, der, -en; 10B6; 63
nationalsozialistisch; 10B6; 63
Naturschutz, der, (Sg.); 13A2; 78
Naturwissenschaft, die, -en; 9D22;
   59
naturwissenschaftlich; 9D22; 59
Nazi, der, -s; 10B6; 63
Nebel, der, -; 3A1; 14
Neffe, der, -n; 18; 110
negativ; 10A2; 62
Negative, das, (Sg.); 8A2; 46
nehmen (etwas in Kauf nehmen),
   nahm, hat genommen; 14B8; 87
Nerven, die, (Pl.); 18.15; 115
Netz, das, -e; 16A4; 99
neugierig; 17D22; 109
Neujahr, das, (Sg.); 2A3; 10
neutral; 15A4; 93
Nichte, die, -n; 12.15; 76;
nötig; 9A1; 54
nun; 10B6; 63
nützen *(besonders in Süddeutschland
   und Österreich)*; 15B9; 94
nützlich; 9A1; 54
nutzlos; 16A7; 100
Oberbürgermeister, der, -; 15A4; 93
oberst-; 15C13; 95
obwohl; 7E35; 45
Offenbarung, die, -en; 13A3; 78
offenstehen, stand offen, hat offenge-
   standen; 8A2; 46
Öffentlichkeit, die, (Sg.); 13A2; 78
Öffnung, die, -en; 13D26; 84
Ohrring, der, -e; 9A1; 54

operieren; 9C16; 57
Opposition, die, (Sg.); 15C13; 95
orientieren (sich); 10B5 63
Ortsangabe, die, -n; 2B19; 13
Ozonschicht, die, (Sg.); 13A3; 78
Palme, die, -n; 5.2; 30
Panflöte, die, -n; 17C20; 108
Papiercontainer, der, -; 13E29; 85
Papierkorb, der, "-e; 13E29; 85
Pappe, die, -n; 7D32; 44
Partei, die, -en; 10B6; 63
passieren; 2B16; 13
Patient, der, -en; 4C18; 26
Pauke, die, -n; 17C21; 108
PDS (Partei des Demokratischen
    Sozialismus), die, (Sg.); 15A4; 93
peinlich; 6.6; 36
Pension, die, -en; 13B8; 80
per Post; 13A3; 78
perfekt; 4B11; 24
Persönlichkeit, die, -en; 17B14; 107
Perspektive, die, -n; 8D28; 51
Pfarrer, der, -; 7A1; 38
Pflanze, die, -n; 13B8; 80
pflegen; 4C18; 26
Pflegerin, die, -nen; 4C19; 26
Phantasie, die, -n; 14B8; 87
Physik, die, (Sg.); 9D22; 59
Pianist, der, -en; 7A1; 38
Pickel, der, -; 6.1; 34
Plakatentwurf, der, "-e; 13A3; 78
Plastik, das, (Sg.); 13D19; 83
Plastikbeutel, der, -; 13D21; 83
Platz, der, "-e, 18, 110
platzen; 14E20; 91
Plusquamperfekt, das, (Sg.); 10D15;
    66
Podium, das, Podien; 13C17; 82
Politik, die, (Sg.); 1A2; 7
Politiker, der, -; 7A1; 38
Politikfeld, das, -er; 15A1; 92
Polizei, die, (Sg.); 13C17; 82
Polnisch, -, (Sg.) (Schulfach); 2C22;
    13
Popmusik, die, (Sg.); 16C21; 103
Popstar, der, -s; 4D27; 28
Posaune, die, -n; 17C21; 108
Praktikum, das, Praktika; 7C; 41
praktisch; 10B6; 63
präsentieren; 13A2; 78
Präsident, der, -en; 15C12; 95
Preis, der, -e; 9D22; 58
Privatstrand, der, "-e; 7D28; 43
Probe, die, -n; 7C19; 42
proben; 18; 111
Produkt, das, -e; 4C16; 25
Produktion, die, (hier: Sg.); 12.13; 75
Professor, der, -en; 7A1; 38
Prognose, die, -n; 2B11; 11
Programm, das, -e; 16A6; 99

Programmierer, der, -; 7A1; 38
Protest, der, -e; 13C15; 81
protestieren; 6.4; 35
Prowort, das, "-er; 16C15; 101
prüfen; 15C13; 95
Prügel, der, -; 10C10; 65
Prügelstrafe, die, -n; 10C9; 64
Psychotherapeut, der, -en; 17A6; 104
Puppenecke, die, -n; 7C22; 42
Putzlappen, der, -; 8A2; 46
quaken; 8A6; 47
Quelle, die, -n; 13D26; 84
quietschen; 15D25; 97
Rahmen (im Rahmen); 15A4; 93
Randale, die, (Sg.); 4B11; 24
rasen; 16C18; 102
rasend; 14D13; 89
rasten; 13D26; 84
Rat, der, (Sg.); 14B11; 88
Ratgeber, der, -; 15D27; 97
räumen; 12.20; 77
Raumwissenschaft, die, -en; 9D22; 59
rausdrehen (herausdrehen); 9A1; 54
rausstrecken; 18; 110
reagieren; 6.6; 36
Reaktion, die, -en; 8D25; 50
Rechner, der, -; 16A6; 99
Rechnung, die, -en; 8C16; 49
Recht, das, -e; 10B6; 63
rechts; 15A4; 93
Rechtsradikale, der/die, -n; 4C17; 25
Rede, die, -n; 15D27; 97
Reduzierung, die, -en; 13B8; 80
Regen, der, (Sg.); 3A1; 14
Regenbogen, der, "-; 5.6; 31
Regenschirm, der, -e; 3C27; 19
Reggae, der, (Sg.); 17A2; 104
regieren; 10B7; 64
Regierung, die, -en; 10B6; 63
regnerisch; 3A9; 15
reich; 4B11; 24
Reichskanzler, der, -; 10B6; 63
Reichstag, der (Sg.); 10A1; 62
Reifen, der, -; 7C19; 42
Reihe, die, (an der Reihe sein);
    17C21; 108
Reisewetterbericht, der, -e; 3A10; 15
reißen, riss, hat gerissen; 18; 111
Reißverschluss, der, "-e; 9C18; 58
Reiz, der, -e; 2B8; 11
Relativsatz, der, "-e; 7D; 43
Rennen, das, -; 11.1; 68
Rente (in Rente gehen); 4B11; 24
Reparatur, die, -en; 7C19; 42
Reportage, die, -n; 13A2; 78
repräsentieren; 15C13; 95
Republik, die, -en; 10B6; 63
Rhetorik, die, (Sg.); 15D27; 97
Rhythmus, der, Rhythmen; 17D22;
    109

Richtlinie, die, -n; 15C13; 95
riskieren; 5.14; 32
Röhrchen, das, -; 17C20; 108
Rolle (etwas spielt eine Rolle); 4B11;
    24
Rollenklischee, das, -s; 15B9; 94
rösten; 9B7; 56
Rotkraut, das, (Sg.); 8D23; 50
Routinearbeit, die, -en; 7E34; 45
rücken; 3C23; 18
Rückgang, der, "-e; 2B9; 11
rückwärts; 13D26; 84
rund; 4A1; 22
Runde, die, -n; 11.1; 68
rundum; 13D26; 84
ruppig; 14B11; 88
saftig; 15D24; 97
Saison, die, -s; 18; 110
Saiteninstrument, das, -e; 17C21;
    108
samt; 17C20; 108
Sandburg, die, -en; 9F36; 61
satt; 6.2, 34
sauber; 4C20; 26
Sauwetter, das, (Sg.); 3A4; 14
Schaden, der, "-; 10C9; 65
schaffen; 12.22; 77
Schale (1), die, -n; 9A1; 54
Schale (2), die, -n; 9B7; 56
schämen (sich); 6.6; 36
schauen; 5.18; 33
Schauer, der, -; 3A1; 14
Schaum, der, (Sg.); 13D26; 84
Schein, der, -e; 18; 111
scheinen (1), schien, hat geschienen;
    3A4; 14
scheinen (2), schien, hat geschienen;
    12.4; 73
Schiene, die, -n; 13B8; 80
Schirm, der, -e; 3B14; 16
Schlachthof, der, "-e; 7A4; 38
schlagen (1), schlug, hat geschlagen;
    6.11; 37
schlagen, (2) schlug, hat geschlagen;
    15A4; 93
Schlaginstrument, das, -e; 17C21;
    108
Schlagzeile, die, -n; 5.2; 30
Schlagzeug, das, -e; 17C21; 108
schlecht (mir ist schlecht); 3E35; 21
schließlich; 10B6; 63
schlimm; 7A7; 39
Schluck, der, -e; 13D26; 84
schmal; 17C20; 108
schmerzverzerrt; 8E33; 52
schmutzig; 7C19; 42
schnattern; 8A6; 47
Schneefall, der, "-e; 3A9; 15
schneien; 3A11; 15
Schnitzel, das, -; 8D; 50

Schnitzeljagd, die, -en; 10C10; 65
Schnupfen, der, -; 3E33; 21
schnurren; 8A6; 47
schonen; 9A1; 54
schräg; 5.18; 33
Schreiber, der, -; 16B12; 101
Schriftstück, das, -e; 16A7; 100
Schritt, der, -e; 15A4; 93
Schubkarre, die, -n; 12.20; 77
schulen; 18; 110
Schülerdemo, die, -s; 13A5; 79
Schulfeier, die, -n; 14B8; 87
schützen; 9A4; 55
Schweigen, das, (Sg.); 6.8; 37
schwerfallen, fiel schwer, ist schwergefallen; 8B11; 48
Schwerlastverkehr, der, (Sg.); 13B8; 80
schwierig; 16C24; 103
Schwierigkeit, die, -en; 18.23; 117
schwitzen; 6.2; 34
SED (Sozialistische Einheitspartei), die, (Sg.); 15C16; 96
Sehenswürdigkeit, die, -en; 17B12; 106
seitdem; 18.12; 113
Seite (1), die, -n; 4B7; 23
Seite (2), die, -n; 17C20; 108
Sekunde, die, -n; 1B7; 8
selbständig; 7E; 45
Selbständigkeit, die, (Sg.); 8A2; 46
Selbstbedienungsrestaurant, das, -s; 6.2; 34
selbstbewusst; 7E34; 45
selbstgewählt; 9D22; 59
Selbstversorger, der, -; 10C10; 65
selbstverständlich; 8C14; 49
selten; 15D17; 96
Sender, der, -; 8D23; 50
senken; 15A4; 93
sensibel; 14B8; 87
Serviererin, die, -nen; 4C18; 26
sicher; 12.1; 72
Sicherheit, die, (Sg.); 7C19; 42
siebentorig; 10D22; 67
siegen; 18.10; 113
Signal, das, -e; 14B8; 87
Simulant, der, -en; 3E35; 21
sinken, sank, ist gesunken; 18; 110
Sinn, der, (hier: Sg.); 16A7; 100
Sitte, die, -n; 11.11; 71
Sitz, der, -e; 10B6; 63
skeptisch; 13A3; 79
sodass; 9D27; 60
Soldat, der, -en; 7A1; 38
sondern (nicht nur ... sondern auch ...); 13B8; 80
Sonderpreis, der, -e; 9D22; 59
Sonnenuntergang, der, "-e; 5.18; 33
sonstwo; 14B11; 88

sortieren; 16B12; 101
sowie; 17D22; 109
Sozialarbeiter, der, -; 7A1; 38
sozialdemokratisch; 10B6; 63
sozusagen; 14B8; 87
Sparte, die, -n; 9D22; 59
spazieren fahren, fuhr spazieren, ist spazieren gefahren; 6.1; 34
SPD (Sozialdemokratische Partei Deutschlands), die, (Sg.); 15A4; 93
speichern; 9D27; 60
Speisekarte, die, -n; 6.2; 34
sperren; 13C15; 81
Spezialität, die, -en; 2C22; 13
spiegeln (sich); 5.18; 33
Spieß, der, -e; 4C18; 26
Sprachbild, das, -er; 5.14; 32
Sprachführer, der, -; 8C16; 49
Sprachgeschichte, die, (Sg.); 16C21; 103
Sprachschwierigkeit, die, -en; 14C; 89
Sprechblase, die, -n; 14D15; 90
Sprecher, der, -; 13C15; 81
Sprichwort, "-er; 3C22; 18
Staatsbürgerschaft, die, -en; 4A1; 22
Stadtführung, die, -en; 17B11; 106
Stadtreinigung, die, (Sg.); 4C19; 26
Stadtteilbibliothek, die, -en; 13A5; 79
Stall, der, "-e; 8A2; 46
stammeln; 14B7; 86
stammen; 7D27; 43
Stammtreff, der, -s; 14B11; 88
stark; 15A4; 93
Stärke, die, -n; 17A5; 104
Startfeld, das, -er; 17C21; 108
statt; 13A; 78
stecken; 6.8; 36
steckenbleiben, blieb stecken, ist steckengeblieben; 16C18; 102
Stelle (1), die, (Sg.); 6.6; 36
Stelle (2), die, -n; 17B15; 107
Stellenwert, der, (Sg.); 16A7; 100
Stellung nehmen, nahm Stellung, hat Stellung genommen: 16A4; 99
Stellvertreter, der, -; 15B9; 94
Stern, der, -e; 5.12; 32
Sternzeichen, das, -; 5.11; 32
Steuer, die, -n; 15A4; 93
steuerbar; 9D27; 60
steuern; 9D27; 60
Stich, der (einen Stich haben); 14A2; 86
still; 13D26; 84
Stimme (1), die, -n; 2C22; 13
Stimme (2), die, -n; 15A4; 93
Stimmung, die, -en; 5.18; 33
stinken, stank, hat gestunken; 4C18; 26

Stock, der, "-e, 10C10; 65
Stoff (1), der, -e; 13D19; 83
Stoff (2), der, (Sg.); 17B15; 107
stolz; 17C20; 108
Storch, der, "-e; 8A6; 47
stoßen, stieß, hat gestoßen; 3C27; 19
Streichinstrument, das, -e; 17C20; 108
Streit, der, (Sg.); 4B12; 24
streng; 4B8; 23
stressfrei; 9A1; 54
·strömen; 17D22; 109
Strophe, die, -n; 8A8; 47
Struktur, die, -en; 5.6; 31
Stück, das, -e; 7D32; 44
Studium, das, (Sg.); 17A6; 104
stumm; 6.6; 36
Sturm, der, "-e; 3C27; 19
stürmen; 18; 111
Sturz, der "-e; 18; 110
summen; 8A6; 47
Summton, der, "-e; 9D27; 60
Superstar, der, -s; 17B13; 107
Suppe, die, -n; 4C18; 26
Sympathie, die, -n; 15A4; 93
Symptom, das, -e; 14B8; 87
Tablette, die, -n; 3E33; 21
Tagebuch, das, "-er; 14D15; 90
tagen; 10B6; 63
Taggeld, das, -er; 8A2; 46
Tal, das, "-er; 3D30; 20
Tamburin, das, -e; 17C21; 108
Tasse, die, -n; 4C18; 26
Tastatur, die, -en; 16A6; 99
Täter, der, -; 18; 110
Tätigkeit, die, -en; 8A3; 46
tatsächlich; 6.7; 36
technisch; 12.13, 75
Techno-Szene, die, (Sg.); 17D22; 109
Teenager, der, -; 17D22; 109
teilhaben, hatte teil, hat teilgehabt; 9D27; 60
Teilnahme, die, (Sg.); 9D22; 59
Teilnehmer, der, -; 9D22; 58
Teilnehmerzahl, die, -en; 9D22; 59
Temperatur, die, -en; 3A9; 15
Teufelskreis, der, -e; 4D25; 28
These, die, -n; 2B9; 11
Tiefflieger, der, -; 10C9; 65
Tiefkühlkost, die, (Sg.); 9C19; 58
Tierlaut, der, -e; 8A7; 47
Tierpfleger, der, -; 7A1; 38
Tiger, der, -; 14D14; 89
tippen; 16A4; 99
Tod, der, (Sg.); 17B15; 107
Todesanzeige, die, -n; 13A3; 78
tolerant; 17D22; 109
Tomatensauce, die, -n; 6.7; 36

Tonbeispiel, das -e; 17C20; 108
Tonfolge, die, -n; 9D27; 60
Top-Form (in Top-Form sein); 17A7; 104
Topf, der, "-e; 6.2; 34
Totenstille, die, (Sg.); 10C10; 65
Tourismus, der, (Sg.); 13B8; 80
Tourismuswerbung, die, (Sg.); 8B19; 49
Tradition, die, -en; 15C16; 96
tragbar; 9A1; 54
Trainieren, das, (Sg.); 15D27; 97
transatlantisch; 16A4; 99
Transistor, der, -en; 13D26; 84
Transporter, der, -; 13B8; 80
traurig; 5.14; 32
Trauung, die, -en; 7E34; 45
treffen (eine Entscheidung treffen), traf, hat getroffen; 15C13; 95
Treffpunkt, der, -e; 17D22; 109
trennen; 10A3; 62
Triangel, die, -n; 17C21; 108
trinkbar; 9E31; 60
Trinken, das (Sg.); 1B4; 8
trocknen; 9A4; 55
Trommel, die, -n; 17C21; 108
Trompete, die, -n; 17C21; 108
trompeten; 8A6; 47
Tropfen, die (Pl.); 3E35; 21
trotz; 13E; 85
Tunnel, der, -; 13C15; 81
U-Bahnhof, der, "-e; 4C18; 26
übereinstimmen; 15C13; 95
Überfall, der, "-e; 10C9; 65
überfliegen; 4B8; 23
überflüssig; 2B9; 11
übermorgen; 2B16; 13
übernehmen, übernahm, hat übernommen; 11.11; 71
Überprüfen, das, (Sg.); 11.8, 69
Überprüfung, die, -en; 7C19; 42
überreden; 17D22; 109
Übersetzung, die, -en; 16A6; 99
Übersicht, die, -en; 7B15; 41
Überstunde, die, -n; 7E34; 45
übertrieben; 14B11; 88
überzeugt; 13A3; 78
üblich; 11.11; 71
übrig bleiben (1), blieb übrig, ist übrig geblieben; 7E34; 45
übrig bleiben (2), blieb übrig, ist übrig geblieben; 13D21; 83
um ... zu; 8F39; 53
um; 14B8; 87
Umgang, der, (Sg.); 13A3; 78
Umgehungsstraße, die, -n; 15D27; 97
umgekehrt; 4B8; 23
umleiten; 13C15; 81
Umschlag, der, "-e; 12.2; 72

umschreiben, schrieb um, hat umgeschrieben; 11.8; 69
umsonst; 4C18; 26
umwandeln; 9D27; 60
Umweltberater, der, -; 7A1; 38
Umweltbewegung, die, -en; 15C16; 96
umweltbewusst; 13A3; 78
Umweltorganisation, die, -en; 13B8; 80
Umweltschutz, der (Sg.); 1A2; 7
Umweltschützer, der, -; 13C15; 81
Umweltzerstörung, die, (Sg.); 13B6; 79
umziehen, zog um, ist umgezogen; 16B14; 101
unabhängig; 15C13; 95
unangenehm; 4B7; 23
unbemerkt; 14B9; 88
unbrauchbar; 9A1; 54
undeutlich; 14B7; 86
unerträglich; 18; 110
unfreundlich; 14B11; 88
ungepflegt; 18; 111
ungerecht; 13C17; 82
ungestört; 14B11; 88
Unglück, das, (Sg.); 18; 110
unglücklich; 14D15; 90
unhöflich; 11.11; 71
unklar; 6.13; 37
unkonzentriert; 14B7; 86
unmöglich; 6.4; 35
unnatürlich; 14B11; 88
unnütz; 9F37; 61
unruhig; 16C15; 101
unsicher; 6.7; 36
unsterblich; 17B15; 107
unter; 15A4; 93
untereinander; 7E34; 45
Unterhaltung, die, (Sg.); 2B10; 11
Unterkunft, die, "-e; 8A2; 46
unternehmen, unternahm, hat unternommen; 14D15; 90
Unterschied, der, -e; 8B20; 46
unterschreiben, unterschrieb, hat unterschrieben; 12.15; 77; 77
unterstrichen; 1B10; 9
unterstützen; 15C14; 95
unterwegs; 9E31; 60
untrennbar; 9E34; 61
unverkäuflich; 9A1; 54
Unverschämtheit, die, -en; 6.3; 35
Unwetter, das, -; 3D; 20
Unwissen, das, (Sg.), 15A4; 93
Urgroßvater, der, "-; 9C15; 57
Urlaubsort, der, -e; 13C17; 82
Ursache, die, -n; 13A3; 78
Variante, die, -n; 17C21; 108
variieren; 3E34; 21
Veränderung, die, -en; 13A3; 78

verantwortlich; 4C17; 25
Verantwortung, die, (Sg.); 15A3; 93
verbringen, verbrachte, hat verbracht; 8A2; 46
verdammt; 14A; 86
verdienen; 15A3; 93
vereinfachen; 16A7; 100
Vereinigung (1), die, -en; 8A2; 46
Vereinigung (2), die, -en; 10B6; 63
Verfassung, die, -en; 15C13; 95
verfolgen; 10B6; 63
Verfolgung, die, -en; 10C9; 64
vergangen; 14E20; 91
verhalten (sich); 14B7; 86
Verhalten, das, (Sg.); 6.4; 35;
Verhältnis, das, -se; 7E34; 45
Verhandlung, die, -en; 13C15; 81
verhindern; 9A1; 54
verhüllen; 10A1; 62
Verhüllung, die, -en; 10A3; 62
verkalken; 15B9; 94
Verkäufer, der, -; 7A1; 38
Verkehrsinsel, die, -n; 16C18; 102
verkünden; 14B11; 88
Verlagerung, die, -en; 13B8; 80
Verlauf, der, (Sg.); 13A3; 78
verlegen; 14B7; 86
verlieben (sich); 14B8; 87
Verliebte, der, -n; 14B8; 87
Verliebtheit, die, (Sg.); 14B11; 88
Verliebtsein, das, (Sg.); 14B8; 87
Verlust, der, (Sg.); 2B9; 11
vermeiden; 13D; 83
vermissen, vermisste, hat vermisst; 14E20; 91
Verneinung, die, -en; 1B10; 9
Vernichtungslager, das, -; 10C9; 65
vernünftig; 5.14; 32
Verpackung, die, -en; 10A1; 62
Verpackungsmaterial, das, -ien; 13D21; 83
verpesten; 15D27; 97
Verpflegung, die, (Sg.); 8A2; 46
verrühren; 9B7; 56
verschmitzt; 17D22; 109
verschmutzen; 13C13; 81
verschreiben, verschrieb, hat verschrieben; 3E33; 21
verschwinden, verschwand, ist verschwunden; 17A8; 105
versichern; 15D20; 97
versprühen; 13D26; 84
Verständigung, die, (Sg.); 8A2; 46
Verständnis, das, (Sg.); 14B11; 88
versteigern; 18; 110
versuchen; 2A4; 10
verteilen; 15C13; 95
Vertrag, der, "-e; 12.15; 77
vertreten, vertrat, hat vertreten; 13C17; 82

Vertreter, der, -; 13C17; 82
Verwaltung, die, (Sg.); 12.3; 72
verwandt; 16C21; 103
verwelkt; 13D21; 83
verwirklichen; 7E34; 45
Verwüstung, die, -en; 18; 111
vibrieren; 17C20; 108
viert (zu viert); 13A3; 78
vitaminreich; 9E31; 60
Vöglein, das, -; 4E34; 29
Volkshochschule, die, -n; 2B9; 11
Volkslied, das, -er; 5.9; 31
Volksmusik, die, (Sg.); 17A1; 104
Vollpension, die, (Sg); 8C16; 49
Voraussetzung, die, -en; 18.6; 112
vorbeifliegen, flog vorbei, ist vor-
    beigeflogen; 14C; 89
Vordergrund, der (im Vordergrund);
    5.6; 31
vorgeben, gab vor, hat vorgegeben;
    2B13; 12
Vorlesung, die, -en; 16A7; 100
vornehmen (sich), nahm sich vor, hat
    sich vorgenommen; 7E34; 45
Vorsatz, der, "-e; 2A; 10
vorschwärmen; 14B11; 88
Vorstellung, die, -en; 17A7; 104
Vortrag, der, "-e; 18.13; 114
vortragen, trug vor, hat vorgetragen;
    14C12; 89
vorweisen, wies vor, hat vorge-
    wiesen; 17A7; 104
vorziehen, zog vor, hat vorgezogen;
    17D22; 109
Wahl (1), die, (Sg.); 7E35; 45
Wahl (2), die, -en; 15A4; 93
wählen; 15A4; 93
Wahlzettel, der, -; 15A4; 93
während; 8A2; 46
Wald, der, "-er; 1B10, 9
Walzer, der, -; 17D22; 109
Wange, die, -n; 8E33; 52
Warmherzigkeit, die, (Sg.); 4B8;
    23
Waschmaschine, die, -n; 9C19; 58
WC, das, -s; 8C14; 49
wechseln; 3A4; 14
wecken; 9D22; 59
Wecker, der, -; 3B16; 16
wegwerfen, warf weg, hat wegge-
    worfen; 13D22; 83
Wegwerftischtuch, das, "-er; 13D26;
    84
weh tun, tat weh, hat weh getan;
    3E35; 21
Wehrmachtsbericht, der, -e; 10C10;
    65
weiblich; 12.7; 73
weich; 11.6; 69
Weile, die, (Sg.); 6.11; 37

Weinchen, das, -; 13D26; 84
weinen; 14D14; 89
weiter-; 13B9; 80
weiterglühen; 13D26; 84
weitgehend; 10C9; 65
weltweit; 16C21; 103
Weltwirtschaftskrise, die, -en; 10B6;
    63
wenigstens; 12.10; 74
Werbeslogan, der, -s; 13A2; 78
Werbetext, der, -e; 13A2; 78
werfen, warf, hat geworfen; 13E29;
    85
Werkstatt, die, "-en; 7C18; 41
Werkzeug, das, -e; 9A1; 54
wertvoll; 9A1; 54
Westentasche, die, -n; 9A1; 54
Wettbewerb, der, -e; 9D22; 58
Wetterkarte, die, -n; 3A6, 15
Wetterkatastrophe, die, -n; 3D30;
    20
wiehern; 8A6; 47
wild; 17B15; 107
Wind, der, -e; 3A1; 14
Wirklichkeit, die, -en; 18.7; 112
Wirkung, die, (Sg.); 13A3; 78
Wirtschaft, die, (Sg.); 4C17; 25
wirtschaftlich; 13B8; 80
Wissenschaftler, der, -; 9D22; 59
Witz, der, -e; 1B10; 9
wöchentlich; 8A2; 46
wohl fühlen (sich); 12.13; 75
Wohlstand, der, -; 13B7; 80
Wohnviertel, das, (Sg.); 15D27; 97
Wolke, die, -n; 3C27; 19
wolkig; 3A1; 14
worauf; 8F; 53
woraus; 13D19; 83
wörtliche Rede, die, (Sg.); 15D18;
    96
Wortschatzkiste, die, -n; 3B17; 16
worum; 8B19; 49
wozu; 2C; 13
Wunder, das, -; 3E33; 21
Wurzel, die, -n; 16C21; 103
würzen; 4C18; 26
wütend; 6.8; 36
Xylofon, das, -e; 17C21; 108
zack!; 14B8; 87
zählen; 11.11; 71
Zahnarzt, der, "-e; 7A1; 38
Zahnpastatube, die, -n; 13D21; 83
Zauber, der, (Sg.); 18.7; 112
Zebrastreifen, der, -; 9A1; 54
Zeichenlehrer, der, -; 13A3; 78
Zeichner, der, -; 5.1; 30
Zeitalter, das, (Sg.); 16A7; 100
Zeitlang, (eine Zeitlang); 8A2; 46
Zeitleiste, die, -n; 10B5 63
Zeitschrift, die, -en; 2B9; 11

Zeitungsnotiz, die, -en; 5.1; 30
Zeitverschiebung, die, -en; 8D23; 50
zerbrechen, zerbrach, hat zer-
    brochen ; 5.14; 32
zerkleinern; 9B7; 56
zerrupfen; 18.10; 113
zerstören; 10B6; 63
Zerstörung, die, -en; 13B8; 80
Zettelchen, das, -; 14B11; 88
Zeugnis, das, -se; 2A3; 10
Ziege, die, -n; 8A6; 47
Zitat, das, -e; 13A3; 78
zitieren; 7C20; 42
zitternd; 14B7; 86
Zollstation, die, -en; 13C15; 81
Zone, die, -n; 10B6; 63
zucken; 8E33; 52
Zucker, der, (Sg.); 9B7; 56
zufällig; 12.9; 74
zugemauert; 5.18; 33
Zugriff, der, (Sg.); 18; 110
Zuhörer, der, -; 13C17; 82
zukommen, kam zu, ist zugekom-
    men; 7E34; 45
Zukunft, die, (Sg.); 2B9; 11
Zukunftsentwicklung, die, -en; 2B12;
    12
Zukunftsstudie, die, -n; 2B9; 11
zum Schluss; 16A4; 99
zunächst; 4A1; 22
Zunahme, die, (Sg.); 13B8; 80
Zuname, der, -n; 11.11; 71
Zündkerze, die, -n; 7C19; 42
zunehmen, nahm zu, hat zugenom-
    men; 13B8; 80
Zunge, die, -n; 18; 110
Zuordnung, die, -en; 15A2; 92
zurückbleiben, blieb zurück, ist
    zurückgeblieben; 14B11; 88
Zurückhaltung, die, (Sg.); 15B9; 94
Zusammenarbeit, die; 18.5; 112
zusammenbinden, band zusammen,
    hat zusammengebunden; 17C20;
    108
Zusammenhang, der, "-e; 13B9; 80
Zusatzinformation, die, -en; 7D32;
    44
zusätzlich; 2B9; 11
Zuschauer, der, -; 14D14; 89
zuschicken; 13A3; 78
zustimmen; 8D25; 50
Zustimmung, die, (Sg.); 15C13; 95
Zutaten, die, (Pl.); 9B7; 56
zutreffen, traf zu, hat zugetroffen;
    15A3; 93
Zweck, der, -e; 8F39; 53
Zweite Weltkrieg, der, (Sg); 10B6;
    63
zweitgrößt-; 4A3; 22
zwitschern; 8A6; 47

Seite	Quelle
11	AZ 10./11. 1994; Foto: Installation von Nam June Paik: Jean-M. de Moral, Paris
13	oben: SZ-Archiv, München; Porträts: T. Scherling
14	oben: T. Scherling; Mitte: M. Koenig
15	HNA, Kassel
19	Aus: Heinrich Hoffmann, Der Struwwelpeter
20	Süddeutscher Verlag, Bilderdienst, München
21	dpa, Hamburg
22	Karikatur: Erich Rauschenbach; Statistik: Globus Kartendienst
23	Text (Selda Öztürk) aus: PZ 83; Foto: Claus Knobel
24	Text (Kenan Kaca) aus: PZ 83; Fotos: Claus Knobel
25	oben: T. Scherling; unten v.l.n.r: Süddeutscher Verlag, Bilderdienst, München; dpa, Hamburg, T. Scherling
26	C. Knobel, Kassel
26	Aras Ören: Ein imaginärer Ausländergeneralstreik in Berlin. Aus: Rudzinski, Manfred, Aktionshandbuch Ausländer, Lamuv Verlag, Göttingen (Auszüge)
30	Manfred Deix, Zukunftsprognosen, Agency for Music & Art, Kiss & Friedl GNB. R, Wien
31	Hermann G. Klein Verlag, Speyer
33	Aus: Susanne Kilian, Die Stadt ist groß, Beltz & Gelberg, Weinheim 1976
34	Mit freundlicher Genehmigung von Federica de Cesco.
38	Wörterbuchauszüge aus: Langenscheidts Großwörterbuch Deutsch als Fremdsprache, Langenscheidt Verlag, München 1993
39	Globus Kartendienst
40	V. l. n. r.: 1+3 Büchergilde Gutenberg, Frankfurt; 2 Claasen Verlag, Hildesheim; 4 C. H. Beck'sche Verlagsbuchhandlung, München; 5 Campus Verlag, Frankfurt/M.
41	Betriebspraktikum: DG Verlag, Wiesbaden; Fotos: H. Funk
42	H. Funk
45	Aus: Was werden – 6/95, Hrsg. Bundesanstalt für Arbeit, Nürnberg, Verlag Transmedia, Mannheim; Fotos: Verlag Transmedia, Christian Roskowetz
46	Landdienst, Zürich
49	Polyglott Sprachführer Polnisch, © Polyglott Verlag, München 1988, 5. Aufl. 1994
50	Fotos: S. Keller
51	Ausweis: RDS Reisedienst, Hamburg; Fotos: S. Keller
52	Claus Knobel
54	Bild, 12.11.95; Fotos: Kenji Kawakami, Chindogu Academy, Tokyo
55	l. u. M.: S. Keller; r.: Lutz Rohrmann
56	Aus: *Gut eingekauft – Ein Wegweiser durch die Welt der Lebensmittel,* REWE-Verlag GmbH, Köln, S. 170f.
58	Peter Schössow/STERN
59	H. H. Gerhard, Stiftung Jugend forscht e.V., Hamburg
61	juma/TIP 2/95 (Regenschirm); alle anderen aus: Jacques Carelman, Neue erstaunliche Dingeling, © Benteli-Werd Verlags AG, Wabern bei Bern
62	L. Rohrmann
63	Fotos: 1–3: AKG, Berlin; 4 Frieder Blickle, Bilderberg
64	H. Funk
65	1 H. Funk, 2+3 AKG, Berlin
67	Gedicht aus: Bertolt Brecht, Gesammelte Werke Band 9, Suhrkamp Verlag, Frankfurt/M., 1967

Seite	Quelle
69	H. Funk
70	1. Reihe: M. Koenig; 2. Reihe: l. Interfoto München; r. M. Koenig
71	Georges, I, Histoire universelle des chiffres, Paris, Seghers, 1981
72	Aus: Ann Ladiges, Blaufrau, rotfuchs 252. Copyright © 1981 by Rowohlt Taschenbuch Verlag GmbH, Reinbeck
78	Bundesamt für Umwelt, Bern
78	Maja und Daniel Minder, Muri; Philippe Bachmann, Wilen
79	Borelli Edo, studio fotografico, Airolo
81	Text: dpa (gekürzt); Foto: Süddeutscher Verlag Bilderdienst, München
82	Zeitschrift GREENPEACE, 3/96
83	Oben: G. Mariotta; unten 1–4 L. Rohrmann
84	Mit freundlicher Genehmigung von Franz Hohler
84	Aus: Erich Fried, Lebensschatten, Wagenbach Verlag, Berlin 1981
86	Lied: Mathias Reim, Bernd Dietrich, © Känguruh Musikverlag, Bernd Dietrich; Fotos: Claus Knobel
87-88	stafette 1/94, Foto: Susann Müller, Wien
89	*Für die Welt ...* aus: Musenalp Express 2/96, Schweiz; *Sprachschwierigkeiten* aus: Hans Manz, Die Welt der Wörter, Beltz & Gelberg, Weinheim und Basel 1993
91	© 1996 KRT/Distr. Bulls.
93	HNA, Kassel
94	Statistik: Bundespresseamt 11/94; Fotos: bonn-sequenz, Bonn; Texte aus: Young Miss, 7/96
95	Fotos: dpa
98	Lexikon, Grammatiktrainer: Data Becker, Düsseldorf
99	Computer: Claus Knobel
100	HNA (leicht gekürzt)
104	O. und N. Padalina, Savosa
105	S. Keller
106	Karte + Text: Fremdenverkehrsbetriebe der Stadt Salzburg; Fotos: Österreich Werbung, Zürich
107	Gemälde: Internationale Stiftung Mozarteum, Salzburg; Szenenfoto: Interfoto, München
108	S. Keller
109	Glückspost, Zürich, mit freundlicher Genehmigung
110	*Lächeln...* u. *Lust auf ...* © Neue Kronen Zeitung Wien; *Mund zu ...* aus Salto 7/92, mit freundlicher Genehmigung; *Lichtenbergschule ...:* HNA, Kassel; Foto: Süddeutscher Verlag, Bilderdienst, München
111	Schülerzeitschrift: Ministry of Education – Language Centre, Singapur
112	Plakat aus: Die Welten der Wörter, Hrsg. Unesco Institut f. Pädagogik/Ernst Klett Verlag; Texte unten aus: *jetzt* (Jugendbeilage der Süddeutschen Zeitung), Sonderausgabe zur Buchmesse 1994
113	Texte aus: *jetzt* (Jugendbeilage der Süddeutschen Zeitung), Sonderausgabe zur Buchmesse 1994
117	Aus: Helmut Müller, Der eine und der andere – Szenische Dialoge, Klett Verlag, Stuttgart 1975

In einigen wenigen Fällen ist es uns trotz intensiver Bemühungen nicht gelungen, die Rechteinhaber von Texten und Bildern zu ermitteln. Für Hinweise, die uns helfen, die Copyright-Inhaber zu finden, wären wir dankbar.

Kursbuch

Einheit 1

3 Was erkennst du? Was passt zu welchem Ausschnitt?

Musik: Gitarre und Querflöte

… z.B. die Bremsen eines Autos überprüft oder eine Zündkerze hab ich auch gewechselt …

Sport – Frage 1: Wer gewann bei den Olympischen Spielen 1972 in München die Bronzemedaille im Stabhochsprung?

Hui, wie pfeift der Sturm und keucht,
dass der Baum sich niederbeugt!
Seht! Den Schirm erfasst der Wind,
und der Robert fliegt geschwind
durch die Luft so hoch, so weit,
niemand hört ihn, wenn er schreit.

… Es ist ein Aquarell, das heißt, es ist mit Wasserfarben gemalt. In dem Bild dominieren helle und gelbgoldene Farben. Die Sonne scheint auf die ganze Szene, auf den Berg, auf die Stadt und auf den Fluss …

Einheit 2

21 Wozu kann man Deutsch gebrauchen?

Marco Madonia:
Letztes Jahr war ich mit meinen Eltern auf einem Campingplatz bei Avignon, in Südfrankreich. Dort gibt es viele deutsche Touristen. Ich habe gehört, wie ein deutsches Ehepaar versucht hat, in einem Restaurant etwas zu bestellen. Ich konnte ihnen helfen und ihnen sagen, was die Spezialität der Region ist. Sie waren sehr froh und haben mich und meine Schwester am nächsten Abend zu einem großen Eisbecher eingeladen. Tja, da haben sich meine Französischkenntnisse gelohnt!

Christina Wolf:
Also, ich habe jetzt schon einige Filme auf Englisch im Fernsehen gesehen. Ich bin immer total erstaunt, wie anders die Stimmen der Schauspieler auf Englisch klingen. Manchmal finde ich die deutsche Stimme interessanter, manchmal die englische. Bei unserem Fernsehgerät kann man bei vielen Filmen zwischen der englischen und der deutschen Sprache wählen. Ich höre dann ein Stück auf Deutsch und ein Stück auf Englisch. Das ist total interessant.

Sebastian Hagelberg:
Ich lerne jetzt seit zwei Jahren in unserem Gymnasium Polnisch. Bis jetzt habe ich es nur im Unterricht gebraucht. Ein Austauschprogramm haben wir noch nicht. Aber wir werden in zwei Monaten mit unserer Polnischlehrerin nach Warschau fahren. Ich habe jetzt auch viel über Polen gelesen, auf Polnisch. Ich glaube, die Jugendlichen leben dort ein bisschen anders als bei uns. Manche Dinge sind auch gleich, Sport und Hobbys z.B. Ich freue mich schon auf die Fahrt.

Einheit 3

3 Wir haben ausländische Studenten gefragt: Wie findet ihr das Wetter in Deutschland?

Interviewer: Anurada, du kommst aus Indien, studierst hier in Deutschland. Wie findest du das deutsche Wetter?
Anurada: Ja, ich bin im Oktober angekommen, da war es immer noch Herbst, die Natur war schön, es war noch sonnig. Die Blätter waren bunt, wir sind viel spazieren gegangen in den Wald und das war sehr, also das war eine gute Erfahrung. Und dann fing der Winter an und das war eine Überraschung, weil ich keine warme Kleidung hatte und ich hatte nur Sommerschuhe. Und dann musste ich so neue Pullover und einen neuen Mantel kaufen, aber den – also den Schnee fand ich toll. Es hat mir gut gefallen, weil das eine – eine neue Welt war für mich. In Indien gibt's, wo ich herkomme gibt's keinen Schnee und alles war so weiß, das war toll, das fand ich toll.
Interviewer: Hast du auch einen Sommer hier in Deutschland erlebt?
Anurada: Ja, aber es ist mir manchmal zu heiß.
Interviewer: Zu heiß?
Anurada: Ja, also in Indien haben wir Klimaanlagen und dann ist es sehr angenehm.
Interviewer: Und wie findest du das Wetter allgemein?
Anurada: Ja, es ist – es ist o.k., es ist sehr abwechslungsreich, muß man sagen.
Interviewer: Gut, danke schön.

Interviewer: Emer, du studierst auch hier in Deutschland, woher kommst du?
Emer: Ich komme aus Irland und das Wetter in Irland ist viel milder als in Deutschland. Das heißt, der Unterschied zwischen Sommer und Winter ist nicht so groß bei uns zu Hause. Was ich gut hier vor allem finde, ist der Winter. Ich bin zum ersten Mal Schlittschuh gefahren, schwieriges Wort, und das fand ich toll, das kann man nicht bei uns machen. Ich hatte auch ein Problem mit der Kleidung aber, wie bei Anurada. Ich hatte viele Pullover und Mäntel und so weiter, aber ich hatte keine Sommersachen. Was ich auch noch gut finde, ist, dass der Himmel viel blauer ist hier in Deutschland. Also, bei uns ist es manchmal sehr grau. Es gibt viel Nebel und fast jeden Tag Regen. Und im Vergleich dazu ist das Win… – das Wetter hier schön.

9 Wetter im Radio

Das Wetter. Zunächst die Wetterlage. An der Westseite eines Tiefs mit Kern über Mitteleuropa wird polare Meeresluft nach Hessen geführt. Die Vorhersage für Hessen bis morgen früh: Bei wechselnder Bewölkung kommt es vor allem in Osthessen zu einzelnen Schneeschauern. Die Höchsttemperaturen liegen zwischen zwei und fünf Grad. In der kommenden Nacht lockert sich die Bewölkung auf und die Luft kühlt ab auf Werte um minus drei Grad. Morgen bleibt es kalt, am Montag sollen die Temperaturen etwas steigen. Das waren die Nachrichten.

Reisewetterbericht

[B]ayern 3

[E]uropawetter. Über Bayern ist es stark bewölkt, in München hat's acht
[G]rad, in Nürnberg neun Grad – Stuttgart, sonnig, elf Grad – Köln, wol-
[ki]g, zwölf Grad – Dresden, bedeckt, neun Grad – Berlin, sonnig, vier-
[ze]hn Grad – Hamburg, wolkig, vierzehn Grad – Stockholm, sonnig, elf
[G]rad – London, stark bewölkt, vierzehn Grad – Paris, sonnig, dreizehn
[G]rad – Zürich, stark bewölkt, acht Grad – Innsbruck, sonnig, zwölf Grad
[–] Salzburg, stark bewölkt, neun Grad – Wien, Regenschauer, elf Grad –
[B]ozen, stark bewölkt, siebzehn Grad – Venedig, stark bewölkt, fünfzehn
[G]rad – in Rom regnet es bei sechzehn Grad – Madrid, stark bewölkt,
[fü]nfzehn Grad – Lissabon, stark bewölkt, zwanzig Grad – in Athen
[so]nnig, fünfundzwanzig Grad.
[D]as Europawetter – täglich in Bayern 3 am Mittag.

[1]5 Johann Gaudenz von Salis-Seewis: Herbstlied

[B]unt sind schon die Wälder,
[ge]lb die Stoppelfelder,
[kü]hler weht der Wind.

[G]raue Nebel wallen,
[kü]hle Blätter fallen,
[un]d der Herbst beginnt.

Einheit 4

Neveda interpretiert die Zeichnung.

Interviewer, • Neveda

Ja, Neveda, vielleicht stellst du dich kurz vor?
Ich heiße Neveda, bin Türkin und lebe seit 25 Jahren in Deutschland, bin hier zur Schule gegangen und ich habe viele deutsche und
auch türkische Freunde.
Wir haben hier eine Zeichnung, Neveda, wie interpretierst du diese
Zeichnung?
Ja, man sieht einen türkischen Jungen, der zwischen zwei Stühlen
sitzt. Die zwei Stühle sollen die deutsche und die türkische Kultur
symbolisieren, das sieht man an den Flaggen. Und dieses Sprichwort:
„Zwischen zwei Stühlen sitzen", ist ja eigentlich negativ. Aber …
also, ich würde das nicht unbedingt negativ sehen, man muss sich
nicht unbedingt für eine Kultur entscheiden, ich würde statt „zwischen den Kulturen" eher „mit den Kulturen leben" sagen. Weil,
wenn man mit zwei Kulturen lebt, dann hat man die Chance, aus
der deutschen und aus der türkischen Kultur das Beste für sich selber
herauszusuchen.
Kannst du da mal ein Beispiel geben, dafür?
Ja, ein gutes Beispiel ist die Familie. In der türkischen Kultur ist die
Familie sehr wichtig. Das Zusammenleben, die Liebe und das Gefühl
für die Familie ist alles sehr wichtig. Bei den Deutschen ist das positiv,
dass, dass deutsche Eltern bei der Erziehung ihrer Kinder eher
bewusst vorgehen, das heißt, sie denken mehr darüber nach, wie
sie ihre Kinder erziehen, und bei Türken ist das oft sehr traditionell
und das kann Probleme bereiten.
Hast du selbst auch schon Probleme gehabt? Fühlst du dich manchmal zwischen den Stühlen auch?
Ja, manchmal fühlt man sich schon zwischen den Stühlen, wenn ich
z.B. in die Türkei fahre, fühle ich mich schon oft fremd und werde
auch erkannt, dass – als „Deutschländerin", also da gibt's diesen
Begriff. In Deutschland ist es auch immer noch so, dass man oft als
Ausländerin betrachtet wird. Alleine merke ich das nicht so oft, aber
wenn man als türkische Gruppe unterwegs ist, dann fällt das schon
auf, dass sehr viele noch negative Einstellungen zu Ausländern
haben.

○ Neveda, was würdest du dir wünschen für das Zusammenleben der
Kulturen?
• Ja, ich wünsche mir, dass die Kulturen mehr voneinander lernen
und dass die positiven Seiten ausgetauscht werden. Und wenn man
mal was nicht versteht aus der anderen Kultur, sollte man toleranter
sein.
○ Danke.

31 Meinungen über Unterricht

a In meiner Klasse müssten die Schüler besser aufpassen. Viele sind
nicht konzentriert.
b Unsere Lehrerin müsste die neuen Wörter immer an die Tafel schreiben. Man kann sie sich sonst nicht merken.
c Die Schüler sind ganz gut. Einige sollten ein bisschen aktiver sein im
Unterricht und mehr sprechen.
d Es wäre schön, wenn wir nicht so viele Hausaufgaben bekommen
würden. Manchmal sitze ich vier Stunden.
e Ich würde mich freuen, wenn die Schüler auch zu Hause etwas auf
Deutsch lesen würden.

Einheit 5

7 Eine Kunststudentin beschreibt William Turners „Heidelberg mit einem Regenbogen"

○ *Interviewer,* • *Monika*

○ Monika, können Sie das Bild für uns beschreiben?
• Ja, das Bild hat den Titel „Heidelberg mit einem Regenbogen". Also,
es ist etwa 52 cm lang und etwa 30 cm hoch. Es ist ein Aquarell, das
heißt, es ist mit Wasserfarben gemalt. In dem Bild dominieren helle
und gelb-goldene Farben. Die Sonne scheint auf die ganze Szene, auf
den Berg, auf die Stadt und auf den Fluss. Links oben ist der Himmel
dunkelblau, weil es gerade geregnet hat. Aus der Stadt steigt Nebel
auf. Den Regenbogen kann man nur ganz schwach erkennen. Im
Vordergrund sind viele Waschfrauen am Fluss, mit der Wäsche
beschäftigt. Zwei Männer durchqueren den Fluss auf Pferden und
ihnen folgt ein Hund. Ja und ganz vorne links steht ein Mann mit
einer Pfeife, neben ihm steht eine Mappe mit Bildern, vielleicht der
Maler selbst. Das Schloss über der Stadt und die Stadt selbst in der
Mitte sind das Zentrum des Bildes. Die Menschengruppen im Vordergrund sind ein zweites Zentrum. Der Übergang zwischen Fluss
und Land ist ganz weich, gar nicht richtig zu erkennen.
○ Wie würden Sie das Bild interpretieren?
• Also, der englische Maler William Turner hat auf einigen Deutsch-
landreisen viele Landschaften, Städte und immer wieder die Flüsse,
den Rhein, die Mosel und den Neckar, gemalt. Dieses Bild hat er
1841 gemalt. Meistens hat er Skizzen gemacht und später die
Bilder ausgeführt. Viele andere Maler der Romantik haben in dieser
Zeit mit Licht und Schatten gespielt, aber Turner hat das nicht. Er
betont Kontraste mit hellen, warmen Farben und dunklen, kühlen
Farben. Das ist typisch für seine Malerei. Die Maler der Romantik
wollten mit den Bildern ihre Gefühle ausdrücken und Stimmungen,
nicht nur reale Landschaften und Personen zeigen. Turner gelingt
das in vielen Bildern besonders gut.
Das Schloss in Heidelberg war übrigens ein beliebtes Motiv der
Maler der Romantik. Es war von den Franzosen zerstört worden und
damit praktisch ein nationales Symbol. Diesem Symbol stehen auf
der anderen Seite die Menschengruppen gegenüber, die ihrer Arbeit
nachgehen, der Alltag also.

10 Der Anfang von drei Volksliedern

Die Gedanken sind frei. Wer kann sie erraten?
Sie fliegen vorbei wie nächtliche Schatten.
Kein Mensch kann sie wissen. Kein Jäger erschießen ...

Muss i denn, muss i denn zum Städtele hinaus, Städtele hinaus
und du mein Schatz bleibst hier.
Wenn i komm, wenn i komm,
wenn i wieder wiederkomm, wieder wiederkomm,
kehr i ein, mein Schatz, bei dir ...

Es, es, es und es, es ist ein harter Schluss,
weil, weil, weil und weil, weil ich aus Stuttgart muss.
Ich war schon lang in dieser Stadt
und hab das Nest zum Kotzen satt ...

15 Ergänzt die Dialoge ...

Junge: Hallo, Anja, ich habe jetzt die Nase voll! Seit zwei Stunden warte ich auf dich. Wo bleibst du?
Mädchen: Jetzt bleib mal auf dem Teppich. Du weißt genau, dass ich heute auf meine Schwester aufpassen muss. Meine Eltern sind noch nicht zurück. Ich komme auf jeden Fall!

Mädchen: Jens ist wirklich ein großer Angeber. Der nimmt den Mund zu voll!
Junge: Da bist du aber auf dem Holzweg. Er hat mir gestern seine ganzen Computerspiele kopiert und bei den Hausaufgaben geholfen.

16 Radiohoroskop

Es steht in den Sternen – das Radio Regenbogen Tageshoroskop.
Steinbock: Heute ist ein besonderer Tag für Sie. Alles, was Sie anfangen, wird ein gutes Ende finden.
Wassermann: Lassen Sie sich heute nicht den Kopf verdrehen. Für die wahre Liebe muss man sich einfach mehr Zeit lassen.
Fische: Setzen Sie endlich ihre rosarote Brille ab und sehen Sie der Realität ins Auge.
Widder: Haben Sie die Nase voll von dem ewigen Stress? Gönnen Sie sich ein wenig Entspannung und Ruhe.
Stier: Sie haben im Moment eine Krise. Aber Sie sind selbst dafür verantwortlich. Sie sollten mit Ihren Wünschen auf dem Teppich bleiben.
Zwillinge: Zerbrechen Sie sich nicht den Kopf der anderen. Sie müssen mehr an sich denken.
Krebs: Ihr Chaos ist der Grund für Ihre Probleme. Bringen Sie Ordnung in Ihr Leben und es wird Ihnen besser gehen.
Löwe: Sie sind kein Risikotyp und setzen immer auf Sicherheit. Manchmal sollten Sie ein bisschen mehr riskieren.
Jungfrau: Sie sind zu ungeduldig. Nehmen sie sich mehr Zeit.
Waage: Heute ist nicht Ihr Tag. Aber lassen Sie den Kopf nicht hängen. Morgen sieht alles wieder ganz anders aus.
Skorpion: Zur Zeit läuft es ja prima bei Ihnen. Aber Vorsicht! Sie dürfen den Mund nicht so voll nehmen.
Schütze: Sie glauben, dass Sie niemand liebt. Aber Sie sind auf dem Holzweg. Verlassen Sie Ihr Schneckenhaus und sehen Sie die Menschen an. Viele Menschen mögen Sie.

Einheit 7

2 Berufe

Ingenieur, Großhandelskaufmann, Mechaniker, Professorin, Baufacharbeiter, Umweltberaterin, Hausmeister, Soldat, Bankkauffrau, Autorin

21 Interviews mit Daniel und Fabian

Interviewer: Daniel, Fabian und Renja, ihr habt gerade euer Praktikum gemacht. Ich möchte euch ganz gern mal fragen über das Praktikum, wie ihr dazu gekommen seid, wie das war, wie eure Erfahrungen aussehen.
Zunächst, wie seid ihr dazu gekommen, was für ein Praktikum habt ihr gemacht?
Daniel: Ja, also ich war in einer Autowerkstatt hier in unserem Ort. Ich hab dort ein Praktikum als Automechaniker gemacht.
Fabian: Ich habe Praktikum im Zentrallabor gemacht als MTA.
Interviewer: Was heißt das: MTA?
Fabian: MTA ist Medizin-technischer Assistent. Das Labor war in den Städtischen Kliniken. Da es in der nächstgrößeren Stadt war, musst ich jeden Morgen von unserm Ort aus mit dem Bus in die Stadt fahrn und von der Stadtmitte aus mit der Straßenbahn bis zum Labor.
Interviewer: Habt ihr euch für dieses Praktikum schriftlich beworben? Wie habt ihr diesen Praktikumsplatz gefunden?
Daniel: Ich wollte etwas Praktisches machen, das bedeutet etwas, wobei ich auch was lernen kann. Deshalb bin ich zu dem Automechaniker bei uns im Ort gegangen, ein anderer Aspekt war, dass ich meinen Praktikumsplatz in der Nähe haben wollte, das heißt, dass ich nicht mit dem Bus oder sonstigen öffentlichen Verkehrsmitteln fahren musste, sondern mit dem Fahrrad fahren konnte. Wichtig war für mich auch, dass ich was mit Motoren oder/und Autos machte, da ich mich dafür sehr interessiere.
Fabian: Ich wollte gern etwas mit Labor machen, aber auch mit Menschen. Deswegen habe ich bei einigen Labors angerufen, um zu fragen, ob sie Praktikanten aufnehmen. Da ich aber keinen Platz gefunden hab ist mein Vater oder hat mein Vater einen Arzt angerufen, den er kannte und darüber bin ich dann zu dem Zentrallabor gekommen.
Interviewer: Was habt ihr in der Zeit des Praktikums gemacht? Was waren eure Aufgaben?
Daniel: Also, ich bin jeden Morgen mit dem Fahrrad zu meinem Arbeitsplatz gefahren. Ich musste um halb sieben da sein. Dort habe ich den Tag über z.B. die Bremsen eines Autos überprüft oder eine Zündkerze hab ich auch gewechselt, auch mal mehrere. Einstellen einer Handbremse war eine weitere Tätigkeit, die ich sehr oft gemacht hab. Außerdem habe ich öfters Reifen repariert, aber nicht nur mechanische Dinge, sondern auch Hof kehren oder aufräumen des Büros oder die Halle putzen gehörten zu meinen Aufgaben.
Fabian: Ich musste im Labor morgens früh zuerst einmal die Bogen sortieren zu den Patientenkarten. Danach mussten von den Proben Abstriche gemacht werden, das heißt, dass einzelne Proben untersucht werden mussten, welche Bakterien sich drin befinden. Dann mussten die Abstriche in einen Brutkasten gelegt werden und nachher – und mussten sie untersucht werden, welche Bakterien drin sind, was gegen Bakterien hilft und eine andere Tätigkeit war, unter dem Mikroskop Blu – Blutproben anzukucken, ob genug rote oder weiße Blutkörperchen drin sind oder ob irgendeine Krankheit vorliegt.
Interviewer: Hat euch das Praktikum Spaß gemacht?
Daniel: Mir hat mein Praktikum weniger Spaß gemacht, weil die Arbeit sehr anstrengend war, zu diesen anstrengenden Arbeiten zählen vor allem die Arbeiten wie Aufräumen der Halle, Putzen der Halle, Reifen tragen. Ich habe z.B. an einem Tag fünfzig Reifen von der einen Ende des – von dem einen Ende des Geländes in die andere Ecke des Geländes geschleppt und gestapelt, das war sehr anstrengend.
Fabian: Mir hat der Job sehr viel Spaß gemacht, vor allem weil auch die Stimmung mit den Kollegen sehr gut war, und auch die Tätigkeiten, die ich machen musste, haben mir sehr viel Spaß gemacht.
Interviewer: Hat das Praktikum eure Berufswünsche verändert, habt ihr jetzt andere Ideen über den Beruf bekommen?

Daniel: Bei mir war es sowieso nur ein Hobby, das heißt, ich hatte sowieso nicht vor, diesen Beruf zu ergreifen, aber ich bin mir jetzt trotzdem sicher, dass ich keinen körperlich anstrengenden Beruf ergreifen werde.

Fabian: Ich wollte schon immer gern in die Richtung Labor und eigentlich hat mich das Praktikum nur in meiner Aussage bestätigt und ich würde es immer wieder machen.

2 Interview mit Renja

Interviewer: Renja, wo hast du dein Praktikum gemacht?

Renja: Im Kindergarten.

Interviewer: Was habt ihr dort genau gemacht?

Renja: Ja, also das waren Gruppen mit 20 Kindern und wir sind dann mit in die Gruppen reingegangen und haben dann mit den Kindern gebastelt, gespielt und weil es gerade Sommer war, sind wir mit denen auch in der Umgebung gewandert.

Interviewer: Gab es etwas zu essen im Kindergarten?

Renja: Hm, um 12 Uhr haben die Kinder oder mehrere Kinder jeden Tag gegessen.

Interviewer: Welches Spielzeug gab es?

Renja: Mm, verschiedenes. Also, eine Puppenecke, in der die Kinder mit den Puppen spielen konnten, einen Bauteppich, auf dem sie mit Bauklötzen etwas bauen konnten, Br – also Brettspiele, einen Maltisch.

Interviewer: Gab es Arbeiten, die dir weniger Spaß gemacht haben?

Renja: So im Großen und Ganzen hat mir eigentlich alles Spaß gemacht. Gut, wir mussten auch mal kehren und putzen, aber so im Großen und Ganzen wars schön.

Interviewer: Hat das Praktikum deinen Berufswunsch verändert?

Renja: Also, ich wusste eigentlich vorher schon, dass ich keine Erzieherin werden wollte und so, ja, das weiß ich jetzt halt immer noch. Aber mir hat es sehr viel Spaß gemacht, mit den Kindern zu arbeiten, und mein Berufswunsch wäre dann vielleicht in der Grundschule Lehrerin zu werden.

Einheit 8

Ein Gedicht von Ernst Jandl: „auf dem land"

nininininininDer
rüllüllüllüllüllüllüllEN

schweineineineineineineinE
nununununununununZEN

ununununununununDE
ellellellellellellellEN

atatatatatatatZEN
iauiauiauiauiauiauEN

atatatatatatatER
chnurrurrurrurrurrurrurrEN

änänänänänänSE
chnattattattattattattattERN

egiegiegiegiegiegiegEN
eckeckeckeckeckeckeckERN

enienienienienienienEN
mmummmummmummmummmummEN

rilililililililililililEN
ririririririrPEN

fröschöschöschöschöschöschöschE
quakakakakakakakakEN

hummummmummmummmummmummELN
brummummmummmummmummmummEN

vögögögögögögögEL
zwitschitschitschitschitschitschERN

(Ernst Jandl, mit freundlicher Genehmigung von Luchterhand Literaturverlag)

19 Ein Dialog in Tirol (Österreich)

○ *Herr Jürgen,* ● *Herr Karl*

○ Herein!

● Entschuldigen's, Herr Jürgen. I hoff, i stör net grad.

○ Nein, nein, nein, nein, nein, Herr Karl. Ich hab Sie ja gerufen, nich?

● G'rufen nit, aber telefoniert ham's nach mir.

○ Herr Karl, könnten Sie so lieb sein und Hannelore und mir den …

● Zuerscht amal, an guten Morgen wünsch i, Herr Jürgen.

○ Ham Se auch wieder Recht, Herr Karl. Guten Morgen, ja.

● Und, woas isch?

○ Womit kann ich dienen?

● Wieso? I brauch nix. I hob ja au nit angrufen.

○ Ich wollte damit sagen: Das heißt nicht „Woas isch", sondern „Womit kann ich dienen?"

● Richtig, richtig, a bissl gute Manieren sollt ma scho a hoabn, gell.

○ Sie sagten aber eben: Woas isch.

● Woas isch, hob i gsagt? Manchmal hab i des Gfühl, die Tiroler und die Berliner redn ananand vorbei.

○ Lieber Herr Karl, ich – ich wollte schon vor einer Viertelstunde für Hannelore und mich das Frühstück auf das Zimmer bestellen, nich.

● Ja, und warum ham Sie's nachher net tan?

○ Weil Ihr Fräulein Erika von der Rezeption sagte, der Chef kommt gleich.

● A deswegen ham's angrufen! Weil'S a Frühstück welln. Ja, hatten Se's glei gsagt, na hätt i's Ihne glei mitbrocht.

○ Will ich ja die ganze Zeit.

● Also guat. Zweimal Frühstück komplett?

○ Jawoll und mit weichem Ei.

● Äh, die Eier sin heit leida schua fertig.

○ Sie meinen alle?

● Jawoll, alle Eier sein fertig.

○ Ja dann, dann machen Sie schon, lieber Karl, dann …

● Koan i net.

○ Warum?

● Ja, weil i net Eier legn koan.

○ Sie sollen nicht Eier legen, sondern Eier bringen.

● Weil sie uns ausgangen sein, tut ma lad.

○ Aber, Sie sagten doch eben, die Eier sind fertig.

● Eben.

○ Ja und?

● „Fertig" heißt bei ins in Tirol „aus", „aus und fertig". Heit nix mehr Eier. Morgn hamma wieder frische Eier.

○ Mensch Meier!

● Nix Meier – Eier.

20 Ein Satz, sechs Dialekte

Guten Tag, ich hätt gern zwee Brodeln.
Schönen guten Tag, ich hätt gern zwee Broitchen.
Grüß Gott, ich hätt gern zwo Weck.
Guten Tag, ich hätte gern zwo Schrippen.
Guten Morgen, I hätt gern zwo Semmeln.
Moin Moin, och, ich nehm man heut drei Schrippen.

25 Wir haben anderen Jugendlichen Alwins Text gezeigt.

1. Also, der spinnt doch! Wenn ich im Urlaub bin, dann will ich doch mal was anderes sehn und nicht immer die Sachen wie in Deutschland. So ein Quatsch! Also, dann soll er doch gleich zu Hause bleiben. Wenn ich mit meinen Eltern in Italien bin, dann freue ich mich schon immer auf das Essen, die Spaghetti, das Eis und so weiter. Und die Sprache, das ist doch mal was anderes. Wenn ich dann mal was nicht verstehe, dann rede ich halt mit Händen und Füßen, das geht dann schon. Also für mich ist das klar: Im Urlaub muss alles ganz anders sein. Ich freu mich schon auf nächstes Jahr, da fliegen wir nach Indien, ... wenn alles klappt ... das wird bestimmt ganz verrückt!

2. Na ja, vielleicht ist das ja ein bisschen extrem, wie der das macht, aber im Prinzip ist das bei uns ähnlich. Wir fahren auch fast jedes Jahr nach Mallorca und da gibt's halt auch viele Deutsche. Aber ich finde das schon gut. Ich treffe da immer die gleichen Leute und das sind dann halt wie Freunde und man kann zusammen in die Disko gehen und man ist nicht so allein ... und mit der Sprache, das ist dann auch kein Problem ... Das mit dem Essen ist bei mir ein bisschen anders, also ich esse schon gern spanisch ... also manchmal ... und das stimmt, das ist dann schon viel billiger ... und das ist halt nicht so ein Stress, wenn man alles ein bisschen kennt ... Nur, mein Vater will halt immer zelten und da haben wir keinen Fernseher, das ist manchmal ein bisschen blöd.

29 Lisa Ferrari erzählt von ihrer Reise.

Also, ich stelle mich erst einmal vor. Ich bin Lisa Ferrari. Ich bin 19 Jahre alt und ich studiere Fremdsprachen in der Universität Trient in Italien. Ich interessiere mich für – sehr für fremde Sprachen und fremde Länder. Deswegen reise ich auch gerne ins Ausland. Ich will sehen, wie die Menschen in anderen Ländern sind, wie sie leben, wie sie angezogen sind, wie sie wohnen, was sie essen, ihre Traditionen und so weiter. Das einzige Problem ist immer das Geld. Für eine Studentin wie mich ist so eine Reise ziemlich teuer, deswegen habe ich einen internationalen Studentenausweis gekauft. Der ist auf der ganzen Welt gültig und man braucht damit nicht so – so viel zu bezahlen, z.B. wenn man ins Theater gehen will oder in – ein Museum besucht. Natürlich kostet auch die Reise nicht mehr so viel. Z.B. war ich letzten Sommer mit ein paar Freunden – wo – in Jordanien. Das war eine sehr tolle Erfahrung. Am meisten hat mir die Stadt Petra gefallen, die werde ich nie vergessen, wirklich. Ich kann aber auch meinen ersten Kamelritt nie vergessen. Es war zwar toll, aber ich habe immer noch Rückenschmerzen, wenn ich daran denke. Mit der Sprache, das war gar kein Problem. Ich kann ziemlich gut Englisch und die Leute konnten mich gut verstehen. Arabisch kann ich überhaupt nicht – kein Wort. Das ist auch eine komplizierte Sprache ... ich glaube. Meine ... mm ... bei uns in Italien sagt man auch „questo è arabo", wenn man überhaupt nichts versteht, aber ich habe ein bisschen gelernt zu raten, was einige Texte bedeuten können. Die Textform und die Situation können dabei viel helfen, z.B. eine Speisekarte im Restaurant oder eine Dose Cola auf Arabisch, das kann man ziemlich schnell erkennen. Das ging nach ein paar Tagen immer besser und wir haben mit den Freunden geraten, wer am schnellsten weiß, was ein Text bedeutet. Das hat Spaß gemacht und ich habe sogar ein paar Beispiele nach Hause mitgebracht.

34 Eine ausländische Studentin erzählt über ein Missverständnis in Deutschland.

Ich heiße Hyang-Ki und komme aus Korea. Ein Freund von mir hat vor einem Jahr eine deutsche Freundin in Dortmund besucht. Er hatte sie schon lange nicht mehr gesehen. Sie hat ihn dann am Flughafen abgeholt und er hat sie so begrüßt: „Hallo, Christel, du siehst gut aus! Du bist ja aber dick geworden!" Christel wurde total rot und war ziemlich beleidigt. Und mein Freund wusste überhaupt nicht, was los ist. Bei uns in Korea sagt man so etwas nämlich manchmal zu Freunden, wenn man sagen will, dass sie gut und gesund aussehen. Hier in Deutschland kann ja so etwas eine kleine Katastrophe bedeuten. Aber das passiert einem nur einmal!

Einheit 9

2 Vier Geräte

Also, pass auf, das funktioniert wie ein Lippenstift. Du drehst ein bisschen Butter raus und verteilst sie auf dem Brot. Und dann drehst du die Butter wieder zurück. Am besten funktioniert's, wenn die Butter richtig kalt ist. Man muss das Ding halt ein paar Stunden in den Kühlschrank legen.

Das ist etwas für die Frauen. Die verlieren doch immer die Ohrringe. Und das ist wie ein Teller. Den steckt man auf die Schulter und wenn der Ohrring runterfällt, dann fällt er in den Teller, in so ein Netz ... und nicht auf den Boden.

Also du kennst doch das Problem. Du sitzt im Auto oder auf dem Moped und du musst unbedingt etwas trinken. Aber du kannst nicht anhalten. Mit dem Dosenhalter kannst du dir die Coladose an die Lederjacke stecken und dann kannst du trinken, wann du willst, und gleichzeitig fahren. Kapiert?

Das ist das Größte. Dein privater Zebrastreifen. Also, du brauchst nie mehr an der Straße zu stehen und zu warten, bis die Autos anhalten. Du legst einfach deinen Zebrastreifen auf die Straße und gehst los. Kein Stress, keine Gefahr ... und wenn du auf der anderen Seite bist, dann rollst du den Zebrastreifen wieder ein und gehst weiter. Einfach genial!

13 Vor der Schule

Zähne werden geputzt.
Die Haare werden gewaschen.
Kaffee wird getrunken.
Müsli wird gegessen.
Kleider werden angezogen.
Die Schultasche wird gepackt.
Der Bus wird verpasst.
Ein freier Tag!

Einheit 10

2 Der verhüllte Reichstag

Mir hat das Projekt von Christo sehr gut gefallen, aus zwei Gründen: Erstens, man hat mal wieder etwas über den Reichstag erfahren, neue Infos und Informationen bekommen, und zweitens, das war für die Leute eine Kunst zum Erleben und zum Anfassen.

Also, wenn Sie mich fragen, dann war das keine gute Idee. So viel Geld und so ein Theater machen und ... für zwei Wochen? Also, ich weiß nicht. Also und es bleibt nichts übrig eigentlich. Ja? Alles ist weg. Alles ist weg innerhalb von zwei Wochen. Ich denke, heute gibt es viel wichtigere Dinge als so ein Spektakel. Also bei uns in Ungarn – denke ich – das wär überhaupt nicht möglich.

Ich wohn ja in Berlin und als der Reichstag verpackt war, da war ich da fast jeden Tag. Ich hab auch die Aufbauarbeiten mit angeschaut und war dann jeden Tag da und fand das ganz toll, wie viele Leute dort waren. Da haben sogar viele Leute übernachtet. Das fand ich eindrucksvoll. Am besten hat mir der Reichstag in der Abendsonne gefallen. Das war eine ganz tolle Stimmung.

Gut, dass Sie mich fragen. Ich sag Ihnen mal, was das für mich ist. Das ist ein, also das ist ein ganz großer Blödsinn. Ein Blödsinn ist das und 'ne reine Geldverschwendung und keine Kunst! Jedenfalls ist das meine Meinung!

ich studiere Germanistik in Frankreich und ich habe über die Aktion von Christo bei uns in der Zeitung gelesen. Es war schön. Es war mal eine interessante Art, wie man Informationen über die deutsche Geschichte bekommen kann. Ich muss zugeben, am Anfang fand ich die ganze Geschichte ein bisschen verrückt. Aber später fand ich die Idee ganz toll. Ich wäre sehr gerne auch nach Berlin gereist, aber zu der Zeit war das nicht möglich. Dafür habe ich aber ein schönes Poster zu Hause. So wie das Foto hier.

10 Interview mit Elisabeth Funk

Interviewerin: Elisabeth Funk wurde 1928 geboren. Sie ist zum Zeitpunkt des Interviews 68 Jahre alt. Als junges Mädchen hat sie die Zeit des Nationalsozialismus in Deutschland auf dem Dorf erlebt. Ihre Eltern hatten einen kleinen Bauernhof in Hessen. Ihr Vater arbeitete bei der Post. In einem Interview berichtet sie über ihre Schulzeit, über die Freizeit im Bund Deutscher Mädchen, dem BDM. Das war die damals die Jugendorganisation, in der praktisch alle mitmachen mussten. Sie erzählt außerdem über ihre Erlebnisse in der Kriegszeit und über die beruflichen Perspektiven junger Frauen auf dem Land in der damaligen Zeit. Was sie über die Schulzeit sagt, ist sicher typisch für die Schulen damals: Die Lehrer waren streng, die Prügelstrafe gehörte zum Alltag. Die meisten Lehrer waren auch Mitglieder der nationalsozialistischen Partei. Die Schüler hatten Angst vor ihren Lehrern.

Elisabeth Funk: Ich heiße Elisabeth Funk, bin 1928 in Ronshausen geboren. Das liegt in der Nähe von Rotenburg. Tja, während der Schulzeit … also als Erstes, wenn – wenn wir in die Schule kamen morgens früh, vorher – wir durften uns nicht groß unterhalten, wir mussten immer aufpassen, jetzt geht die Tür auf, jetzt kommt der Lehrer rein, da müssen wir aufspringen und müssen „Heil Hitler" sagen. Aus dem Grunde war Totenstille vorher in der Klasse, schon aus Angst, dass wir ihn – also eben nie haben kommen hören, nich. Und das hat auch tadellos geklappt, aber das war fürchterlich – war's. Also und weil der in der NSDAP war, haben wir uns auch nie – haben wir uns nicht getraut, das eben nicht zu machen. Als Erstes wurde dann in Deutsch der Wehrmachtsbericht durchgenommen. Darüber mussten wir Bescheid wissen, entweder durchs Radio oder er stand ja jeden Tag in der Zeitung. Und er wurde genau durchgesprochen. Wie weit die Soldaten an der Front waren, welche Städte bombardiert worden waren. Das war unheimlich wichtig.

Für viele war das natürlich auch uninteresssant, der Wehrmachtsbericht. Viele hatten ihn nicht gelesen. Und dann – oder wer nicht aufgepasst hatte, der hat natürlich Prügel bekommen. Prügel waren sozusagen damals die Strafe. Die Jungens, die mussten sich bücken und die wurden mit dem Stock verprügelt. Und die Mädels, die mussten die Hände auf den Tisch legen und dann haben die mit dem Stock eine auf die Hände gekriegt. Und das hat sehr weh getan. Und dann hat wohl eine Schülerin – die hat gesagt, ich darf mich nicht mehr auf die Hände schlagen lassen. Die Eltern haben gesagt, mit den Händen muss ich noch arbeiten. Und dann hat sie rechts und links ein paar um die Ohren gekriegt.

Interviewerin: An die Freizeit im BDM hat sie positivere Erinnerungen. Da ging es um Sport und Spiele. Politik war für die Jugendlichen dabei nicht so wichtig.

Elisabeth Funk: Einmal wöchentlich haben wir uns im BDM getroffen, das heißt, im Bund – Bund Deutscher Mädchen und dann haben wir auch noch mal über Politik gesprochen. Oft sind wir auch durchs Dorf gezogen, haben Lieder gesungen. Und – oder wir haben uns auch im Wald mit der Hitlerjugend, die – das war eine Gruppe, die zur gleichen Zeit ihre Stunde hatte, mit denen haben wir uns getroffen, haben Schnitzeljagd gemacht und haben auch Lieder gesungen. Also, das fand ich eigentlich sehr gut.

Interviewerin: Was Krieg bedeutet, sah sie zum ersten Mal im Herbst 1943, als ihre BDM-Gruppe nach einem Bombenangriff auf die Stadt Kassel beim Aufräumen helfen sollte. Damals wurde die Stadt Kassel in einer Nacht zerstört. Mehr als 10.000 Menschen starben.

Elisabeth Funk: Im Oktober 43 wurde Kassel bombardiert. Obwohl wir 60 Kilometer weit weg davon wohnen, haben wir den Lichtschimmer am Himmel gesehen. Und … es war wohl ein oder zwei Tage danach, da mussten wir die – unsre BDM-Gruppe nach Kassel zu Aufräumungsarbeiten. Und – also wir – das war für uns unfassbar, so ein Bild zu sehen, die zerstörte Stadt. Wo wir hinkamen, mit unserer BDM-Uniform, da haben die – die Soldaten gesagt, die schon da waren zum Aufräumen: „Um Himmels willen, ihr Kinder, was wollt ihr denn hier? Macht, dass ihr wieder nach Hause kommt."

Interviewerin: Auf dem Land bedeutete „Krieg" zunächst, dass die Männer meistens weg waren und dass die Frauen doppelt so hart arbeiten mussten. Man produzierte Getreide und Fleisch und musste das meiste abgeben.

Elisabeth Funk: Ja, wir hatten zu Hause einen kleinen landwirtschaftlichen Betrieb. Und das hatten die meisten und da mussten wir Mädels halt arbeiten. Wir haben – wir waren sozusagen Selbstversorger, soundsoviel durften wir behalten, alles andre musste abgegeben werden. Und da hatten wir natürlich voll und ganz zu tun. An Beruf war da überhaupt nicht zu denken. Berufe für uns gab's überhaupt nicht. Ein Problem war, dass mein Vater nicht in der Nazi-Partei war, dadurch hatte er Probleme und ich natürlich auch. Mein Problem war, dass ich halt in die Munitionsfabrik musste, nicht mehr in dem eigenen landwirtschaftlichen Betrieb helfen konnte. Ich musste Munitionskisten tragen von morgens um – um – um sechs bis nachmittags um vier. Das war 'ne sehr eintönige Arbeit, die Kästen waren zwar nicht schwer, die wurden erst später von den andern – von den Arbeitern mit Granaten beladen und die ganz schwere Arbeit haben ja die Männer gemacht. Wäre natürlich mein Vater in der NSDAP gewesen, dann hätte ich nicht in die Munitionsfabrik gebraucht, dann hätte ich weiter in dem landwirt.. – in unserem landwirtschaftlichen Betrieb helfen können. Die Arbeit in der Munitionsfabrik, die hab ich nicht so lange ausgehalten. Die war zu eintönig. Und 'ne Bekannte von mir, die hat mir dann in Eisenach in ein – also ich wollte gerne Kinderschwester werden – und die hat mich dann da im Kinderheim untergebracht. In dem Kinderheim war ich leider nur für ein halbes Jahr tätig, denn Eisenach wurde bombardiert und ich hatte wohl Nachtwache und konnte drei Tage nicht nach Hause, weil der Bahnhof in Trümmern war. Und da haben meine Eltern nicht mehr erlaubt, dass ich noch einmal dorthin fahre. Ich musste dann wieder in der Landwirtschaft arbeiten, aber das wurde ja auch immer gefährlicher. Die Tiefflieger kamen, wenn wir im Feld waren, ja die haben einfach auf uns geschossen, also … wir hatten direkt auch Angst noch, dann ins Feld zu gehen.

Interviewerin: Nach dem Krieg versucht Elisabeth Funk wieder aus dem Dorf herauszukommen und in der Stadt einen Beruf als Hauswirtschafterin zu lernen. Nach einem Jahr sind es wieder die Eltern, die den beruflichen Weg ihrer Tochter bestimmen. Für eine junge Frau aus einem Dorf war es damals praktisch kaum möglich, einen Beruf zu erlernen.

Elisabeth Funk: Der Krieg war 45 zu Ende und im Herbst 45 bin ich nach Kassel ins Diakonissenhaus gegangen, um Hauswirtschaft zu lernen, denn ich hab mir gedacht, also so kanns doch nicht weitergehen. Du kannst doch nicht zu Hause immer rumlungern und nichts tun. Du musst doch was lernen. Und das war die einzige Möglichkeit. Ja und dann hab ich ein Jahr gelernt und dann sind die Eltern zu Hause nicht zurechtgekommen ohne meine Hilfe in der Landwirtschaft … ja und dann musst ich wieder zurück, ich – die Eltern haben einfach bestimmt, ich musste zurück und musste in der Landwirtschaft helfen. Damit war mir jede Chance, 'nen Beruf zu lernen, genommen. Das war eigentlich für uns Mädels auf dem Dorf normal, dass wir keinen Beruf lernen konnten. Es gab ja nichts andres.

Einheit 13

25 Müll vermeiden.

Andreas: Meine ganze Familie ist sehr umweltbewusst. Meine Eltern fahren z.B. langsamer auf der Autobahn, sie sparen Benzin. Und wenn ich aus dem Zimmer gehe, mache ich immer das Licht aus und im Winter drehe ich die Heizung ab, sobald ich das Haus verlasse. Beim Einkaufen achte ich auf die Verpackung. Joghurt z.B. kaufe ich nur im Pfandglas und nicht in Pappbechern.

Carola: Alufolie, Kunststoffabfälle usw. gebe ich an Sammelstellen ab, Umweltschutz ist für mich wichtig. Von diesen Sammelstellen sollte es viel mehr geben. Ich finde die öffentlichen Verkehrsmittel zu teuer und nicht sehr bequem. So lasse ich mich lieber mit dem Auto bringen oder abholen. Jeder Einzelne muss viel mehr an die Umwelt denken. Meine Mutter hat jetzt einen Zweitwagen; seitdem fährt sie viel öfter Auto.

Peter: Beim Einkaufen denke ich selten an die Umwelt. Außerdem gibt es viele Produkte nur in Dosen. Und mit dem Motorrad oder mit dem Auto bin ich schneller als mit dem Bus oder der Straßenbahn. Ich denke, dass der Umweltschutz nicht dem Einzelnen überlassen werden darf. Man muss ihn erzwingen. Bei uns z.B. durfte man vor Weihnachten nicht mehr in die Innenstadt fahren. Nur so kann man die Probleme lösen.

Silke: Ich bade selten in der Badewanne, sondern dusche. Dabei verbrauche ich weniger Wasser. Papier schmeiße ich immer in Spezialcontainer, die in jedem Stadtteil stehen. Wenn ich in den Supermarkt gehe, mache ich die Verpackungen ab und ich lasse sie einfach liegen, das habe ich von meiner Mutter gelernt. Meine jüngere Schwester und mein Vater interessieren sich wenig für Umweltschutz. Die sind halt zu bequem.

26 Franz Hohler: Raste an dieser Quelle

3. Strophe

Leg die James-Last-Kassette
nochmals in unseren Recorder ein!
Dreh sie ein bisschen lauter,
damit die andern sich auch freun!
Reich mir die Thermosflasche
mit dem Kaffee von heute Morgen drin!
Lasst uns die Becher heben!
(Sie sind aus Plastik, nicht aus Zinn.)
Schon sechzehn Uhr! Nun müssen wir bald sausen.
Auf der linken Spur
heimwärts mit hundertdreißig,
gestärkt von einem Tag Natur!

Einheit 14

3 Matthias Reim: Verdammt – ich lieb Dich

Ich ziehe durch die Straßen bis nach Mitternacht,
ich hab das früher auch gern gemacht,
dich brauch ich dafür nicht.
Ich sitz am Tresen, trinke noch 'n Bier,
früher waren wir oft gemeinsam hier,
das macht mir – macht mir nichts.
Gegenüber sitzt ein Typ wie ein Bär,
ich stell mir vor, wenn das dein Neuer wär
das juckt mich überhaupt nicht.
Auf einmal packt's mich, ich geh auf ihn zu
und mach' ihn an: „Lass meine Frau in Ruh",
er fragt nur: „Hast du 'n Stich?",
und ich denke schon wieder nur an dich.

Verdammt – ich lieb dich –
ich lieb dich nicht,
verdammt – ich brauch dich –
ich brauch dich nicht,
verdammt – ich will dich –
ich will dich nicht,
ich will dich nicht verlieren.

So langsam fällt mir alles wieder ein,
ich wollt doch nur 'n bisschen freier sein,
jetzt bin ich's – oder nicht.
Ich passe nicht in deine heile Welt,
doch die und du ist, was mir jetzt so fehlt,
ich glaub das einfach nicht.
Gegenüber steht ein Telefon –
es lacht mich ständig an voll Hohn,
es klingelt, klingelt aber nicht.
Sieben Bier – zu viel geraucht,
das ist es, was ein Mann so braucht,
doch niemand, niemand sagt: „Hör auf",
und ich denke schon wieder nur an dich.

10 Welche Äußerungen passen zu den Herzchen?

1 Ähm … hilfst du mir noch, die Tafel zu putzen?
2 Du, sag mal, stimmt es, dass du alte Fotoapparate sammelst?
3 Hallo, hier ist noch mal Klaus, sag mal, hast du die Lösung für die Aufgabe 7?
4 Ach, das ist ja eine Überraschung! Gehst du auch in den Film?

Einheit 15

3 Ist Politik für dich wichtig?

1 Politik, na ja, also ich schaue mir schon manchmal die Nachrichten an aber wenn ich ehrlich bin … also ich interessiere mich nicht sehr dafür. Ich hab ja noch Zeit.

2 Wir haben bei uns in der Schule eine Schülerzeitschrift, da arbeite ich mit und da haben wir uns schon für viele Probleme interessiert und etwas darüber geschrieben. Und da habe ich auch angefangen, mich für Politik zu interessieren. Jetzt finde ich das richtig spannend und ich verstehe auch viel mehr, was da so passiert. Klar, Politik ist sogar sehr wichtig.

3 Na ja, mein Vater will immer, dass ich Zeitung lese und dass ich mir die Nachrichten angucke. Also ich muss sagen, dass ich das am Anfang total langweilig gefunden habe, aber jetzt mache ich das schon ab und zu und manchmal ist das ja auch interessant. Z.B. bei den Wahlen, also wer da gewinnt und so.

4 Klar ist Politik für mich wichtig. Wir haben einen Superlehrer in Geschichte und da macht das richtig Spaß, wenn man versteht, wie alles funktioniert. Ich diskutiere auch immer mit meinen Eltern, aber die haben meistens eine andere Meinung, aber das ist mir egal.

5 Alles ist Politik. Alles! In der Schule, in der Gesellschaft, wo du hinguckst. Wenn du da nicht weißt, was los ist, dann kannst du auch nicht verändern. Man muss einfach mitmachen, das lohnt sich schon! Wir haben bei uns in der Schule jetzt z.B. eine Cafeteria. Das wird nur von den Schülern organisiert und das war alles nur Politik. Wir haben mit dem Direktor geredet, mit den Eltern und mit den Lehrern und am Schluss haben wir gewonnen. Das war super.

Die modernen Schüler sind faul.
Sie machen keine Hausaufgaben.
Sie sind im Unterricht nicht aktiv.
Sie schreiben schlechte Noten.
Deshalb sollte man mit ihnen viel autoritärer umgehen.

Einheit 16

Zu welchen Bildschirmen passen diese Aufnahmen?

Indische Musik
Klaviermusik

Sport – Frage 1: Wer gewann bei den Olympischen Spielen 1972 in München die Bronzemedaille im Stabhochsprung?

4 Das ist Mut!

Eine Lehrerin in Göttingen gab ihrer 12. Klasse einmal eine schwierige Aufgabe: „Schreibt einen kurzen Text über das Thema: Was ist Mut?" Fast alle Schüler fingen fleißig an zu schreiben. Nur Regina saß 10 Minuten vor ihrem weißen Blatt Papier. Sie fand einfach keinen richtigen Anfang. Plötzlich hatte sie eine geniale Idee. Mitten auf das weiße Blatt schrieb sie mit großen Druckbuchstaben: „DAS IST MUT." Dann stand sie auf, gab das Blatt ihrer staunenden Lehrerin und verließ schnell die Klasse. Am nächsten Tag bekamen alle die Arbeit zurück, auch Regina …

Einheit 17

Jazz, Heavy-Metal, Klassik, Volksmusik. Was ist was?

Klassik, Jazz, Heavy-Metal, Volksmusik

Interview mit Oliver und Nathalie. Erster Teil

Interviewerin: Wir sind in einem Aufnahmestudio, und zwar mit Oliver und Nathalie, die übrigens Geschwister sind, und Oliver und Nathalie nehmen ein neues Lied auf. „Deine Zukunft" ist der Titel und Text und Musik sind von Oliver. Ja, Oliver, kannst du dich vielleicht ganz kurz vorstellen?
Oliver: Ja, ich heiße Oliver. Ich bin 25 Jahre alt und bin am Ende meines Psychologiestudiums an der Uni Zürich.
Interviewerin: Aha, – äh – stellst du dich vielleicht auch schnell vor, Nathalie?
Nathalie: Ja sicher, ich heiße Nathalie Padlina. Ich bin 21 und studiere an der Uni Genf. Ich bin im zweiten Semester Psychologie.
Interviewerin: Ah, auch Psychologie? Wir möchten natürlich noch etwas mehr über euch erfahren, ist ja klar, das interessiert uns, z.B. wie ihr eigentlich zur Musik gekommen seid. Beginnst du vielleicht, Oliver?
Oliver: Ja. Für mich ist Musik etwas ganz Natürliches. Schon als kleines Kind habe ich jede Melodie nachgesungen. Meine Mutter erzählt manchmal, dass ich früher gesungen als gesprochen hätte. Und auch mein erstes Lied ist mit 5 Jahren ganz spontan entstanden.
Interviewerin: Ja, eben, wie ein junger Mozart natürlich. Nathalie, wie war es bei dir?
Nathalie: Also … jedes Mal, wenn ich an einem Konzert war, beobachtete ich die Querflötenspieler und so war es für mich bald klar, dass ich Querflöte spielen wollte und mit zehn Jahren habe ich damit angefangen.
Interviewerin: Ach, schon auch. Ja, aber sag mal, warum gerade Querflöte und nicht z.B. Oboe?

Nathalie: Ja, gute Frage. Äh, die Querflöte war das Instrument, das mich am meisten faszinierte. Und – ich weiß, viele Jugendliche, vor allem Mädchen, spielen Querflöte, aber es wird allgemein unterschätzt, wie schwierig dieses Instrument zu spielen ist. Und – viele fangen damit an, aber ganz große Querflötenspieler gibt es sehr wenige.
Interviewerin: Ah, tatsächlich? Hast du da z.B. ein Idol?
Nathalie: Oh, ja … Nicht nur eins, äh – wenn ich überlege, Irena Gravenauer. Also – Irena Gravenauer ist eine der größten Flötistinnen unserer Zeit.
Interviewerin: Ah, du sagst eine der größten? – Ja … wie meinst du dann das eigentlich?
Nathalie: Es ist nicht einfach zu beschreiben. Äh … Ton, Technik, musikalische Ausstrahlung … einfach toll. Ich habe fast alle ihre CDs und habe schon einige Konzerte von ihr gehört, z.B. hat sie schon einmal in der Kirche San Francesco Locarno gespielt: Das war ein Duo, Querflöte mit Harfe, Irena Gravenauer spielte mit Maria Graf und das war himmlisch.
Interviewerin: Himmlisch sogar, sagst du. Ja – und du, Oliver, hast du auch ein Idol?
Oliver: Nein, ich liebe die Musik, aber ich habe kein besonderes Idol.
Interviewerin: Ach so. Sag mal, Oliver, du spielst Gitarre, nicht wahr?
Oliver: Ja, ich habe mit 8 Jahren angefangen. Und – allerdings habe ich zusätzlich auch ein paar Jahre Geige gespielt. Die liegt aber jetzt irgendwo in einem Schrank.
Interviewerin: Ah, und warum hast du mit der Geige aufgehört?
Oliver: Am liebsten habe ich eben gesungen und dazu passte die Gitarrenbegleitung am besten.
Interviewerin: Aha, und – ja, was für Lieder singst denn du?
Oliver: Meine eigenen. Ich singe in der Regel nur meine eigenen Lieder. Sie erinnern mich an bestimmte Erfahrungen und Emotionen, die ich beim Singen jedes Mal wiedererlebe.
Interviewerin: Ja und sag mal, wie viele Lieder hast du denn schon geschrieben?
Oliver: Jetzt sind es ungefähr 90.
Interviewerin: Ach, nicht wahr!
Oliver: Zu einigen Liedern habe ich die musikalische Begleitung auch für meine Schwester geschrieben, denn sie begleitet mich ja oft bei meinen Konzerten und sie hilft mir auch manchmal, ja, beim Notenschreiben.
Interviewerin: Wirklich Nathalie, stimmt das?
Nathalie: Äh, ja, zum Teil schon. Mein Bruder ist musikalisch sehr kreativ. Z.B. hat er in kürzester Zeit den Text und die Musik dazu abrufbereit im Kopf. Das Problem ist …
Interviewerin: Ah – gibt es auch Probleme?
Nathalie: Ja, sicher. Das Problem ist, dass er im technischen Bereich weniger begabt ist. Und … äh, wenn man Musik studiert, lernt man Theorie, Musikdiktate, Harmonie und solche Dinge. Und mit meiner Ausbildung als Flötistin kann ich diese Schwäche ausgleichen.
Interviewerin: Ah, ja, sag mal, Nathalie, was gibt denn dir eigentlich die Musik?
Nathalie: Die Musik und mein Instrument … also, mein Instrument ist mein bester Freund, aber einer, der nichts verzeiht, dafür löst er unglaubliche Gefühle in mir aus.
Interviewerin: Ah, wirklich? Z.B.?
Nathalie: Z.B. … es beruhigt mich.

6 Interview mit Oliver und Nathalie. Zweiter Teil

Interviewerin: Äh – jetzt sag mal, das neue Lied heißt „Deine Zukunft". Ja, Oliver, wie sieht – sieht denn deine Zukunft aus?
Oliver: Ich will Psychotherapeut werden.
Interviewerin: Aha. Und die Musik?
Oliver: Ja … ich würde gern mehr mit Musik arbeiten, aber ich weiß auch, dass die „Musikwelt" ein schwieriges Pflaster ist und nur wenige Personen davon leben können. Mein Studium ist für mich im Moment wichtiger. Aber die Musik und das Liederschreiben werden immer einen festen Platz in meinem Leben einnehmen. Und auch Konzerte werde ich regelmäßig organisieren.
Interviewerin: Ah, schön. Ja und du, Nathalie, wie ist das mit deiner Zukunft?

Nathalie: Also … was Oliver sagt, gilt auch für mich. Mit Musik fühlt man sich nie allein, besonders wenn man selber spielt oder komponiert. Äh … in meiner Zukunft möchte ich gern Musiktherapeutin werden und damit helfen, Menschen zu heilen.
Interviewerin: Ah – das ist aber schön.
Nathalie: Ja – und … äh … Flötistin als Beruf, glaube ich nicht. Also Flötistin als Beruf kommt für mich nicht in Frage und ich kann Ihnen auch erklären warum: z.B., eine Sekretärin – eine diplomierte Sekretärin – muss sich bei einer Vorstellung nie an den Computer setzen, um zu zeigen, dass sie mit ihm umgehen kann, denn wenn sie ein Diplom hat, nimmt man – nimmt man das einfach an. Für eine Musikerin ist das nicht so. Also … eine Musikerin hat keine Sicherheit, und selbst wenn sie sogar das Konzertistendiplom vorweisen kann, muss sie jedes Mal vorspielen
Interviewerin: Wirklich?
Nathalie: Ja sicher, das ist normal. Und, um ganz ehrlich zu sein, ist man nicht immer in Topform.
Interviewerin: Äh, das ist ja klar.
Nathalie: Nein, nein. Und das Leben einer Musikerin – oder eines Musikers natürlich auch – ist sehr hart, und – denn sie müssen immer ihr Bestes geben – und das ist auch nicht immer genügend. Und – äh – ist wirklich sehr schwierig. Also: erstens weil die Konkurrenz so groß ist und zweitens die Kultur nur wenigen Menschen etwas bedeutet, sodass … es viel zu viele gute Musiker gibt, die zu wenig zu tun haben.
Interviewerin: Ja, das glaub ich natürlich.
Nathalie: Und trotzdem, ich persönlich, ohne Musik könnte ich nicht leben.
Interviewerin: Ah. Gut, also danke für das interessante Gespräch und also euch beiden alles Gute und natürlich viel Glück mit dem neuen Lied.
Oliver und Nathalie: Danke.

11 Ausschnitte aus einer Stadtführung durch Salzburg

Grüß Gott in Salzburg. Herzlich willkommen in der alten Bischofsstadt, in der Stadt Mozarts und in der vielleicht bekanntesten Festspielstadt Europas. Hoffentlich haben Sie sich genügend Zeit genommen, um sich alles anzusehen, was wir Ihnen im Folgenden zeigen wollen:
Die Getreidegasse, die wir nach rechts einbiegen, ist das Einkaufszentrum von Salzburg. Sehenswert die teilweise vergoldeten Zunftzeichen an Geschäfts- und Firmenportalen. Nach ein paar Schritten stoßen wir am Hagenauer Platz auf Mozarts Geburtshaus, Getreidegasse Nummer 9.

Von der Aussichtsterrasse des Mönchsbergliftes überblicken wir beinahe die ganze Stadt. Von rechts nach links sehen wir: den alten, 1891 außen am Felsen errichteten Aufzug, die Pferdeschwemme, die Festspielhäuser zwischen Mönchsberg und Hofstallgasse, die Festung, die Altstadt mit den Kirchen St. Peter, Franziskanerkirche, Kollegienkirche und Dom. Die zwei letztgenannten sind als Kuppelkirchen leicht zu erkennen.

Der 1614 in Angriff genommene Bau des Domes ist eine stilistische Mischung aus Spätrenaissance und italienischem Barock, wobei die Intentionen des ersten Dombaumeisters, Vincenzo Scamozzi, auf die Grundlage des romanischen Doms zurückzuführen sein dürften. Der gleichfalls italienische Hofbaumeister des Marcusiticus, Santino Solari, hielt sich nur unwesentlich an die Pläne seines Vorgängers. Im Rundturm der Krypta kann man ein Fußbodenmosaik mit den Grundrissen des alten und des jetzigen Domes betrachten. Im Übrigen enthält die Krypta die Gräber der Salzburger Bischöfe. Und noch etwas: Im Domtaufbecken wurde auch Wolfgang Amadeus Mozart getauft. Sein Taufname lautete: Johannes Chrisostomus Wolfgang Theophilus. Aus Theophilus wurde später erst Amadeus.

Die Residenz an der Westseite des Platzes war vom 12. Jahrhundert bis zur Säkularisierung des Landes Sitz der Fürsterzbischöfe. In ihrem Hof werden zur Festspielzeit Konzerte und Serenaden gegeben. Die Festung Hohensalzburg wurde während des Investiturstreits zwischen Kaiser und Papst – 1077 – von Erzbischof Gebhard errichtet und in den folgenden sechs Jahrhunderten weiter ausgebaut. Mit einer Grundfläche von 30 000 Quadratmetern gilt sie heute als größte vollkommen erhaltene Festung Mitteleuropas.

Um 1690 wurde nach Fischer von Ehrlachs Plänen die großartige Gartenanlage erneuert, welche die Festung im Hintergrund praktisch als Kulisse einbezieht. Zwischen 1721 und 1727 ließ Erzbischof Franz Anton Harrach dessen Konkurrenten Lukas von Hildebrandt das Schloss vollkommen umbauen. Aus dieser Zeit stammt heute noch die barocke Gestaltung von Innenhof und Gartenseite, während die klassische Mirabellplatzfassade dem 19. Jahrhundert zu verdanken ist. Unbedingt sehenswerte Teile des im französischen Stil gehaltenen Mirabellgartens sind das 1704 und 1718 angelegte Heckentheater und der Zwergegarten.

16 Kennt ihr die Melodie?

Kompositionen mit Elementen aus der türkischen Musik waren Ende des 18. Jahrhunderts in Wien sehr populär. Mit der „Alla Turka" hat Mozart damals einen Hit geschrieben.

17 Ein Ausschnitt aus einem Hörspiel über Mozart. Erster Teil

○ *Mutter,* • *W. A. Mozart*

○ Na, Wolferl, hast du den Brief vom Herrn Papa gelesen? Was schreibt er denn?
• Ach, immer das Gleiche. Dass ich bald nach Paris soll, um dort mein Glück zu machen. Ach, er hat ja keine Ahnung, was Glück wirklich ist.
○ Tja, ich kann dich ja verstehen, Wolferl. Die Aloisia ist eine reizende Person, aber – sie liebt dich nicht wieder. Sonst hättet ihr schon zueinander gefunden. Deshalb hat der Vater Recht. Wir müssen möglichst bald nach Paris aufbrechen.
• Ich kann es nicht! Lass mir noch ein wenig Zeit, Mutter!
○ Nun gut, ich kann dich nicht zwingen. Aber bedenke: Unser Geld geht bald zur Neige. In Paris könnten wir wieder etwas verdienen.
• Vielleicht hat sie ja Recht. Vielleicht sollte ich wirklich fort aus Mannheim. Jedes Mal wenn ich die Aloisia sehe, ist es mir wie ein Stich ins Herz. Ich will versuchen, ob ich sie vergessen kann, wenn ich sie nicht mehr sehe.

18 Ein Ausschnitt aus einem Hörspiel über Mozart. Zweiter Teil

So brachen die Mozarts schließlich auf und reisten weiter nach Paris. Auch mit seinem Vater versöhnte Wolfgang sich wieder. Zum Geburtstag schrieb er ihm einen sehr schönen Brief:
„Allerliebster Papa! Ich kann nicht poetisch schreiben, ich kann es aber durch Töne. Ich bin ein Musikus. Ich werde auch morgen eine ganze Gratulation sowohl für Dero Namens- als Geburtstag auf dem Klavier spielen. Für heute kann ich nichts als Ihnen, mon très cher père, alles von ganzem Herzen wünschen, was ich Ihnen alle Tage, morgens und abends wünsche: Gesundheit, langes Leben und ein fröhliches Gemüt. Ich küsse dem Papa tausendmal die Hände und verbleibe bis in den Tod, mon très cher père, gehorsamster Sohn Wolfgang Amadé Mozart."

Einheit 18

9 Kampf gegen die Nerven. Wir haben deutsche Schüler gefragt.

Manchmal lerne ich schon eine Woche vor – also fange ich schon eine Woche vor dem Test an zu lernen. Ähm … das kommt eben dann ganz auf den Test an, aber es gibt auch Tests, wo ich dann nur … am letzten Tag vor dem Test etwas übe. Es gibt allerdings auch Schüler, die am letzten Abend vor dem Test versuchen, ähm … sich den ganzen Stoff zu merken, aber sie kriegen oft Panik.

Bei wichtigen Tests lern ich auch schon länger – schon mehr Tage vorher, da die Sachen auch öfters schwer sind und man sie gut behalten muss, bei leichten Tests lern ich oft erst am Abend davor. Ich hab da eigentlich immer noch ziemlich gute Konzentration und brauch mir die Sachen auch oft nur zwei- bis dreimal durchlesen, bis ich's verstanden hab. Ähm … oft ist es auch so, dass ich Sachen im Unterricht gut mitbekomme und daher eigentlich zu Hause so gut wie gar nicht mehr lernen muss. Ich versuche auch immer, jemanden zu finden, der's vielleicht

nicht so gut verstanden hat, damit ich's dem erklären kann, weil, wenn ich merke, dass ich's dem erklären kann, merk ich auch, dass ich's gut verstanden hab.

Ja … also, bei mir ist es zum Beispiel so … ähm, wenn ich Sachen auswendig lernen muss wie Vokabeln zum Beispiel, dann schreibe ich mir die lieber auf, weil ich mir sie auch so besser merken kann. Sonst – ähm … lern ich auch öfters mit Freunden zusammen, die – wir klären dann z.B. Probleme mit dem Unterrichtsstoff zusammen in der Gruppe. Das ist auch oft sehr vorteilhaft. Früher hab ich auch mehr mit meinen Eltern zusammengearbeitet für die Schule, das ist heute nicht mehr der Fall, nur noch – ähm – in Englisch und Französisch, wo mir mein Vater gut helfen kann.

Ich arbeite nicht mehr so oft mit meinen Eltern zusammen, da die den Unterrichtsstoff ja auch nicht verstehen, den ich momentan mache. Da kann mir dann oft mein Bruder helfen, da der erst zwei Jahre älter ist als ich und den Stoff auch vor kürzerer Zeit dann eben durchgenommen hat.

Arbeitsbuch

Einheit 1

3 Du hörst drei Textausschnitte.

Der neue Musical-Welterfolg – ab 16. Dezember – „Buddy" – Die Buddy-Holly-Story" im neuen Metropol-Musical-Theater – mitten im Hamburger Hafen – Tickets täglich unter 0 40 30 05 11 50 – 0 40 30 05 11 50

○ Herr Holzhauer, Sie wohnen in einem Bahnhof. Warum?
● Ja, da gibt es mehrere Gründe. Erstens ist der Bahnhof sehr schön, wie Sie sehen, und dann ist es auch sehr ruhig. Der Bahnhof liegt nicht im Ort, sondern am Rand, mitten in der Natur. Man kann schön spazieren gehen und unser Hund kann frei laufen …
○ War der Bahnhof sehr teuer?
● Nein, das war auch ein Grund. Das Haus war sehr billig. Wir mussten aber auch sehr viel renovieren. Der Bahnhof sah nicht immer so aus wie heute.

○ Guten Tag. Ich möchte nach Passau. Können Sie mir eine günstige Verbindung heraussuchen?
● Wann willst du denn fahren?
○ In vier Wochen.
● Okay, dann ist der Sommerfahrplan noch gültig. Welchen Wochentag, welche Zeit?
○ Montag Morgen.
● Moment bitte! – Hier auf dem Ausdruck kannst du alles nachlesen: ab Neheim 7 Uhr 48, in Warburg musst du umsteigen, ab Kassel kannst du dann mit dem IC weiterfahren: Abfahrt 10 Uhr 49 nach Würzburg. Ankunft 11 Uhr 48 in Passau Hauptbahnhof.

Einheit 2

1 Sportarten im dritten Jahrtausend

Interviewerin: Snow- und Skateboard, Mountain-Bike und Rollerblade sind die beliebtesten Sportarten unter den Jugendlichen der 90er-Jahre. Aber welche werden im nächsten Jahrtausend „in" sein? Der Trend geht in Richtung Abenteuer und Spannung. Extremsportarten mit Risiko, Angst und Herzklopfen werden der große Hit. Wie sehen diese Sportarten aus? Wie heißen sie? Wo gibt es sie schon? Wir haben vier junge Leute im Studio, die bereits eine ganze Menge darüber wissen. Andy, was läuft im 21. Jahrhundert?

Andy: OK. Also, ich war bis vor kurzem Mountain-Bike-Fan. In jeder freien Minute bin ich aufs Rad und ab ging's. Ich find's einfach toll, überall rauf- und runterfahren zu können, am besten ist es mitten in der Natur. Im Winter kann man aber oft nicht fahren und dann fehlt mir die Action. Meine Alternative heißt jetzt „Snow-Biking", auf Deutsch „Schneeradeln". Und das kommt wie immer aus den USA und ist zur Zeit der Hit in den Skigebieten. Ungefährlich ist es nicht. Man kann mit 120 Stundenkilometern über Schnee und Eis rasen. Es ist ein echt geiles Gefühl.

Interviewerin: Das ist ja Wahnsinn. Muss es bei dir auch so schnell gehen, Angela?

Angela: Nein, nicht ganz, aber das Geschwindigkeitsgefühl find ich stark. Ich fahr seit Jahren Ski und Snowboard und mach auch bei Rennen mit. Ich habe aber nur im Winter optimale Trainingsmöglichkeiten und im Sommer fehlt halt der Schnee. Das wird sich jetzt mit dem Indoor-Skiing und dem Hallenskifahren ändern. Man braucht dann keine Berge und keinen Schnee mehr, man fährt in riesigen Sporthallen auf Plastikschnee. In England und Japan gibt es diese Hallenpisten schon. Ich bin während meinem Schüleraustausch in England ein paar Mal Hallenski gefahren. Ich fand es super! Übrigens finden sogar Umweltschützer diese Idee gut, weil der echte Wintersport die Natur in den Alpen immer mehr kaputtmacht.

Interviewerin: Ihr seid beide Schneesportler. Na ja, Andy eigentlich nur halbwegs. Und du, Julian?

Julian: Bei mir geht es eher heiß zu. Ich bereite mich gerade auf den „Sandmarathon" vor. Da werden wir in 7 Tagen in der marokkanischen Wüste 200 km zurücklegen. Zu Fuß! Die Temperaturen liegen da bei 42 °C. Wir gehen so etwa 20–25 km am Tag – im Durchschnitt. Die längste Etappe ist satte 60 km lang. Sie heißt „Königsetappe". Da geht es zum Teil durch Salzseen. Da lernt man echt seine Grenzen kennen und das find ich super!

Interviewerin: Bist du schon früher Marathon gelaufen oder so was?

Julian: Nein, aber ich mache jeden Tag Jogging und Krafttraining.

Interviewerin: Miriam, du machst City-Climbing, d.h., du kletterst in der Stadt die Hauswände hoch, hast du denn da keine Angst, dass irgendwann was passiert?

Miriam: Das werde ich oft gefragt. City-Climbing ist ja auch etwas Außergewöhnliches. Ja, Angst ist immer dabei, aber das macht es eben spannend. Du musst mit deiner Angst umgehen lernen. Früher bin ich Rollerblade gefahren und jetzt klettere ich eben an Wohnhäusern, Bürogebäuden hoch.

Interviewerin: Was war bisher dein höchstes Gebäude?

Miriam: Der Messeturm in Frankfurt. Das ist das derzeit höchste Büro-
haus Europas. Wenn man von 200 Metern so in die Tiefe guckt, dann
ist das ein unglaubliches Gefühl. Da ist die Angst, aber da sind auch
echte Glücksgefühle. Und genau das ist es, was mich am City-Climbing
so anmacht.
Interviewerin: Na ja, ich bleibe, glaub ich, doch besser beim Schwimmen in meinem Alter. Das waren Andy, Angela, Julian und Miriam, die
uns von ihren etwas anderen Sportarten erzählt haben. Wenn ihr zu
diesem Thema etwas zu sagen habt, dann schickt uns ein Fax oder eine
E-Mail. Mehr zu diesem Thema findet ihr auf unserer Homepage unter
http://www.radioclub.de. Macht's gut. Tschau.

Einheit 3

7 Wetterbericht. Erster Teil: Allgemeine Lage.

Sie hören den Wetterbericht für die Schweiz, gültig bis morgen Abend.
Allgemeine Lage:
Ein Tiefdruckgebiet zieht über Deutschland hinweg nach Osteuropa. Die
darin eingelagerte Kaltfront hat heute vormittag die Schweiz erfasst und
kommt jetzt an die Alpen zu liegen. Auf ihrer Rückseite fließt aus Nord-
westen weiterhin feuchte und zunehmend kältere Luft gegen unser
Land.

9 Die Wetterprognose für die Alpennordseite

Prognosen für die Alpennordseite, das Wallis sowie Nord- und Mittel-
bünden:
Besonders längs der Voralpen und Alpen bleibt der Himmel meist stark
bewölkt und häufig fällt Niederschlag. Die Schneefallgrenze sinkt dabei
im Laufe des Tages gegen 900 Meter herunter. Dazwischen gibt es gele-
gentlich etwas Sonne, heute vor allem im Wallis, morgen dann auch im
Flachland der Nordseite. Die Temperaturen erreichen in den Niederun-
gen Höchstwerte von 6 bis 11 Grad, im Zentralwallis bis 13 Grad. Die
nächtlichen Tiefstwerte liegen um +1 Grad. In den Bergen bläst starker,
im Flachland zeitweise mäßiger Nordwestwind.

10 Wie wird das Wetter auf der Alpensüdseite?

Für die Alpensüdseite und das Engadin:
Meist sonniges Wetter. In Alpennähe ziehen zeitweise Wolken vorüber,
die aber nur zeitweise Schneeflocken bringen. Die Temperaturen erreichen Höchstwerte bis 18 Grad, morgen bis 15 Grad. Im Tessin bläst vor
allem heute noch teils böiger Nordföhn.
Die weiteren Aussichten bis zum kommenden Dienstag:
Im Norden lässt der Niederschlag am Samstag zögernd nach, dann zeigt
sich auch längs der Alpen zunehmend die Sonne. Zu Wochenbeginn
herrscht recht sonniges und trockenes Wetter, zudem wird es langsam
wieder wärmer. Im Süden weiterhin schön und mild.
Straßenzustandsprognose für die kommende Nacht …

Einheit 4

12 Peter Härtling: Wenn jeder eine Blume pflanzte

Wenn jeder eine Blume pflanzte,
und, anstatt zu schießen, tanzte,
wenn ein jeder einen andern wärmte,
keiner mehr von seiner Stärke schwärmte,
und mit Lächeln zahlte statt mit Geld –
jeder Mensch auf dieser Welt,
keiner mehr den andern schlüge,
keiner sich verstrickte in der Lüge,
wenn die Alten wie die Kinder würden,
sie sich teilten in den Bürden,
wenn dies WENN sich leben ließ,
wär's noch lang kein Paradies –
bloß die Menschenzeit hätt' angefangen,
die in Streit und Krieg uns beinah ist vergangen.

Einheit 5

2 Am Mittagstisch

Familie Müller (○ Vater, ● Mutter, △ Tochter) sitzt am Mittagstisch.

△ Wisst ihr, was ich nächste Sommerferien mache?
● Nein, woher denn?
△ Ich fahre drei Wochen nach Rodi.
● Nach Rodi? Wo liegt denn das?
△ Rodi ist eine Insel und gehört zu Griechenland.
● Du allein nach Griechenland? Das kommt nicht in Frage.
△ Ich bin 18 und mache, was ich will!
● Was fällt dir eigentlich ein?
△ Mit dir kann man einfach nicht reden.
● Alfred, sag du doch mal was.
○ Ähm, äh … Sag mal, die Reise ist doch teuer. Woher hast du denn
   das Geld?
△ Ich habe einen Ferienjob. Vier Wochen im Supermarkt. Da verdient
   man zwar schlecht, aber es wird reichen!
○ Also, mir gefällt gar nicht, dass du alleine fährst.
△ Aber Carola kommt doch mit. Und außerdem, in Athen wohnt
   meine Brieffreundin. Die möchte ich auch besuchen.
○ Mhm. Na, von mir aus. Mach, was du willst! Ach, ja. Als ich 20 war,
   1970, da sind wir zu dritt da runtergetrampt. Damals sah das …
● Aber Alfred, das war noch ganz was anderes. Du kannst doch das
   Kind nicht allein nach Griechenland …

Einheit 7

6 Der Anfang von Jans Bewerbungsgespräch

○ *Jan,* ● *Herr Moor*

○ Guten Tag, Herr Moor, ich bin Jan Seiler.
● Ach, endlich, Herr Seiler. Ich hatte Sie schon um 9 Uhr erwartet.
○ Ja … entschuldigen Sie, Herr Moor. Aber mein Mofa hat gestreikt
   und da musst ich mit dem Bus kommen.
● Ist ja schon gut. Also, Herr Seiler, was hat Sie dazu gebracht, sich bei
   uns zu bewerben?
○ Eigentlich nichts Besonderes. Ich weiß, ehrlich gesagt, auch nicht so
   richtig, was man in diesem Beruf und Ihrem Betrieb genau macht,
   aber ich möchte anfangen, etwas zu verdienen … Übrigens, wie viel
   bezahlen Sie im Monat?

Sie sind aber schnell, Herr Seiler, also, immer der Reihe nach. Ich habe mir Ihre Unterlagen ...

Einheit 8

Udo und Claudia kommen gerade im Hotel an.

Udo, • Empfangsdame

Guten Tag. Ich habe ein Zimmer reservieren lassen.
Auf welchen Namen, bitte?
Reinhardt. Udo Reinhardt.
Sie haben für zwei Personen reserviert?
Ja, das stimmt. Für meine Freundin und mich.
Darf ich den Namen Ihrer Freundin auch haben?
Claudia Hoch. Brauchen Sie ihren Pass?
Nein, das ist nicht nötig. Sie bleiben eine Woche?
Ja, bis zum nächsten Sonntag.
Gut. Hier haben Sie noch einen Hotelprospekt, einen Stadtplan und einige Ansichtskarten.
Ah, die sind aber schön, wie aus dem 19. Jahrhundert. Da werden sich unsere Freunde bestimmt darüber freuen.
Hier ist noch Ihr Schlüssel. Das Zimmer ist im 2. Stock. Ich wünsche Ihnen einen angenehmen Aufenthalt in unserem Hotel.

Wo sind Udo und Claudia gewesen?

Ich möchte 500 Mark wechseln.
Gerne. Das sind 405 Franken.

Zwei Karten für „Cats", bitte.
Parkett oder Loge?

Wie lange dauert die große Seerundfahrt?
Ungefähr drei Stunden.

Kann ich zehn Briefmarken fürs Ausland haben?
Für Ansichtskarten oder Briefe?

Haben Sie einen Katalog zur Picasso-Ausstellung?
Natürlich. Auf Italienisch oder auf Deutsch?

Zweimal zum Bahnhof, bitte.
Das macht eins zwanzig.

Warum machen so viele Leute in diesen Ländern Ferien?

Paris ist natürlich immer eine Reise wert und es kommen auch viele Touristen aus Deutschland und anderen Ländern in den Süden. Aber ich glaube, es liegt hauptsächlich daran, dass die vielen Leute, die dort leben, auch im eigenen Land Ferien machen.

Ich denke, weil Ferien am Meer dort noch relativ billig sind.

Keine Frage: Die Nationalparks in den Rockys, die Heimat von Rock 'n' Roll, Cola und der Mickey Mouse. The Big Apple – das ist für Touristen aus der ganzen Welt faszinierend.

Vielleicht, weil die osteuropäischen Länder für die meisten noch unbekannt sind und weil es billig ist.

5 Früher waren es die Strände an der Adria, aber heute machen wohl mehr Touristen wegen der Verbindung von gutem Wetter, interessanter Kultur und hervorragendem Essen dort Urlaub.

6 Ich glaube, der Ferne Osten fasziniert einfach die Menschen. Und dieses Land hat einen besonderen Reiz, weil seine Kultur zu den ältesten der Menschheit gehört und man gerne wissen will, wie die Menschen dort heute leben.

7 Im Winter fahren sehr viele zum Skilaufen dorthin. Aber auch im Sommer ist es dort toll zum Wandern in den Bergen und so. Außerdem machen viele Städtereisen nach Salzburg und Wien.

8 Ist doch klar. Viel Meer, viel Kultur. Acapulco und Cancun, die Tempel der Maya und Azteken usw.

Einheit 13

10 Ein Bürgermeister informiert über die Aktion.

○ *Interviewer,* • *Bürgermeister*

○ Warum stellen Sie überall im Land Dosen-Verbotsschilder auf?
• Weil die Dosenflut auch bei uns in Bayern und im Allgäu so groß geworden ist – leider Gottes viele unachtsam die Dosen auch in die Landschaft geworfen haben – haben wir jetzt – die dosenfreie Zone erklärt, weil wir umweltbewusst sind und unsre Heimat und Landschaft, so wie sie jetzt ist, bewahren wollen.
○ Nun haben die Dosenhersteller in aufwendigen Kampagnen verbreitet, Blechdosen seien umweltfreundlich, weil voll recyclebar.
• Das trifft nicht zu. Bei der Dose braucht man dreimal so viel fossile Energie. Wir haben, was den Treibhauseffekt betrifft mindestens – ist er fünfmal so hoch und grade der Dosenbeitrag zum Waldsterben ist dreimal so hoch als bei der Glas-Mehrwegflasche. Die Glas-Mehrwegflasche kann bis 60-, 80-mal verwendet werden – äh – und das ist auf jeden Fall umwelt- äh, für die Umwelt besser. Und das ist ja in einer Studie des Bundesumweltamtes ebenfalls zum Ausdruck gebracht worden.
○ Sie ärgern sich natürlich vor allem um – über die Dosen, die in der Natur einfach weggeschmissen werden. Ist das bei Pfandflaschen denn anders?
• Bei Pfandflaschen ist es anders, da kostet das Pfand 50 Pfennig und ich sag immer wieder, wenn man auf den Berg ein Getränk mit raufnimmt, dann kann man auch die leere Flasche wieder zurücknehmen. Es gibt nur eines: Wenn der Anteil der Dosen nochmals weitersteigt, dass die Bepfandung eingeführt wird, ein Pflichtpfand für Einweg, um hier – äh – dann doch den einzelnen wieder anzuleiten, es zurückzunehmen und damit dann gleich die Mehrwegflasche zu nehmen.
○ 49 Städte und Gemeinden machen mit, weshalb auch zehn Brauereien aus Ihrer Gegend?
• Ja, wir haben sehr viele kleine, mittelständische Brauereien und mit – die Dosen füllen ja nur die paar großen Giganten bei uns in der Bundesrepublik ab. Wir sind dafür, dass auch bei uns heimisches Bier getrunken wird, dass mittelständische Arbeitsplätze erhalten werden, und deshalb haben die mittelständischen Brauereien hier alle mitgemacht. Wir im Allgäu – bei uns im Allgäu gibt es keine einzige Brauerei, die Dosen abfüllt oder Einweggebinde abfüllt.
○ Zwingen können Sie niemand, der Dosenabsatz steigt. Was fordern Sie?
• Ich fordere ein Umdenken der Menschen und der Bürgerinnen und Bürger und mir – für mich – geht es hier im Allgäu auch um regionale Produkte, dass regionale Produkte bei uns wieder mehr angeboten werden – vom Bier bis zur Milch, bis zum Käse, bis zum Fleisch und das ist nur ein erster Anfang, einfach mal die Augen zu öffnen, dass Mehrweg besser ist als Einweg.
○ Gebhard Kaiser, für die Abfallwirtschaft im Allgäu zuständig, der die Blechdosenwerbung für Blech hält.

Einheit 14

1 Münchner Freiheit: „Verlieben – verlieren"

Du weißt immer, dass ich bei dir bin,
ganz egal wohin ich auch geh.
Du kennst jeden Gedanken von mir.
Ich weiß immer, was du sagen willst,
ohne deine Worte zu hören.
Deine Augen verraten es mir.
Du kannst in mir lesen wie in einem Buch
und weißt immer, wann ich Hilfe such,
würdest alles für mich tun.

Refrain:

Verlieben, verlieren,
vergessen, verzeihen,
gehören, zerstören
und doch keine Nacht allein,
keine Sekunde bereuen,
keine Sekunde bereuen,
verlieben, verlieren,
vergessen, verzeihen,
sich hassen, verlassen
und doch unzertrennlich sein,
keine Minute allein,
keine Sekunde bereuen.

Du kennst jeden Gedanken von mir.
Ich könnte nicht leben, wenn ich dich verlier.
Du warst immer schon ein Teil von mir,
ich würde alles für dich tun.

9 Interview zum Thema „Liebe"

Interviewerin: Verlieben, verlieren, das ist auch unser heutiges Thema im Radioclub. Neben mir sitzen Martina, Simona, Thomas und Marc, alle mehr oder weniger frisch verliebt, und wir wollen ein bisschen darüber reden, wie denn das so war mit dem Kennenlernen und mit den Gefühlen dabei. Simona und Thomas, wo habt ihr euch kennen gelernt?
Thomas: Also, wir gehen auf das gleiche Gymnasium. Wir gehen zwar nicht in die gleiche Klasse, aber wir haben uns beim Schulfest kennen gelernt. Das war an einem Samstagabend. 13. Juni …
Interviewerin: Könnt ihr das Gefühl beschreiben?
Simona: Es ist ein tolles Gefühl. Man fühlt sich plötzlich ganz anders, irgendwie einfach besser so – mit sich und der Welt. Der Kopf steckt wie in Wolken oder in Watte. Man möchte alles besser – anders machen. Alles wird plötzlich positiv, so – Zukunft und das, mh …
Thomas: Am Anfang habe ich alles im Bauch gespürt. Das Herz hat viel schneller geschlagen. Der Kopf war bei mir auch in der ersten Zeit oft weg!
Interviewerin: Wem habt ihr zuerst gesagt, dass ihr euch verliebt habt?
Simona: Ich habe es zuerst meiner besten Freundin gesagt und dann meiner Schwester. Erst später habe ich es meiner Mutter gesagt.
Thomas: Ich habe es am Anfang für mich behalten. … Nein, das stimmt nicht, ich habe es meinem Kanarienvogel und meinem Hund gesagt. Erst nach ein paar Wochen hab ich mit meiner Mutter gesprochen.
Interviewerin: Trefft ihr euch oft?
Simona: Kommt drauf an. In den Schulferien und am Wochenende unternehmen wir viel zusammen, während der Woche nicht so viel, weil – da müssen wir meistens für die Schule was machen.
Interviewerin: Martina, du hast auch seit kurzem einen festen Freund, aber du hast mir gesagt, dass du trotzdem viel mit deinen alten Freunden zusammen bist. Wie geht das?

Martina: Also, ich find, man sollte die alten Freundinnen und Freunde nicht vergessen, bloß weil man jetzt einen festen Freund hat. Viele Mädchen machen das so. Ich halt das für falsch. Ich brauch viele Menschen um mich. Marc versteht es.
Marc: Martina und ich verstehen uns gut. Aber weil wir beide viele verschiedene Interessen haben, brauchen wir unsere Freiheit. Wir sehen uns nicht jeden Tag, aber wenn wir zusammen sind, haben wir immer viel zu erzählen. Das ist sehr schön.
Interviewerin: Martina, was wäre, wenn Marc dich verlassen würde, was würdest du machen?
Martina: Uff. Daran denke ich aber gar nicht gern. Das wär echt hart. Besonders, wenn Marc mir nicht offen sagen würde, dass Schluss ist, sondern sich so heimlich wegmacht … Tja, was würde ich tun? … Ich – ich weiß nicht … Ich würde – ich würde bestimmt mit meinen Freuden ausgehen, um nicht daran zu denken und um ihn zu vergessen.
Interviewerin: Und wir wäre es bei dir Marc?
Marc: Mir würde es bestimmt erst mal voll schlecht gehen. Aber … irgendwie geht es dann schon weiter.
Interviewerin: Marc, was gefällt dir an Martina besonders gut?
Marc: Ähm … dass Sie sehr geduldig und verständnisvoll ist. Sie kann auch sehr sympathisch sein …
Martina: Eh, was heißt das denn?
Marc: … und ist immer unternehmungslustig.
Interviewerin: Und du, Martina?
Martina: Ich kann mit ihm über alles reden. Er ist sehr zuverlässig. Er kann witzig, aber auch sehr ernst sein und er ist kein Macho, aber auch kein Softie.
Interviewerin: Martina und Marc, was sind für euch die wichtigsten Dinge in einer Freundschaft?
Martina: Also, Ehrlichkeit und dass wir Spaß miteinander haben, das ist für mich total wichtig.
Marc: Und jeder hat seine Freiheit und respektiert die Interessen, Gefühle des andern. Das finde ich toll bei der Beziehung mit Martina.

Einheit 15

1 Du hörst die Tageszusammenfassung einer Nachrichtensendung im Radio.

18 Uhr. Hier ist Radio Antenne 3.
Welt am Abend … mit Cordula Busch.
Guten Abend zur Tageszusammenfassung des Zeitfunks.
Heute unter anderem mit folgenden Themen:

– Erster Bonner Erfolg bei der Weltklimakonferenz in Berlin.
– Den Mann nicht bevorzugt: Gutachten entlastet Niedersachsens Umweltministerin Griefhahn.
– Noch weniger Geld für Theo Waigel: Der Finanzminister hält weitere Steuersenkungen für möglich.
– Noch ein schwarzer Tag für den US-Dollar.
Und:
– Die Sprinterin, der Urin und das Geld: Kathrin Krabbe und der deutsche Leichtathletikverband streiten vor Gericht.
– Die Wettervorhersage für morgen: meist freundlich und warm mit einzelnen Schauern, höchstens 18 °C.

Einheit 16

8 Meinungen von Schülerinnen zu Dominiks Artikel

○ Tanja
● Für ältere Frauen stimmt das vielleicht. Die wissen oft nicht, was sie mit dem Computer anfangen sollen. Aber bei den Mädchen ist das total anders. Meine Freundinnen sind zwar keine Computerfreaks und hocken stundenlang davor. Aber sie können damit umgehen und sie gebrauchen ihn.

Nina

Also, die Mädchen, die ich kenne, interessieren sich schon für Com-
uter und machen auch was damit. Eine Freundin von mir ist sogar eine
hte Internet-Surferin, aber die ist noch eher die Ausnahme.

Ann-Christine

Irgendwie hat er schon Recht. Frauen verbringen bestimmt weniger
eit vor dem Bildschirm als Männer. Also, ich finde Computerspiele z.B.
oll ätzend. Aber wenn ich was schreiben muss, benutz ich ihn schon.

Sophie

Der hat doch ein Rad ab! Ganz bestimmt „spielen" die Mädchen
eniger am Computer als die Jungen. Das heißt aber nicht, dass sie kein
teresse am Computer haben. Für sie ist der Computer ein Arbeits-
strument und sonst nichts.

Ellen

Klar ist, dass Mädchen genauso gut damit arbeiten können wie die
ngs. Aber stundenlang im Internet zu surfen, wie viele von denen
s machen, ist halt schon eher schräg. Da haben Frauen halt ein paar
dere Ideen. Für uns sind halt menschliche Beziehungen immer noch
ichtiger als die Computerliebe, ne!

inheit 17

„Kurz und intensiv gelebt"

terviewerin: Pit und Ronnie, ihr seid beide in eurer Freizeit DJs. Was
nd derzeit neben den aktuellen Hits so die Top-Hits unter den Oldies?

t: Zunächst einmal Stars aus den 60er- und 70er-Jahren, dann Gruppen
ie die Sex-Pistols oder Nirvana und natürlich immer wieder „Der
ng" – Elvis.

onnie: Ganz oben auf der Wunschliste stehen zur Zeit Namen wie
ni Hendrix, Janis Joplin, Jim Morrison, Bob Marley und John Lennon
w.

terviewerin: Und was finden die Kids an diesen Alt-Stars interessant,
e ja schließlich bald ihre Großväter und Großmütter sein könnten?

onnie: Wahrscheinlich fasziniert sie deren unruhiges, schnelles und
agisch beendetes Leben unter dem Motto „Lebe intensiv, liebe heftig,
rb jung". Das ist der Kontrast zum total geregelten Alltag der Kids.
eistens wissen sie aber fast gar nichts über die Leute, außer, dass sie
üh gestorben sind.

terviewerin: Könnt ihr uns ein bisschen über ein paar dieser Stars
zählen?

t: Elvis z.B. wurde von seinen Eltern, die er abgöttisch liebte, tief reli-
ös erzogen. Mit acht Jahren gewann er einen Gesangwettbewerb und
it elf schenkte ihm seine Mutter eine Gitarre. Nach seinem Schulab-
hluss (1953) arbeitete er in einer Werkzeugfabrik, als Hundefänger,
astwagenfahrer und Elektriker. 1956 war er dann der „king", König
es Rock 'n' Roll, ein Superstar über zwei Generationen. Bis zu seinem
od 1977 hat er rund 500 Millionen Platten verkauft und in über 30
ollywoodfilmen mitgespielt.

onnie: Wie Elvis bekam auch Jimi Hendrix seine erste Gitarre mit elf,
er von seinem Vater, der Gärtner war. Jimi war nach Meinung von
elen der beste Rockgitarrist aller Zeiten. Während der Konzerte zer-
ümmerte er oft seine Gitarre an einer Lautsprecherbox oder er steckte
e in Brand. Mit zwölf spielte er bereits in Bands seiner Stadt. 1964
urde er Gitarrist für Stars wie Little Richard oder Ike und Tina Turner.
r hatte viele Hits, wie z.B. „Hey Joe" oder „Vodoo Child". Aber auch
r kam mit dem Erfolg nicht zurecht. 1970 starb er an Alkohol und
chlaftabletten. Er wurde 28 Jahre alt.

it: Im gleichen Jahr starb auch Janis Joplin an einer Überdosis Heroin.
on ihr sagt man noch heute, dass sie den Blues wie keine Weiße vor
r sang. Sie wurde zum Symbol der Hippie-Generation, Königin der
ockmusik. Sie war die Tochter eines Direktors der Texaco-Ölgesell-
haft, kam also aus sehr gutem Hause. Mit 18, als Studentin, sang sie in
neipen und Folksong-Lokalen, trampte fünf Jahre lang durch die USA
nd arbeitete ab und zu in Aushilfsjobs. 1966 begann ihre Karriere als
ngerin. Ein Höhepunkt ihrer Karriere war ihr Auftritt bei dem legen-
ären Open-Air-Festival in Woodstock. Ein Jahr später war sie tot.

Ronnie: Kurt Cobain kommt, wie Jimi Hendrix, aus Seattle. Auch er
spielt schon als Zwölfjähriger Gitarre. Als er sieben ist, lassen sich seine
Eltern scheiden. Cobain entwickelte sich zum Außenseiter. 1983 hört er
zum ersten Mal eine Kassette mit Punk-Songs und ist von dieser Musik
sofort begeistert. 1986 gründet er mit Freunden die Gruppe „Nirvana",
die aber erst fünf Jahre später, mit dem Album „Nevermind", groß raus-
kommt. 1994 erschießt er sich: Der erste „Grunge"-Heilige ist mit seinem Leben nicht mehr fertig geworden.

3 Hans Manz: „Ein Treppenleben"

Auf den Knien rutschend
die Treppe erklimmen.

Dem Geländer entlang
die Treppe erobern.

Stufen überspringend
die Treppe erstürmen.

Vollbepackt keuchend
die Treppe in Etappen einteilen.

Auf den Stock gestützt
die Treppe verwünschen.

Die Treppe hinunter
getragen werden.

Einheit 18

11 Die Clique oder gute Freunde – was ist wichtiger?

Stefan: Gute Freunde zu haben ist für mich total wichtig, aber sie müssen die gleichen Interessen haben. Ich spiele z.B. in der Musikgruppe
der Schule. Alle meine Freunde spielen da auch mit. Wir proben zwei-
bis dreimal in der Woche. Da haben wir nicht viel Zeit, um mit anderen
etwas zu machen. Wir lieben unsere Musik und unterhalten uns auch
nach den Proben darüber. Langeweile kennen wir nicht.

Sybille: Unsere Clique ist ganz anders. Wir treffen uns mittags gleich
nach der Schule im Schülercafé. Jedes Mal so vier bis acht Leute. Dann
reden wir über alles Mögliche ... über die Lehrer, die Eltern, die Schule
allgemein und was halt so ansteht. Oder wir treffen uns in der Stadt und
gehen ins Kino oder in die Disko. Manchmal gehen wir auch Tennis
spielen oder so.

Peter: Also, ich bin überhaupt kein Cliquentyp. Ich hab Freunde, mit
denen ich mich gut verstehe, aber wir sind keine Clique. In einer Clique
hängt man immer mit mehreren zusammen. Meistens gibt es Wortfüh-
rer, die alles bestimmen. Das find ich ätzend. Einmal pro Woche spiele
ich Volleyball und nach dem Training gehen wir zusammen noch was
trinken. Aber das ist keine Clique. Am Wochenende treffe ich oft ein,
zwei Freunde. Ich finde, da kann man die besten Gespräche führen.

Helen: Also, ich hab nur eine einzige gute Freundin. Und wir sind auch
fast immer zusammen. Wir treffen uns meistens nach den Hausaufgaben, entweder bei mir oder bei ihr. Manchmal gehen wir dann auch zusammen einkaufen, auf den Markt, in die Stadt oder so was. Es ist natürlich schon so, dass wir auch auf Partys gehen und andere Leute treffen,
aber mit denen kann ich mich einfach nicht so gut über alles unterhalten
wie mit meiner Freundin.

1. Onkel Jo hat einen Floh.
2. Bitte geben Sie weniger Hausaufgaben!
3. Dr. Bornebusch hat kein Auto.
4. Am Wochenende hat meine Tante unsere Kaninchen gefüttert.
5. Sabine wartet auf Jürgen hinter der Sporthalle.
6. Am 25.12. ist der erste Weihnachtsfeiertag.
7. In den Osterferien waren wir die ganze Zeit zu Hause.
8. Die kleinsten Hunde bellen am lautesten.
9. Ich habe es drei Stunden probiert. Du hast immer telefoniert!
10. Sie müssen durch den Wald gehen und dann über die Brücke.

11. Ich kann leider nicht mitkommen, ich muss noch Hausaufgaben machen.
12. Wann kommt ihr aus Wien zurück?
13. Wie lange muss ich eigentlich noch zur Schule gehen?
14. Peter ist gestern mit seinem neuen Fahrrad in die Schule gekommen.
15. Ich habe große Lust, mit dir in die Disco zu gehen.
16. Die Schüler müssten kürzere Ferien haben.
17. Daniel hat seinen Freunden einen Witz erzählt, aber sie haben nicht gelacht.
18. Irene war seit einem Monat nicht mehr in der Schule.
19. Ein Mann ging in den Wald. Im Wald, da war es kalt.
20. In Deutschland ärgern sich die Leute oft über das Wetter.

ALLE MENSCHEN SIND AUSLÄNDER

Wer hilft mit, Abdul die Zähne einzuschlagen?

Alle, die schweigen. Alle, die dabeistehen. Alle, die wegschauen. Alle, die heimlich Beifall klatschen.

Helfen Sie mit, daß Ausländer sich nicht fühlen müssen wie Menschen zweiter Klasse, sondern daß sie eine faire Chance bekommen und angstfrei leben können. Sagen Sie jedem, daß Sie Ausländerfeindlichkeit barbarisch finden. Überall, wo sie Ihnen begegnet. Am Arbeitsplatz. Im Sportverein. Am Stammtisch. Zeigen Sie, daß die schweigende Mehrheit eine laute Stimme hat.

AUSLÄNDERHASS.

Wer hilft mit, Aisha die Haare abzuschneiden?

Alle, die schweigen. Alle, die dabeistehen. Alle, die wegschauen. Alle, die heimlich Beifall klatschen.

Helfen Sie mit, daß Ausländer sich nicht fühlen müssen wie Menschen zweiter Klasse, sondern daß sie eine faire Chance bekommen und angstfrei leben können. Sagen Sie jedem, daß Sie Ausländerfeindlichkeit barbarisch finden. Überall, wo sie Ihnen begegnet. Am Arbeitsplatz. Im Sportverein. Am Stammtisch. Zeigen Sie, daß die schweigende Mehrheit eine laute Stimme hat.

AUSLÄNDERHASS.

Die Gedanken sind frei

Die Gedanken sind frei. Wer kann sie erraten?
Sie fliehen vorbei wie nächtliche Schatten.
Kein Mensch kann sie wissen. Kein Jäger erschießen,
Es bleibet dabei: Die Gedanken sind frei.

Ich denke, was ich will und was mich beglücket,
Doch alles in der Still und wie es sich schicket.
Mein Wunsch und Begehren kann niemand verwehren,
Es bleibet dabei: Die Gedanken sind frei!

Und sperrt man mich ein im finsteren Kerker,
Das alles sind rein vergebliche Werke;
Denn meine Gedanken, die reißen die Schranken
Und Mauern entzwei: Die Gedanken sind frei!

Muss i denn

Muss i denn, muss i denn zum Städtele hinaus,
Städtele hinaus
und du, mein Schatz, bleibst hier.
Wenn i komm, wenn i komm, wenn i wieder wieder komm,
wieder wieder komm,
kehr i ein, mein Schatz, bei dir.
Kann i gleich net allweil bei dir sein,
han i doch mei Freud an dir.
Wenn i komm, wenn i komm, wenn i wieder wieder komm,
wieder wieder komm,
kehr i ein, mein Schatz, bei dir.

Wie du weinst, wie du weinst, dass i wandere muss,
wandere muss,
wie wenn d' Lieb jetzt wär vorbei!
Sind au drauß', sind au drauß' der Mädele viel,
Mädele viel
lieber Schatz, i bleib dir treu.
Denk du net, wenn i en andere seh,
no sei mei' Lieb vorbei:
Sind au drauß' ...

Übers Jahr, übers Jahr, wenn mer Träuble schneid't,
Träuble schneid't,
stell i hier mi wied'rum ei';
bin i dann, bin i dann dei' Schätzele no,
Schätzele no,
so soll die Hochzeit sei'.
Übers Jahr, do isch mei Zeit vorbei,
do g'hör i mei' und dei'.
Bin i dann ...

Es, es, es und es

Es, es, es und es, es ist ein harter Schluss,
weil, weil, weil und weil, weil ich jetzt wandern muss.
Ich war schon lang in dieser Stadt
und hab das Nest zum Kotzen satt.
Ich will mein Glück probieren, marschieren.

Er, er, er und er, Herr Meister, leb er wohl!
Er, er, er und er, Herr Meister, leb er wohl!
Ich sag's ihm grad frei ins Gesicht:
Seine Arbeit und sein Lohn gefällt mir nicht.
Ich will mein Glück probieren, marschieren.

Sie, sie, sie und sie, Frau Meistrin, leb sie wohl!
Sie, sie, sie und sie, Frau Meistrin, leb sie wohl!
Ihr Essen war so angericht't,
manchmal fraßen es die Schweine nicht.
Ich will mein Glück probieren, marschieren.

Er, er, er und er, Herr Wirt, nun leb er wohl!
Er, er, er und er, Herr Wirt, nun leb er wohl!
Hätt er die Kreid' nicht doppelt geschrieben,
so wär ich noch länger dageblieben.
Ich will mein Glück probieren, marschieren.

Und, und, und und und, und wird auf mich zuletzt,
auch, auch, auch und auch, auch mal ein Hund gehetzt:
Dem Kerl setz auf den Türenknauf
ich nachts 'was warmes Weiches drauf.
Ich will mein Glück probieren, marschieren.

Ihr, ihr, ihr und ihr, ihr Brüder lebet wohl!
Ihr, ihr, ihr und ihr, ihr Brüder lebet wohl!
Hab ich euch was zuleid getan,
so bitt ich um Verzeihung an.
Ich will mein Glück probieren, marschieren.

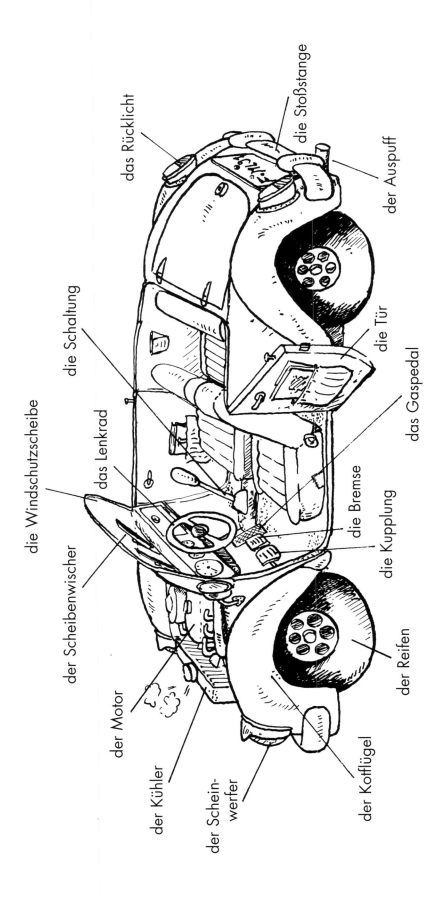

das Rücklicht

die Stoßstange

der Auspuff

die Schaltung

die Tür

das Gaspedal

die Windschutzscheibe

das Lenkrad

die Bremse

die Kupplung

der Scheibenwischer

der Motor

der Reifen

der Kühler

der Schein-
werfer

der Kotflügel

Differenzierungsvorschlag 1: Nummerierte Lücken

Der Trick

Der Mann ① stand an der Autobahn. Er wollte nach München ②, aber kein Auto hielt. Es fing an, stark zu regnen. Da hatte der Mann ③ eine gute Idee. Er schrieb auf ein Stück Pappe ④ „Hamburg" und hielt die Pappe hoch. Bald hielt ein Auto an. Der freundliche Fahrer ⑤ sagte: „Junger Mann, Sie stehen auf der falschen Seite. Hier geht es nach München!" „Ich weiß", sagte der Mann, ⑥ „aber es hat mich niemand mitgenommen. Ich habe gedacht, wenn ich ein Schild halte, ⑦ hält jemand an, um mich auf meinen Fehler aufmerksam zu machen." Der Fahrer ⑧ lachte und sagte: „Steigen Sie ein."

Differenzierungsvorschlag 2: Formulierungshilfen

1. ..., der eine alte ...
2. ..., wo seine ...
3. ..., der jetzt schon ...
4. ..., das er neben ...
5. ..., der das Fenster ...
6. ..., der froh war, dass ...
7. ..., auf dem ...
8. ..., dem die ...

Ich fliege mit meinen Eltern seit vielen Jahren im Winter und im Sommer auf die Kanarischen Inseln. Wir haben in Playa del Ingles eine Ferienwohnung. Viele andere Deutsche auch. Ich finde Gran Canaria super. Da scheint das ganze Jahr die Sonne, der Strand ist toll und man kann überall Deutsch sprechen. Spanisch braucht man überhaupt nicht. Das ist für mich sehr wichtig. Auch sonst ist alles wie zu Hause. In Playa gibt es viele deutsche Cafés, Restaurants und auch deutsche Geschäfte. Hier kann ich die gleichen Dinge wie zu Hause essen. Und meistens kosten sie nur die Hälfte. Wenn ich nicht viel Hunger habe, kann ich mich für 280 Peseten satt essen, das sind ungefähr 3 DM. Frikadellen, Gänsebraten mit Rotkraut, es gibt einfach alles.

In den Discos sind die DJs meistens aus Deutschland und die Bands auch. Am liebsten gehe ich ins Westfalia. Da kenne ich die meisten Leute. Wenn ich mal keine Lust habe auszugehen, kann ich fernsehen. Es gibt acht Sender auf Deutsch und natürlich auch jede Menge deutsche Zeitungen. Beim Fernsehen darf ich nur nicht vergessen, dass auf Gran Canaria die Sendungen eine Stunde früher beginnen, wegen der Zeitverschiebung.

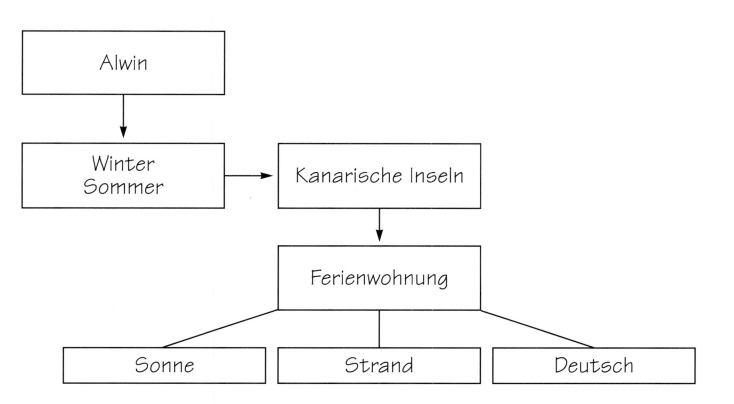

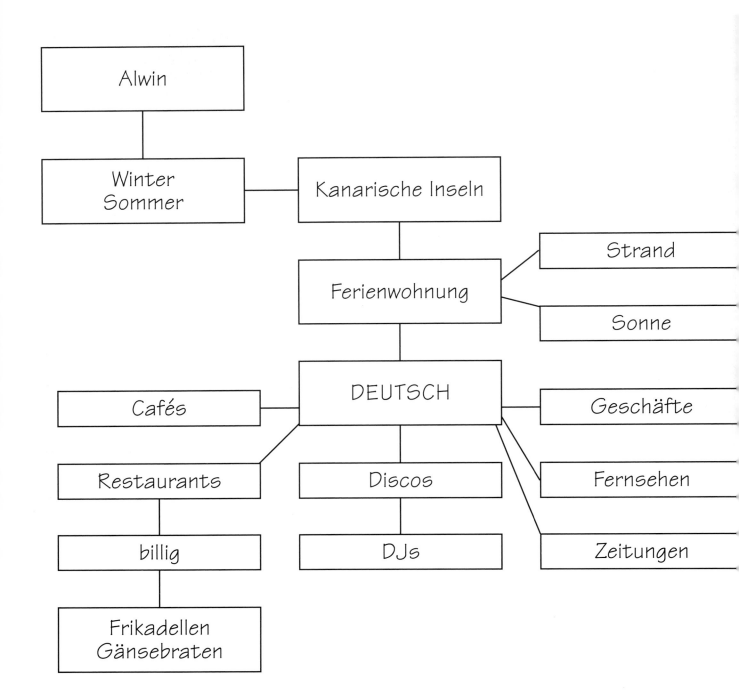

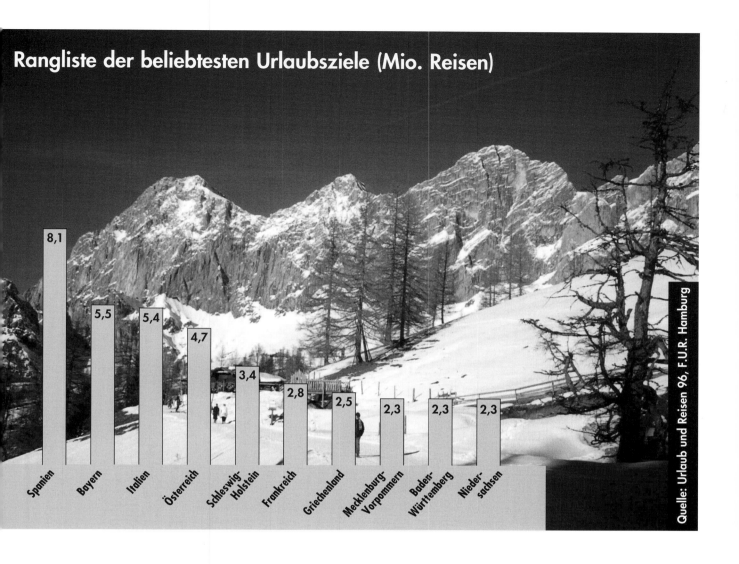

Rangliste der beliebtesten Urlaubsziele (Mio. Reisen)

Spanien 8,1 · Bayern 5,5 · Italien 5,4 · Österreich 4,7 · Schleswig-Holstein 3,4 · Frankreich 2,8 · Griechenland 2,5 · Mecklenburg-Vorpommern 2,3 · Baden-Württemberg 2,3 · Niedersachsen 2,3

Quelle: Urlaub und Reisen 96, F.U.R. Hamburg

Hägar der Schreckliche Von Dik Browne

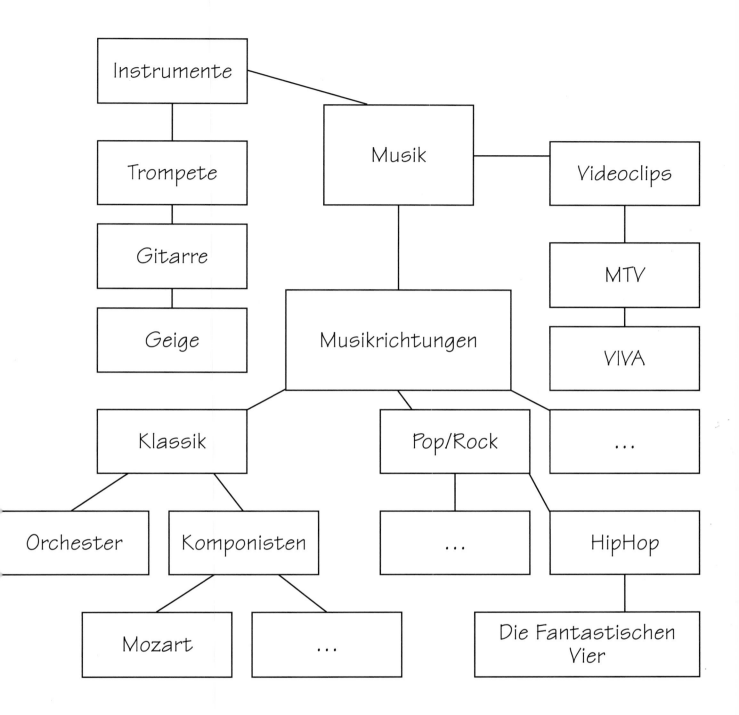

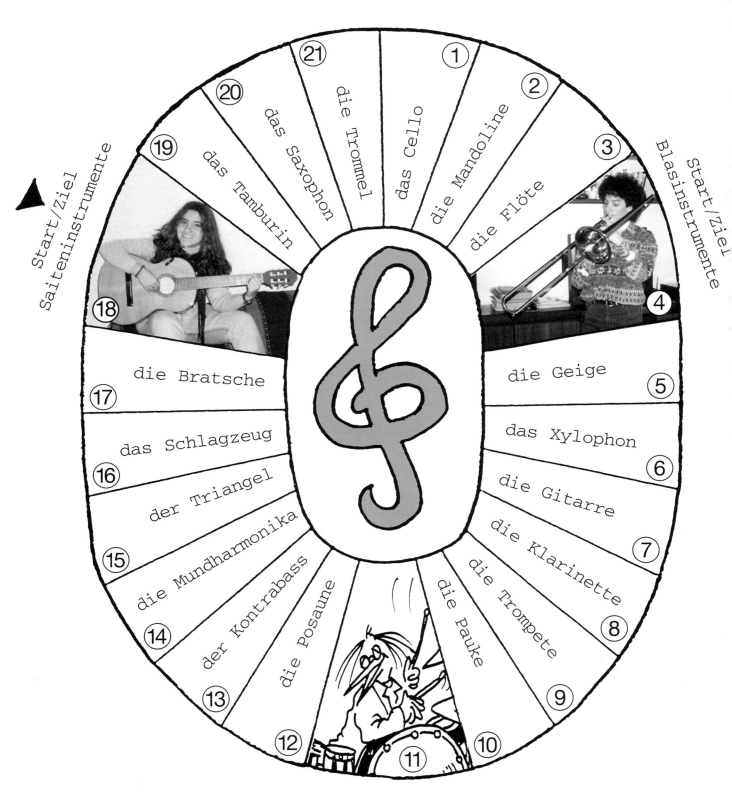

Lösungsschlüssel für die Aufgaben des Arbeitsbuchs

Einheit 1

Die Lösungen und die Auswertung zur „Rallye durch sowieso 1 und 2" stehen im Arbeitsbuch auf Seite 16.

Einheit 2

Ordne zuerst Bilder und Sätze zu …

a (1) Wir werden nächste Woche einen Schulausflug nach Paris machen. b (4) Ich werde im Sommer einen Deutschkurs in Österreich besuchen. c (2) Werdet ihr am Wochenende in die Disco gehen? d (3) Mein Bruder wird am Sonntag seinen 18. Geburtstag feiern.

2 Wird über die Gegenwart oder die Zukunft gesprochen? …

a ③, b ①, c ②, d ①, e ②, f ①, g ②, h ③, i ②, j ③, k ①, l ③

3 Schreibe nun …

a Peter wird seine Tante besuchen. c Am Wochenende wird Alfred schwimmen gehen. e Wir werden in den Ferien an den Wolfgangsee fahren. g Ich werde diesen Fehler bestimmt nicht mehr machen. h Ulrike wird mich mit dem Auto mitnehmen. i Um neun Uhr wird meine Freundin kommen. j Er wird mit seiner Schwester Tennis spielen. l Ich werde dir die Situation erklären.

4 Mache aus den folgenden Fragen Aussagen im Futur …

b Wir werden im Winter eventuell nach Österreich fahren. c Das Wetter wird wahrscheinlich noch lange schlecht bleiben. d Morgen werden wir sicher Fußball spielen. e Heute Abend werden wir uns vielleicht den Film ansehen. f Die Kinder werden wohl Durst haben. g Sie wird möglicherweise schon schlafen.

5 Schreibe Fragen …

b Werdet ihr auch mitkommen? c Wird dir dein Vater ein neues schenken? d Wird er sich freuen? e Wird sie uns eine Ansichtskarte schicken? f Werden wir einen Mantel mitnehmen müssen? g Wirst du auch mitfahren? h Werdet ihr morgen pünktlich sein?

6 Ordne jetzt die Notizen …

Arbeit: Computerfachmann / viel verdienen / später eigene Firma gründen
Wohnen: auf dem Land / kleines Haus / bessere Luft / großer Garten / weniger Verkehr
Familie: tolle Frau heiraten / 1–2 Kinder
Freizeit: Fußball / Tennis / mit Camper: USA und Australien / reisen

7 Philip hat seinen Brief gegliedert …

So stelle ich mir meine Zukunft vor:
Ich werde mich oft verlieben und schließlich eine tolle Frau heiraten und ein oder zwei Kinder haben. Wir werden auf dem Land wohnen, weil es dort weniger Verkehr gibt und die Luft viel besser ist. Ich werde ein kleines Haus mit einem großen Garten kaufen …

11 Sportarten im dritten Jahrtausend …

Die vier Extremsportarten sind: Snow-Biking, Indoor-Skiing, Sandmarathon, City-Climbing
Andy: Mountain-Bike / Snow-Biking / D, A, CH
Angela: Ski, Snowboard / Indoor-Skiing / England, Japan
Julian: Jogging / Sandmarathon / Marokko
Miriam: Rollerblade / City-Climbing / an Wänden von hohen Gebäuden

12 Schreibe jetzt zwei Sätze zu jedem der vier …

Beispiele: Angela fuhr bisher Ski und Snowboard und fährt ab jetzt Indoor-Ski. / Angela ist bisher Ski und Snowboard gefahren und wird in Zukunft Indoor-Ski fahren.
Julian machte bisher Jogging und macht ab jetzt Sandmarathon. / Julian hat bisher Jogging gemacht und wird ab jetzt Sandmarathon machen. / Miriam fuhr bisher Rollerblade und macht ab jetzt City-Climbing. / Miriam ist bisher Rollerblade gefahren und wird ab jetzt City-Climbing machen.

13 Vor- und Nachteile: …

ⓑ③ – Snow-Biking, ⓒ② – Sandmarathon, ⓓ① – City-Climbing

Einheit 3

1 Schreibe mit den Sätzen …

Beispiele:
a + e: – In den nächsten Tagen soll es schneien. – Dann können wir am Wochenende Ski fahren gehen!
b + h: – Wie war's in den Ferien? – Ein Sauwetter, es war die ganze Zeit eiskalt!
d + k: – Freust du dich nicht, heute scheint doch die Sonne? – Na und? Ich habe heute sieben Stunden Schule!
f + i + c: – Fahr langsamer! – Warum denn? – Es kann Schneeglätte geben.
g + j: – Puh, es hat das ganze Wochenende geregnet! – Wem sagst du das!

2 Kennst du die Wetterwörter? …

der Regen, es regnet, es ist regnerisch
der Schnee, es schneit
der Wind, es windet, es ist windig
die Sonne, es ist sonnig
die Wolke, es ist bewölkt,
der Nebel, es ist neblig

3 Wie heißt das Gegenteil? …

bedeckt – heiter, schwach – stark, wenig – viel, trüb – klar, tief – hoch, sonnig – regnerisch, bunt – grau, leicht – schwer, schlecht – gut, kalt – warm, nass – trocken, heiß – eiskalt

4 Die Mode und die Jahreszeiten bestimmen unsere Kleidung …

der Mantel, das Kleid, die Hose, das Hemd, die Bluse, die Brille,
der Hut, die Schuhe, der Schirm, der Sommer, die Sonne, der Winter,
der Regen
Beispiele für Komposita: die Sommerjacke, das Sommerkleid,
die Sommerhose, die Sommerbluse, das Sommerhemd; die Winterjacke,
die Winterhose, der Wintermantel, die Winterschuhe; der Regenmantel,
die Regenjacke, der Regenschirm; die Sonnenbrille, der Sonnenhut,
der Sonnenschirm

5 Kreuzworträtsel: Wetterwörter.

① Nebel, ② Regen, ③ Gewitter, ④ Wolken, ⑤ Wind, ⑥ Blitz,
⑦ Hitze, ⑧ Wetterbericht, ⑨ heiter, ⑩ schneit

6 Was ziehst du in diesen Situationen an? …

Beispiele: **b** Ich ziehe ein elegantes Kleid / einen dunklen Anzug an.
c Ich ziehe gute Schuhe an. **d** Ich ziehe ein leichtes T-Shirt und kurze
Hosen an. **e** Ich ziehe einen kurzen Rock / lange Hosen an. **f** Ich ziehe
einen dunklen Anzug / einen eleganten Rock an. **g** Ich ziehe einen
warmen Mantel, eine Mütze und einen warmen Schal an.

7 Wetterbericht: Höre den ersten Teil …

a die Schweiz, **b** kälter

8 Sieh die Karte an …

oben: Alpennordseite, *unten:* Alpensüdseite

9 Höre jetzt die Wetterprognose für die Alpennordseite …

Notizzettel 1

10 Höre weiter …

a, e

11 Was tun, um zu Hause keine Probleme zu haben? …

b … hören will … **c** …(gehen) will, mache … **d** Wenn ich … spreche
ich … **e** ich … brauche, suche … **f** … wünsche, dann arbeite ich …

12 Schreibe aus den zwei Sätzen …

b Ich weiß nicht, wie ich zum Arzt komme. **c** Wer weiß, wann der Unterricht ausfällt? **d** Ich möchte wissen, ob es nächste Woche einen Test
gibt. **e** Kannst du mir sagen, ob die Bibliothek heute offen ist? **f** Sie hat
mich gefragt, woher du kommst. **g** Ich frage mich, was er damit meint.
h Mein Vater versteht nicht, warum ich so viel Geld brauche. **i** Wusstest
du nicht, dass ich einen Hund habe? **j** Der Lehrer möchte wissen, ob du
viel für Deutsch arbeitest. **k** Weißt du, warum er nicht mitgekommen
ist?

13 Der folgende Text berichtet …

Reihenfolge der Abschnitte: 1 – 6 – 3 – 4 – 2 – 5 – 7

14 Worauf oder auf wen beziehen sich …?

b der „Hundertjährige Kalender", **c** Jupiter, Mars, Saturn, Venus,
Merkur, Sonne; Mond, **d** nach dem Tod von Abt Moritz Knauer,
e die damaligen Wissenschaftler und Meteorologen

15 Im Text kommen Zahlen und Daten vor …

Beispiele: **a** Der deutsche Abt Moritz Knauer lebte von 1613 bis 1664.
b Im 17. Jh. waren nur fünf Planeten bekannt: Jupiter, Mars, Saturn,
Venus und Merkur. **c** Da man im 17. Jh. auch die Sonne und den Mond
zu den Planeten zählte, waren es insgesamt sieben. **d** Im 18. Jh. gehörte
der „Hundertjährige Kalender" zu den am meisten gelesenen Büchern
in Deutschland.

16 Michael hat früher viel Sport getrieben …

① Ich habe Kopfschmerzen. ② Ich habe Halsschmerzen. ③ Meine
Zähne tun weh. ④ Ich habe Bauchschmerzen. ⑤ Mein Rücken tut
weh. ⑥ Mein Arm tut weh. ⑦ Mein Bein ist gebrochen. ⑧ Mein Fuß
ist gebrochen.

Einheit 4

1 Die Schweiz ist ein Rekordland …

Die Zahl der Einwohner ist in der Schweiz so stark gestiegen, weil es
viel mehr Ausländer gibt.

2 Statistiken vergleichen …

sieben, 19, der Türkei, Italiener, Ex-Jugoslawen, Deutschland, Portugie-
sen, Polen, Rumänen, Sri Lanka, Vietnam, Deutschen

3 Hier sind acht Ausschnitte …

ⓐ Niederlande/Belgien, ⓑ Portugal, ⓒ Sri Lanka, ⓓ Türkei,
ⓔ Griechenland, ⓕ Italien, ⓖ Ex-Jugoslawien, ⓗ Vietnam

7 Amadeus war auf einer Weltreise …

①ⓔ – argentinische, ②ⓘ – mexikanischer, ③ⓓ – brasilianische,
④ⓗ – australischen, ⑤ⓖ – chinesische, ⑥ⓒ – grönländischen,
⑦ⓑ – schweizerische, ⑧ⓐ – ägyptischen, ⑨ⓕ – kenianischen

8 Auch das sind „Ausländer" …

b ungarische Gulasch, **c** schottische Whisky, **d** Paella … spanisches,
e französische Champagner, **f** Feta … griechischer, **g** russische Kaviar,
h kanadische Lachs, **i** Curry … indisches, **j** italienische Pizza

9 Verbinde die Satzteile.

②ⓗ, ③ⓑ, ④ⓖ, ⑤ⓕ, ⑥ⓒ, ⑦ⓐ, ⑧ⓔ

○ Schreibe Sätze im Heft ...

Wenn er nicht Geburtstag hätte, würde ich ihm keine CD schenken.
Wenn wir noch keine Einladung hätten, würden wir mitkommen.
Wenn sie sich konzentrieren würde, würde sie nicht immer so viele
ehler machen. **e** Wenn ich Geld hätte, würde ich eine neue Jeans
aufen. **f** Wenn sie nicht langweilig wären, hätten sie nicht so wenig
reunde. **g** Wenn ich nicht gerne lesen würde, hätte ich nicht so viele
ücher.

○ Realität – keine Realität ...

Wenn sie es wüssten, könnten sie dir helfen. **c** Wenn du nicht zu spät
ekommen wärst, müsstest du jetzt nicht warten. **d** Wenn ihr ehrlich
ärt, würdet ihr keine Schwierigkeiten haben. **e** Wenn wir 18 wären,
ürften wir diesen Film sehen. **f** Wenn es noch Hamburger gäbe, müss-
en wir keine Würstchen essen. **g** Wenn ich nicht alles wüsste, würde
h dich fragen. **h** Wenn er nicht zu schwer wäre, hätte er keine
robleme mit der Gesundheit.

○ Auf der Kassette findest du ein Gedicht ...

enn jeder eine Blume pflanzte

enn jeder eine Blume pflanzte,
nd, anstatt zu schießen, tanzte
enn ein jeder einen andern wärmte,
einer mehr von seiner Stärke schwärmte
nd mit Lächeln zahlte, statt mit Geld –
der Mensch auf dieser Welt,
einer mehr den andern schlüge,
einer sich verstrickte in der Lüge,
enn die Alten wie die Kinder würden,
e sich teilten in den Bürden,
enn dies WENN sich leben ließ,
är's noch lang kein Paradies –
loß die Menschenzeit hätt angefangen,
ie in Streit und Krieg uns beinah ist vergangen.

○ Steht das im Gedicht? ...

– Zeile 10, **b** – Zeile 8, **e** – Zeile 3, **f** – Zeile 7, **g** – Zeile 5, **h** – Zeile 9

○ Wie könnte ein Zeitungsbericht über den Vorfall aussehen? ...

u fast allen Fragen findet man im Zeitungstext Informationen.
ie Frage „Warum?" wird aber nicht wirklich beantwortet.
n der Zeitung steht nicht, dass es eine Zeugin gibt.

inheit 5

ie Lösungen zu den Aufgaben 1–3 stehen im Arbeitsbuch auf Seite 24.

Höre oder lies den Text ...

eihenfolge: 15 – 6 – 14 – 11 – 1 – 8 – 9 – 3 – 2 – 10 – 4 – 7 – 13 – 12 – 5

Einheit 6

2 Kannst du diesen Satz ergänzen? ...

Der erste frei gewählte Präsident der Republik Südafrika heißt **Nelson Mandela.**
Louis Armstrong (1900–71) war ein US-amerikanischer Jazzmusiker.
Desmond Tutu (*1931) ist ein südafrikanischer, schwarzer Bischof der
anglikanischen Kirche, der sich auch für die Antiapartheidsbewegung
engagierte. 1984 erhielt er für sein Engagement den Friedensnobelpreis.
Martin Luther King (1927–68) war die Führungsfigur der amerikani-
schen Bürgerrechtsbewegung der Sechzigerjahre. Er wurde 1968 in
Memphis (Tennessee) ermordet.

3 Die folgende Kurzgeschichte ...

Wörterkasten 1–30: Die Definitionen entsprechen in dieser Reihenfolge
folgenden Wörtern im Text: umklammern, brüllen, niesen, verwirrt,
sperren, Schnupfen, Zellengitter, entsetzt, Zelle, betrachten, höhnisch

4 Schau die Bilder an ...

Bild A

5 Kreuze die richtigen Aussagen an.

Richtig sind: **a, d, e**

Wörterkasten 62–83: Im Text werden in der Reihenfolge folgende
Verben gebraucht: eingesetzt, galt, eingezogen, beschloss, herstellen,
verzögerte

6 Lies die Zeilen ...

Wörterkasten 90–119: Schwarzhandel, blühte, erwerben, beweisen,
bestechlich, gab auf, verfügte, bezeugen, Maßnahme

7 Wie war die Situation während der Apartheid? ...

Die Mehrheit der Bevölkerung war schwarz, aber es regierten die Weißen.

Wörterkasten 120–174: häufig – oft, heimtückisch – schlimm, gefährlich, das Gerücht – eine Nachricht ist nicht sicher, retten – aus einer
Gefahr helfen, verkünden – offiziell sagen, sich bekennen – akzeptieren,
anwenden – benutzen, sich empören – sehr böse werden, rebellieren,
die Unterstützung – die Hilfe, wegfegen – wegschicken, flüchten –
einen Ort aus Angst verlassen, unentwegt – ohne Pause, schütteln – hin
und her bewegen, zittern

8 Aus welcher Art von Verbindung ...

schwarzer Weißer + schwarze Schwarze, schwarzer Schwarzer +
schwarze Weiße

9 Wer ist das?

a der Regierungspräsident, **b** der Zürcher Bankier

Einheit 7

1 Lies zuerst die Definition ...

Beispiele: ① Landwirt/in, Gärtner/in, Umweltberater/in, Tierpfleger/in ② Metzger/in, Bäcker/in ③ Koch/Köchin, Kellner/in ④ Mechaniker/in ⑤ Elektriker/in ⑥ Baufacharbeiter/in, Ingenieur/in ⑦ Friseur/in ⑧ Verkäufer/in; ⑨ Bankkaufmann/-frau; Bürokaufmann/-frau ⑩ Taxifahrer/in, Polizist/in, Busfahrer/in ⑪ Programmierer/in ⑫ Schauspieler/in, Autor/in, Journalist/in, Künstler/in, Pianist/in ⑬ Arzt/Ärztin, Krankengymnast/in, Zahnarzt/Zahnärztin ⑭ Lehrer/in, Professor/in.
Pfarrer/in und Sozialarbeiter/in passen in keine der Kategorien richtig rein.

2 Ergänze die Buchtitel ...

②ⓗ Der Besuch der alten Dame, ③ⓔ Des Kaisers neue Kleider, ④ⓖ Der Herr der Ringe, ⑤ⓘ Der Name der Rose, ⑥ⓑ Das Leben des Galilei, ⑦ⓐ Die Abenteuer des Huckleberry Finn, ⑧ⓕ Der Ruf der Wildnis, ⑨ⓒ Die Leiden des jungen Werthers

3 Amadeus hat Probleme ...

a Die Mutter meines Vaters ist meine Großmutter. **b** Der Sohn meiner Tante ist mein Cousin. **c** Die Tochter meiner Eltern ist meine Schwester. **d** Der Bruder meiner Mutter ist mein Onkel. **e** Die Frau meines Onkels ist meine Tante.

4 Was gehört zu wem? ...

b Verdis, **c** Arnold Schwarzeneggers, **d** Picassos, **e** Michael Endes, **f** Anne Franks

6 Jan muss zu einem Bewerbungsgespräch ...

1. Er hat sich nicht über den Betrieb und den Beruf informiert.
2. Er kann seine Bewerbung nicht begründen.
3. Er stellt gleich zu Anfang die Frage nach dem Lohn.
4. Er kaut während des Gesprächs Kaugummi.
5. Er kommt zu spät.

7 Lies das Bewerbungsschreiben ...

Persönliches: 9. Kl. Hauptschule, s. Lebenslauf
Grund der Bewerbung: an Mode interessiert
Referenzen: Frau Wiesner – Boutique Tina
Anlagen: Lebenslauf, Fotokopie Zeugnis

9 Welche Teilsätze passen zusammen? ...

①ⓕ, ②ⓓ, ③ⓒ, ④ⓔ, ⑤ⓑ, ⑥ⓐ

10 Ergänze die Definitionen ...

a Bibliothekar – an den, **b** Taxifahrerin – die, **c** Schauspieler – den, **d** Journalistin – deren, **e** Elektriker – dem, **f** Sozialarbeiterin – deren, **g** Baufacharbeiter – dessen, der

11 Schreibe Relativsätze ...

a Das ist die Frage, auf die er bestimmt nicht antworten kann. **b** Das ist das Projekt, an dem wir gerade jetzt arbeiten. **c** Das ist die Firma, bei der ich ein Praktikum gemacht habe. **d** Das ist das Lied, mit dem er einen großen Erfolg gehabt hat. **e** Das ist die Party, von der man noch lange sprechen wird. **f** Das ist das Dorf, aus dem meine Familie kommt. **g** Das ist das Problem, für das es keine Lösung gibt. **h** Das ist das Mädchen, nach dem sich alle umschauen.

Einheit 8

1 Hier sind drei Angebote ...

Schnüffel-Strategie
Text 1: Bahn – Kajak- und Kanufahren, Klettern, Höhlenforschen, Biken, Bogenschießen, Volleyball, Tischtennis – Bungalows
Text 2: Bahn – Reiseroute festlegen, holländische Provinzen und Städte entdecken, Anlegen, Kochen – Wohn- oder Segelboot
Text 3: Flugzeug, Bus – Hundeschlitten, Langlauf, Rentierführerschein machen, Eisfischen, Motorschlitten-Rallye, Sauna – Blockhütten

2 In den Texten von Aufgabe 1 ...

Text 1: Kajak- und Kanufahren, Klettern
Text 2: Zusammensitzen, Singen, Plaudern, Anlegen, Kochen
Text 3: Eisfischen, Abkühlen

3 Verbote und Warnungen ...

Beispiele: **a** Es kann gefährlich sein, im Fluss zu baden. **b** Im Museum darf man nicht fotografieren. **c** Man darf auf dem See nicht eislaufen. **d** Man darf in der Schule nicht rauchen.

4 Schreibe die Sätze so um ...

Beispiele: **a** Ich benutze mein Fahrrad, wenn ich einkaufe (einkaufen gehe). **b** Er hat immer ein wenig Angst, wenn er fliegt. **c** Ich benutze den Zug, wenn ich reise. **d** Man gibt weniger Geld aus, wenn man in Jugendherbergen übernachtet.

5 Udo und Claudia kommen gerade im Hotel an ...

Zimmer, reservieren, Namen, Personen, reserviert, mich, Namen, Freundin, Pass, Woche, nächsten, Stadtplan, Ansichtskarten, Jahrhundert, Freunde, freuen, Schlüssel, Stock, wünsche, Aufenthalt

6 Im Laufe der Woche besuchen Udo und Claudia ...

② – Im Theater; ③ – Bei der Schiffanlegestelle; ④ – Auf der Post; ⑤ – Im Museum; ⑥ – In der Standseilbahn

7 Was haben sie an den sechs Orten gemacht?

② Im Theater haben sie das Musical „Cats" gesehen. ③ Bei der Schiffanlegestelle haben sie sich über die große Seerundfahrt informiert. ④ Auf der Post haben sie Briefmarken gekauft. ⑤ Im Museum haben sie die Picassoausstellung besucht und einen Katalog gekauft. ⑥ Sie sind mit der Standseilbahn zum Bahnhof gefahren.

Wir haben die folgende Statistik …

Spanien, 3. USA, 4. Ungarn, 5. Italien, 6. China, 7. Österreich,
Mexiko

Verben mit Präpositionen …

für – Wofür interessiert …, c über – Worüber ärgerst …, d von –
Wovon träumen …, e auf – Worauf warten …, f an – Woran geht …
vorbei? g mit – Womit verbindet …, h über – Worüber lacht …, i auf –
Worauf hofft …, j an – Woran erinnert …, k um – Worum handelt …,
zu – Wozu entschließt …

Wie heißen die passenden Pronominaladverbien … ?

dafür, c darüber, d davon, e darauf, f daran, g damit, h darüber,
darauf, j daran, k darum, l dazu

Sachen oder Personen? …

mit – Mit wem sprechen sie? b mit – Womit ist sie einverstanden?
über – Worüber freust du dich? d um – Worum hat er dich gebeten?
über – Über wen ärgert ihr euch? f auf – Worauf warten die Kinder?
nach – Nach wem fragen sie die ganze Zeit? h an – Woran nehmt ihr
il?

Nach Grund und Zweck fragen …

Um die Ferien zu planen. c Um sich auszuruhen. d Um meine Sprach-
kenntnisse zu verbessern. e Um in den Bergen zu wandern. f Um den
Text zu übersetzen. g Um gesund zu bleiben.

Einheit 9

Betrachte die Bilder …

Reihenfolge der Bilder: F – E – D – B – A – C

Frikadellen leicht gemacht …

wird, man, werden, werden

Rätsel: Wer/was bin ich?

das Essen, die Flasche, die Tafel

Wie ist es heute und wie war es früher in der Schule? …

Beispiele: b Früher wurde in den Schulen nie ein Klassenaustausch organisiert. c Früher wurde wenig mit dem Computer gearbeitet. d Früher
wurden im Deutschunterricht nie interessante Zeitungstexte gelesen.
Früher wurden von den Jugendlichen selten in den Ferien Sprachkurse
besucht. f Früher wurde fast nie in Gruppen gearbeitet. g Früher wurden
keine Texte von der Kassette gehört.

7 Ergänze die Sätze …

b Sie sind zu lange gebraten worden. c Er ist zu stark gesalzt/gesalzen
worden. d „Ich bin nach Hause gebracht worden" e Sie sind heute ge-
pflückt worden. f Er ist dreieinhalb Monate gelagert worden. g Das Gedicht „Traum-Land" ist von Lutz Rohrmann geschrieben worden. h Eine
neue Computermaus ist für Behinderte erfunden worden. i Er ist schon
dreimal korrigiert worden. j Bei der Mathearbeit sind viele Aufgaben
von den Schülern nicht gelöst worden.

8 Adjektive mit Suffixen …

a kalorienarm, kalorienreich, vitaminarm, b kalorienarm, alkoholfrei,
c arbeitslos, sinnvoll, d tragbare, e kostenlos, f schulfrei, wolkenlos,
g stressfreien, h unbrauchbar, i trinkbares

9 Wie heißt das zusammengesetzte Wort? …

a Thermoskanne, b Kinderwagen, c Handschuhe, d Wanderschuhe,
e Ohrringe, f Streichhölzer, g Schreibmaschine, h Taschenlampe,
i Hausschuhe

10 Ergänze die Sätze …

b abschreiben, c abgenommen, d aufgenommen, e mitgenommen,
f beschreibt, g verschrieben

11 In Aufgabe 10 gibt es …

beschreiben, verschreiben

Einheit 10

1 In Texten über historische Ereignisse …

vor 24 Jahren, lange vor dem Ende, Zu dieser Zeit, damals, Als,
im Sommer 1995, in den drei Wochen, Am ersten Wochenende

2 Deutsche Geschichte …

①f, ②d, ③e, ④c, ⑤b, ⑥g, ⑦a, ⑧h

3 Zeitangaben im Satz …

Beispiele: Mehr als 40 Jahre waren Berlin und Deutschland geteilt. Nach
dem Reichstagsbrand ließ Hitler politische Gegner ermorden. Am 1. September 1939 begannen die Deutschen den 2. Weltkrieg. Im Jahre 1919
bekamen die Frauen in Deutschland das Wahlrecht. Zwischen 1871 und
1914 entwickelte Deutschland sich zu einem Industriestaat. 1918, nach
dem Ende des Ersten Weltkriegs, muss der Kaiser Deutschland verlassen.
Seit 1990 sind die beiden deutschen Staaten vereinigt. Ab 1933 gab es
praktisch kein Parlament mehr in Deutschland.

4 Geschichte auf Briefmarken …

①F, ②A, ③D, ④C, ⑤E, ⑥B

5 Politische Vokabeln – ein Quiz.

a Wahlrecht, b Parlament, c Parteien, d Regierung

7 Was ist passiert? …

a Als der Vater von Max Zeitungen nach Deutschland schmuggelte, wurde er erwischt.
Max' Vater wurde erwischt, als er …
b Als seine Mutter Max riet, eine Ausbildung zu machen, wurde er Funker.
Max wurde Funker, als seine Mutter …
c Als Max als Kriegsgefangener in den USA lebte, arbeitete er dort in der Landwirtschaft.
Max arbeitete in der Landwirtschaft, als er …
d Als die Nazis an die Macht kamen, waren viele Menschen schon lange arbeitslos gewesen.
Viele Menschen waren schon lange arbeitslos gewesen, als …

8 Begründungen …

Beispiele: **a** … wurde er ins KZ gesteckt. **b** … durfte Max nicht in die HJ. **c** … konnte er dies nicht öffentlich sagen. **d** Max meldete sich zur Fallschirmjägerausbildung und später zur Funkerausbildung. … **e** … er nicht zur Front wollte.

9 Aussagen über einen Text machen …

Beispiele: **a** In der Familie von Max von der Grün gab es verschiedene politische Meinungen. **b** In den 20er- und 30er-Jahren war die Arbeitslosigkeit in Deutschland sehr groß. **c** Die Eltern von Max erfanden Ausreden, damit Max nicht zur HJ musste/konnte. **d** Max war Soldat und kam dann als Kriegsgefangener in die USA. **e** Nach dem Krieg war der Vater von Max aus dem KZ befreit worden und Max kam 1948 nach Deutschland zurück.

11 Diese Verben findest du im Kursbuch …

a Im Krieg wurden die großen deutschen Städte zerstört. **b** Nach dem Krieg wurden die Häuser und Fabriken (wieder) aufgebaut. **c** 1949 wurden die DDR und die Bundesrepublik Deutschland gegründet. **d** 1945 wurde Deutschland in vier Zonen geteilt. **e** Zwischen 1939 und 1945 wurde Deutschland von den Nazis regiert.

12 Dreimal lassen …

a1, b2, c3, d1, e1

13 Nachdenken über Sprache …

Aufgabe 19: 1, *Aufgabe 20:* 1, *Aufgabe 21:* 2

16 Höre das Lied noch einmal …

Im Dialekt sind die Vokale in vielen Wörtern anders als im Hochdeutschen. Hier einige Beispiele für veränderte Vokale im Lied: ö – ea, ia – ie, e – a, a – au, i – a, a – oi …

Einheit 11

1 Kreuzworträtsel

1 Staatsbürgerschaft, 2 Landdienst, 3 arbeitslos, 4 Toblerone, 5 Türken, 6 Prognose, 7 Welle, 8 Reichstag, 9 Betriebspraktikum, 10 Sachertorte, 11 heiter, 12 Bozen, 13 Daimler, 14 Unwetter, 15 Express, 16 Zwillinge, 17 Wien

2 Ergänze zuerst die Genitivformen …

a Der Beginn der Sommerferien … / am 19. Juni **b** Das Herstellen des Schweizer Käses … **c** Beim Schreiben eines Diktates … / … (den) Schweizer Käse herzustellen **d** Das Lernen einer Sprache … / … ein Diktat schreibt, muss man sich konzentrieren. **e** Das Aufräumen meines Zimmers … / … immer viel Zeit, wenn ich mein Zimmer aufräume. **f** Das Lesen eines Buches … / … ein Buch zu lesen **g** … spazieren gehe, kommt immer mein Hund mit.

3 In welchen der Zeitungstexte … ?

1: Futur, **2:** Konjunktiv ll, **3:** Plusquamperfekt, **4:** Futur, **5:** Futur, Passiv **6:** Passiv, **7:** Futur, Passiv

4 Relativsätze …

1 a Das Kleid, das ich gestern anhatte, ist neu. **b** Das Kleid, das im Schrank hängt, ist neu. **c** Das Kleid, dessen Farbe Weiß und Rot ist, ist neu. **d** Das Kleid, für das meine Mutter nicht viel bezahlt hat, ist neu.
2 a Die Reise, die nach Amerika ging, war toll. **b** Die Reise, die ich mit meinem Bruder gemacht habe, war toll. **c** Die Reise, von der ich gestern zurückgekommen bin, war toll. **d** Die Reise, an der viele Jugendliche teilgenommen haben, war toll. **e** Die Reise, deren Höhepunkt der „Grand Canyon" war, war toll.
3 a Der Artikel, der heute in der Zeitung steht, ist interessant. **b** Der Artikel, über den ich schreiben muss, ist interessant. **c** Der Artikel, dessen Inhalt mir gefällt, ist interessant. **d** Der Artikel, über den sich mein Vater aufgeregt hat, ist interessant.
4 a Die Leute, die im 2. Stock wohnen, sind nett. **b** Die Leute, die wir getroffen haben, sind nett. **c** Die Leute, denen wir gestern begegnet sind, sind nett. **d** Die Leute, mit denen wir lange gesprochen haben, sind nett. **e** Die Leute, deren Kinder wir kennen, sind nett.

5 Der Schriftsteller Max von der Grün …

Der Text: Elisabeth Funk – Eine persönliche Geschichte. Kursbuch, Seite 64.
Gemeinsame Punkte: Alle Kinder mussten damals in der Landwirtschaft mithelfen, weil es wenige Maschinen gab. Die Frauen arbeiteten auf den Bauernhöfen. Die Männer wurden für ihre Arbeit sehr schlecht bezahlt.

6 Wortschatzhilfen …

a – Z. 3, **b** – Z. 7, **c** – Z. 15, **d** – Z. 19, **e** – Z. 24, **f** – Z. 25, **g** – Z. 27, **h** – Z. 31, **i** – Z. 39, **j** – Z. 41–42, **k** – Z. 44, **l** – Z. 49, **m** – Z. 50

7 Ordne die Aussagen …

a *Abschnitt 3,* **b** *Abschnitt 5,* **c** *Abschnitt 1,* **d** *Abschnitt 4,* **e** *Abschnitt*

Einheit 12

Auf den beiden nächsten Seiten ...

⑤ etwas in Gang bringen, ⑤ ganz weg sein, ⑥ nicht aus dem Kopf gehen, ⑪ sich finden, ⑫ von Wolken überschattet sein, ⑫ sich nicht verstehen, ⑬ zum Bruch kommen, ⑯ etwas satt haben

In den Einheiten 7 und 12 im Kursbuch ...

Beispiele:
Berufssituation: Praktikum, Lehre und Ausbildung (S. 41–42)
Kursbuch: Daniel macht ein Praktikum als Kfz-Mechaniker, Fabian als MTA, Renja in einem Kindergarten.
Fotoroman: Anna macht eine Lehre als Motorrad-Mechanikerin. Florian arbeitet zuerst im Büro und macht dann eine Ausbildung als Krankenpfleger.
Berufssituation: sich selbständig machen (S. 45)
Kursbuch: Sema hat einen eigenen Friseursalon eröffnet.
Fotoroman: Anna wird Teilhaberin der Werkstatt.
Berufssituation: Berufswechsel (S. 75)
Kursbuch: Petra bricht die Ausbildung im Büro ab, um Maschinenschlosserin zu werden.
Fotoroman: Florian verlässt das Büro, um Krankenpfleger zu werden.
Berufssituation: Frauen in Männerberufen – Männer in Frauenberufen (S. 75–76)
Kursbuch: Petra wird Maschinenschlosserin.
Fotoroman: Anna wird Motorrad-Mechanikerin.

Verbinde die Sätze ...

Nach dem Kino erleichtert ein mechanisches Problem den beiden den ersten Kontakt. Am nächsten Morgen im Büro weiß Florian nicht genau, wie er sich Anna gegenüber verhalten soll. Am Abend entscheidet sich Florian, Anna in ihrer Werkstatt zu besuchen. Später am See merken die beiden, dass sie zusammenpassen. Einige Wochen später führen die verschiedenen beruflichen Interessen zum Bruch der Freundschaft. Zwei Jahre später bringt ein Motorradunfall von Anna die beiden wieder zusammen. Doch eines Tages hat Florian die Möglichkeit, in Genf eine Spezialausbildung zu machen. In der gleichen Woche bietet der Chef Anna an, in seinem Geschäft mitzumachen. Am Ende nehmen beide die Angebote an, passen aber auf, dass die Berufe sie nicht wieder trennen.

Einheit 13

„Mund auf statt Augen zu!" ...

Beispiele: **b** Sie meinten. Wir schlagen uns selbst k.o., wenn wir die Ozonschicht zerstören. **c** Maja fragte ihren Bruder, ob er einverstanden war mitzumachen. **d** Die Zeitungen berichteten von der Aktion, weil über 2000 Jugendliche mitgemacht hatten. **e** Philipp und seine Kameraden haben den Auftrag bekommen, ein Plakat zu entwerfen. **f** Maja und Daniel haben die „Offenbarung" der Bibel gelesen, um das geeignete Zitat zu finden. **g** Drei Jugendliche haben berichtet, dass sie bei der Aktion mitgemacht haben. **h** Sie hofften, mit dem Plakat das Verhalten der Leute zu verändern. **i** Bei Maja und Daniel hat sich nichts verändert, weil sie schon umweltbewusst waren.

nicht nur ... sondern auch ...

b In der Schweiz wird nicht nur Deutsch gesprochen, sondern auch Italienisch, Französisch und Rätoromanisch. **c** 1996 hat die deutsche Fußballnationalmannschaft an der Europameisterschaft nicht nur teilgenommen, sondern auch gewonnen. **d** Der Schwerlastverkehr macht nicht nur Lärm, sondern verschmutzt auch die Luft. **e** Heute habe ich nicht nur für Mathe gearbeitet, sondern auch (für) Deutsch gelernt.

f Viele Leute sollten nicht nur vom Umweltschutz sprechen, sondern sich auch dafür einsetzen. **g** Der Tourismus hat in den Alpenregionen nicht nur Wohlstand gebracht, sondern auch neue Probleme.

6 einerseits ... andererseits ...

b Einerseits schmeckt Schokoladentorte gut, andererseits wird man damit dick. **c** Einerseits bringt der Tourismus Arbeitsplätze, andererseits wird die Natur zerstört. **d** Einerseits werden schnelle Autobahnen gebaut, andererseits werden Landschaft und Bergdörfer zerstört. **e** Einerseits wird die Fahrgeschwindigkeit reduziert, andererseits werden schnellere Autos gebaut. **f** Einerseits fährt man mit dem Auto in die Ferien, andererseits schimpft man über den starken Verkehr. **g** Einerseits soll man Müll vermeiden, andererseits werden viele Einwegverpackungen gekauft. **h** Einerseits wird viel über Müllentsorgung geredet, andererseits wird oft der Müll in die falschen Container entsorgt. **i** Einerseits will man Wasser und Energie sparen, andererseits steigt der Konsum von Wasser und Energie. **j** Einerseits wird der Dosenverkauf reduziert, andererseits werden über 50 Getränkedosen im Jahr pro Person entleert.

8 Der folgende Text beschreibt ...

b

9 Beantworte diese W-Fragen ...

Wer?: 49 Städte und Gemeinden. **Wo?:** Im Allgäu. **Was?:** Kampf gegen den wachsenden Konsum von Blechbüchsen. **Wann?:** Ab sofort. **Warum?:** Weil die Einwegverpackungen wieder total „in" sind und weil die Weißblechbüchsen ein ökologisches Problem sind. Man will mit der Wegwerfmentalität Schluss machen. **Wie?:** Mit einer Kampagne. Überall kann man Plakate und Hinweistafeln sehen. Appelle wie „Zukunft sichern – richtig einkaufen" richten sich auch an Handel und Gastronomie.

10 In einem Radiointerview ...

Beispiele:
– Dosen verschmutzen die Landschaft.
– Dosen brauchen viel mehr Energie zur Produktion als Flaschen.
– Glasflaschen sind besser für die Umwelt, weil sie mehrfach verwendet werden können.
– Wenn die Dosenflut weiter steigt, dann muss man ein Pfand für Dosen einführen.
– Die regionalen Brauereien verwenden keine Dosen. Sie unterstützen die Kampagne.
– Man muss die regionalen Produkte fördern.
– Die regionalen mittelständischen Betriebe müssen unterstützt werden.
– Die Kampagne soll zum Umdenken anregen.

11 Schreibe folgenden Satz ...

a Die Region wird zur dosenfreien Zone erklärt. **b** Die Region wurde zur dosenfreien Zone erklärt. **c** Die Region ist zur dosenfreien Zone erklärt worden.

12 Ursachen und Konsequenzen ...

b Weil man auch im Allgäu gegen die Abfallberge kämpfen will, erklären 49 Städte die Region zur „Dosenfreie Zone". Deshalb hängen überall Plakate und Hinweistafeln. **c** Weil dieses Problem nicht nur Deutschland betrifft, sollte man die Menschen auch bei uns informieren. Deshalb sollte man Umweltinitiativen organisieren.

13 Schreibe die folgenden Sätze …

b Weil man den Verkaufsanstieg von Bierdosen stoppen will, kämpft man gegen die Wegwerfmentalität. **c** Obwohl es ökologische Probleme gibt, werden die Blechdosen immer noch zu oft verkauft. **d** Obwohl die Bevölkerung informiert wird, steigt der Verkauf von Bierdosen an.

14 Sieh dir die Fotos an …

Beispiele: ① Hier kann man (das Auto parken und) wandern (gehen). ② Hier dürfen Hunde nicht mitkommen. ③ Mittwochs von 16.30 bis 18.00 kann man (in der Gemeindebücherei) Bücher ausleihen. ④ Man darf das Grundstück nicht betreten. ⑤ Man kann Lose kaufen und ein Auto gewinnen. ⑥ Hier kann man auf die Toilette gehen. ⑦ Man kann ab 6 Uhr frühstücken. ⑧ Man kann von Montag bis Freitag von 14 Uhr bis 22 Uhr Videos ausleihen.

15 Passiv mit Modalverben …

Beispiele: **b** Hunde dürfen hier nicht mitgenommen werden. **c** Hier kann ab 6 Uhr gefrühstückt werden. Hier kann ein Auto gewonnen werden. Hierher kann gefahren und dann gewandert werden. **d** Das Grundstück darf nicht betreten werden.

Einheit 14

1 Im Liedtext fehlen fünf Zeilen …

Reihenfolge der Zeilenzuordnung: 2, 5, 3, 4, 1

2 Zu welchen Wörtern im Lied … ?

a verraten, **b** bereuen, **c** unzertrennlich, **d** vergessen

3 Robert und Susanne haben sich im Urlaub verliebt …

a – R, **b** – R, **c** – S, **d** – S/R, **e** – S, **f** – S, **g** – R, **h** – S / R

4 Lies nun Roberts Tagebuchtexte …

Reihenfolge: 4, 1, 3, 2

5 Welche Texte von Susanne und Robert gehören zusammen? …

März – 6, Juni – 5, September – 4, November – 2, Dezember – 1

6 Wortschatz erschließen …

Januar: …wie er ständig stolperte und hinfiel, *Juni:* Es ist zum Heulen. / … liefen die Telefone heiß, *September:* alles umsonst / vor lauter Frust, *Dezember:* Es hat mich erwischt.

10 Höre das Interview noch einmal …

a – T, **b** – Mt, **c** – Mt, **d** – S, **e** – M, **f** – S, **g** – Mt, **h** – T, **i** – T, **j** – S, **k** – M, **l** – M

11 Ergänze die Gedanken …

①d, ②a, ③c, ④b

12 Ein friedliches Bild …

… spielende Kinder …, … trinkende Männer …, Singende Vögel …, . stinkendes Auto …

13 Indefinitpronomen verstehen …

①c, ②f, ③g, ④h, ⑤i, ⑥e, ⑦a, ⑧d, ⑨b

14 Markiere in Aufgabe 13 …

jemand – niemand, alle – keiner/jeder, alles – nichts

15 Ergänze die Dialoge …

a eine, **b** einen, **c** eins, **d** keine, **e** eins, **f** eine, **g** eine

16 Jemand oder niemand? …

a niemand, **b** jemand, **c** jemand, **d** jemand, **e** niemand, **f** niemand

17 Ergänze die Sätze …

a Alles, **b** alle, viele, wenige/keine, **c** alles, etwas. **d** etwas, nichts, **e** viel, wenig, **f** viel, **g** nichts, **h** keines

Einheit 15

1 Du hörst die Tageszusammenfassung …

Diese Themen kommen vor: a, c, d, e, f, g

2 Höre die Aufnahme noch einmal …

Reihenfolge: g, c, f, a, d, e

3 Vergleiche nun die Themen …

c ① ⑤, **d** ③, **e** ⑦, **f** ⑧ ⑪, **g** ② ⑥ ⑨

5 In der Fabel …

a 3, **b** 5, **c** 1, **d** 6, **e** 4, **f** 2

8 Das politische Wörterrätsel …

Zuordnung der Beschreibungen von oben nach unten:
5, 9, 6, 3, 7, 10, 2, 1, 8, 4
1 Parlament, 2 Opposition, 3 Partei, 4 Verfassung, 5 Politik, 6 Macht, 7 Mehrheit, 8 Regierung, 9 Minister, 10 Staat

9 Das Europäische Parlament

Von links nach rechts: Belgien, Dänemark, Deutschland, Finnland, Frankreich, Griechenland, Großbritannien, Irland, Italien, Luxemburg, Niederlande, Österreich, Portugal, Schweden, Spanien

Eine Geschichte von Herrn B. …

… vor allem nichts tun, was unbequem ist. So habe ich einmal in einer Vaterstadt A. mit einem Mädchen plaudern wollen, das sehr schön war (gewesen ist), aber im zweiten Stock gewohnt hat. Ich habe zu dieser Zeit an einem steifen Hals gelitten und es war (ist … gewesen) sehr unbequem, zu ihrem Fenster aufzuschauen. Da ich aber auf die Unterhaltung nicht verzichten wollte, habe ich mich auf das Straßenpflaster gelegt und so mit ihr gesprochen.

2 Schreibe a–f einmal mit Konjunktiv I …

a Sie erzählten, sie dürfen zum ersten Mal wählen. / Sie erzählten, sie dürften zum ersten Mal wählen. b Sie erwiderte, sie könne ihre Entscheidung auch begründen. / Sie erwiderte, sie könnte ihre Entscheidung auch begründen. c Sie versicherten, sie seien über die Politik in ihrer Stadt gut informiert. / Sie versicherten, sie wären über die Politik in ihrer Stadt gut informiert. d Sie sagten, sie haben noch nie einen Wahlzettel gesehen. / Sie sagten, sie hätten noch nie einen Wahlzettel gesehen. e Er meinte, er sei von vielen Politikern enttäuscht. / Er meinte, er wäre von vielen Politikern enttäuscht. f Sie antworteten, sie müssen die Kandidaten besser kennen lernen. / Sie antworteten, sie müssten die Kandidaten besser kennen lernen.

3 Lies das Gespräch …

dass, sei, ob, habe, habe, ob, sei, dass, habe, sei, dass, lasse, gehe, vergesse

4 Sechs Tipps …

2. …, um die Rede zu gliedern. 3. …, um gut reden zu können. 4. …, um die Zuhörer zu interessieren. 5. …, um die Leute nicht zu langweilen. 6. …, um das Publikum zu überzeugen.

5 Du hast verschiedene Hörstrategien …

Ich benutzte die Express-Strategie, damit ich einen Überblick bekomme. Ich verwende die Schnüffel-Strategie, damit ich bestimmte Informationen erhalte. Ich arbeite mit der Detektiv-Strategie, damit ich alle Informationen verstehe.

Einheit 16

1 Lorenz Minder (18) ist Computerexperte …

b 2, c 3, d 6, e 1, f 5

Markiere die folgenden Wörter …

① d, ② g, ③ h, ④ b, ⑤ a, ⑥ e, ⑦ c, ⑧ f

Eine Zeitungsnotiz …

sei, habe, um … zu, hätten, hätten, hätten, damit, sei

Welche Aussage passt zu welcher Frage in Aufgabe 5? …

a 4, b 3, c 1, d 6, e 2, f 5

8 Lies noch einmal den Artikel …

Nur Tanja und Anne-Christine stimmen Dominik teilweise zu, alle anderen widersprechen ihm.

9 Höre die Kassette noch einmal …

– Bei älteren Frauen mag es stimmen, dass sie nicht so gut mit dem Computer umgehen können wie Männer, aber für die jungen gilt das nicht.
– Mädchen sind keine „Computerfreaks", aber damit umgehen können sie.
– Mädchen spielen weniger am Computer, aber benutzen können sie ihn auch.
– Für Mädchen sind menschliche Beziehungen wichtiger als Computer.

10 Um mehr Mädchen für Informatik zu interessieren …

Diese Fragen werden beantwortet: 2, 6, 7, 9, 11, 13

12 Einen Text schreiben …

a Alexandra und Elsbeth, die sich für Informatik interessieren, besuchen die 12. Klasse. b Alexandra will neue Textverarbeitungsprogramme kennen lernen, um die Schülerzeitung schöner zu gestalten, zu schreiben. c Elsbeth möchte lernen, im Internet Informationen zu finden, weil sie Material für ihr Projekt über „Deutsche Rockmusik" braucht. d Sie müssen sich rechtzeitig anmelden, damit sie noch einen Platz bekommen. e Da in der Studienwoche viel Deutsch gesprochen wird, müssen Alexandra und Elsbeth ziemlich gut Deutsch können.

Einheit 17

1 Nicole singt ein Lied …

Vergangenheit: b, e, i, k; *Zukunft:* a, c, f, g, h

2 „Kurz und intensiv gelebt" …

Presley: (0–10) Gesangwettbewerb gewonnen. (11–20) Erste Gitarre mit 11. Arbeit als Hundefänger, Lastwagenfahrer, Elektriker in Werkzeugfabrik. (21–30, 31–40) König des Rock 'n' Roll. Verkaufte 500 Mio. LPs und Singles. Spielt in über 30 Filmen. (41–50) Stirbt mit 42 Jahren.
Hendrix: (11–20) Erste Gitarre mit 11. Spielt in Bands seiner Stadt. (21–30) Gitarrist für große Stars. Bester Rockgitarrist aller Zeiten. Stirbt mit 28 an Alkohol und Schlaftabletten.
Joplin: (11–20) Studentin: Singt in Kneipen und Folksonglokalen. Aushilfsjobs. (21–30) Symbol der Hippie-Generation. Königin der Rockmusik. Stirbt mit 27 an Heroin.
Cobain: (0–10) Scheidung der Eltern. (11–20) Spielt mit 12 Gitarre. Hört Punk-Musik. Bildet mit Freunden die Gruppe „Nirvana". (21–30) Großer Erfolg mit dem Album „Nevermind". Erschießt sich mit 27.

3 Das Gedicht von Hans Manz …

Strophennummerierung von oben nach unten: 5, 3, 6, 1, 4, 2
Satzanfänge von oben nach unten: Ein junger Mann / Eine junge Frau, Ein Vater / Eine Mutter, Ein Kleinkind, Ein Junge / Ein Mädchen, Ein alter Mann / Eine alte Frau, Ein Toter

4 Lies den Zeitungsartikel …

① 17, ② Geigenbauer, ③ Geigen, ④ Geschichte, ⑤ stumm,
⑥ leise, ⑦ Mietwohnung, ⑧ Nachbarn, ⑨ normale, ⑩ Streichinstrument, ⑪ Band, ⑫ Orchester

5 Franz Hohler: Der Liederhörer …

a viele, niemand, Jeder, jeder, jeder, einige, keine; **b** lange, außerge-
wöhnliche, geschlagenen, gefalteten, verständnisvollem, keinem,
namhafter, jungen; **c** in, auf, von, zu, aus, auf, in; **d** ihm, ihm, sie, es,
ihn, er, ihm, es

6 Suchrätsel …

a Oliver, Liedermacher, **b** Salzburg, Mozart, **c** Nicole, Ein großes Ziel,
d Raste an dieser Quelle, Umwelt, **e** Kuno Schaub, stumme Geigen,
f Walzer, Tanzen, **g** Nathalie, Flöte, **h** Matthias Reim, Verdammt, ich
lieb dich. Die Mozartoper heißt: Zauberflöte.

Einheit 18

1–5 Lösungen im Arbeitsbuch auf Seiten 81, 83, 89.

6 Für Freunde der Grammatik …

Ich lerne Deutsch, weil mein Freund in Deutschland wohnt. Gestern
wurde sie mit dem Auto nach Hause gebracht.

7 Lösungen im Arbeitsbuch auf Seite 92.

8 Markiere nun die Verben …

Perfekt: **e,** haben … gemacht, *Präteritum:* **e** entdeckten, *Konjunktiv II:*
a, wäre, *Futur:* **f** werden … rumlaufen, *Passiv:* **d** wird … gemacht,
Infinitiv: **b** lernen, *Partizip I:* **c,** lindernd

9 Ein Zeitungsbericht …

„Was haben Kinder und Jugendliche eigentlich getan, dass sie nach den
vielen Stunden in der Schule und nach den Hausaufgaben auch noch
Teller abwaschen müssen?" Auch eine 16-jährige Schülerin beklagt sich:
„Wenn ich überlege, was ich alles im Haushalt machen muss, dann habe
ich zwei Berufe: erstens Hausfrau, zweitens Schülerin. Allerdings muss
ich sagen, dass mir meine Eltern zusätzliches Taschengeld geben, weil
sie jetzt keine Putzfrau bezahlen müssen."

10 65 Wörter und 5 Themen …

Beispiele:
Wetter: neblig, schneien, regnen, der Schauer, der Wind, die Wärme,
der Himmel, die Wolke, sonnig, kalt, heiß, heiter, bedeckt, das Gewitter,
die Kälte, die Prognose, die Nacht, frieren
Kleidung: die Baumwolle, einfarbig, elegant, bequem, modisch, bunt,
weit, gestreift, der Stoff, kariert, eng, die Schuhe, jugendlich, altmodisch,
das Sonderangebot
Musik: der Musiker, die Sängerin, das Konzert, der Text, das Lied,
spielen, machen, hören, das Instrument, der Star
Verkehrsmittel: Flugzeug, Straßenbahn, Schiff, Bahn, Mofa, Intercity,
Taxi, Fahrrad
Freizeit: Segeln, Radfahren, Sport, schwimmen, spielen, aktiv, treffen,
das Haus, Mannschaft, Natur

11 Die Clique oder gute Freunde …

Clique: Sybille; **Freunde:** Stefan, Peter, Helen

12 Höre die Kassette noch einmal …

Peter geht nach dem Volleyball etwas trinken (nicht essen). Helen trifft
sich mit ihrer besten Freundin jeden Tag (nicht jede Woche).

13 Welche Hörstrategien … ?

Aufgabe 11: Express-Strategie, *Aufgabe 12:* Detektiv-Strategie.

Zur Verwendung des Internets bei der Arbeit mit *sowieso 3*

Das Internet kann Lehren und Lernen verändern

Das Internet hat vielen Deutschlehrerinnen und -lehrern weltweit neue Möglichkeiten in der Planung und Durchführung ihres Unterrichts eröffnet. Mit seiner Hilfe können sie zum Beispiel

– direkt mit anderen Kolleginnen und Kollegen, die zum Beispiel mit dem gleichen Lehrwerk arbeiten, in Kontakt treten, um Erfahrungen und Unterrichtsmaterialien auszutauschen;
– sich rasch aktuelle landeskundliche Materialien zu einem Thema besorgen, das im Lehrwerk angesprochen wurde;
– das Materialangebot im Unterricht erweitern, vor allem in den Bereichen Lese- und Hörtexte.

Auch für die Lernenden kann der Zugang zum Internet neue Sprach- und Kulturkontakte ermöglichen. Sie können

– direkten Kontakt mit deutschsprachigen Schülerinnen und Schülern aufnehmen (E-Mail, Voice-Mail);
– aktuelle Texte auch von deutschsprachigen Jugendlichen selbständig finden und erarbeiten (auch in Schülerzeitschriften);
– landeskundliche Informationen sammeln, unabhängig von Lehrer und Lehrwerk.

Im Unterricht mit Fortgeschrittenen sollten Sie nach Möglichkeit das Internet regelmäßig in den Unterricht einbeziehen. Mit den folgenden Anmerkungen wollen wir Ihnen dazu einige Tipps und Ideen geben.

Zunächst ein Beispiel für die Möglichkeiten des Mediums Internet zum Thema „Weihnachten":

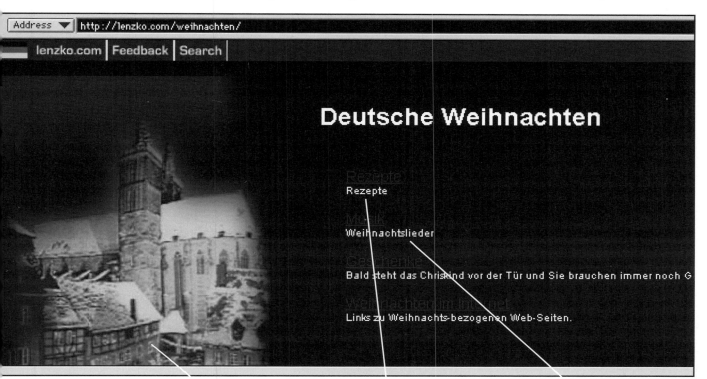

Hier finden Sie Informationen über Weihnachtsmärkte in Deutschland

Hier finden Sie Rezepte

Hier können Sie Weihnachtslieder hören

Das Beispiel zeigt: Das Medium stellt für den Deutschunterricht eine Fundgrube für aktuellstes multimediales Material dar.
Auf der folgenden Seite finden Sie noch weitere Einstiegsseiten für das Thema „Weihnachten im Internet".

Hinweis: Die abgebildeten Internet-Seiten folgen weitgehend noch nicht der reformierten Rechtschreibung.

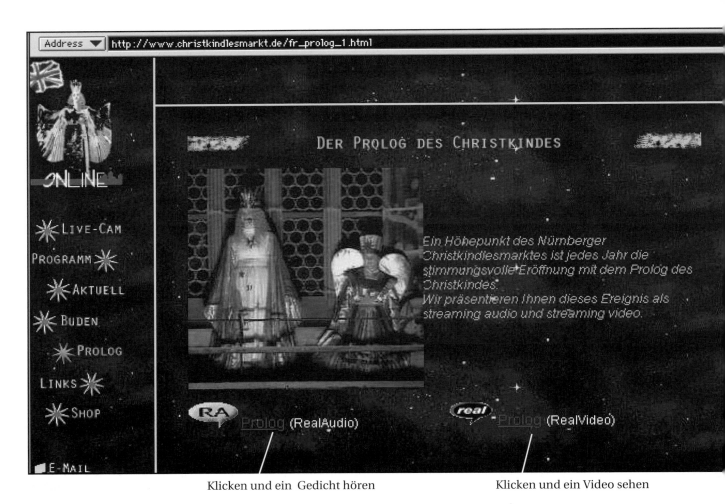

Klicken und ein Gedicht hören   Klicken und ein Video sehen

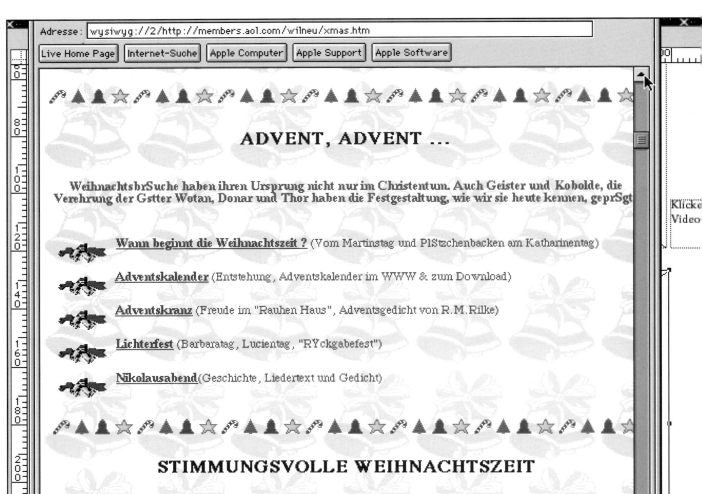

Sie finden derzeit (1998) auf der Leitseite (Homepage) des Goethe-Instituts eine Reihe von Hinweisen zur Arbeit mit dem Internet im Unterricht: Unterrichtsmaterialien, Adressen für Klassenpartnerschaften sowie eine Fülle von Verbindungen zu anderen für den Deutschunterricht interessanten Seiten. Die Seite ist in jedem Fall ein guter Einstieg. Sie können von hier aus in viele unterschiedliche Leitseiten gelangen.

Hinweis: Über die Leitseite des Goethe-Instituts finden Sie auch einen Artikel, der Ihnen allgemeine Hinweise und Tipps zur Internet-Arbeit im DaF-Unterricht gibt. Wir gehen davon aus, dass diejenigen, die mit dem Internet arbeiten, auch mit der Arbeit mit den deutschsprachigen Suchmaschinen vertraut sind.

Auf den folgenden Seiten finden Sie Hinweise zur Internet-Arbeit in Verbindung mit den Einheiten von *sowieso 3*.

Einheit 3
Finden Sie die aktuelle deutsche Wetterkarte über die Nachrichten im Internet. Sie ist sowohl in
den Fernsehnachrichten http://tagesschau.de als auch in den Netzseiten von Radiostationen
sowie in den Zeitungen vorhanden. Die Lernenden notieren dann aktuelle Temperaturen in den
deutschsprachigen Ländern bzw. können über die Prognose sprechen.

Einheit 5
Horoskope. Hier wie überall findet man über das Stichwort eine ganze Reihe von Texten und
weiteren Verweisen.   ·

Aufgabenvorschlag zur Bildbeschreibung (Kursbuch, S. 31): Veranstaltungskalender Deutschland – Wo gibt es aktuelle Kunstausstellungen, interessante Ereignisse, Kulturereignisse? Die
Seite über Salzburg (siehe S. 174) zeigt, auf welches Angebot in den Leitseiten der Städte Sie hier
zurückgreifen können.

Hinweis: Die Aktion „Schulen ans Netz" hat sich seit Mitte der 90er-Jahre darum bemüht,
deutsche Schulen ins Internet zu bringen. 1998 waren schon hunderte von Schülerzeitschriften
deutscher Schulen im Internet. Das deutsche Schulnetz ist eine vielseitig nutzbare Informationsquelle für die Landeskunde und ermöglicht direkte Kontakte zu Schulen:

In vielen Schülerzeitungen finden Sie kurze Artikel zu Schulthemen und allgemeinen Themen
sowie fiktionale Texte, die von Schülern für Schüler geschrieben worden sind. Viele dieser Texte
eignen sich auch für den Unterricht.
Aufgabenvorschlag: Lassen Sie die Schüler über das Schulnetz bzw. über die Suchmaschinen
(Schülerzeitung) entsprechende Zeitungen finden und auf geeignete Sachtexte oder fiktionale
Texte durchschauen.

Einheit 7

Vielfältige Informationen im Internet über das Thema „Arbeit" über die Arbeitsämter http://www.arbeitsamt.de. Hier finden Sie aktuelle Zahlen und Statistiken, aber auch Jobanzeigen. Konkret zu dieser Einheit gibt es einen Text über Praktika.

Aufgabenvorschlag: Angaben zu Berufen und zu Stellenanzeigen im Internet sammeln, ausdrucken und in der Klasse vorstellen.

Einheit 8

Thema „Tourismus": Hier sind viele Aktivitäten vorstellbar. Viele Hotels und Reisebüros sind im Internet vertreten. Über die Leitseite der einzelnen Städte der deutschsprachigen Länder können Sie oft sogar Hotelbuchungen vornehmen.

Aufgabenvorschlag: Stellen Sie den Schülern landeskundliche Aufgaben auf Karten.

> Du willst mit deiner Familie mit dem Auto nach Graz fahren. Erkundige dich:
> Was ist wichtig für Autofahrer?
> Welche Sehenswürdigkeiten wollt ihr euch anschauen?

> Du willst ein Wochenende in Berlin verbringen. Finde heraus:
> Was läuft im Theater?
> Welche Sportveranstaltungen gibt es?
> Was kann man unternehmen?

> Du willst das Bundesland Thüringen besuchen. Plane den Besuch.
> Welche Städte/Regionen würdest du am liebsten besuchen?

> Du planst einen Klassenaufenthalt in Nürnberg.
> Versuche eine Hotelbuchung zu machen. Wo kann man übernachten?
> Was kostet das?
> Gibt es interessante Musikveranstaltungen an diesem Tag?

> Du bist in Salzburg und suchst Geschenke für deine Familie.
> Welche Souvenirs kann man in Salzburg kaufen? (3 Beispiele)
> Was kosten sie?

> Du bist einen Tag in Hamburg.
> Was sollte man unbedingt sehen?

Die Aufgabenkärtchen sollten von den Schülern mitgestaltet und anschließend in der Gruppe verteilt werden. Dann Recherche im Internet über die Landkarte oder über Direkteingabe von Städtenamen in die Suchmaschinen.

Einheit 9

Das Fahrzeug, das auf Seite 57 im Kursbuch abgebildet ist, steht im Deutschen Museum.

Aufgabenvorschlag: Findet heraus, welche Informationen über Museen in München es im Internet gibt. Was gibt es über das Deutsche Museum?

„Jugend forscht", eine von der Zeitschrift „Stern" ins Leben gerufene Aktion, ist jeweils aktuell im Internet vertreten.

Aufgabenvorschlag: Findet die Seite. Welche neueren Projekte gibt es im Wettbewerb? Die Lernenden stellen einzelne Texte vor. (Vgl. Kommentar zur Einheit.)

Einheit 10

Versuchen Sie die Suchbegriffe „Bundestag" und „Reichstag". Sie sollten es Ihnen ermöglichen, weitere bzw. aktuelle Informationen zu dem Thema im Internet zu finden.

Address ▼ | http://www.bundestag.de/

Deutscher Bundestag

Demokratie ist niemals vollkommen, niemals Routine, niemals fertig, sondern immer Aufgabe und Verpflichtung, nämlich:
Recht und Gerechtigkeit zu üben, Probleme und Konflikte gemeinsam Schritt für Schritt zu lösen und den Lebensmut aller zu stärken.

Prof. Dr. Rita Süssmuth, Präsidentin des Deutschen Bundestages

Stellenausschreibung

Diskussionsforum

Unser Informationsangebot

Blickpunkt   Redewettstreit: MdB gegen politischen Nachwuchs

Aktuelles   Presse, Tagesordnungen, Protokolle, …

Einheit 13

Das Thema ist im Internet vor allem in Schülerzeitungen stark vertreten. Sie können aber auch die Leitseite von Greenpeace auf Deutsch laden und dort Informationen über aktuelle Themen bei Greenpeace finden. Arbeitsvorschläge: Sie können die Texte dann ähnlich bearbeiten wie den Text auf Seite 80 im Kursbuch: Textgrafik, Stichwörter zu Texten wiedergeben, Ursachen und Konsequenzen herausarbeiten. Die Seite 80 kann als Modell für die Bearbeitung von Internettexten benutzt werden.

Einheit 14

Das Thema „Liebe und Partnerbeziehungen" kommt sowohl in Schülerzeitungen vor als auch in vielen anderen Rubriken des Internets, beispielsweise in elektronischen Kontaktanzeigen usw. Lassen Sie die Lernenden herausfinden, welche Informationen und Texte es zu diesem Thema gibt. Im Schulnetz gibt es auch Chat-Gruppen. Dort können die Schüler mitmachen. Außerdem sind Beziehungen ein häufiges Thema in den Schülerzeitschriften.

Einheit 15

Die deutschen Parteien und Institutionen haben selbst Leitseiten. Teilen Sie die Arbeit auf. Lassen Sie die Schüler über die Suchmaschinen die Parteinamen eingeben und die entsprechenden Leitseiten finden. Was sagen die Parteien dort über sich selbst? Welche Informationen sind im Rahmen dieser Unterrichtseinheit 15 für die Klasse interessant und neu?

Einheit 16

Hier ist das Thema „Computer" ohnehin Thema der gesamten Einheit. Neben den in der Einheit angegebenen Internet-Adressen können Sie über das deutsche Schulnetz eine Fülle von Schulkontakten und Schulpartnerschaften finden. Versuchen Sie, sich zu orientieren: Welche Schulen in Ihrem Land nehmen an solchen Projekten teil, welche Schulen in der Nähe? Usw. Hier sind eine Vielzahl von Rechercheaufträgen im Internet möglich (siehe Kommentar zu der Einheit).

Einheit 17

Stellvertretend für viele andere Städte, stellen wir die Leitseite der Stadt Salzburg vor. Lassen Sie von den Schülern Suchaufgaben und Fragestellungen ausarbeiten, Recherchen durchführen (z.B. Vorstellung einer Sehenswürdigkeit) und besprechen Sie die Ergebnisse im Kurs.

Address ▼ http://www.salzburginfo.or.at/kennen1/rundgang/mo_geb.htm

Mozarts Geburtshaus

im Haus Getreidegasse Nr. 9, hier lebte 1747 bis 1773 die Familie Leopold Mozart. Am 27. Jänner 1756 wurde hier Wolfgang Amadeus Mozart geboren. Die Wohnung der Familie Mozart ist heute ein Museum. Berühmte Ausstellungsstücke sind u.a. Mozarts Kindergeige, seine Konzertgeige, sein Clavichord, das Hammerklavier, Portraits und Briefe der Familie Mozart. Das Museum ist im Besitz der Internationalen Stiftung Mozarteum.

kennenlernen   mail   zurück Rundgang weiter   home   copyright

Am 15. Juni 1880 errichtete die Internationale Mozart-Stiftung erstmals ein Museum in Mozarts Geburtshaus, Getreidegasse 9. In den letzten Jahrzehnten konnte das Museum von der Internationalen Stiftung Mozarteum systematisch um- und ausgebaut werden und wurde somit zu einer kulturellen Begegnungsstätte, die alljährlich tausende Besucher aus aller Welt nach Salzburg zieht.

26 Jahre lang wohnte die Familie Mozart im dritten Stock des "Hagenauer Hauses". Dieses ist benannt nach seinem Eigentümer und Freund der Mozarts, dem Handelsherrn und Spezereiwarenhändler Johann Lorenz Hagenauer (1712-1792).

Einheit 18

Über die Leitseite des Goethe-Instituts beispielsweise oder andere Einstiegspunkte können Sie deutsche Tageszeitungen und Magazine abrufen. Lassen Sie die Schüler die aktuellen Seiten durchschauen, sich einen Artikel heraussuchen, ausdrucken und in der Klasse kurz vorstellen. Thema „Testen": Die Leitseite des Goethe-Instituts enthält einen Einstufungstest mit Auswertung, den die Schüler ausfüllen können.

Und natürlich, *sowieso* …:

Dort haben Sie auch die Möglichkeit, mit Kolleginnen und Kollegen in aller Welt über den Unterricht mit *sowieso* zu diskutieren und Tipps auszutauschen.

ANMERKUNGEN UND TIPPS FÜR NEUEINSTEIGER IN

3

sowieso 3 bietet eine abwechslungsreiche, an Sprachlernstrategien orientierte Spracharbeit für fortgeschrittenen Jugendliche. Ein Einstieg in *sowieso 3* ist auch nach der Arbeit mit einem anderen Grundstufenlehrwerk möglich und attraktiv. Hier finden Sie Tipps für Neueinsteiger.

Worum geht es in diesem Abschnitt?

Wir stellen Ihnen im Folgenden Konventionen und Aufgabenformen vor, die wir in den ersten beiden *sowieso*-Bänden begonnen haben und in *sowieso 3* fortführen. Diese betreffen vor allem Arbeitsformen, die die Lernenden in ihrer Selbständigkeit im Sprachlernprozess stärken sollen. Wir haben versucht, bei den Lernenden Routinen zu entwickeln, die ihnen helfen, unbekannte Texte besser zu verstehen, Vokabeln selbständig zu organisieren, und den selbständigen Aufbau der mündlichen und schriftlichen Kompetenzen fördern.

Die Einheit 1 von *sowieso 3*

Die erste Einheit von *sowieso 3* ermöglicht es Ihnen, einige dieser Routinen für die Neuanfänger mit *sowieso* einzuführen.

Dies wird in der Bearbeitung der ersten Einheit zwar etwas Zeit kosten, die Lösung ähnlicher Aufgaben in den Folgeeinheiten allerdings vereinfachen. Voraussetzung ist, dass die entsprechenden Aufgabenstellungen in den ersten Stunden der Arbeit mit diesem Lehrwerkband den Lernenden auch bewusst gemacht werden.

In diesem Abschnitt hier wollen wir Ihnen und den Lernenden dazu einige Erläuterungen und einige Tipps geben. Zunächst einige allgemeine Anmerkungen zur „Philosophie" des Unterrichts mit *sowieso*.

Lehrerrolle – Lernerrolle

Lehrerinnen und Lehrer beklagen häufig die Passivität ihrer Lerner. Oft sind jedoch die Lehrenden selbst im Unterricht am aktivsten und die Lerner haben kaum Möglichkeiten, sich stärker in das Unterrichtsgeschehen einzubringen. Dabei könnte vieles von dem, was die Lehrenden tun, auch von den Lernern übernommen werden.

Versuchen Sie einmal, die folgenden Fragen zu beantworten und dabei zu entscheiden, wer was im Unterricht macht und bestimmt:

	Meistens die Lehrer/innen	Manchmal die Lehrer/innen, manchmal die Schüler/innen	Meistens die Schülerinnen
1. Wer bestimmt die Lernziele?			
2. Wer entscheidet, wann eine Aktivität beginnt oder endet?			
3. Wer stellt die Fragen?			
4. Wer korrigiert?			
5. Wer wischt die Tafel sauber?			
6. Zu wem sprechen die Schülerinnen?			
7. Wen schauen die Schülerinnen an?			
8. Wer ruft die Schüler auf?			
9. Wer macht Übungsvorschläge?			
10. Wer beschafft Informationsmaterial?			
…			

Fast alle der oben genannten Aktivitäten könnten auch in Teilen von den Lernenden übernommen werden und würden so einerseits zu mehr Aktivität im Unterricht beitragen und andererseits die Lehrenden entlasten.

Wir haben in *sowieso* versucht, den Lernern mehr Verantwortung im Unterricht zu geben und sie mit ihren individuellen Stärken und Schwächen ernst zu nehmen. Dieses Übernehmen von Verantwortung auf dem Weg zu mehr Selbständigkeit geschieht aber nicht automatisch, sondern muss auf verschiedenen Ebenen gelernt und trainiert werden. Das Lernen muss selbst gelernt werden.

Nachdenken über das eigene Verhalten und das eigene Lernen

Nur wenn die Lernenden über ihren Lernprozess und das, was sie für das Erlernen der Sprache Deutsch investieren, nachdenken, haben sie eine Möglichkeit, ihr Verhalten im Unterricht und ihr Lernverhalten außerhalb des Unterrichts zu verändern. In *sowieso 1* und in *sowieso 2* und in den systematischen Teilen der Arbeitsbücher finden sie Angebote, meist in Form von Fragebögen, Tipps und Hinweisen, wie sie über ihr Lernen reflektieren können und wie sie so ihren „Lerntyp" etwas besser bestimmen können.

sowieso 1,
Kursbuch S. 111

Vgl. auch *sowieso 2*,
Arbeitsbuch S. 84ff.

Das Vorstellen und Üben von Strategien

Die meisten Schüler wissen nicht, wie sie ihr Lernen effektiver gestalten können. Sie können sich daher auch nicht selbst helfen. So lernen viele zum Beispiel immer noch den Wortschatz oder grammatische Strukturen unsystematisch kurz vor einer Klassenarbeit oder sie lesen einen Text grundsätzlich Wort für Wort. Sie haben große Schwierigkeiten bei der Planung ihres Lernens, angefangen von der Einteilung des Tages und des Lernstoffs bis hin zu einem wenig effektiven Herangehen an Lese- oder Hörtexte oder an die Frage, wie sie ihre schriftlichen und mündlichen Leistungen verbessern können. Verfahren und Techniken zu all diesen Bereichen können die Schüler in den entsprechenden systematischen Teilen der Arbeitsbücher kennen lernen.

In *sowieso 1* finden sie dabei vor allem Tipps und Informationen zu den rezeptiven Fertigkeiten Lesen und Hören, in *sowieso 2* zu den produktiven Fertigkeiten Sprechen und Schreiben. Darüber hinaus werden die Schülerinnen und Schüler angeregt, über Strategien und Techniken nachzudenken, die ihren Lernprozess allgemein unterstützen (Stützstrategien) wie zum Beispiel eine effektive Aufteilung und Wiederholung des Lernstoffs oder die Arbeit mit Lernkarteien.

---

5   Schüler sprechen über ihren Unterricht. Sprecht über die Aussagen.

- Ich bin im Unterricht immer sehr aktiv und arbeite gerne mit anderen zusammen.
- Ich finde Deutsch schwer. Ich muss für den Deutschunterricht lange und viel arbeiten.
- Im Deutschunterricht fühle ich mich sehr gut. Ich habe hier viele Freunde.
- Ich höre lieber zu und sage nichts. Ich arbeite im Unterricht lieber allein.
- Deutschlernen macht Spaß. Ich muss nicht viel für den Deutschunterricht arbeiten.

Durch die Reflexion und den Austausch darüber mit anderen Lernern in der Klasse stellen die Schüler fest, dass sie mit ihren Problemen und Einstellungen nicht allein sind und dass sie gemeinsam mit anderen an der Verbesserung ihres Lernverhaltens arbeiten können.

Tipp: Sie können mit den Schülern (in der Muttersprache) die Collage auf Seite 3 im Kursbuch *sowieso 3* zusammen besprechen und mit ihnen erarbeiten, was die „Weisheit" für sie und für die Arbeit im Deutschunterricht bedeuten könnte.

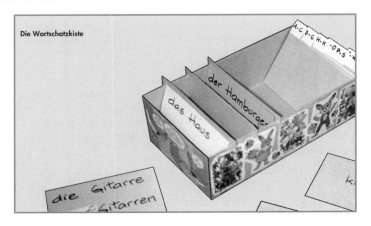

Die Wortschatzkiste

Nachdenken über Sprache im Sinne der Entwicklung von Sprachbewusstsein

Traditionelle Ansätze in Lehrmaterialien vermitteln in der Regel die Systeme der Sprache als fertige Produkte, Tabellen, Regelformulierungen usw. In *sowieso* wird von Anfang an versucht, die Schüler an dem Prozess zu beteiligen, der zu diesen Produkten führt. Nicht nur das *Was* wird somit thematisiert, sondern auch das *Wie*.
Ob es sich um Grammatiktabellen oder um Wortfelder handelt, wo immer es geht, sollen die Schüler die Systeme relativ selbständig erarbeiten und in diesen Prozess auch ihre persönlichen Stärken und Vorlieben einbringen können. Arbeitsanregungen wie:
– *Ergänze die Regel.*
– *Kannst du das Wortfeld ergänzen?*
– *Mache dir deine eigene Textgrafik.*
fordern die Schüler zum Mitdenken auf.

Versuchen Sie auch, die Schüler an geeigneten Stellen die neuen, unbekannten Strukturen mit denen ihrer Muttersprache vergleichen zu lassen. Häufig ergeben sich aus solchen kontrastiven Überlegungen interessante Lerntipps und manches wird deutlicher. Umso mehr, als viele Schüler selten über die Struktur und die Erscheinungen der eigenen Muttersprache nachgedacht haben.

Ganzheitliche Übungsgestaltung und Differenzierung

Jeder Mensch lernt auf seine Weise. Natürlich können wir in *sowieso* nicht für jeden Schüler eine andere Übungsform anbieten, aber wir haben versucht, möglichst viele unterschiedliche Aktivitäten zu ermöglichen, von der Integration zeichnerischer Elemente bis hin zu Aufgaben, bei denen sich die Schüler im Raum bewegen sollen. Übungen, die zum Nachdenken auffordern, finden Sie ebenso wie Übungen, die einfach nur Spaß machen sollen.
Bei der Übungsgestaltung haben wir drei Faktoren schwerpunktmäßig berücksichtigt:
1. Beim Üben soll etwas gelernt werden.
2. Die Schüler sollen möglichst oft miteinander reden (und nicht nur mit dem Lehrer oder der Lehrerin).
3. Die Aufgaben sollen auch Spaß machen bzw. einen kreativen Aspekt enthalten.
Natürlich gibt es auch ganz einfache Einsetzübungen, Lückensätze usw., aber man kann diese traditionellen Übungsformen mit ein wenig Kreativität (und davon haben unsere Schüler manchmal mehr als wir) in motivierende Aktivitäten umdenken. Wir haben in den ersten beiden Bänden diese Art von Aktivitäten besonders in den so genannten Plateaukapiteln gesammelt.

Mitarbeit der Lernenden bei der Übungsgestaltung

Normalerweise bestimmt die Lehrerin oder der Lehrer, was und wie etwas im Unterricht gemacht wird (siehe Fragebogen). Viele Übungen oder, besser gesagt, Übungsformen sind den Schülern aber nach und nach bekannt und sie können sie sehr wohl auch selbst gestalten. In *sowieso 1* und *2* haben wir immer wieder (häufig spielerische) Übungsformen angeboten, die von den Schülern mitgestaltet werden können, zum Beispiel durch gemeinsames Sammeln von Wortschatz oder sogar durch die Übernahme der Lehrerrolle.

Tipp: Lassen Sie immer wieder die Schüler zu Übungen im Kursbuch (in Gruppen) eigene Variationen entwerfen. So könnten Sie die Schüler zum Beispiel zu Aufgabe 5 auf Seite 8 ohne Probleme andere Reihen von Adjektiven finden und ordnen lassen.

Zur Lehrerrolle

Diese Überlegungen bedeuten, dass Sie Ihren Schülerinnen und Schülern einen Teil der Verantwortung für den Unterricht übergeben. Viele Untersuchungen haben gezeigt, dass der Frontalunterricht mit einer starken Lehrerdominanz immer noch mit über 70% im Fremdsprachenunterricht die häufigste Sozialform ist.
In der Arbeit mit *sowieso* sollten Sie als Lehrer/in eher Berater/in sein. Sie helfen den Schülerinnen und Schülern beim Lernen und geben, wo immer nötig, Impulse, um den Lernprozess weiterzubringen.
Ein Ergebnis dieser Herangehensweise könnte sein, dass Sie auch ab und zu von ihren Schülern (positiv) überrascht werden.

An dieser Stelle wollen wir verdeutlichen, was dies für den konkreten Unterricht in Bezug auf die Fertigkeiten bedeutet.

Sprechen – Dialogarbeit und Sprechen über Sachthemen

Im Unterricht mit Sprachanfängern in einer fremden Sprache spielt die Dialogarbeit eine wesentliche Rolle. Dafür gibt es mehrere Gründe:

– Das soziale Argument: Eine Sprache lernt man am besten mit einer Partnerin / einem Partner.
– Das pragmatische Argument: Die tatsächliche Verwendung einer fremden Sprache erfolgt meist in Dialogen.
– Das motivatorische Argument: Eine fremde Sprache zu sprechen und in ihr verstanden zu werden ist ein wichtiges Erfolgserlebnis.
– Das lernpsychologische Argument: Etwas Gelesenes in gesprochene Sprache gemeinsam mit einem Partner/einer Partnerin umzusetzen hilft beim Memorisieren.

Die oben aufgeführten Argumente gelten auch für die Spracharbeit mit fortgeschrittenen Lernern. Hier gibt es allerdings einen Unterschied. Während in der Arbeit mit Sprachanfängern die soziale Funktion des Sprechens im Vordergrund steht – Sprechen mit anderen Personen und über andere Personen und gemeinsame Aktivitäten –, geht es beim Sprechen im Unterricht mit fortgeschrittenen Jugendlichen vor allem um das Sprechen über Sachfragen, über Inhalte.

In den drei *sowieso*-Bänden entwickeln wir die Sprechfähigkeit entlang dieser Linie. Im ersten Band geht es vor allem um das Sprechen mit anderen und über andere Personen, im zweiten Band kommt verstärkt das themenbezogene Sprechen hinzu. Im dritten Band steht das themenbezogene Sprechen im Vordergrund.

Schon in *sowieso 1* haben wir ab Einheit 11 versucht, die Dialogarbeit mit zwei Konventionen flexibler zu gestalten, um zu verhindern, dass die Lernenden ihre Dialoge nur schematisch reproduzieren: der Dialogplan und dem Sprachbaukasten.

Tipp 1: Wenn Sie mit *sowieso 3* neu beginnen, sollten Sie sich zunächst einen Überblick über den Teil „Sprechen" im Lernstrategie-Abschnitt des Arbeitsbuches von *sowieso 2* verschaffen. Dort finden Sie:
Aufgabenvorschläge zur selbständigen Arbeit mit Wortakzenten,
Aufgabenvorschläge zur Satzmelodie,
Vorschläge für Partner-Übungsaktivitäten,
eine Einführung in Sprachbaukästen und Dialogplan,
allgemeine Tipps für Sprechaktivitäten in der Klasse.

Tipp 2: Erklären Sie das Prinzip der Sprachbaukästen (Sammlung von Ausdrücken und Sätzen zu einer bestimmten Sprechabsicht) am Beispiel von Aufgabe 8 in Einheit 1 des Kursbuches.
Nehmen Sie die Aufgabe zum Anlass einer Wiederholung bzw. Einführung der Konventionen „Sprachbaukasten" und „Dialogplan".

Gehen Sie so vor:
Lassen Sie die Lernenden jeweils zu zweit einen Einkaufszettel vorbereiten. Geben Sie die erste Zeile an der Tafel vor: „Eine Tafel Schokolade" usw.
Zeichnen Sie dann den fogenden Dialogplan an die Tafel:

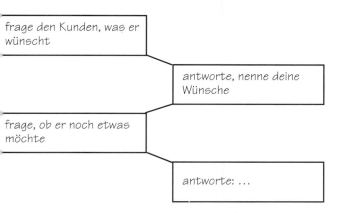

Lassen Sie die Lernenden mit dieser Vorgabe in Partnerarbeit Dialoge vorbereiten und im Kurs spielen.
Falls es bei diesem Vorgehen Probleme gibt: Legen Sie auf einen Tisch in der Klasse die Einkaufsliste, auf einen anderen den Sprachbaukasten. Die Schüler können dann zu dem jeweiligen Tisch gehen und sich Hilfen holen.

Die Schüler können anschließend selbständig die zweite Situation aus Aufgabe 8, die Verabredungssituation, bearbeiten.

Schreiben

Die Schüler finden in Band 3 zahlreiche kleinere und größere Ansätze zum Schreiben, wobei der Anteil des kommunikativen Schreibens gegenüber dem instrumentellen deutlich größer wird. Auch hier haben wir versucht, die individuelle Schülerpersönlichkeit zu berücksichtigen. So gibt es immer wieder Aufgaben, bei denen die Schüler entscheiden sollen, welche Form einer schriftlichen oder mündlichen Äußerung sie zu einem gegebenen Thema bevorzugen. So können sie in Aufgabe 29 auf Seite 19 z.B. zwischen der Produktion einer Postkarte oder eines Zeitungsberichts wählen oder aber auch selbst andere Formen beitragen. Ein weiteres Beispiel hierzu finden Sie in Aufgabe 8 auf Seite 31.

Wichtig ist aber bei fast allen Schreibprozessen das planende Vorgehen. Die Schüler haben sich in *sowieso 2* im Kapitel „Systematisch Schreiben lernen" (Arbeitsbuch, S. 96–102) intensiv mit der Planung, Ausführung und der Evaluation von Schreibprozessen beschäftigt. Dies wird in *sowieso 3* in Einheit 16, Aufgaben 10–14, mit einer Sequenz zum Schreibtraining wiederholt. Dort werden auch noch einmal einige der Lerntipps zum Thema „Schreiben" aus *sowieso 2* aufgegriffen.

Tipp: Wenn Sie schwächere Schüler in Ihrer Klasse haben, geben Sie ihnen Hilfen beim Schreiben (Stichworte, Gliederungspunkte oder fertige/halbfertige Modelle).

Zur Korrektur von schriftlichen Arbeiten

Auch die Fähigkeit, Fehler zu erkennen und zu korrigieren, kann (und muss) gelernt und geübt werden. Hier ein Vorschlag, den sie problemlos und mit eigenen Varianten in Ihrem Unterricht ausprobieren können:

1. Sammeln Sie wie gewohnt die schriftlichen Arbeiten der Schüler ein. Lesen Sie die Arbeiten, aber korrigieren Sie keine Fehler in den Texten.
2. Sammeln Sie aus den Arbeiten fünf Fehlertypen, die häufiger auftauchen.
3. Schreiben Sie zehn Sätze mit je einem Fehler auf, z.B.:
   Er ist in der Disko gegangen.
4. Kopieren Sie diese Fehlersätze und teilen Sie sie aus. Jeweils zwei Schüler arbeiten zusammen. Die Schüler sollen die Fehler nun finden und durch Streichen und Drüberschreiben verbessern.
5. Lassen Sie von jeder Gruppe den richtigen Satz vorlesen und sprechen Sie kurz über den Fehler.
6. Sammeln Sie die Blätter wieder ein.
7. Geben Sie ein korrigiertes Blatt einem Schüler, der den ersten Satz richtig für alle diktiert. Alle Schüler schreiben den Satz auf.
8. Lassen Sie das Blatt weiterreichen. Der nächste Schüler diktiert den zweiten richtigen Satz usw.

Am Ende haben alle Schüler ein Blatt mit zehn richtigen Sätzen, als Modell. Sie haben über Fehler nachgedacht, gelesen, gehört, geschrieben.
Geben Sie nun die Arbeiten (unkorrigiert) zurück. Die Schüler suchen zu Hause mit Hilfe der Modellsätze nach Fehlern in ihrer Arbeit. Dieses Verfahren (neben anderen Möglichkeiten) entlastet Sie und aktiviert ihre Schüler!

Zur Arbeit mit Lese- und Hörtexten

Wie bei der Dialogarbeit, so haben die Schüler auch bei der Arbeit mit Lese- und Hörtexten verschiedene Konventionen kennen gelernt. Von der ersten Stunde Deutsch an wurden sie mit authentischen Texten konfrontiert und haben dabei verschiedene Hör- und Lesestrategien kennen gelernt und geübt. Die Lerner sollen dabei, wie im normalen muttersprachlichen Lesealltag auch, verschiedene Lesehaltungen einnehmen, das heißt vor allem der Frage nachgehen, wozu sie einen bestimmten Text lesen: Müssen sie ihn detailliert verstehen? Suchen sie nur nach bestimmten Informationen oder reicht schon ein kurzes Überfliegen?
Diese Lesestrategien wurden von Anfang an bei der Arbeit mit *sowieso* geübt.
Wenn eine Aufgabe gelöst ist, dann sollten (in der Regel) nicht noch zusätzliche Probleme, wie zum Beispiel das Erklären jedes einzelnen unbekannten Wortes im Text usw., hinzukommen.

Die Aufgabe 11 auf Seite 9 des Kursbuches verlangt von den Schülern zum Beispiel ein relativ genaues Lesen und den ständigen Vergleich mit ihrem Vorwissen.

Bei einer traditionellen Textarbeit beginnt die Arbeit mit einem Text häufig erst nach dem Text, indem Fragen nach unbekannten Wörtern eine Reihe von Fragen zum Textinhalt folgen.

In der Regel beginnt in *sowieso* die Arbeit schon *vor* dem Text, das heißt, die Schüler äußern Vermutungen und Hypothesen aufgrund von Informationen aus der Überschrift, Bildern, Fotos, der Form des Textes usw. Sie erhalten auch Aufgaben, die ihren Leseprozess *während* des Textlesens steuern, und schließlich folgen Impulse und Aufgaben für die Arbeit *nach* dem Text. Die verschiedenen Aufgaben zu einem Text bilden oft eine Sequenz, von stärker gesteuerten Impulsen bis hin zu freien, kommunikativen Anregungen, die die Lerner und ihre Lebenswelt betreffen. Auf Seite 11 finden Sie ein Beispiel für eine solche Sequenz zu einem Sachtext. Die Übungen 20–23 in Einheit 2 bilden eine solche Sequenz zu einem Hörtext nach ähnlichem Muster.

Ein Lernziel der Arbeit mit Texten mit fortgeschrittenen Lernern ist die Fähigkeit, Zusammenhänge mit den eigenen sprachlichen Möglichkeiten zusammenzufassen. Wie der Dialogplan, so kann auch die Textgrafik als Hilfe, als „Geländer", dazu dienen, ohne die schwierige Sprache des „Originaltextes" wichtige Informationen zu ordnen und in eine „logische" Beziehung zu bringen. Mit Hilfe der Grafik können dann mündliche oder auch schriftliche Zusammenfassungen erstellt werden. Das gilt sowohl für Hör- als auch für Lesetexte. Wie bei allen Übungsansätzen kann man auch bei der Textgrafik durch mehr oder weniger Steuerung die Aufgabenstellung differenzierend erleichtern oder erschweren. Ein typisches Beispiel für die Arbeit mit einer Textgrafik finden Sie auf Seite 80 des Kursbuchs. Die Schüler kennen diese Konvention aus *sowieso 2*.

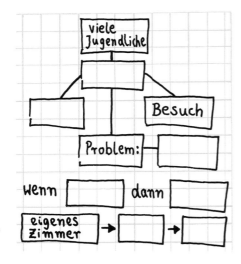

sowieso 2,
S. 78

Zur Arbeit mit literarischen Texten

Die Schüler haben schon in *sowieso 1* und *2* mit kürzeren literarischen Texten und Gedichten gearbeitet. In *sowieso 3* finden sie Kurzgeschichten und einen Auszug aus einem Roman über mehrere Seiten. Diese literarischen Texte sind durch eine Reihe von sehr unterschiedlichen Arbeitsimpulsen unterbrochen, die den Leseprozess der Schüler begleiten.

Spielerische Ansätze in *sowieso*

Dass spielerische Aufgaben mit kreativen Anteilen die Motivation zum Lernen und zum Gebrauch der Zielsprache erhöhen, ist mittlerweile hinreichend belegt und drückt sich in einer wachsenden Zahl von Beispielsammlungen zu diesem Thema aus.

In *sowieso* finden Sie einige Spielprinzipien, die Sie je nach Adressatengruppe und Situation selbst ohne Mühe variieren können. Dies hat den Vorteil, dass die spielerischen Aufgaben keine Eintagsfliegen bleiben, sondern dass sie immer wieder in leicht veränderter Form in den Unterricht integriert werden können.

Häufig haben wir auch ganz „normale" Übungen durch kleine Impulse so verändert, dass sie einen interessanteren, etwas spielerischeren Verlauf bekommen.

Drei Faktoren sollten bei fast allen Übungsaktivitäten berücksichtigt werden:

1. Lernen:
Die Schüler sollen Aspekte der Zielsprache (Grammatik, Wortschatz ...) benutzen, wiederholen usw.

2. Interaktion:
Die Schüler sollen untereinander kommunizieren oder sich wenigstens aufmerksam beobachten.

3. Spielerische und kreative Aspekte:
Irgendein Element der Übung sollte etwas Besonderes haben, Spaß machen, etwas verfremden usw. Das können schon Faktoren wie eine besonders kurze Zeitvorgabe, die Einteilung in zwei Großgruppen mit Wettbewerbscharakter sein oder die Konvention, die Sätze, die man vorlesen soll, nur zu flüstern, um nur einige Beispiele zu nennen.

So kann man die Aufgabe 25 in Einheit 4 z.B. wütend vortragen lassen oder traurig oder resigniert.

Spielideen finden Sie besonders in den Plateaueinheiten des jeweiligen Bandes. Dabei sind die angelegten Prinzipien auch für fortgeschrittenere Lerner ohne Probleme zu adaptieren.

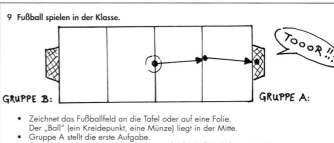

sowieso 2, S. 10

Grammatik im Unterricht mit Fortgeschrittenen: ystematische Spracharbeit in *sowieso 3*

ne Reihe von Prinzipien der Grammatikarbeit sind Lernen-
·n und Lehrenden bereits aus den ersten beiden Lehrwerk-
nden bekannt.

se sind vor allem:
- as S-O-S-Modell bei der Erarbeitung einer Grammatikregel,
  s von Band 1 an aufgebaut und trainiert wurde.
- haltsbezogenes Grammatiktraining statt inhaltslose
  male Reihenübungen.
- nzentration auf die Vertiefung eines grammatischen
  rnbestands" anstatt ständige Erweitung des Grammatik-
  ebots um „Spezialitäten".

): Auf den jeweils ersten Seiten des Grammatikanhangs der
eitsbücher aller *sowieso*-Bände finden Sie eine Darstellung
eses Prinzips in einer für Schüler verständlichen Sprache,
rbunden mit Aufgabenvorschlägen.
Gehen sie diesen Teil z.B. aus dem Arbeitsbuch zu *sowieso 2*
nit den Lernenden durch. Die erste „neue" Grammatikstruktur
n *sowieso 3* ist das Futur. Es bietet im Grunde keine Lern-
chwierigkeiten und eignet sich daher zur Einführung/Wieder-
olung des S-O-S-Prinzips.

- Gehen Sie zunächst so vor, wie auf Seite 14 dieses Lehrerhandbuchs beschrieben.
- Stellen Sie den Schülern nach Aufgabe 5 eine weitere Aufgabe: Fordern Sie die Lernenden auf, weitere Sätze zu dem
  Thema an die Tafel zu schreiben.

afel:

Was hast du morgen vor?
Morgen gehe ich ins Schwimmbad.

- Bearbeiten Sie anschließend den Text.

Wie wurden die Grammatikstrukturen ausgewählt?

Die drei Bände enthalten zusammen die im Zertifikat Deutsch
ls Fremdsprache (ICC, VHS, Goethe-Institut) geforderten
rammatikstrukturen. Die Aufteilung der einzelnen Bände in
ine relativ hohe Zahl von Einheiten (*sowieso 1* und *2*: 24,
owieso 3*: 18) ermöglichen und erfordern ein anderes Vorgehen
als das „Abhaken" einer bestimmten Anzahl von Strukturen
pro Lektion. Die Aufteilung größerer Systeme auf kleinere Einheiten bringt den Vorteil des mehrfachen Thematisierens
einzelner Grammatikthemen im Verlauf eines oder mehrerer
Kursjahre. Wir sprechen von einer zyklischen Progression.

Die Zyklische Progression am Beispiel der Tempora

m Fall der Tempora wird ein größeres Grammatikthema über
drei Lehrwerkbände verteilt, wobei der Schwerpunkt im zweiten Band liegt.

sowieso 1
Einheit

14	Präteritum von *haben* und *sein*
18	Perfekt: regelmäßige Formen mit *haben*
20	Ergänzung des Perfekts: unregelmäßige Formen, Perfekt mit *sein*
23–24	Plateau: Wiederholung

sowieso 2
Einheit

1	Perfekt-Wiederholung
5	Präteritum: regelmäßige Formen, einige unregelmäßige Formen
12	Präteritum insgesamt und Perfekt (Wiederholung und Abgrenzung)
15	Plateau: Wiederholung Präteritum

sowieso 3
Einheit

1	Perfekt-Wiederholung
2	Futur, Zeitangaben allgemein
10	Wiederholung Präteritum, Plusquamperfekt

Ähnliche Tabellen kann man auch für andere Grammatik-
bereiche anlegen. In den ersten beiden Bänden des Lehrwerks
wurden beispielsweise die Kasus (mit Ausnahme des Genitivs),
die wichtigsten Nebensatztypen (mit Ausnahme des Relativsatzes) thematisiert – diese Systeme werden im dritten Band
vervollständigt. Dativformen werden beispielsweise in Band 2
in 6 Einheiten thematisiert (1, 9, 11, 13, 15, 18). Komplett eingeführt und geübt werden in den ersten Bänden etwa die
Modalverben. Hier geht es im dritten Band vor allem um die
Wiederholung. Nur wenige der in Band 3 eingeführten Strukturen sind bisher völlig unbekannt, wie etwa das Passiv, das
zugleich die Möglichkeit der Wiederholung der Partizipformen
der Verben bietet.

Für die Grammatikarbeit mit fortgeschittenen Lernern ergeben
sich allgemein drei Schwerpunkte:

1. Wiederholung und Aufarbeitung des Erlernten: remediale Funktion

Dies geschieht meistens implizit in den verschiedenen Aufgabenstellungen. Manchmal wird eine Struktur auch explizit
aufgegriffen (z.B. Adjektivendungen).
Größere Wiederholungseinheiten sind im Inhaltsverzeichnis
angegeben (vgl. S. 7 in diesem Buch). Wiederholt werden in
sowieso 3:

Einheit

1	Sprache der Grammatik allgemein und Partizip II.
2	Zeitangaben, Ortsangaben
3	Nebensätze
4	indirekte Fragen
5–6	Plateaus mit allgemeiner Wiederholungsfunktion
7	Nebensätze
9	Partizip II
10	Zeitangaben im Satz, Präteritum, Passiv
11	Plateaueinheit: Konjunktiv II, Plusquamperfekt, Relativpronomen
13	Konjunktionen
16	Adjektivendungen, Satzverbindungen
18	Plateau mit allgemeiner Wiederholungsfunktion

2. Hinzufügen von neuen Elementen zu bekannten Strukturen: Erweiterungsfunktion

Dies ist der häufigste Fall in *sowieso 3*. Bei den meisten Strukturen stehen leistungsähnliche Strukturen bzw. grammatische Anknüpfungspunkte zur Verfügung.

Beispiele:
– Die Relativsätze bauen auf den Kenntnissen über Nebensätze allgemein auf und erweitern das Repertoire der Schüler.
– Das Plusquamperfekt baut auf der Kenntnis des Präteritums auf und bietet ebenfalls damit einen Wiederholungsanlass. Das gilt auch für den Konjunktiv II.
– Beim Futur werden mit bekannten Strukturen (*werden* + Infinitiv) die Ausdrucksmöglichkeiten erweitert (Prognosen, gute Vorsätze).
– Das Passiv baut auf der Kenntnis des Partizips II auf usw.

3. Einführung und Einübung neuer Strukturen: additive Funktion

Dies ist eher selten der Fall, da die Progression der ersten beiden Bände uns meistens schon Anknüpfungspunkte zur Verfügung stellt. Ganz neu in *sowieso 3* sind beispielsweise der Konjunktiv I und der Genitiv.

Lesetipp: Das Heft 16/1997 der Zeitschrift „Fremdsprache Deutsch" (Klett/Goethe-Institut) Thema: „Deutschunterricht mit fortgeschrittenen Jugendlichen", enthält viele Anregungen und Materialien. Die dort von Bachmann/Wessling beschriebenen Prinzipien eines Grammatikunterrichts mit Fortgeschrittenen gelten auch für *sowieso 3*.

Wortschatzarbeit in *sowieso 3*

Die drei *sowieso*-Bände bieten insgesamt rund 2000 Lernwörter (Halbfettdruck) für den aktiven Gebrauch an (600 bis 800 pro Band). Der darüber hinaus zur Verfügung stehende Wortschatz (Normaldruck) liegt etwa dreimal so hoch.

Wortschatzarbeit bleibt traditonell den Schülern selbst überlassen. Wörter werden zu Hause gelernt und in der Schule getestet. In *sowieso* üben die Lernenden von Anfang an zahlreiche Verfahren, die es ihnen ermöglichen, ihren eigenen Wortschatz selbständig zu erarbeiten, zu festigen und zu erweitern.

Die kognitiven Verfahren, die dabei in den Lehr- und mehr noch in den Arbeitsbüchern trainiert werden, sind z.B. das
– Selegieren (Auswahl von Wörtern aus einer Reihe nach bestimmten Kriterien),
– Koordinieren (Vergleichen und Zusammenlernen von Wörtern ähnlicher oder anderer, z.B konträrer Bedeutung),
– Generalisieren (Wortgruppen bilden nach Kriterien),
– Diskriminieren (Unterscheiden von Wörtern nach bestimmten Merkmalen),
– Hierarchisieren (Ordnen von Wörtern nach Oberbegriffen und Untergruppen).

Tipp: Wortschatz ordnen hilft beim Lernen. Machen Sie die Verfahren den Lernenden zu Beginn der Arbeit mit *sowieso 3* bewusst. Anlässe und Beispiele dazu finden Sie in den ersten Einheiten. (Kursbuch 3, Einheit 1: Aufgaben 4, 5, 7, 11; Einheit 2: Aufgabe 11.)

Auch die Arbeitsbücher enthalten in den Kapiteln „Systematisch Lernen lernen"(*sowieso 2*, Arbeitsbuch, vor allem Seiten 84–86 und *sowieso 3*, Arbeitsbuch, Seiten 101–102) viele Tipps zum systematischen Worschatzlernen.

Mind maps: Ein Verfahren, das in *sowieso* oft geübt wird, ist das Herstellen einer „Gedankenlandkarte" aus Wörtern. Falls ihre Lernenden mit diesem Modell noch nicht gearbeitet haben, führen Sie sie anhand der Aufgabe 12 im Kursbuch au Seite 16 ein. Sie finden dort den Anfang einer *mind map*.

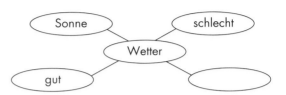

Mind maps können während der Arbeit mit einer Einheit (etwa auf einem Plakat) entstehen bzw. in Arbeitsgruppen zusammenfassend den Wortschatz einer Einheit ordnen. Das ist ein Verfahren, das auch als Vorbereitung von Tests gut geeignet ist. *Mind maps* können auch als Ausgangspunkt einer systematischen Textproduktion dienen.

Wörterbucharbeit

Die Arbeit mit dem Wörterbuch ist ein wesentliches Element einer autonomen Wortschatzarbeit im Deutschunterricht. In *sowieso 1* und *2* haben wir öfter Vorschläge zur Arbeit mit einem zweisprachigen Wörterbuch gemacht. In *sowieso 3* finden Sie Vorschläge zur Arbeit mit einem einsprachigen Wörterbuch. Die Beispiele beziehen sich auf *Langenscheidts Großwörterbuch Deutsch als Fremdsprache*.

Tipp: Führen Sie am Beispiel von Aufgabe 11 auf Seite 15 in die Arbeit ein (ggf. kopieren sie die entsprechenden Seiten aus dem Wörterbuch).

Ein weiteres Beispiel auf Seite 38 zeigt, dass man besonders bei der Erarbeitung von Wortfeldern und Wortfamilien sehr gut mit einem einsprachigen Wörterbuch arbeiten kann.